기획편집 프롤로그

20여년 간 수험서를 기획하고 ... 드는 생각이 있었습니다. 동시에 한 명의 독자로서 깊은 고민 ... 었습니다.

우리가 학교에서 배운 지식은 실제 업무현장이나 산업현장에서 다른 형태로 쓰이고, 그래서 거의 모든 것을 실무에 맞게 현장에서 다시 배워야 한다는 것은 모두가 부정할 수 없는 사실입니다. 그렇기에 기업의 입장에서는 학과 전공 외에 취업에 필요한 조건을 갖추었는지 확인하는 또 하나의 지표로서 특정 '자격증'의 취득 여부를 확인합니다. 취업 준비생의 입장에서는 자신이 가지고 있는 역량을 보여주기 위해 특정 '자격증'의 취득 사실을 이력서에 기재합니다. 자격증 시험은 취업을 어렵게 하기 위해서 만들어진 것이 아닙니다. 자격증 시험은 실무에 쓰이는 지식을 문제에 반영하고, 자격증 시험 준비 과정을 통해 간접적으로나마 실무를 경험하게 하고자 만들어진 것입니다.

우리는 자격증의 이러한 목적에 맞게 효율적으로 자격증 시험을 준비해야 합니다. 그리고 효율적인 자격증 시험 준비에 있어, 자격증 수험서는 결정적인 역할을 합니다. 지식공유가 기획한 자격증 수험서 BaRoDab Series는 그러한 효율적인 자격증 시험 준비를 위해 기획되었습니다. 그리고 BaRoDab Series의 두 번째 수험서가 바로 지금 여러분이 보고 계신 BaRoDab Series 『직업상담사 2급 실기 빈출핵심이론+과년도기출문제』입니다.

『직업상담사 2급 실기 빈출핵심이론+과년도기출문제』는 최단 시간 효율적으로 자격증 시험에 합격할 수 있도록 기획되었습니다. BaRoDab Series는 '바로답'을 확인하고 작성할 수 있는 교재입니다. 4 STEP 학습법으로 20여년 간 출제된 기출복기문제를 정리하였습니다. 그리고 수록 기출복기문제 전체를 설명하는 동영상 강의를 제작하였습니다. 단순히 교재에 있는 해설만 보며 공부하는 것이 아니라, 직업상담 전문강사의 강의를 들으며 시험에 대비할 수 있는 것입니다.

BaRoDab Series는 이후의 최신 기출복기문제를 PDF로 제작하여 제공할 계획입니다. 1년을 기다려 최신 기출복기문제를 구입할 수 있는 수험생의 불편을 최소화하기 위해서입니다. 그리고 최신 기출복기문제가 축적되면, 종이책을 선호하는 수험생을 위해 BaRoDab Series를 제작하여 제공할 예정입니다. 매년 표지만 바꾸어 출간되는 교재에서 벗어나, 시대의 흐름에 맞추어 보완하고 좋은 점은 계속 쌓아 올리는 교재를 제작하여 제공할 것입니다.

지식공유

BaRoDab Series ❶-❶

직업상담사 2급 실기 빈출핵심이론+과년도기출문제

저　　자 | 정혜원

발 행 일 | 초판 2021년 03월 22일

발 행 인 | 김미영

발 행 처 | 지식공유

등록번호 | 제 2017-000107호

팩　　스 | 0504-477-9791

메　　일 | ksharing@naver.com

홈페이지 | www.ksharing.co.kr

공식카페 | https://cafe.naver.com/kksharing

주　　소 | 서울시 마포구 만리재로 14 르네상스타워 2201

I S B N | 979-11-91407-00-6 (13320)

정　　가 | 25,000원

S t a f f | 기획 · 진행 김미영 / 표지 · 내지디자인 김지영 / 편집디자인 주경미 / 교정교열 조동진 / 베타테스트 황혜영, 조현채

유난히 추웠던 겨울에 시작한 원고를 봄이 시작되는 시점에 책으로 엮어 세상에 선보입니다. 예상치 못한 팬데믹으로 인해 단체 학원 강의 보다 교재 및 온라인 강의에 집중할 수 있도록 개인교사와 함께하는 것처럼 믿음직하게 만들고자 노력하였습니다. 수많은 강의 경험을 바탕으로 수험생분들에게 당부하는 학습 비법 그대로 구성하고 정리하였습니다.

이 책의 구성은

Ⅰ. 핵심이론알기

이론이 바탕이 되었을 때 공부하는 것이 기억에 오래 남습니다. 2000년 1회부터 2020년 4회까지 출제되었던 문제를 분석하여 빈출핵심이론을 일목요연하게 정리하였습니다.

Ⅱ. 답안이해하기

문제와 답을 외우면 시험은 치를 수 있으나 합격점수를 받기는 어렵습니다. 그래서 큰 틀에서 이해할 수 있도록 답안과 부연설명을 함께 정리하였습니다.

Ⅲ. 답안따라쓰기

한글을 처음 배울 때 흐릿하게 보이는 글자를 그대로 따라 그리던 것처럼 답안을 따라 쓰도록 했습니다. 공부할 때는 충분히 쓸 수 있을 것 같아도 막상 답안을 작성하려고 하면 첫 글자를 어떻게 시작해야 할지 막막할 때가 있기에 보이는 대로 따라 써보도록 구성하였습니다.

Ⅳ. 답안기억하기

그동안 공부한 내용을 점검하기 위해 시험 보는 것처럼 시험지에 볼펜으로 답안을 작성하면서 어느 부분을 더 공부해야할지 점검하도록 구성하였습니다.

어떻게 하면 공부하시는 분들이 보다 쉽게, 어렵지 않게 공부할 수 있을까를 고민하며 몇 번씩 수정하며 정리하였습니다.
이 책이 직업상담사가 되는 지름길이 되길 바랍니다.

저자 정혜원

이 책의 특징

STEP 1 단계 핵심이론알기

20개년 총52회 기출복기문제를 분석한 빈출핵심이론을 저자 직강 동영상 해설과 함께 구성하였습니다.

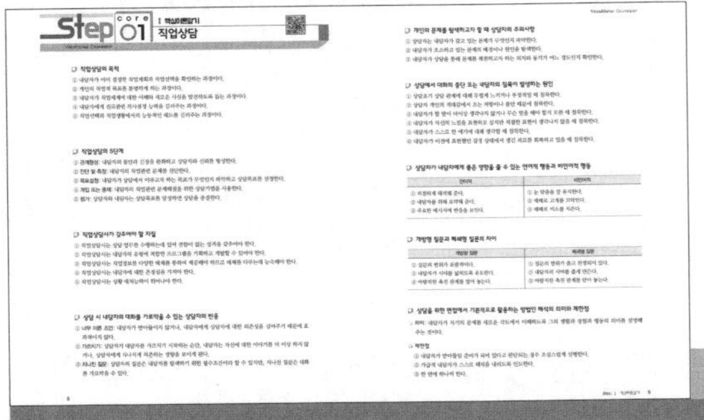

STEP 2 단계 답안이해하기

총15회 기출복기문제 전체를 빠짐없이 저자 직강 동영상 해설과 함께 구성하였습니다.

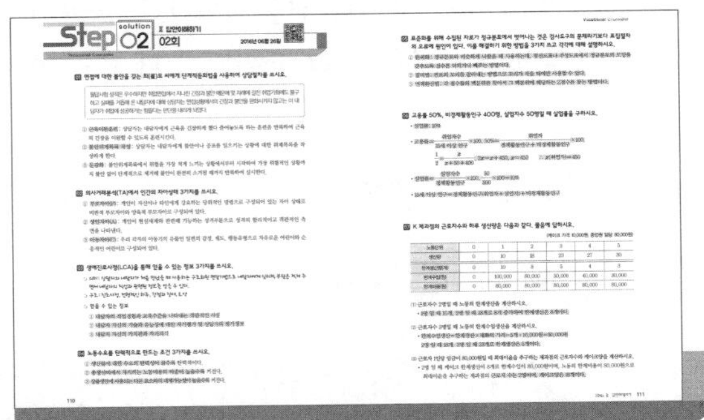

STEP 3 단계 답안따라쓰기

실전 대비를 위한 최신 총 15회 기출복기문제의 답안을 어떻게 작성하는지 실제 답안을 따라 쓸수 있도록 구성하였습니다.

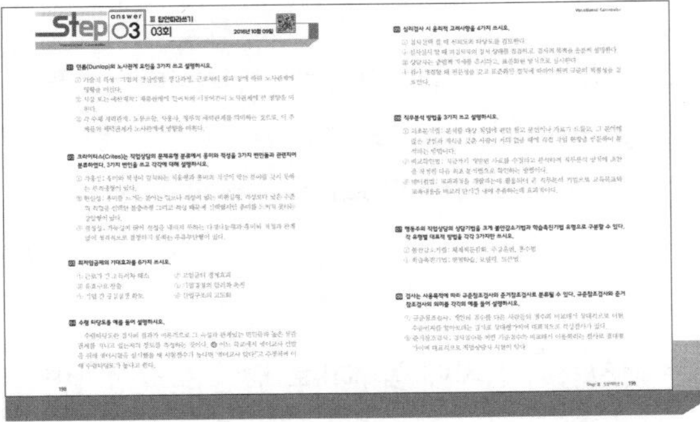

STEP 4 단계 답안기억하기

진짜 실전은 답안을 직접 써야 합니다. 총 15회 기출복기문제를 직접 써 볼수 있도록 구성하였습니다.

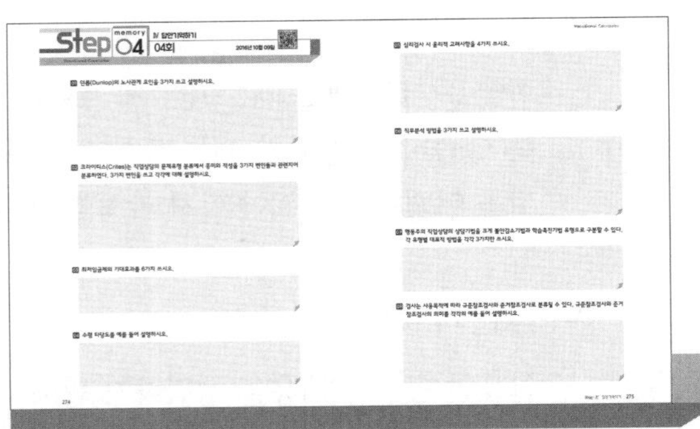

지식공유만이 가능한 특별한 서비스

4 STEP 학습법으로 이해와 암기를 한꺼번에 / 20개년 빈출핵심이론 동영상 강의 제공
15회 기출복기문제 동영상 강의 제공 / 최신기출복기문제 공식 카페 업로드

본 교재를 구입한 독자는 강의 영상과 최신기출복기문제 해설을 무료로 보실 수 있습니다.(단, 교재 구입 인증 후)
※구입 인증 안내 및 동영상 https://cafe.naver.com/kksharing 직업상담사 자료실

Vocational Counselor

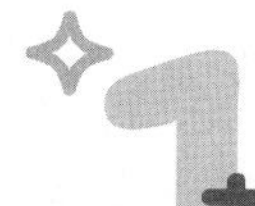

합격하는 답안작성을 쓰려면 동영상 강의는 필수입니다.

하나/

국가 기술 자격증을 10개 이상 취득한 수험생이라도 동영상 강의를 들어야 합격점을 받을 수 있을 만큼 학습량이 광범위하고 깊이 있는 것이 바로 직업상담사 자격증입니다. 교재와 동영상은 1+1이 아닌 10이라 여기고 충분히 숙지합니다. 자주 듣고 반복해서 들으며 필요한 내용은 교재에 줄을 긋고 형광펜으로 표시하고, 필기도 하면서 반복하는 것이 가장 좋은 공부 방법입니다.

내가 강사가 되어야 합니다.

교재를 소리 내어 읽는 것도 아주 좋은 공부 비법입니다. 교재를 공부할 때 이해하는데 어려움이 있는 내용은 동영상 강의처럼 내가 누군가에게 설명하듯 여러 번 읽다 보면 저절로 이해하게 됩니다. 소리 내어 설명하듯 읽으며 그 내용을 스마트폰에 녹음도 해 봅니다. 그리고 녹음한 것을 듣다보면 어느 순간 강사보다 더 잘 설명할 수 있는 실력자가 되어 있을 것입니다.

사랑은 연필로 쓰고, 답안은 볼펜으로 써야 합니다.

"사랑은 연필로 쓰세요."라는 말은 아주 옛날 옛적 유행하던 노래 제목입니다. 쓰다가 틀리면 지워야 하기 때문이라는데 우리는 공부할 때 볼펜을 써야 합니다. 컴퓨터 사용이 익숙한 시대라 볼펜으로 답안을 작성하다 보면 맞춤법이 헷갈리고, 띄어쓰기가 맞는지 궁금하고, 어느 순간 손가락이 아프고 어깨가 뻐근해지는 것을 느끼게 됩니다. 그 과정을 거쳐야 합격할 수 있으니 꼭 볼펜으로 써야 합니다.

수첩이 부담스럽다면 스마트폰을 사용합니다.

공부하다 보면 몇 번을 봐도 처음 만나는 것처럼 낯선 느낌의 내용들이 있습니다. 그럴 땐 작은 수첩에 메모해서 가끔씩 꺼내서 봅니다. 그런데 수첩 사용이 부담스럽다면 스마트폰을 이용합니다. 하지만 수첩에 한 번 더 쓰면서 공부가 되고, 시험장에서 답안지에 쓰는 연습이 되므로 가급적 수첩 사용을 권장합니다.

이제 시험 한번 봐 볼까요!

"이 정도면 어느 정도 이해한 것 같아!" 이런 생각이 들면 시험장에 있는 것처럼 마음을 가다듬고 답안 작성을 해 봅니다. 이미 공부한 기출문제에 답안을 작성하는 것이니 시간은 80~100분 정도로 잡고, 그 시간 동안은 절대로 책이나 수첩 그 어떤 것에도 눈을 돌리지 말고 오로지 답만 생각합니다. 이런 방식으로 공부해야 머리에 있는 내용을 손을 이용해 종이에 옮길 수 있습니다. 알고 있는 것을 글로 표현하는 것이 생각보다 많은 연습이 필요할 수 있습니다. 특별히 나만 그런 것이 아니라 누구나 겪고 있는 과정입니다. 그 동안 열심히 공부한 자신을 믿고 스스로 정한 시간을 온전히 사용합니다. 그러면 일취월장한 자신을 발견하게 될 것입니다.

이 책의 차례

STEP Ⅰ 핵심이론알기

STEP Ⅱ 답안이해하기

STEP Ⅲ 답안따라쓰기

STEP Ⅳ 답안기억하기

Step I

Vocational Counselor

핵심 이론 알기

1. 직업상담 기초
2. 직업상담 유형
3. 직업상담심리 이론
4. 직업상담 실제
5. 직업심리검사
6. 직무스트레스 경력개발
7. 직업정보
8. 노동시장

Ⅰ 핵심이론알기

직업상담

직업상담의 목적

① 내담자가 이미 결정한 직업계획과 직업선택을 확인하는 과정이다.
② 개인의 직업적 목표를 분명하게 하는 과정이다.
③ 내담자가 직업세계에 대한 이해와 새로운 사실을 발견하도록 돕는 과정이다.
④ 내담자에게 진로관련 의사결정 능력을 길러주는 과정이다.
⑤ 직업선택과 직업생활에서의 능동적인 태도를 길러주는 과정이다.

직업상담의 5단계

① **관계형성**: 내담자의 불안과 긴장을 완화하고 상담자와 신뢰를 형성한다.
② **진단 및 측정**: 내담자의 직업관련 문제를 진단한다.
③ **목표설정**: 내담자가 상담에서 이루고자 하는 목표가 무엇인지 파악하고 상담목표를 설정한다.
④ **개입 또는 중재**: 내담자의 직업관련 문제해결을 위한 상담기법을 사용한다.
⑤ **평가**: 상담자와 내담자는 상담목표를 달성하면 상담을 종결한다.

직업상담사가 갖추어야 할 자질

① 직업상담사는 상담 업무를 수행하는데 있어 결함이 없는 성격을 갖추어야 한다.
② 직업상담사는 내담자의 유형에 적합한 프로그램을 기획하고 개발할 수 있어야 한다.
③ 직업상담사는 직업정보를 다양한 매체를 통하여 제공해야 하므로 매체를 다루는데 능숙해야 한다.
④ 직업상담사는 내담자에 대한 존경심을 가져야 한다.
⑤ 직업상담사는 상황 대처능력이 뛰어나야 한다.

상담 시 내담자의 대화를 가로막을 수 있는 상담자의 반응

① **너무 이른 조언**: 내담자가 받아들이지 않거나, 내담자에게 상담자에 대한 의존성을 심어주기 때문에 효과적이지 않다.
② **가르치기**: 상담자가 내담자를 가르치기 시작하는 순간, 내담자는 자신에 대한 이야기를 더 이상 하지 않거나, 상담자에게 지나치게 의존하는 경향을 보이게 된다.
③ **지나친 질문**: 상담자의 질문은 내담자를 탐색하기 위한 필수조건이라 할 수 있지만, 지나친 질문은 대화를 가로막을 수 있다.

❑ 개인의 문제를 탐색하고자 할 때 상담자의 주의사항

① 상담자는 내담자가 갖고 있는 문제가 무엇인지 파악한다.
② 내담자가 호소하고 있는 문제의 배경이나 원인을 탐색한다.
③ 내담자가 상담을 통해 문제를 해결하고자 하는 의지와 동기가 어느 정도인지 확인한다.

❑ 상담에서 대화의 중단 또는 내담자의 침묵이 발생하는 원인

① 상담초기 상담 관계에 대해 두렵게 느끼거나 부정적일 때 침묵한다.
② 상담자 개인의 적대감에서 오는 저항이나 불안 때문에 침묵한다.
③ 내담자가 할 말이 더이상 생각나지 않거나 무슨 말을 해야 할지 모를 때 침묵한다.
④ 내담자가 자신의 느낌을 표현하고 싶지만 적절한 표현이 생각나지 않을 때 침묵한다.
⑤ 내담자가 스스로 한 얘기에 대해 생각할 때 침묵한다.
⑥ 내담자가 이전에 표현했던 감정 상태에서 생긴 피로를 회복하고 있을 때 침묵한다.

❑ 상담자가 내담자에게 좋은 영향을 줄 수 있는 언어적 행동과 비언어적 행동

언어적	비언어적
① 적절하게 해석해 준다. ② 내담자를 위해 요약해 준다. ③ 주요한 메시지에 반응을 보인다.	① 눈 맞춤을 잘 유지한다. ② 때때로 고개를 끄덕인다. ③ 때때로 미소를 지은다.

❑ 개방형 질문과 폐쇄형 질문의 차이

개방형 질문	폐쇄형 질문
① 질문의 범위가 포괄적이다. ② 내담자가 시야를 넓히도록 유도한다. ③ 바람직한 촉진 관계를 열어 놓는다.	① 질문의 범위가 좁고 한정되어 있다. ② 내담자의 시야를 좁게 만든다. ③ 바람직한 촉진 관계를 닫아 놓는다.

❑ 상담을 위한 면접에서 기본적으로 활용하는 방법인 해석의 의미와 제한점

○ 의미: 내담자가 자기의 문제를 새로운 각도에서 이해하도록 그의 생활과 경험과 행동의 의미를 설명해 주는 것이다.

○ 제한점

① 내담자가 받아들일 준비가 되어 있다고 판단되는 경우 조심스럽게 실행한다.
② 가급적 내담자가 스스로 해석을 내리도록 인도한다.
③ 한 번에 하나씩 한다.

❏ 상담자가 갖추어야 할 기본기술의 의미

① **적극적 경청**: 상담자가 내담자의 말을 귀담아 듣고, 태도와 행동을 관찰하며 선택적으로 주목하는 것을 말한다.

② **공감**: 상담자가 자신이 직접 경험하지 않고도 다른 사람의 감정을 거의 같은 수준으로 이해하는 것이다.

③ **명료화**: 내담자의 말 속에 내포되어 있는 뜻을 내담자에게 명확하게 말해 주는 기법이다.

④ **직면**: 상담장면에서 내담자가 이야기하고 있는 것 중에서 모순이나 불일치된 것을 찾아내어 되물어 주는 기법이다.

문제유형

Vocational Counselor

01 직업상담의 목적 5가지를 쓰시오. 2002.2 / 2008.1

02 직업상담사는 내담자의 심리적 상태를 밝힌다. 직업상담과 상담관계에 영향을 끼칠 수 있는 사회문화적 변인을 이해하고 내담자가 삶의 다양한 역할들의 맥락에서 직업선택을 고려할 수 있도록 도와줘야 한다. 이런 상담과정 5단계는 무엇인가? 2009.1

03 직업상담사가 갖추어야 할 자질을 3가지 쓰시오. 2006.1 / 2020.4

04 상담 시 내담자의 대화를 가로막을 수 있는 상담자의 반응 3가지를 쓰고 설명하시오. 2014.3 / 2018.3

05 개인의 문제를 탐색하고자 할 때 상담자의 주의사항을 쓰시오. 2015.1

06 상담에서 대화의 중단 또는 내담자의 침묵은 자주 일어나는 일이다. 내담자의 침묵이 발생하는 원인 3가지를 쓰시오. 2009.1 / 2012.1 / 2016.2

07 상담자가 내담자에게 좋은 영향을 줄 수 있는 언어적 행동과 비언어적 행동을 3가지를 쓰시오. 2015.1

08 개방형 질문과 폐쇄형 질문의 차이를 쓰시오. 2003.2

09 상담을 위한 면접에서 기본적으로 활용하는 방법인 "해석"을 하는데 있어서 중요한 제한점 2가지를 쓰시오. 2006.1

10 상담자가 갖추어야 할 기본기술인 적극적 경청, 공감, 명료화, 직면을 설명하시오. 2001.1 / 2004.1 / 2007.1

집단상담

접근방식에 따른 집단상담의 형태

① **치료집단**: 정서·행동문제나 정신장애를 치료하기 위한 목적으로 구성되어 입원이나 통원의 형태로 이루어지는 집단이다.
② **성장집단**: 집단 경험을 원하거나 자신에 대해 좀 더 알기를 원하는 집단원들로 구성되는 집단을 말한다.
③ **과업집단**: 구체적인 과업의 목적을 달성하기 위해 모인 구성원들의 집단을 말한다.
④ **교육집단**: 정신건강 교육의 기회와 관련된 다양한 주제에 대한 정보를 제공하기 위해 구성되는 집단을 말한다.
⑤ **자조집단**: 정신건강 전문가들이 돕기에 한계가 있는 문제를 지닌 사람들을 위한 집단이다.

집단상담의 장점과 단점

장점	한계 또는 단점
① 경제적이며 효율적이다. ② 실생활의 축소판 기능이 있다. ③ 문제예방의 효과가 있다. ④ 인간적 성장환경을 마련할 수 있다. ⑤ 상담에 대한 긍정적 인식이 확대된다.	① 비밀보장의 한계가 있다. ② 역효과의 가능성이 있다. ③ 집단의 압력가능성이 있다. ④ 개인에 대한 관심이 미약할 수 있다.

집단상담의 장점을 개인상담과 비교

상담자 1명이 여러명의 집단원을 상담하는 집단상담은 개인상담에 비해,
① 한정된 시간에 더 많은 내담자를 상담할 수 있어 효율적이며, 비용이 적게 든다는 점에서 경제적이다.
② 실생활의 축소판으로 지지적이고 수용적이며 양육적인 대리 가족을 제공한다는 장점이 있다.
③ 잠재적인 문제가 악화되거나 발생하기 전에 집단상담을 통해 사전에 대처할 수 있는 생활 관리기술을 배울 수 있다.

부처(Butcher)가 바라본 집단직업상담의 과정 3단계

① **탐색단계**: 자기개방하고, 흥미와 적성에 대한 탐색을 하며, 탐색 결과에 대한 피드백을 하고, 불일치를 해결한다.
② **전환단계**: 자기 지식을 직업세계와 연결하고, 가치관의 변화를 꾀하고, 자신의 가치와 피드백 간의 불일치를 해결한다.
③ **행동단계**: 목표설정을 하고, 목표달성을 위해 정보를 수집하고 공유하며, 행동으로 옮긴다.

부처(Butcher)의 집단직업상담의 단계마다 이루어져야 하는 것

탐색단계	전환단계	행동단계
① 자기개방 ② 흥미와 적성에 대한 탐색 ③ 탐색 결과에 대한 피드백 ④ 불일치 해결	① 자기 지식을 직업세계와 연결 ② 가치관의 변화를 꾀함 ③ 자신의 가치와 피드백 간의 불일치 해결	① 목표설정 ② 목표달성을 위해 정보를 수집하고 공유 ③ 행동으로 옮김

톨버트(Tolbert)가 제시한 것으로 직업 집단상담의 과정에서 나타나는 활동유형

① 자기탐색
② 상호작용
③ 개인적 정보의 검토 및 목표와의 연결
④ 직업적 교육적 정보의 획득과 검토
⑤ 의사결정

집단의 적정인원(집단의 인원), 집단의 크기가 너무 큰 경우와 작은 경우 비교

① **적정인원**: 6~8명 정도로 집단이 구성될 때 구성원들의 상호작용과 피드백이 촉진되며, 동시에 어느 정도의 이질성을 가질 수 있고 구성원의 참여가 촉진될 수 있다.
② **너무 큰 경우**: 집단원의 일부는 집단상담에 실질적으로 참여할 수 없게 되고, 상담자가 각 개인에게 공평한 주의를 기울이지 못하게 된다.
③ **너무 작은 경우**: 집단원들의 상호관계 및 행동의 범위가 좁아지고 각자가 받는 압력이 너무 커지므로 오히려 비효율적이다.

Vocational Counselor

문제유형

01 집단상담은 그 형태와 접근 방식에 따라 여러 가지로 나눌 수 있다. 집단상담의 형태를 3가지 쓰고 각각 설명하시오. 2013.2 / 2019.2

02 집단상담의 장점과 단점을 각각 3가지씩 쓰시오. 2005.1 / 2009.1 / 2010.1 / 2013.3 / 2015.1 / 2020.4

03 집단상담의 장점 5가지를 쓰시오. 2009.1 / 2013.3 / 2019.1

04 집단상담의 장점을 개인상담과 비교해서 3가지를 쓰시오. 2011.3

05 부처(Butcher)가 바라본 집단직업상담의 과정 3단계를 설명하시오. 2004.1 / 2010.3 / 2012.3 / 2014.1 / 2015.2 / 2017.1 / 2017.2 / 2020.1 · 2

06 부처(Butcher)는 집단직업상담을 위한 3단계 모델을 제시하였다. 첫 단계인 탐색단계에서 이루어져야 하는 것 4가지를 쓰시오. 2012.2

07 부처(Butcher)의 집단상담을 위한 3단계 모델에서 탐색단계, 행동단계에서 하는 것을 각 3가지씩 쓰시오. 2015.3

08 톨버트(Tolbert)가 제시한 것으로 직업 집단상담의 과정에서 나타나는 5가지 활동유형을 제시하시오. 2005.2 / 2010.1 / 2014.3 / 2019.1

09 집단상담을 할 때 집단의 적정인원(집단의 인원)을 쓰고 집단의 크기가 너무 큰 경우와 작은 경우를 비교 설명하시오. 2002.2 / 2006.2

사이버상담과 전화상담

❑ 사이버상담의 필요성

많은 사람이 직업정보 수집할 때 접근이 쉽고, 많은 양의 정보가 있는 인터넷을 이용하고, 수집된 정보로 의사결정을 한다. 그러나 정보의 양이 많아 잘못된 정보 또는 왜곡된 정보로 진로의사결정을 할 경우 문제가 발생하기 때문에 전문가의 도움이 필요하다.

❑ 전화상담의 장점과 단점

○ 장점

① 익명성의 보장으로 청소년 상담, 성폭력 상담에 적합하다.
② 시간과 장소의 제약을 적게 받아 응급상황에 있는 내담자에게 도움이 된다.

○ 단점

① 내담자가 전화를 일방적으로 끊는 경우 도움을 줄 수 없다.
② 일회적 상담에 그치는 경우가 대부분이다.
③ 내담자로부터 얻을 수 있는 정보가 제한적이라 문제해결에 어려움을 겪는다.

문제유형 Vocational Counselor

01 인터넷을 이용한 사이버상담(cyber counseling)이 필요한 이유를 쓰시오. 2010.4 / 2017.2

02 전화상담의 장점과 단점을 각 2가지씩 쓰시오. 2003.1

Vocational Counselor

I 핵심이론알기

프로이트(Freud)의 정신분석상담

❑ 프로이트(Freud)의 방어기제

① **억압**: 의식하기에는 너무나 충격적이고 고통스러운 경험을 무의식 속으로 억눌러 버리는 것을 말한다.
② **부인**: 감당하기 어려운 현실적인 상황이나 사실을 인정하지 않고 부정해버리는 것을 말한다.
③ **투사**: 자신의 심리적 속성이 마치 타인에게 있는 것처럼 생각하고 행동하는 것을 말한다.
④ **합리화**: 자신이 경험한 상황이 고통스럽거나 받아들이기 어려운 경우 그럴듯한 이유를 찾아 조작하는 것을 말한다.
⑤ **치환**: 위협적인 대상에서 안전한 상대에게로 이동시켜 충동을 해소하는 것을 말한다.
⑥ **승화**: 사회적으로 용인될 수 없는 충동을 수용될만한 형태와 방법으로 표현하는 것을 말한다.
⑦ **퇴행**: 심한 스트레스 상황이나 곤경에 처했을 때 불안을 감소시키려고 이전의 발달단계로 되돌아가는 것을 말한다.
⑧ **동일시**: 자기가 좋아하거나 존경하는 대상과 자기 자신이 같은 것으로 인식하는 것을 말한다.

❑ 정신분석상담에서 필수적 개념인 불안의 3가지 유형

① **현실적 불안**: 외부세계에서의 실제적인 위협을 지각함으로써 발생하는 감정적 체험이다.
② **신경증적 불안**: 현실을 고려하여 작동하는 자아와 본능에 의해 작동되는 원초아 간의 갈등에서 비롯된 불안이다.
③ **도덕적 불안**: 원초아와 초자아 간의 갈등에서 비롯된 불안으로 본질적으로 자신의 양심에 대한 두려움이다.

❑ 전이의 의미와 해결방안

의미	내담자가 과거의 중요한 인물에게 느꼈던 감정이나 생각을 상담자에게 투사하는 것을 말한다.
해결방안	상담자는 내담자가 혼동이 생기는 이유를 탐색해 과거의 인물들에 대한 갈등을 현재의 관점에서 해결하고 과거의 영향에서 벗어나도록 돕는다.

❑ 역전이의 의미와 해결책

의미	상담자가 자신의 갈등으로 파생되는 왜곡된 관념이 내담자로 인하여 발달되는 경우로 상담자가 내담자에게 일으키는 전이현상이다.
해결책	상담자가 자기자각의 부족으로 상담에 영향을 미치기 때문에 내담자를 적절한 전문가에게 의뢰하고 상담자는 상담을 받아 자신의 문제를 해결한다.

❏ 저항의 의미와 유형

의미	내담자가 상담에 협조하지 않는 모든 행위를 말한다.
유형	정해진 시간에 상담에 오지 않거나, 아무런 의미도 없는 말만 되풀이하거나, 특정한 감정이나 생각을 드러내지 않거나, 중요한 내용을 빠뜨리고 사소한 이야기만 한다.

❏ 프로이트(Freud) 정신분석적 접근과 아들러(Adler)의 개인심리학적 접근의 인간관 비교

프로이트 관점	내담자의 문제는 인생 초기의 경험에서 비롯된다고 보았고, 무의식을 중요하게 여겼고 주로 정신질환자에게 관심을 보였다.
아들러 관점	내담자의 문제는 인생초기에 형성한 생활양식에 의해 영향 받는다고 보았고, 현실의 주관적 지각을 중요하게 여겼고 일반대중에게 관심을 보였다.

❏ 정신분석적 심리치료, 인간중심의 치료, 행동수정 및 인지적 접근은 모든 심리상담에 영향을 미치는 기초이론으로 이 4가지 상담이론의 공통적인 접근방법

① 인간의 부적응 혹은 이상 행동을 체계적으로 기술한다.

② 부적응 상태가 생긴 이유나 과정을 설명한다.

③ 앞으로 일어날 일들을 예측하여 행동을 변화시키는 목적을 지닌다.

문제유형

Vocational Counselor

01 프로이트(Freud)의 방어기제 3가지를 쓰고 이를 설명하시오. 2004.1

02 정신분석적 상담에서 내담자의 자각을 증진시키고 직접적인 방법으로 불안을 통제할 수 없을 때 사용하는 방어기제 5가지를 쓰시오. 2009.1 / 2017.1 / 2019.2

03 정신분석상담에서 필수적 개념인 불안의 3가지 유형을 쓰고 각각에 대해 설명하시오. 2012.2 / 2017.1

04 내담자가 상담자에게 지나치게 의존하려는 전이(transference)가 일어났을 때 그 의미와 해결방안을 설명하시오. 2004.1 / 2007.1

05 상담에서 "역전이"의 의미를 기술하고 그 해결책을 설명하시오. 2006.3 / 2009.2

06 저항의 의미와 유형을 설명하시오. 2005.1

07 직업상담에서 프로이트(Freud) 정신분석적 접근과 아들러(Adler)의 개인심리학적 접근의 인간관을 비교 설명하시오. 2009.1

08 정신분석적 심리치료, 인간중심의 치료, 행동수정 및 인지적 접근은 모든 심리상담에 영향을 미치는 기초이론이라고 할 수 있다. 이 4가지 상담이론들의 공통적인 접근방법을 3가지 쓰시오. 2008.3

Ⅰ 핵심이론알기

보딘(Bordin)의 정신역동적상담

보딘(Bordin)의 정신역동적 직업상담과정 3단계

① **탐색과 계약설정**: 상담자는 내담자가 자신의 욕구 및 자신의 정신역동적 상태를 탐색할 수 있도록 돕고 앞으로의 상담전략을 합의한다.

② **비판적 결정단계**: 진로에 대한 비판적 결정뿐만이 아니라 선택이 제한된 것들 또는 인성변화를 포괄하는 문제들도 포함한다.

③ **변화를 위한 노력단계**: 자신이 선택하고자 하는 직업과 관련지어 보아 자신의 성격 특히 욕구, 흥미 등에서 더 많은 변화를 필요로 하는 부분에 대한 변화를 시도하려고 노력해야 한다.

보딘(Bordin)이 분류한 직업문제의 심리적 원인 5가지

① **의존성**: 자신의 진로문제를 해결하고 책임지는 것을 어렵다고 느끼기 때문에 지나치게 다른 사람들에게 의존하려 한다.

② **정보의 부족**: 경제적으로나 교육적으로 궁핍한 환경에서 자란 사람들은 적합한 정보를 접할 기회가 없었기 때문에 현명한 선택을 하지 못한다.

③ **자아갈등**: 자아개념과 다른 심리적 갈등으로 인하여 진로선택이나 진로결정에 어려움을 겪는다.

④ **진로선택에 따르는 불안**: 자신이 하고 싶어 하는 일과 중요한 타인이 기대하는 일이 다를 경우 진로선택에 따른 불안과 갈등을 겪는다.

⑤ **문제가 없음**: 내담자가 현명한 선택을 한 후에 그것을 확인하기 위해 상담자를 찾는 경우이다.

문제유형

Vocational Counselor

01 정신역동적 직업상담 모형을 구체화 시킨 보딘(Bordin)의 상담과정 3단계를 쓰고 설명하시오. 2009.1 / 2012.1 / 2013.2 / 2018.2 / 2020.3

02 보딘(Bordin)의 정신역동적 직업상담에서 분류한 직업문제의 심리적 원인 중 3가지를 쓰고 설명하시오. 2009.2 / 2010.2 / 2011.1 / 2015.3 / 2017.2

03 보딘(Bordin)의 정신역동적상담에서 주장하는 내담자의 심리적 문제 원인 5가지를 쓰시오. 2013.3 / 2019.2

아들러(Adler)의 개인심리학

아들러(Adler)의 개인주의 상담이론 상담목표

① 내담자의 사회적 관심을 증진시킨다.
② 열등감과 낙담을 제거한다.
③ 내담자의 관점과 목표를 수정하고 인생 각본을 바꾼다.
④ 좋지 못한 동기를 바꾼다.
⑤ 타인과의 동등감을 계발시킨다.

아들러(Adler)의 개인주의 상담이론에서 열등감 콤플렉스 원인

① 기관열등감
② 과잉보호
③ 양육태만

아들러(Adler)의 개인주의 상담의 4단계 치료과정

① 상담관계 형성
② 평가와 분석
③ 해석과 통찰
④ 재정향

아들러(Adler)의 개인상담 이론 중 생활양식 유형

① **지배형**: 부모가 지배하고 통제하는 독재형으로 자녀를 양육할 때 나타나는 생활양식으로 공격적이고 자기주장적인 태도를 보인다.
② **기생형**: 부모가 지나치게 과잉보호할 때 나타나는 생활양식으로 의존성을 보인다.
③ **회피형**: 부모가 자녀교육 할 때 기를 꺾어 버릴 때 나타나는 유형으로 매사에 소극적이며 부정적인 태도를 가진다.
④ **사회형**: 높은 사회적 관심과 활동성을 가지고 있으며 긍정적 태도를 가진 성숙한 사람으로서 심리적으로 건강한 사람의 표본이 된다.

문제유형

Vocational Counselor

01 아들러(Adler)의 개인주의 상담이론에서 상담목표를 3가지(5가지) 쓰시오. 2013.1 / 2013.3 / 2018.2

02 아들러(Adler)의 개인주의 상담이론에서 열등감 콤플렉스의 원인 3가지를 쓰시오. 2013.3 / 2016.1 / 2018.1 / 2018.2

03 아들러(Adler)의 개인주의 상담의 4단계 치료과정을 순서대로 쓰시오. 2012.1

04 아들러(Adler)의 개인상담 이론 중 생활양식 유형 4가지를 쓰시오. 2014.1

행동주의상담

행동주의상담 이론의 기본적인 가정

① 행동은 살아있는 유기체의 기본적인 특성이다.
② 대부분의 인간행동은 학습된 것이다.
③ 행동의 변화는 유기체가 환경에 적응하는 방식으로 이루어진다.

라자로스(Lazaros)가 개발한 다중양식치료의 핵심개념 BASIC-ID

① B 행동: 얼마나 활동적인지의 정도이다.
② A 감정: 정서적 반응의 깊이다.
③ S 감각: 신체적 감각에 얼마나 집중하는지의 정도이다.
④ I 심상: 어떠한 심상을 가지고 있는가와 시각 이미지를 사용하는 정도이다.
⑤ C 인지: 인지적 추론하는 정도와 문제해결을 위해 인지적 전략을 사용하는 정도이다.
⑥ I 대인관계: 친밀한 대인관계를 추구하는 정도이다.
⑦ D 약물: 자신의 신체를 잘 관리하는 정도이다.

직업상담의 문제유형 중 청소년들이 진로나 직업선택 시 의사결정을 미루는 2가지 유형

① 우유부단형: 제한적인 경험에 기인되는 자아와 일의 세계에 대한 정보의 결핍이 주요 원인이다.
② 무결단성: 진로선택에 관한 결정과 연관되는 오래 지속된 불안에서 일어나는데, 이것은 위압적이거나 지나친 요구를 하는 부모의 태도에서 비롯된다.

행동주의상담에서 노출치료(exposure therapy) 방법

① 실제적 노출법: 실제 공포자극에 노출시키는 방법으로 혐오치료가 있다.
② 심상적 노출법: 공포자극을 상상하게 하여 노출시키는 방법으로 체계적 둔감화가 있다.
③ 집중적 노출법: 단번에 강한 공포자극에 직면시키는 방법으로 홍수법이 있다.

행동주의상담 방법 중 내적인 행동변화를 촉진시키는 체계적 둔감화 기법의 의미와 적용단계

의미	내담자로부터 불안을 없애기 위해 불안반응을 체계적으로 증대시키면서 동시에 불안과 대립되는 이완반응을 야기하는 방법이다.
적용 단계	① 근육이완훈련: 상담자는 내담자에게 근육을 긴장하게 했다 풀어놓도록 하는 훈련을 반복하여 근육의 긴장을 이완할 수 있도록 훈련시킨다. ② 불안위계목록 작성: 상담자는 내담자에게 불안이나 공포를 일으키는 상황에 대한 위계목록을 작성하게 한다. ③ 둔감화: 불안위계목록에서 위협을 가장 적게 느끼는 상황에서부터 시작하여 가장 위협적인 상황까지 불안 없이 단계적으로 제거해 불안이 완전히 소거될 때까지 반복하여 실시한다.

❑ 외적행동변화의 자기주장훈련 절차

① 자신의 감정을 헤아려 본다.
② 감정을 유발시킨 원인을 파악한다.
③ 집단원이 원하는 것을 파악한다.
④ 상대방의 행동변화를 제안, 요구, 주장하는 내용을 표현한다.

❑ 외적행동변화촉진기법 '강화'의 의미

어떤 행동에 따른 결과를 제공하는 절차로서, 그 행동의 확률을 증가 또는 유지시키는 기법으로 정적강화와 부적강화가 있다.

❑ 행동주의상담 기법 중 불안감소기법과 학습촉진기법

○ 불안감소기법

① **체계적둔감화**: 내담자로부터 불안을 없애기 위해 불안반응을 체계적으로 증대시키면서 동시에 불안과 대립되는 이완반응을 야기하는 방법이다.
② **주장훈련**: 자신이 원하는 것을 표현하지 못 했을 때 느끼는 우울이나 절망감을 피하고 대인관계에서 보다 평등한 관계가 되도록 해주는 기법이다.
③ **홍수법**: 실제 불안 자극에 집중적으로 오래 노출하는 것을 의미한다.

○ 학습촉진기법

① **변별학습**: 유사한 자극에서 나타나는 조그만 차이에 따라 서로 다른 반응을 보이도록 유도하는 것이다.
② **모델링**: 내담자가 다른 사람의 바람직한 행동을 관찰해서 학습한 것을 수행하는 것이다.
③ **토큰법**: 적절한 행동을 할 때마다 직접 확인될 수 있는 강화물로 토큰이 주어지는 체계적인 기법이다.

❑ 행동주의상담에서 내적 행동변화 촉진기법과 외적 행동변화 촉진기법

내적 행동변화 촉진기법	외적행동변화 촉진기법
① 체계적 둔감화 ② 근육이완훈련 ③ 감동적 구상법 ④ 사고정지	① 토큰법 ② 주장훈련 ③ 자기관리 프로그램 ④ 행동계약 ⑤ 혐오치료 ⑥ 모델링

❑ 적응행동 증진기법과 부적응행동 감소기법

적응행동 증진기법	부적응행동 감소기법
① 정적강화 ② 행동조성 ③ 토큰법 ④ 프리맥의 강화원리	① 소거 ② 벌 ③ 근육이완 ④ 체계적 둔감화

문제유형

01 행동주의상담 이론의 기본적인 가정을 3가지만 쓰시오. 2004.2 / 2009.1 / 2012.1

02 라자로스(Lazaros)가 개발한 다중양식치료의 핵심개념인 BASIC-ID를 설명하시오. 2012.1

03 직업상담의 문제유형 중 청소년들이 진로나 직업선택 시 의사결정을 미루는 2가지 유형을 쓰고 설명하시오. 2003.2 / 2014.2

04 행동주의상담에서 노출치료(exposure therapy)의 방법 3가지를 쓰고 설명하시오. 2011.3 / 2018.2

05 행동주의 체계적 둔감화 표준절차 3단계를 쓰고 설명하시오. 2008.1 / 2010.3

06 행동주의상담 방법 중 내적인 행동변화를 촉진시키는 체계적 둔감화 기법의 의미와 적용단계를 순서대로 설명하시오. 2013. 2

07 면접에 대한 불안을 갖는 최(崔)모씨에게 단계적 둔화법을 사용하여 상담 절차를 쓰시오. 2016.2

> 필답시험 성적은 우수하지만 취업면접에서 지나친 긴장과 불안 때문에 몇 차례에 걸친 취업기회에도 불구하고 실패를 거듭해온 내담자에 대해 상담자는 면접상황에서의 긴장과 불안을 완화시키지 않고는 이 내담자가 취업에 성공하기는 힘들다는 판단을 내리게 되었다.

08 다음에 제시된 글을 읽고 물음에 답하시오. 2008.3

> 필답시험 성적은 우수하지만 취업면접에서 지나친 긴장과 불안 때문에 몇 차례에 걸친 취업기회에도 불구하고 실패를 거듭해온 내담자에 대해 상담자는 면접상황에서의 긴장과 불안을 완화시키지 않고는 이 내담자가 취업에 성공하기는 힘들다는 판단을 내리게 되었다.

이 내담자에 대해 단계적(체계적) 둔화(systematic desensitization)의 방법을 적용하여 면접상황에서의 긴장과 불안을 완화시켜 나가는 구체적인 절차와 단계들에 대해 설명하시오.

09 외적행동변화의 자기주장훈련 절차를 쓰시오. 2017.1

10 행동주의에서 말하는 '강화'가 무엇인지에 대해 설명하시오. 2004.1

11 행동주의 직업상담의 상담기법을 크게 불안감소기법과 학습촉진기법 유형으로 구분할 수 있다. 각 유형별 대표적 방법을 각각 3가지만 쓰시오. 2011.1 / 2012.3 / 2015.1 / 2016.1 / 2016.3

12 행동주의상담에서 내적 행동변화 촉진방법과 외적 행동변화 촉진방법을 각각 3가지씩 쓰시오. 2009.3

13 행동주의상담에서 외적인 행동변화를 촉진시키는 방법 5가지만 쓰시오. 2010.1

14 행동주의상담의 치료기법 중 적응행동증진기법 3가지를 설명하시오. 2014.2

로저스(Rogers)의 내담자중심상담

로저스(Rogers)의 인간중심상담의 철학적 가정

① 인간은 가치를 지닌 독특하고 유일한 존재이다.
② 인간은 자기 확충을 향한 적극적인 성장력을 지녔다.
③ 인간은 근본적으로 선하며 이성적이고 믿을 수 있는 존재이다.
④ 각 개인을 알기 위해서는 개인의 주관적 생활에 초점을 두어야 한다.
⑤ 각 개인은 자신이 의사결정을 내릴 권리와 장래에 대해 선택할 권리를 가졌다.

로저스(Rogers)의 내담자중심 접근법을 사용할 때 직업상담자가 갖추어야 할 기본태도

① **일치성**: 상담자는 상담장면에서 자신의 감정이나, 태도를 있는 그대로 진솔하게 인정하고 개방해야 한다.
② **긍정적 관심과 수용**: 상담자는 내담자의 감정이나 생각을 평가하지 않고 무조건 존중하고 따뜻하게 수용해야 한다.
③ **정확한 공감적 이해**: 상담자는 내담자의 경험과 감정을 민감하고 정확하게 이해해야 한다.

로저스(Rogers)가 제시한 상담관계의 필수조건

① 두 사람이 심리적 접촉을 한다.
② 상담자는 내담자와의 관계에서 일치성을 보이며 통합적이다.
③ 상담자는 내담자를 위해 무조건적인 긍정적 존중을 경험한다.

인간중심치료의 '완전히 기능하는 사람'의 특성

① 경험에 대하여 개방적이다.
② 실존적인 삶을 사는 사람이다.
③ 유기체적인 신뢰가 있다.
④ 경험적 자유를 지니고 있다.
⑤ 창조성을 지니고 있다.

내담자중심상담과 특성요인상담 이론의 차이

○ 내담자중심상담

① 비지시적 상담
② 상담자와 내담자 동등한 관계
③ 진단과 처방을 배제

○ 특성요인상담

① 지시적 상담
② 상담자와 내담자는 교육자와 학생의 관계
③ 진단과 처방

❑ 패터슨(Patterson)이 말하는 '직업정보' 활용의 원리

① 상담과정에서 내담자가 필요로 할 때 제공해야 한다.
② 내담자가 받아들일 준비가 될 때까지 기다려야 한다.
③ 직업정보가 내담자에게 영향을 주기 위해 사용되어서는 안 된다.
④ 내담자가 출판물이나 고용주와 관계되는 사람에게 직접 직업정보를 얻도록 격려한다.

문제유형

Vocational Counselor

01 로저스(Rogers)의 인간중심상담의 철학적 가정 5가지를 쓰시오. 2010.4 / 2014.3 / 2018.3

02 로저스(Rogers)의 내담자중심 접근법을 사용할 때 직업상담자가 갖추어야 할 3가지 기본태도를 쓰고 설명하시오. 2007.2 / 2008.3 / 2009.3 / 2015.1 / 2015.3

03 로저스(Rogers)가 제시한 상담관계의 3가지 필수조건을 제시하고 설명하시오. 2008.3

04 인간중심치료의 '완전히 기능하는 사람'의 특성 5가지를 쓰시오. 2008.3 / 2015.3

05 내담자중심상담과 특성요인상담 이론의 차이를 2가지 이상 설명하시오. 2010.2 / 2014.2

06 내담자중심직업상담에서 '직업정보' 활용의 원리는 검사해석의 원리와 같다. 이를 패터슨(Patterson)은 어떻게 설명하고 있는지 4가지를 쓰시오. 2008.1 / 2013.3

07 로저스(Rogers)의 내담자중심상담을 성공적으로 이끄는 데 있어서 상담자의 능동적 성향을 강조하였으며, 패터슨(Patterson)도 내담자중심직업상담은 기법보다 태도를 필수적으로 보았다. 내담자중심 접근법을 사용할 때 직업상담자가 갖추어야 할 3가지 기본태도를 쓰고 설명하시오. 2016.1

I 핵심이론알기

윌리암슨(Williamson)의 특성·요인상담

윌리암슨(Williamson)의 특성·요인 직업상담에서 직업 의사결정에서 나타나는 변별진단 4가지

① **불확실한 선택**: 내담자가 자신에 대한 이해 부족, 직업세계에 대한 이해가 부족한 상태에서 진로선택을 한 경우이다.

② **무선택**: 내담자가 아직 진로결정을 하지 못 했다고 이야기 하거나 진로에 대해 잘 모른다고 하는 경우이다.

③ **흥미와 적성의 불일치**: 내담자가 말하는 흥미와 적성의 불일치일 수도 있고, 측정된 결과의 불일치를 보이는 경우이다.

④ **어리석은 선택**: 내담자의 흥미와 관계없는 목표, 직업정보의 결핍 등에 의해 현명하지 못한 선택을 한 경우이다.

윌리암슨(Williamson)의 상담과정

○ **상담순서**: 분석 → 종합 → 진단 → 처방 → 상담 → 추수지도

① **분석**: 자료수집단계로 내담자와 관련된 정보를 모으는 것이다.

② **종합**: 내담자의 자료가 수집되면 상담자는 내담자의 강점과 약점을 확인할 수 있도록 자료를 요약하고 종합한다.

③ **진단**: 내담자의 자료를 분석하고 강점과 약점에 관한 판단을 근거로 변별진단한다.

④ **처방**: 내담자의 객관적 자료를 추적하여 문제의 원인을 파악한다.

⑤ **상담**: 내담자가 직업에서 바람직한 적응을 위해 무엇을 해야 할지 상담한다.

⑥ **추수지도**: 새로운 문제가 야기되었을 때 내담자가 바람직한 행동계획을 수행할 수 있도록 돕고 지도한다.

윌리암슨(Williamson)의 인간본성 기본가정

① 인간은 선과 악의 잠재력을 모두 지니고 있는 존재이다.

② 인간은 선을 실현하는 과정에서 타인의 도움을 필요로 하는 존재이다.

③ 그러나 인간이 선한 생활을 결정하는 것은 바로 자기 자신이다.

④ 선의 본질은 자아의 완전한 실현이다.

⑤ 세계관은 개인적인 것으로 인간은 누구나 그 자신의 독특한 세계관을 지닌다.

윌리암슨(Williamson)의 특성·요인상담에서 검사의 해석단계 상담기법

① **직접충고**: 검사결과를 토대로 상담자가 내담자에게 자신의 견해를 솔직히 표명하는 것이다.

② **설득**: 상담자가 내담자에게 합리적이고 논리적인 방법으로 증거를 제시하는 것이다.

③ **설명**: 상담자가 진단과 검사자료뿐 아니라 비검사자료들을 해석하여 내담자의 진로선택을 돕는 것이다.

❏ 파슨스(Parsons)의 특성 · 요인상담에서 상담자가 할 일 3가지

① **자신에 대한 이해**: 내담자가 자신의 강점과 약점을 포함한 개인적 성향을 충분히 이해할 수 있도록 한다.
② **직업에 대한 이해**: 내담자가 주어진 직업에서의 성공조건과 보상과 승진에 관한 정보를 알 수 있도록 한다.
③ **자신과 직업의 합리적 연결**: 내담자 자신과 직업에 대한 이해를 통해 현명한 선택을 하도록 돕는다.

❏ 파슨스(Parsons)의 특성 · 요인이론에서 특성과 요인의 의미

① **특성**: 검사를 통해서 측정 되어질 수 있는 개인의 적성, 흥미 등의 특성이다.
② **요인**: 성공적인 직업수행을 위해 요구되는 특성으로 책임, 직업성취도 등 직업의 구성요소이다.

❏ 다알리(Darley)의 특성 · 요인 상담이론에서 상담자의 원칙

① 내담자에게 강의하려 하거나 거만한 자세로 말하지 않는다.
② 상담초기 내담자에게 제공하는 정보는 비교적 적은 범위로 한정시킨다.
③ 어떤 정보를 제공하기 전에 내담자가 그것을 알고 싶어 하는지 확인한다.

❏ 브레이필드(Brayfield)가 제시한 직업정보 기능 3가지

① **정보적 기능**: 이미 선택한 바를 확인시켜 주거나, 두 가지 방법이 똑같이 매력적일 때 망설임을 해결해 주어 내담자의 직업선택에 대하여 지식을 증가시킨다.
② **재조정 기능**: 내담자가 현실에 비추어 부적당한 선택을 했을 때 이를 점검하는 기초를 마련한다.
③ **동기화 기능**: 내담자가 진로의사결정 과정에 적극적으로 참여하도록 동기부여 한다.

문제유형

Vocational Counselor

01 윌리암슨(Williamson)의 특성·요인 직업상담에서 직업 의사결정에서 나타나는 여러 문제들에 대한 변별진단 결과를 분류하는 4가지 범주를 쓰고 각각에 대해 설명하시오. 2014.3 / 2016.2 / 2018.1 / 2020.4

02 특성·요인이론가 윌리암슨의 상담과정 중 ( )를 적고 설명하시오. 2019.2

분석 → ( ) → ( ) → ( ) → 상담 → 추수지도

03 윌리암슨(Williamson)의 이성적 지시적(특성·요인) 이론 중 인간본성에 대한 기본 가정을 3가지만 쓰시오. 2008.1 / 210.2 / 2013.2 / 2017.2

04 윌리암슨(Williamson)의 특성·요인상담에서 검사의 해석단계에서 이용할 수 있는 상담기법을 3가지 쓰고 설명하시오. 2008.3 / 2010.4 / 2011.3

05 파슨스(Parsons)의 특성·요인상담에서 상담자가 해야 할 일을 3가지 쓰시오. 2011.3

06 파슨스(Parsons)의 특성·요인이론에서 특성과 요인의 뜻을 쓰시오. 2003.4

07 다알리(Darley)의 특성·요인 상담이론에서 상담자의 원칙 3가지를 쓰시오. 2016.1

08 특성·요인의 직업상담이론에서 브레이필드가 제시한 직업정보의 기능을 3가지 쓰고 설명하시오. 2011.2 / 2017.3

core 10

펄스(Fritz Perls)의 형태주의상담

형태주의상담의 주요 목표

① **체험 확장**: 내담자 스스로 억압했던 자신의 감정이나 욕구를 자연스럽게 표현하며 체험영역을 확장한다.
② **통합**: 분리되고 소외된 성격 부분을 접촉하고 체험함으로써 자기 성격의 일부로 통합하도록 한다.
③ **자립**: 내담자가 스스로 자립할 수 있다는 것을 알아차리도록 한다.
④ **책임자각**: 자신의 행동을 선택하고 책임질 수 있게 한다.
⑤ **성장**: 내담자 스스로 혼란을 극복하고 새로운 모습으로 변화하고 성장한다.
⑥ **실존적인 삶**: 타인의 기대에 의해 살려고 하지 않고 실존적인 삶을 살아가도록 한다.

펄스(Perls)의 형태주의 이론의 신경증 층

① **허위 층**: 다른 사람과 진실한 마음 없이 형식적이고 상투적으로 대하는 거짓된 상태이다.
② **공포 층**: 자신의 고유한 모습으로 살아가기보다 부모나 주위 환경의 기대에 따라 행동하는 단계이다.
③ **난국 층**: 개인은 이제껏 해왔던 역할연기를 그만두고 자립을 시도하지만 동시에 심한 공포를 체험하는 단계이다.
④ **내적 파열 층**: 개인은 자신이 억압하고 차단해 왔던 욕구와 감정을 알아차리게 되는 단계이다.
⑤ **폭발 층**: 감정이나 욕구를 더 이상 억압하지 않고 중요한 타인에게 표출하는 단계이다.

형태주의상담 기법

① **빈 의자 기법**: 현재 상담장면에 와 있지 않은 사람과 상호작용할 필요가 있을 때 사용하는 기법으로 내담자는 의자를 번갈아 앉아가면서 서로 대화를 나눈다.
② **과장하기 연습**: 내담자가 무의식적으로 혹은 습관적으로 보여주는 행동이나 제스처를 반복해서 과장되게 표현하게 하는 방법이다.
③ **시연 연습**: 각성을 높이기 위해 과거에 있었던 어떤 장면이나 미래에 있을 수 있는 어떤 장면을 현재에 벌어지는 장면으로 상상하여 실제행동으로 시연해 보도록 하는 것이다.
④ **책임지기**: 내담자에게 어떤 진술을 하게 한 다음 "나는 그것에 대해 책임이 있습니다."라고 말하게 함으로써 자신의 행동에 대하여 책임을 지는 태도를 강화하는 것이다.
⑤ **현실 검증을 위한 과제하기**: 내담자에게 상담 과정에서 학습한 것을 일상생활에서 실험해 보도록 여러 가지 숙제를 부과하는 것을 말한다.

문제유형

Vocational Counselor

01 형태주의상담의 주요 목표 3가지를 쓰시오. 2012.2 / 2017.2 / 2019.3

02 펄스(Perls)의 형태주의 이론에서 인격을 양파 껍질 벗기는 것에 비유하였는데, 심리적 성숙을 위해 벗어 버려야 하는 신경적 층 요인을 3가지 쓰시오. 2013.3

03 형태주의상담에서 내담자들이 자신에 대해 더 잘 자각하고 내적 갈등을 충분히 경험하며, 미해결된 감정을 해결할 수 있도록 돕기 위해 사용하는 기법을 4가지만 쓰시오. 2011.1 / 2012.1 / 2013.2 / 2015.3 / 2018.2

실존주의상담

실존주의 상담자들이 보이는 인간이 갖는 궁극적 관심사

① **자유와 책임:** 인간은 여러 가지 상황에서 선택할 수 있는 자유를 가진 자기결정적인 존재이다. 인간은 근본적으로 자유롭기 때문에 삶의 방향을 지시하고 운명을 이루어 나가는 데 책임을 져야만 한다.

② **불안과 죄책감:** 실존주의자들은 우리에게 주어진 자유 때문에 그리고 선택하도록 운명 지어져 있기 때문에 우리는 어쩔 수 없이 불안하다고 주장한다.

③ **삶의 의미성:** 삶의 중요성과 목적을 향한 노력은 인간의 독특한 특성이다.

④ **죽음과 비존재:** 실존주의의 가장 중요한 문제는 죽음이다. 인간은 미래의 언젠가는 자신이 죽는다는 것을 스스로 자각한다.

실존주의상담에서 인간존재 양식세계

① **주변세계:** 인간이 접하면서 살아가는 환경 혹은 생물학적 세계를 말하며, 개인이 던져진 세계이다.

② **공존세계:** 인간은 사회적 존재로서 타인과의 관계로 이루어지는 공동체의 세계에 존재한다. 인간만이 갖는 대인관계이다.

③ **고유세계:** 인간에게만 나타나는 세계로서 개인이 자신에게 가지는 관계를 의미하며, 자신의 세계를 말한다.

실존주의상담에서 내담자의 자기인식 능력향상을 위한 상담자 치료원리

① 죽음의 실존적 상황에 직면하도록 격려한다.

② 삶에 대한 자유와 책임을 자각하도록 촉진한다.

③ 자신의 인간관계 양식을 점검하도록 돕는다.

④ 삶의 의미를 발견하고 창조하도록 돕는다.

실존주의 심리상담의 인간에 대한 기본가정

① 인간은 자각하는 능력을 가지고 있다.

② 인간은 항상 변화하는 상태에 있는 존재이다.

③ 인간은 자유로운 존재인 동시에 자기 자신을 스스로 만들어 가는 존재이다.

④ 인간은 자기 자신을 초월할 수 있는 능력을 가지고 있다.

문제유형

01 실존주의적 상담자들이 내담자의 궁극적 관심사와 관련하여 중요하게 생각하는 주제를 3가지(또는 4가지) 제시하고 각각에 대해 설명하시오. 2009.2 / 2010.2 / 2012.3 / 2017.2 / 2020.1 · 2

02 실존주의상담에서 3가지 차원의 인간존재 양식세계를 쓰고 설명하시오. 2019.1

03 실존주의상담에서 내담자의 자기인식 능력향상을 위한 상담자 치료원리를 3가지 쓰시오. 2013.2

04 실존주의 심리상담의 인간에 대한 기본가정을 4가지 쓰시오. 2013.2

Vocational Counselor

I 핵심이론알기

에릭 번(Eric Berne)의 교류분석상담

교류분석 상담자가 내담자를 조력하기 위해 사용하는 분석유형

① **구조분석**: 내담자의 성격을 구성하는 자아를 분석하는 것으로 부모자아, 어른자아, 아동자아를 통해 내담자가 자신을 이해하도록 조력하는 것이다.

- **부모자아(P)**: 개인이 자신이나 타인에게 강요하는 당위적인 명령으로 구성되어 있는 자아 상태로 비판적 부모자아와 양육적 부모자아로 구성되어 있다.
- **성인자아(A)**: 개인이 현실세계와 관련해 기능하는 성격부분으로 성격의 합리적이고 객관적인 측면을 나타낸다.
- **아동자아(C)**: 우리 각자의 아동기의 유물인 일련의 감정, 태도, 행동유형으로 자유로운 어린이와 순응적인 어린이로 구성되어 있다.

② **교류분석**: 내담자가 상대하는 사람과의 행동과 언어를 분석하는 것이다.

- **상보적 교류**: 원만한 대화가 이루어지며 바람직한 인간관계의 유형이다.
- **교차적 교류**: 의사소통이 단절이나 왜곡이 생기고 성실성이 없거나 바람직하지 못한 인간 관계가 된다.
- **이면적 교류**: 겉으로는 합리적 대화를 하는 것 같으나 대화 이면에 다른 동기나 진의를 감추고 있는 교류패턴이다.

③ **게임분석**: 게임은 겉으로는 상보적 교류를 하지만 결국 불쾌한 감정으로 이어지는 이면적 교류방식이다.

④ **각본분석**: 내담자가 강박적으로 사용하는 구체적인 인생각본을 분석하는 것이다.

- **자기긍정-타인긍정**: 나도 너도 좋다고 생각한다.
- **자기긍정-타인부정**: 자신은 좋아도 상대가 나쁘기 때문이라고 생각한다.
- **자기부정-타인긍정**: 너는 좋으나 나는 그렇지 않다고 생각한다.
- **자기부정-타인부정**: 나도 너도 틀렸다고 생각한다.

의사교류분석(TA) 상담의 제한점

① 주요개념들이 인지적이므로 지적 능력이 낮은 내담자에게 부적절할 수도 있다.
② 주요개념이 추상적이어서 실제적용에 어려움이 많다.
③ 주요개념에 대한 실증적 연구도 있었지만 과학적인 증거로 제시되었다고 보기는 어렵다.

문제유형

Vocational Counselor

01 교류분석 상담자가 내담자를 조력하기 위해 사용하는 분석유형을 3가지 쓰고 설명하시오. 2013.2 / 2018.2

02 의사교류분석(TA)에서 내담자 이해를 위한 역동적 자아상태 3가지를 쓰시오. 2003.1 / 2009.3 / 2020. 1 · 2

03 교류분석상담에서 개인의 생활각본을 구성하는 주요 요소인 기본적인 생활 자세 4가지를 쓰고 설명하시오. 2011.2 / 2019.1

04 의사교류분석(TA) 상담의 제한점을 3가지 쓰시오. 2011.3 / 2014.2 / 2018.1

엘리스(Ellis)의 인지적·정서적·행동치료(REBT)

인지적·정서적 상담(RET)기법에서 기본가정, 기본개념, 상담의 목표

① **기본가정**: 인간은 합리적 사고와 비합리적 사고의 잠재성을 가지고 태어났다고 가정하며 정서적 혼란은 비합리적 신념에서 비롯된다고 본다.

② **기본개념**: 우리가 사고하는 것을 느끼기 때문에 인지는 인간정서의 가장 중요한 핵심적 요소로 사고의 분석부터 한다. REBT이론은 현재의 행동에 초점을 두며 신념은 변화한다고 믿는다.

③ **상담의 목표**: 상담과정에 논박하기를 이용하여 내담자의 비합리적 신념을 합리적 신념으로 바꾸어 수용할 수 있는 합리적 결과를 갖게 하는 것이다.

엘리스(Ellis) REBT의 기본원리

① 인지는 인간 정서를 결정하는 가장 중요한 핵심적 요소이다.

② 역기능적 사고는 정서장애의 중요한 결정요인이다.

③ 정서적 문제를 해결하기 위해 사고의 분석부터 시작하는 것이 효과적이다.

④ 비합리적 사고와 정신병리를 유도하는 요인들은 유전적이고 환경적인 영향을 포함하는 다중요소로 되어 있다.

⑤ 행동에 대한 과거의 영향보다 현재에 초점을 둔다.

⑥ 비록 쉽지는 않지만, 신념은 변화한다고 믿는다.

엘리스(Ellis)의 REBT기법에서 ABCDEF의 의미

① **A(선행사건)**: 내담자가 노출되었던 문제 장면이나 선행사건이다.

② **B(신념체계)**: 내담자가 문제 장면에 대해 갖는 신념으로 비합리적 신념이다.

③ **C(결과)**: 내담자가 선행사건 때문에 생겨났다고 보고하는 정서적·행동적 결과이다.

④ **D(논박)**: 내담자의 비합리적 신념에 대한 상담자의 적극적인 논박이다.

⑤ **E(효과)**: 내담자의 비합리적 신념을 논박한 결과이다.

⑥ **F(감정)**: 논박하기를 통해 바뀐 합리적 신념에서 비롯된 새로운 감정이나 행동이다.

엘리스(Ellis)의 인지·정서·행동적 상담(REBT)에서 사용하는 상담기법

① **인지기법**: 논박은 상담과정 중 내담자의 비합리적 생각과 언어를 확인한 후 이를 합리적 생각과 언어로 재구성하기 위해 사용한다.

② **정서기법**: 상담자는 내담자가 선호하는 것과 당위적 사고를 구별할 수 있도록 정서적으로 이러한 사고 간의 차이를 극대화하는 기법을 사용한다.

③ **행동기법**: 내담자가 이전보다 효과적으로 수행하도록 할 뿐만 아니라 인지 변화를 이루도록 돕는다.

비합리적 신념의 뿌리를 이루고 있는 3가지 당위성

① 자신에 대한 당위성: '나는 훌륭한 사람이어야 한다.'와 같이 우리 자신에 대한 당위성을 강조하는 것이다.
② 타인에 대한 당위성: '직장동료니까 항상 일에 협조해야 한다.'와 같이 우리에게 밀접하게 관련한 사람에게 당위적인 행동을 기대하는 것이다.
③ 조건에 대한 당위성: '나의 사무실은 아늑해야 한다.'와 같이 우리에게 주어진 조건에 대해 당위성을 기대하는 것이다.

립탁(Liptak)이 제시한 자발적 실직을 경험한 내담자들에게서 나타나는 비합리적 신념

① 직업을 구하기 위해 완전한 직업정보가 이루어져야 한다는 신념
② 직업탐구가 더 이상 필요로 하지 않을 것이기 때문에 직업탐색 기법을 습득할 필요가 없다는 신념
③ 직업상담가는 전문가이기 때문에 내담자에게 직업을 찾아줄 것이라는 신념
④ 면접 후 거절당하는 것은 재앙과도 같다라는 신념
⑤ 직업탐색과정에 대하여 신경 쓰고 몰두해야만 한다는 신념

문제유형

Vocational Counselor

01 인지적·정서적 상담(RET)기법에서 기본가정, 기본개념, 상담의 목표를 쓰시오. 2012.2 / 2020.4

02 엘리스(Ellis) REBT의 기본원리 6가지를 쓰시오. 2004.1 / 2008.3 / 2015.2

03 엘리스(Ellis)의 REBT기법에서 ABCDEF에 대해 설명하시오. 2004.2/ 2018.3/ 2020.1 · 2 / 2020.3

04 엘리스(Ellis)의 REBT기법에서 ABCDEF의 의미를 쓰시오. 2003.1 / 2004.1 / 2008.1 / 2016.2

05 엘리스(Ellis)의 인지·정서·행동적 상담(REBT)에서 사용하는 상담기법을 3가지 쓰고 각각에 대해 설명하시오. 2012.3

06 비합리적 신념의 뿌리를 이루고 있는 3가지 당위성을 예를 포함하여 설명하시오. 2009.2 / 2010.2 / 2011.3 / 2013.1

07 립탁(Liptak)이 제시한 자발적 실직을 경험한 내담자들에게서 나타나는 5가지 비합리적 신념을 쓰시오. 2012.3 / 2015.3

08 구조조정으로 인해 실직한 내담자의 특성과 직업지도 방법을 2가지씩 쓰시오. 2020.1 169쪽 07

09 김씨는 정리해고로 인해 자신이 무가치한 존재라 여기고 자살을 시도하려 한다. 김씨를 엘리스(Ellis)의 RET기법으로 상담할 때, ABCDE 모델로 설명하시오. 2018. 1 136쪽 03

10 다음 물음에 답하시오. 2000.2 / 2006.2 / 2018.3 151쪽 13

> 김대리는 남보다 승진이 빠르다. 그러나 사소한 실수를 했다. 상사나 다른 동료들은 아무렇지 않다고 말했지만 내담자는 아니었다. 김 대리는 "실수하면 안된다. 실수하면 회사생활은 끝이다." 라는 생각을 했고 심리적 혼란을 겪었다. 그래서 전직을 위해 직업상담사를 찾았다. 상담사는 RET기법으로 김 대리를 상담하면 될 것 같아 그렇게 하기로 했다.

(1) 이 내담자를 상담할 때의 목표는 어떤 것인가?
(2) 이 내담자가 전직하려고 하고, 심리적 혼란을 겪는 원인은 무엇인가?

core 14

베크(Beck)의 인지치료

베크(Beck)가 제시한 인지적 오류

① **자의적 추론**: 충분하고 적절한 증거가 없는데도 결론에 도달하는 오류이다.
② **파국화**: 개인이 걱정하는 한 사건을 취해서 지나치게 과장하여 두려워하는 오류이다.
③ **긍정격하**: 개인이 자신의 긍정적인 경험을 격하시켜 평가하는 오류이다.
④ **흑백논리**: 사건의 의미를 이분법적으로 해석하는 오류로 둘 중의 하나로 평가하는 것이다.
⑤ **선택적 추상화**: 사건이나 상황의 특정한 일부 정보에만 주의를 기울여 전체를 해석하는 오류이다.

베크(Beck)의 우울증 환자들을 상대하는 인지적 치료과정

① **1단계**: 내담자가 느끼는 감정의 속성이 무엇인지 확인한다.
② **2단계**: 감정과 연합된 사고, 신념, 태도 등을 확인한다.
③ **3단계**: 내담자들의 사고들을 1~2개의 문장으로 요약 · 정리한다.
④ **4단계**: 내담자를 도와 현실과 이성의 사고를 조사해 보도록 개입한다.
⑤ **5단계**: 과제를 부여하여 신념들과 생각들의 적절성을 검증하게 한다.

문제유형

Vocational Counselor

01 베크(Beck)는 주변의 사건이나 상황의 의미를 해석하는 정보처리 과정에서 범하는 체계적인 잘못을 인지적 오류라 하였다. 베크(Beck)가 제시한 인지적 오류 3가지를 제시하고 각각 간략히 설명하시오.
2010.3 / 2011.2 / 2011.3 / 2014.2 / 2018.2 / 2019.2

02 베크(Beck)의 우울증 환자들을 상대로 인지적 치료과정을 쓰시오. 2002.1

03 실직하고 나서 "나는 무능하다."라는 부정적인 자동적 사고가 떠올라 우울감에 빠진 내담자에게 베크(Beck)의 인지 행동적 상담을 한다고 하자. 이 내담자의 부정적인 자동적 사고를 반박하고, 긍정적인 대안적 사고를 찾게 하기 위한 방법들에 대해 설명하시오. 2001.2 / 2006.3 339쪽

Ⅰ 핵심이론알기

크라이티스(Crites)의 포괄적직업상담

❑ 크라이티스(Crites)의 포괄적직업상담 3단계

① **진단단계**: 내담자의 진로문제를 진단하기 위해 내담자에 대한 폭넓은 검사자료와 상담을 통한 자료가 수집되는 단계이다.

② **명료화 및 해석단계**: 내담자와 상담자가 협력해서 의사결정의 과정을 방해하는 태도와 행동을 확인하며 함께 대안을 탐색하는 단계이다.

③ **문제해결단계**: 내담자가 자신의 문제를 확인하고 적극적으로 참여하여 문제해결을 위한 행동을 실제로 취해야 하는가를 결정하는 단계이다.

❑ 크라이티스(Crites)의 포괄적직업상담에서 직업선택과 관련한 문제유형 분류

① **적응성**: 흥미와 적성이 일치하는 적응형과 흥미와 적성이 맞는 분야를 찾지 못하는 부적응형이 있다.

② **현실성**: 흥미를 느끼는 분야는 있으나 적성이 없는 비현실형, 적성보다 낮은 수준의 직업을 선택한 불충족형 그리고 적성 때문에 선택했지만 흥미를 느끼지 못하는 강압형이 있다.

③ **결정성**: 가능성이 많아 결정을 내리지 못하는 다재다능형과 흥미와 적성과 관계없이 성격적으로 결정하지 못하는 우유부단형이 있다.

문제유형

Vocational Counselor

01 크라이티스(Crites)의 포괄적직업상담 3단계를 쓰고 설명하시오. 2005.2 / 2008.3 / 2011.3 / 2014.2 / 2019.1

02 크라이티스(Crites)는 직업상담의 문제유형 분류에서 흥미와 적성을 3가지 변인들과 관련지어 분류하였다. 3가지 변인을 쓰고 각각에 대해 설명하시오. 2012.2 / 2016.3

롭퀴스트(Lofquist)와 데이비스(Dawis)의 직업적응이론

직업적응이론(TWA)에서 데이비스(Dawis)와 롭퀴스트(Lofquist)의 심리검사 도구

① 미네소타 중요성질문지(Minnesota Importance Questionnaire: MIQ)
② 미네소타 만족질문지(the Minnesota Satisfaction Questionnaire: MSQ)
③ 미네소타 만족성척도(the Minnesota Satisfactoriness Scales: MSS)
④ 직무기술질문지(the Job Description Questionnaire: JDQ)
⑤ 직업강화자 목록(A List of Reinforcers: LOR)

직업적응이론에서 개인이 환경과 상호작용하는 특성을 나타내주는 성격유형

① **민첩성**: 과제를 완성하는 속도를 말한다.
② **역량**: 근로자의 평균 활동수준을 말한다.
③ **리듬**: 활동의 다양성을 말한다.
④ **지구력**: 개인이 환경과 상호작용하는 시간의 양을 말한다.

롭퀴스트(Lofquist)와 데이비스(Dawis)의 직업적응방식

① **융통성(flexibility)**: 작업과 개인의 부조화가 크더라도 잘 참아낼 수 있는 정도를 말한다.
② **끈기(Perseverance)**: 환경이 자신에게 맞지 않아도 개인이 얼마나 오랫동안 견뎌낼 수 있는가?하는 것을 말한다.
③ **적극성(activeness)**: 개인이 작업환경을 개인적 방식과 좀 더 조화롭게 만들어가려고 노력하는 정도를 말한다.
④ **반응성(reactiveness)**: 개인이 작업성격의 변화로 인해 작업환경에 반응하는 정도를 말한다.

직업적응이론(TWA)에서 중요하게 다루는 6가지 직업가치

① 성취 ② 편안함 ③ 지위 ④ 이타주의 ⑤ 안전 ⑥ 자율성

문제유형

Vocational Counselor

01 직업적응이론에서 개인이 환경과 상호작용하는 특성을 나타내주는 성격유형 요소들 중 3가지만 제시하고 각각에 대해 간략히 설명하시오. 2010.3 / 2015.2 / 2020.1 · 2

02 롭퀴스트(Lofquist)와 데이비스(Dawis)의 직업적응방식 3가지를 쓰시오. 2019.1

03 데이비스(Dawis)와 롭퀴스트(Lofquist)의 직업적응이론에 기초하여 개발한 직업적응과 관련된 검사도구 3가지를 쓰시오. 2010.3 / 2016.1 / 2019.2

04 직업적응이론(TWA)에서 중요하게 다루는 6가지 직업가치를 쓰시오. 2013.1

긴즈버그(Ginzberg)의 발달이론

긴즈버그(Ginzberg)의 발달단계

① **환상기(fantasy Period)**: 초기에는 놀이중심단계이며 마지막에서는 놀이가 일 중심으로 변화되기 시작한다.

② **잠정기(tentative Period)**: 일이 요구하는 조건에 대하여 점차적으로 인식하는 단계, 흥미, 일의 보상, 가치, 시간적 측면에 대한 인식이 이루어진다.

- **흥미단계**: 좋아하는 것과 그렇지 않은 것에 대한 보다 분명한 결정을 한다.
- **능력단계**: 자신의 능력을 깨닫게 된다.
- **가치단계**: 자신의 직업 스타일에 대하여 보다 명확한 이해를 하게 된다.
- **전환단계**: 직업선택에 대한 결정과 진로선택에 수반되는 책임의식을 깨닫게 된다.

③ **현실기(realistic Period)**: 능력과 흥미의 통합단계, 가치의 발달, 직업적 선택의 구체화, 직업적 패턴의 명료화 등이 가능해진다.

- **탐색단계**: 개인은 자신의 진로선택을 2~3가지 정도로 좁혀간다.
- **구체화단계**: 특정직업 분야에 몰두하게 된다.
- **특수화단계**: 각자가 직업을 선택하거나 특정 진로에 맞는 직업훈련을 받게 된다.

문제유형

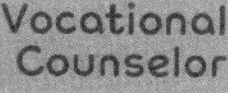

01 긴즈버그(Ginzberg) 등에 따르면 직업선택은 환상기, 잠정기 및 현실기의 3단계를 거쳐 이루어진다. 현실기의 3가지 하위단계를 쓰고 각각에 대해 설명하시오. 2010.2 / 2012.3 / 2018.2

수퍼(Super)의 발달이론

❑ 수퍼(Super)의 경력개발(또는 진로발달) 5단계

① **성장기**: 이 시기에 아동은 가정과 학교에서 중요한 타인에 대해 동일시를 함으로써 자아개념을 발달시킨다.
- 환상기: 아동의 욕구가 지배적이며 역할수행이 중시된다.
- 흥미기: 진로의 목표와 내용을 결정하는데 있어서 아동의 흥미가 중시된다.
- 능력기: 진로선택에 있어서 능력을 중시하며 직업에서의 훈련조건을 중시한다.

② **탐색기**: 이 시기에 개인은 학교생활, 여가활동 등과 같은 활동을 통해서 자아를 검증하고, 역할을 수행하며 직업탐색을 시도한다.
- 잠정기: 토론이나 일의 경험 등을 통해 잠정적으로 진로를 선택해 본다.
- 전환기: 이 시기는 현실적 요인을 중시한다.
- 시행기: 자기에게 적합하다고 판단되는 직업을 선택해서 거기에 종사하기 시작한다.

③ **확립기**: 이 시기에 개인은 자신에게 적합한 분야를 발견해서 종사하고 생활의 터전을 잡으려고 노력한다.

④ **유지기**: 이 시기에 개인은 안정된 속에서 비교적 만족스런 삶을 살아간다.

⑤ **쇠퇴기**: 이 시기에 개인은 직업전선에서 은퇴하게 되므로 다른 새로운 역할과 활동을 찾게 된다.

❑ 수퍼(Super)의 발달적 직업상담 6단계

① **1단계**: 문제탐색 및 자아개념묘사하기
② **2단계**: 심층적 탐색하기
③ **3단계**: 자아수용 및 자아통찰하기
④ **4단계**: 현실검증하기
⑤ **5단계**: 태도와 감정의 탐색과 처리하기
⑥ **6단계**: 의사결정하기

❑ 수퍼(Super)의 발달적 직업상담에서 진단을 위한 평가유형 3가지

① **문제평가**: 내담자가 경험한 어려움과 진로상담에 대한 기대를 평가한다.
② **개인평가**: 내담자의 심리적, 사회적 및 신체적 차원에서 개인의 상태에 대한 평가를 한다.
③ **예언평가**: 직업적·개인적 평가를 바탕으로 내담자가 만족할 수 있는 것에 대한 예언이 이루어진다.

문제유형

Vocational Counselor

01 수퍼(Super)의 경력개발 5단계를 쓰고 설명하시오. 2009.2 / 2020.4

02 수퍼(Super)의 성장기 하위단계를 쓰고 설명하시오. 2019.2

03 수퍼(Super)는 직업상담에서 자아탐색, 의사결정, 현실검증 등의 이성적 측면들이 모두 다루어져야 한다고 주장하였다. 발달적 직업상담의 6단계를 쓰시오. 2008.3 / 2011.1 / 2011.2 / 2015.2 / 2018.1 / 2018.3

04 수퍼(Super)의 발달적 직업상담에서 진단을 위한 3가지 평가유형을 설명하시오. 2010.1 / 2013.3 / 2020.4

고트프레드슨(Gottfredson)의 직업포부발달이론

고트프레드슨(Gottfredson)이 제시한 직업포부발달이론의 개인의 발달단계 4단계

① **힘과 크기 지향성**(orientation to size and power, 3~5세): 사고과정이 구체화 되며 어른이 된다는 것의 의미를 알게 된다.

② **성역할 지향성**(orientation to sex roles, 6~8세): 자아개념이 성(gender)의 발달에 의해서 영향을 받게 된다.

③ **사회적 가치 지향성**(orientation to social valuation, 9~13세): 사회계층에 대한 개념이 생기면서 자아를 인식하게 되고 일의 수준에 대한 이해를 확장시킨다.

④ **내적, 고유한 자아 지향성**(orientation to the internal, unique self): 내성적인 사고를 통하여 자아인식이 발달되며 타인에 대한 개념이 생겨난다. 자아성찰과 사회계층의 맥락에서 직업적 포부가 더욱 발달하게 된다.

고트프레드슨(Gottfredson)의 직업포부발달이론이 제시한 제한과 절충의 원리

① **제한과정**: 자신의 자기개념과 일치하지 않는 직업대안들을 제거하는 과정이다.

② **절충과정**: 제한과정을 통해 선택된 선호하는 직업대안들 중 자신이 극복할 수 없는 문제를 가진 직업을 어쩔 수 없이 포기하는 과정이다.

문제유형

Vocational Counselor

01 고트프레드슨(Gottfredson)이 제시한 직업포부이론이 개인의 발달단계 4단계를 연령에 따라 설명하시오. 2011.2 / 2011.3 / 2016.3

02 고트프레드슨(Gottfredson)의 발달단계에서 '내적자아지향성'을 제외한 3단계를 쓰고 설명하시오. 2015.3

03 고트프레드슨(Gottfredson)의 직업포부발달이론이 제시한 '제한과 절충의 원리'에서 '제한(circumscription)과 절충(compromise)'의 의미에 대해 각각 설명하시오. 2014.3

I 핵심이론알기

헬리(Healy)의 진로발달이론

❑ 헬리(Healy)의 긍정적으로 자기를 인지하고 자신감을 높이기 위한 8가지 원칙

① 다양한 범위의 행위를 경험하고 그것을 숙고할 때
② 노력의 결과를 긍정적으로 강화하고 성공하는 방법을 배울 때
③ 그들의 역량이 있다고 기대되는 것을 개발하고 독려할 때
④ 스스로에 대해서 다른 사람에게 가르치기 위해 정보를 얻고 조직화 하도록 안내 받을 때
⑤ 관찰한 피드백을 받고 통합할 때
⑥ 상담가가 체계적으로 목표와 목적을 갖고 적당한 모델을 가지고 프로그램을 계획할 때
⑦ 그들의 삶이 의미 있게 관찰되고 숙고될 때
⑧ 보조적인 수단이 줄어들고, 기록과 성취가 재검토될 때

❑ 진로자서전과 의사결정일기

① **진로자서전**: 대학, 학과선택 그 외 일상적인 결정 등에 대해 내담자가 자유롭게 기술하도록 하여 과거에 내담자의 의사결정에 큰 영향을 주었던 '중요한 타인'이 누구인지 알게 해 준다.
② **의사결정일기**: 내담자가 현재 일상적인 의사결정을 어떻게 하는지 알아보고 직업 의사결정과정에서 보다 더 분명하게 자신의 의견을 표현할 수 있게 될 것이다.

문제유형

Vocational Counselor

01 헬리(Healy)의 긍정적으로 자기를 인지하고 자신감을 높이기 위한 8가지 원칙 중 5가지를 쓰시오.
2004.2 / 2014.1

02 진로자서전과 의사결정 일기에 대해 설명하시오. 2009.3 / 2019.3

메슬로우(Maslow)의 욕구이론

자아실현

① 자신에 대한 관점 · 자신수용

- 자신의 강점과 약점을 있는 그대로 받아들이고 실패한 일에도 부끄러움이나 죄책감을 갖지 않는다.

② 행동 특성 · 자발성, 단순성, 자연성

- 자아실현한 사람의 행동은 지극히 개방적이고 솔직하고 인습에 사로 잡혀 있지 않고 자연스럽다.

③ 자아실현 이룬 사람의 특징

- 현실을 왜곡하지 않고 객관적으로 지각한다.
- 자신이 하는 일에 몰두하고 만족스러워 한다.
- 즐거움과 아름다움을 느낄 수 있는 감상능력이 있다.

문제유형

Vocational Counselor

01 인본주의 심리학자인 메슬로우(Maslow)가 말하는 자기실현한 사람의 특성 중 자신에 대한 관점과 행동특성을 기술하시오. 2008.1

02 메슬로우(Maslow)의 이론에서 자아실현을 한 사람의 특성을 설명하시오. 2003.1

로(Roe)의 욕구이론

로(Roe)의 욕구이론에 영향을 미친 성격이론과 직업분류체계

① **욕구이론에 영향을 미친 성격이론**: 메슬로우(Maslow)의 욕구위계이론

② **직업분류체계**: 서비스, 사업적 접촉/비즈니스, 조직/관리, 기술과학, 옥외활동, 과학직, 보편문화, 예술과 연예

직업분류체계 – 8가지 직업군집(흥미에 기초)

로(Roe)는 인간지향적(person-oriented)과 비인간지향(nonperson-oriented)의 두 범주로 직업을 분류하였다. 인간지향적인 직업으로는 서비스, 사업적 접촉, 조직, 보편문화, 예술과 연예가 있고, 비인간지향적인 직업으로는 기술과학, 옥외활동, 과학직으로 나누었다.

① **서비스(service)**: 다른 사람의 욕구와 복지에 관심을 가지고 봉사한다.

② **사업적 접촉/비즈니스(business contact)**: 대인관계가 중요하나 타인을 도와주기보다는 어떤 행동을 취하도록 상대방을 설득하는데 초점을 둔다.

③ **조직/관리(organization)**: 관리직군이 해당되며 기업의 조직과 효율적인 기능에 주로 관련된 직업들이 대부분이다.

④ **기술과학/기술직(technology)**: 상품과 재화의 생산 · 유지 · 운송과 관련된 직업을 포함하는 군집이다.

⑤ **옥외활동(outdoor)**: 천연자원을 개간 · 보존 · 수확하는 것과 축산업에 관련된 직업들을 말한다.

⑥ **과학직(science)**: 과학이론과 그 이론을 특정한 환경에 적용하는 직업들이다.

⑦ **보편문화/일반문화(general culture)**: 보편적인 문화유산의 보존과 전수에 관련되는 직업들이다.

⑧ **예술과 연예(art and entertainment)**: 창조적인 예술과 연예에 관련된 특별한 기술을 사용하는 것과 관련된 직업들이다.

흥미사정에 관한 로(Roe)의 2차원 분류체계 중 6가지 수직차원

① **고급 전문관리**: 중요한 사안에 대해 독립적인 책임을 지는 전문가들과 최고 경영관리자들을 포함한다.

② **중급 전문관리**: 중간정도의 책임을 지며 정책을 해석하고 석사학위 이상 정도의 교육을 받는다.

③ **준 전문관리**: 타인에 대한 낮은 수준의 책임을 지며 자신만을 위한 의사결정을 한다.

④ **숙련직**: 숙련직은 견습이나 다른 특수한 훈련과 경험을 필요로 한다.

⑤ **반숙련직**: 약간의 훈련과 경험 요구하며 훨씬 더 적은 자율과 주도권이 주어진다.

⑥ **비숙련직**: 간단한 지시를 따르거나 단순한 반복활동에 종사한다.

문제유형

01 진로선택 이론 중 로(Roe)의 욕구이론은 성격이론과 직업분류라는 두 가지 영역을 통합한데 의미가 있다. 로(Roe)의 욕구이론에 영향을 미친 성격이론과 직업분류체계를 쓰시오. 2011.2

02 흥미사정에 관한 로(Roe)의 2차원 분류체계 중 6가지 수직차원을 쓰시오. 2014.3 / 2019.1

사회인지이론과 사회학습이론

사회인지이론(SCCT)에서 3가지 영역모델

① **흥미모형**: 개인의 흥미는 결과기대와 자기효능감과 함께 목표를 예언하고 수행 결과로 이어진다. 예 자신이 드럼을 잘 칠 수 있다는 자기효능감에 기초하여 드럼에 대한 흥미가 발달한다.

② **선택 모형**: 개인의 특성과 그를 둘러싼 환경은 학습경험에 영향 주고 학습경험이 자기효능감과 결과기대에 영향을 준다. 예 성별, 인종, 학습경험, 환경 등이 선택에 영향을 준다.

③ **수행모형**: 개인이 그 목표를 추구함에 있어 어느 정도 지속할 것인가와 어느 정도 수준을 수행해낼 것인가 예측한다.

크롬볼츠(Krumboltz)의 사회학습이론에서 진로결정에 영향을 주는 요인

① **유전적 요인과 특별한 능력**: 타고난 재능과 특수한 능력은 교육적이거나 직업적 선호나 기술을 제한하는 유전적인 자질을 말한다.

② **환경조건과 사건**: 각 개인의 환경에서 특정한 사건과 상황이 기술개발, 진로선호에 영향을 미친다는 것이다.

③ **학습경험**: 도구적 학습경험과 연상적 학습경험이 있다.

④ **과제접근기술**: 어떤 과제를 성공했거나? 실패했거나? 새로운 과제는 다른 방법으로 접근해야 한다.

크롬볼츠(Krumboltz)의 사회학습이론에서 계획된 우연 모형

사람들은 살아가면서 우연적 사건을 마주치게 되는데 이런 사건에 대한 태도나 마음 자세에 따라 긍정 또는 부정적으로 작용하기도 한다. 그런데 우연해 보이는 사건이 진로에 긍정적으로 작용할 때 '계획된 우연'이라 부른다.

① **호기심**: 새로운 배움의 기회를 찾는다.

② **낙관성**: 새로운 기회가 생겼을 때 긍정적으로 본다.

③ **끈기**: 자신이 선택한 일에 차질이 생겨도 지속적으로 노력한다.

④ **융통성**: 상황에 따라 융통성 있게 대처한다.

⑤ **위험감수**: 불확실한 결과에도 도전하는 용기를 낸다.

문제유형

Vocational Counselor

01 사회인지이론(SCCT)에서 3가지 영역모델에 대하여 설명하시오. 2013.2 / 2017.1 / 2017.2

02 크롬볼츠(Krumboltz)의 진로결정에 영향을 주는 요인 4가지를 쓰고 설명하시오. 2018.2

03 크롬볼츠(Krumboltz)의 사회학습이론에서 개인의 진로에 영향을 미치는 것으로 가정한 요인을 3가지만 쓰시오. 2014.1

04 크롬볼츠(Krumboltz)의 사회학습이론에서 제시한 진로선택에 영향을 주는 요인을 3가지만 쓰고 각각에 대해 설명하시오. 2010.2 / 2010.4 / 2012.3

겔라트(Galatt) 직업의사결정이론

❑ 겔라트(Gelatt)의 의사결정모형

겔라트(Galatt)는 직업선택 의사결정 결과보다 그 선택과정을 중시하였으며, 직업정보를 3차원으로 분리·조직하고 훌륭한 선택결정은 3차원의 정보체계에서 각 체계마다 정보를 얻어냄으로써 가능하다고 하였다.

※ 겔라트(Gelatt) 모형은 적절한 정보입력을 중요시하였다.

❍ 각 체계 3가지

- 대안적 행동, 가능한 결과와 연관된 가능성인 예언적 체계
- 결과들 사이의 상대적 선호도인 가치체계
- 평가규칙인 결정준거

❍ 겔라트(Gelatt)가 제시한 의사결정과정(8단계)

목적의식 → 정보수집 → 대안열거 → 대안의 결과 예측 → 대안의 실현가능성 예측 → 가치평가 → 의사결정 → 평가 및 재투입

문제유형

Vocational Counselor

01 겔라트(Galatt)의 직업의사결정 8단계를 쓰시오. 2019.3

02 겔라트(Galatt)의 직업의사결정 8단계 중 2~7단계를 쓰시오. 2019.1

직업상담의 구조화된 면담법

❑ 상담의 초기에 상담 진행방식에 대한 교육(구조화)에서 이루어져야 할 내용

① **초기계약 설정**: 계약설정은 상담결과와 상담과정에 대한 내담자의 기대를 탐색하는 것으로 내담자가 직업상담 과정에 대해 기대를 갖는 것처럼 상담자도 기대를 갖게 된다. 상담자는 상담과정이 얼마나 걸리게 될지, 직업상담 과정에서 내담자의 역할과 상담자의 역할을 기대를 하게 된다.

② **구조화된 비공식적 역할 수립**: 상담자와 내담자는 상담목표와 각 수준에 따른 상담과정에 대한 확실한 동의를 해야 하고 초기계약에 일관적이지 않은 행동을 하면 그러한 동의가 손상된다는 것을 알아야 한다.

❑ 내담자와의 초기 면담 수행 시 상담자가 유의해야 할 사항

① 상담 시작 전에 가능한 모든 사례자료 검토하기
② 내담자와 만나기
③ 내담자의 초기목표를 명확히 하기
④ 내담자의 직업상담에 대한 기대를 결정하기
⑤ 내담자가 상담자의 기대를 얼마나 잘 수용하는지 관찰하기
⑥ 비밀유지에 대해 설명하기
⑦ 요약하기
⑧ 반드시 짚고 넘어가야 할 상담시의 필수 질문들을 확인하기
⑨ 과제물 부여하기
⑩ 적절한 때에 상담관리자나 다른 직업상담가에게 피드백 받기

문제유형

Vocational Counselor

01 상담의 초기에 상담 진행방식에 대한 교육(구조화)에서 이루어져야 할 내용을 설명하시오. 2005.2 / 2007.01

02 내담자와의 초기 면담 수행 시 상담자가 유의해야 할 사항 4가지를 쓰시오. 2007.1 / 2007.3 / 2020.3

생애진로사정(LCA)

❑ 생애진로사정(LCA: Life Career Assessment)의 의미

상담자와 내담자가 처음 만났을 때 사용하는 구조화된 면담기법으로 내담자에게 심리적 부담은 적게 주면서 내담자의 직업과 관련된 정보를 얻을 수 있다.

❑ 생애진로사정의 구조

① **진로사정(일경험, 교육 또는 훈련과정과 관심사, 오락)**: 내담자의 직업경험, 교육 또는 훈련과정과 관심사, 여가활동에 대해 사정한다.
② **전형적인 하루(의존적–독립적, 자발적–체계적)**: 생활을 어떻게 조직하는지를 알아보는 것이다.
③ **강점과 장애**: 내담자가 가진 문제와 마음대로 사용하는 자원에 대해 직접적인 정보를 준다.
④ **요약**: 강점과 장애를 통해 내담자는 자신의 긍정적인 측면들을 한층 더 계발할 수 있으며, 약점들을 극복하기 위한 목표설정도 할 수 있다.

❑ 생애진로사정에서 얻을 수 있는 정보

① 내담자의 직업경험과 교육수준을 나타내는 객관적인 사실
② 내담자 자신의 기술과 유능성에 대한 자기평가 및 상담자의 평가정보
③ 내담자 자신의 가치관과 자기의식

❑ 직업가계도의 의미와 활용

의미	내담자의 부모, 형제자매 등의 직업들을 도해로 표시하는 것으로 직업, 진로경로포부, 직업선택 등에 관해 내담자에게 영향을 주었던 다른 사람들도 포함시킨다.
활용	내담자의 직업에 대한 제한적인 고정관념, 다양한 직업기회의 결과에 대한 기대들 그리고 직업가치와 흥미에 대한 근본원인 등을 측정하는 데 활용된다.

문제유형

Vocational Counselor

01 생애진로사정(LCA)의 의미와 구조 그리고 이를 통해 얻을 수 있는 정보를 쓰시오. 2011.2 / 2018.1 / 2020.1 · 2

02 생애진로사정의 구조 중 진로사정의 3가지를 쓰시오. 2019.2

03 직업상담의 구조화된 면담법인 생애진로사정의 구조 4가지에 대하여 설명하시오. 2009.1 / 2017.3

04 생애진로사정(LCA)의 구조 4가지와 이를 통해 알 수 있는 정보 3가지를 쓰시오. 2010.3 / 2016.2 / 2019.3

05 생애진로사정 시 사용되는 직업가계도의 의미와 활용에 대해 설명하시오. 2007.3

내담자의 직업능력 사정법

❑ 상호역할사정하기

○ 상호역할사정하기 용도 또는 목적

① 직업계획에서 하나의 역할에 해당하는 작업의 인식을 높여 주는 자극제로 쓰인다.
② 직업적응상담에서는 직업전환을 피해갈 수 있도록 내담자를 돕는 수단으로 쓰인다.
③ 생애를 윤택하게 하는 계획에서 잠재적으로 보완적인 역할들을 찾아내는 수단으로 쓰인다.

○ 상호역할사정하기 기법

① 질문을 통해 역할관계 사정하기
② 동그라미 역할관계 그리기
③ 생애-계획연습으로 전환시키기

❑ 가치사정하기

○ 가치사정하기 용도 또는 목적

① 자기인식 발전시키기
② 현재 직업의 불만족 근거 확인하기
③ 역할갈등의 근거 확인하기
④ 낮은 수준의 동기 및 성취의 근거 확인하기
⑤ 개인의 다른 측면들을 사정할 수 있는 예비단계이다.
⑥ 직업 선택이나 직업전환의 전략 세우기

○ 가치사정하기 기법

① 체크목록의 가치에 순위 매기기
② 과거의 선택 회상하기
③ 절정경험 조사하기
④ 자유시간과 금전 사용하기
⑤ 백일몽 말하기
⑥ 존경하는 사람 기술하기

❑ 성격사정하기

○ 성격사정하기의 용도 또는 목적

① 자기인식을 증진하기
② 좋아하는 직업역할, 작업기능, 작업환경을 확인하기
③ 작업불만족의 원인과 출처를 확인하기

○ 성격사정하기 자료

① 홀랜드(Holland) 유형(RIASEC)
② 마이어스-브리그스(Myers-Briggs) 유형지표(MBTI)

흥미사정하기

흥미사정하기 용도 또는 목적

① 자기인식 발전시키기
② 직업대안 규명하기
③ 여가선호와 직업선호 구별하기
④ 직업과 교육상의 불만족 원인 규명하기
⑤ 직업탐색 조장하기

흥미사정기법

① **표현된 흥미**: 어떤 활동이나 직업에 대해 '좋다, 싫다'라고 간단하게 말하도록 요청하는 것이다.
② **조작된 흥미**: 활동에 대해 질문을 하거나 활동에 참여하는 사람들이 어떻게 시간을 보내는지를 관찰하는 것이다.
③ **조사된 흥미**: 표준화된 검사를 이용하여 개인이 특정 직업에 종사하는 사람들의 흥미와 유사점이 있는지 비교한다.

문제유형

Vocational Counselor

01 상호역할관계 사정의 주요 용도 3가지를 쓰시오. 2014.3

02 상호역할관계에서 개인·작업·역할사정은 작업역할이 안고 있는 어려움이 상호역할 문제로 이어질 수 있기 때문에 중요한데 상호역할사정 방법 3가지를 쓰시오. 2015.3

03 가치사정하기의 용도를 쓰시오. 2011.2

04 자기보고식 가치사정하기 기법 6가지를 쓰시오. 2010.3 / 2011.1 / 2012.3 / 2016.3 / 2019.3

05 흥미사정하기 목적 3가지를 쓰시오. 2018.2

06 내담자의 흥미사정기법 3가지를 쓰고 설명하시오. 2009.2 / 2013.3 / 2014.1 / 2016.2 / 2020.3

07 내담자의 성격사정목표 3가지를 설명하시오. 2014.2

core 28

목표설정 및 진로시간전망

Vocational Counselor

❑ 상담목표 설정할 때 유의사항

① 목표들은 구체적이어야 한다.
② 목표들은 실현가능해야 한다.
③ 목표들은 내담자가 원하고 바라는 것이어야 한다.
④ 내담자의 목표는 상담자의 기술과 양립 가능해야만 한다.

❑ 코틀(Cottle)의 원형검사 시간전망 개입에서 원의 의미, 원의 크기, 원의 배치

① **원의 의미**: 그 원들은 각각 과거, 현재, 미래를 의미한다.
② **원의 크기**: 시간차원에 대한 상대적 친밀감을 나타낸다.
③ **원의 배치**: 시간차원이 각각 어떻게 연관되어 있는지를 나타낸다.

❑ 코틀(Cottle)의 원형검사 시간전망 개입에서 시간전망 개입의 3가지 차원

① **방향성**: 미래지향성을 증진시키는 것으로 미래에 대해 낙관적인 입장을 구성한다.
② **변별성**: 미래를 현실처럼 느끼게 하고, 미래계획에 대한 긍정적 태도를 강화시키며 목표설정을 신속하게 하는 것이 목표다.
③ **통합성**: 현재 행동과 미래 결과를 연결시키고, 계획한 기법을 실습하여 진로에 대한 인식을 증진시키는 것이 목표다.

❑ 진로시간전망 조사 시 검사지의 용도 또는 목적

① 미래의 방향을 이끌어내기 위해서
② 미래에 대한 희망을 심어 주기 위해서
③ 미래가 실제인 것처럼 느끼도록 하기 위해서
④ 계획에 대해 긍정적 태도를 강화하기 위해서
⑤ 목표설정을 촉구하기 위해서
⑥ 현재의 행동을 미래의 결과와 연계시키기 위해서
⑦ 계획기술을 연습하기 위해서
⑧ 진로의식을 높이기 위해서

문제유형

Vocational Counselor

01 상담목표(goal)를 설정할 때 고려해야 할 사항 4가지를 설명하시오. 2007.1 / 2020.3

02 코틀(Cottle)의 원형검사 시간전망 개입에서 원의 의미, 원의 크기, 원의 배치를 설명하시오. 2015.3

03 진로시간전망 검사인 코틀(Cottle)의 원형검사(The circles test)에서 시간전망 개입의 3가지 차원을 쓰고 각각에 대하여 설명하시오. 2011.1 / 2017.2

04 진로시간전망 조사 시 검사지의 용도 5가지를 쓰시오. 2015.2 / 2019.3

05 A씨는 금연을 하기로 결심을 하였다. 우선 취업면접을 위해 금연량을 조절하기로 하였는데, 이 사례에 있어서 내담자의 상담목표를 설정하고, 그 목표설정원리를 3가지 쓰시오. 2015.2 339쪽

내담자의 인지적 명확성

❑ 인지적 명확성이 부족한 내담자의 유형과 상담자의 개입

인지적 명확성이란 내담자가 자기 자신을 객관적으로 평가할 수 있는 능력을 말한다. 인지적 명확성의 결여는 정신건강적 문제에 기인하는데, 이로 인해 직업상담을 지연시킬 수 있으므로 직업상담의 맥락에서 다루어져야 한다.

연번	내담자 유형	상담자의 개입	내담자의 호소문제
1	단순 오정보	정보제공	그 대학은 속물들만 다녀서 갈 수 없다.
2	복잡한 오정보	논리적 분석	단순 오정보의 내용을 계속 고집한다.
3	구체성 결여	구체화시키기	사람들이 좋은 교사직 얻기 힘들다고들 한다.
4	가정된 불가능	논리적 분석, 격려	학교를 졸업할 수 없을 것 같다.
5	원인과 결과 착오	논리적 분석	사업을 생각하지만 이혼 할까봐 걱정이다.
6	파행적 의사소통	저항에 다시 초점 맞추기	상담사의 의견은 좋은 생각이다. 그러나....
7	강박적 사고	REBT 기법	가족이 모두 변호사라 나도 변호사 해야 한다.
8	양면적 사고	역설적 사고	기계공학전공 말고는 아무것도 생각하지 않는다.
9	걸러내기	재구조화, 역설적 기법	부정적인 측면만 강조해서 받아들인다.
10	하늘은 스스로 돕는 자를 돕는다.	논리적 분석	내 인생은 중요하지 않다.
11	비난하기	직면, 논리적 분석	내가 술을 마시는 것은 아버지를 닮아 그렇다.
12	잘못된 의사결정방식	심호흡, 의사결정 도움 사용	의사결정에 대한 불안감을 호소한다.
13	자기인식의 부족	은유나 비유	우울감 호소, 사무실에서 왕따이다.
14	높고 도달할 수 없는 기준에 기인한 낮은 자긍심	논박, 역설적 사고	지금의 성취에 만족하지 못한다.
15	무력감	지시적 상상	문제에 대처할 수 없어 좌절감 느낀다.
16	고정성	정보제공, 가정에 도전	직업에 대한 성적(性的) 고정관념을 주장한다.
17	미래시간에 대한 미계획	정보제공, 실업충격 완화하기	실업상태로 아무것도 하지 않고 있다.
18	실업충격 완화하기	실업충격 완화 프로그램 제공	함께 사표 내지 않은 동료 때문에 괴롭다.

문제유형

Vocational Counselor

01 인지적 명확성이 부족한 내담자의 유형 6가지를 쓰시오. 2007.3 / 2016.1

Ⅰ 핵심이론알기

내담자의 정보 및 행동에 대한 이해기법

❑ 내담자와 관련된 정보를 수집하고 내담자의 행동을 이해하고 해석하는 데 기본이 되는 상담기법

① 가정 사용하기
- 상담자가 내담자에게 그 행동이 존재하는가를 질문하는 것이 아니라, 내담자에게 그러한 행동이 이미 존재했다는 것을 가정하는 것이다.

② 의미 있는 질문 및 지시 사용하기

③ 전이된 오류 정정하기
- 정보의 오류: 내담자가 자신이 직업 세계에 대해서 충분한 정보를 알고 있다고 잘못 생각하는 경우이다.
- 한계의 오류: 경험을 통한 관점만을 보기 때문에 제한된 기회 및 선택에 견해를 갖는 경우이다.
- 논리적 오류: 내담자가 논리적인 관계에 맞지 않는 진술을 함으로써 의사소통까지 방해하는 경우이다.

④ 분류 및 재구성하기

⑤ 저항감 재인식하기 및 다루기
- 직업상담 시 저항적이고 동기화되지 않은 내담자들을 동기화시키기 위한 효과적인 전략
  - 변형된 오류를 수정하기: 내담자의 변형된 오류에 초점을 맞추는 것은 내담자가 때때로 연관되어 있고 피하고 싶은 유형과 부정적 독백을 부정하는데 도움이 된다.
  - 내담자와 친숙하기: 직업상담사는 내담자를 이해하고 있음을 내담자에게 알림으로써 친숙해질 수 있고, 직업상담사가 내담자를 위해 함께 노력하고 있음을 주지시켜야만 내담자는 대안탐색에 안정성을 갖고 항상 노력하며 변화하게 된다.
  - 은유 사용하기: 은유의 단순하고 솔직한 측면을 강조하는 것으로 사건을 재구성할 수 있다.

⑥ 근거 없는 믿음 확인하기

⑦ 왜곡된 사고 확인하기
- 왜곡된 사고는 결론도출, 재능지각, 지적 및 정보의 부적절하거나 부분적인 일반화, 관념 등에서 정보의 한 부분만을 보는 경우로 내담자의 왜곡된 사고를 확인한다.

⑧ 반성의 장 마련하기

⑨ 변명에 초점 맞추기
- 변명은 자신의 행동에 부정적인 면을 줄이려는 행동이나 설명으로서 자신이 긍정적인 면을 계속 유지하려는 것으로 내담자가 변명을 사용하는 유형에 초점을 맞춘다.
  - 책임을 회피하기(부정, 알리바이, 비난)
  - 결과를 다르게 조직하기(축소, 정당화, 훼손)
  - 책임을 변형시키기

문제유형

Vocational Counselor

01 내담자와 관련된 정보를 수집하고 내담자의 행동을 이해하고 해석하는 데 기본이 되는 상담기법을 6가지만 쓰시오. 2007.1 / 2011.1 / 2012.1 / 2016.1

02 직업상담 과정의 전이된 오류 유형 3가지를 쓰고 설명하시오. 2014.2

03 직업상담시 저항적이고 동기화 되지 않은 내담자들을 동기화시키기 위한 효과적인 전략 3가지를 쓰고 설명하시오. 2013.1

04 내담자 정보 및 행동에 대한 이해기법 중 가정 사용하기, 왜곡된 사고 확인하기, 변명에 초점 맞추기를 설명하시오. 2013.1

직업대안 선택

직업대안 선택의 의의

내담자가 직업들을 선정하고 조사하여 이 중 선호하는 목록을 몇 개로 축소하는 것이다.

직업대안 선택하기

① **직업대안 선택과 의사결정**: 의사결정은 내담자가 상담자의 개입 없이 이루어져야 하고 상담자의 직무는 내담자를 도와 인지적·정서적·심리적 수준에서 선택의 불완전한 부분을 조정하게 하는 것이다.

○ 이 단계에서 내담자가 달성해야 하는 과제

- 한 가지 선택을 하도록 준비하기
- 직업들을 평가하기
- 직업들 가운데서 한 가지를 선택하기
- 선택조건에 이르기

② **준비상태 평가하기**: 의사결정을 하기 위해서는 여러 가지 심리적·사회적·절차적 요인들을 고려한다.

③ **직업 평가연습하기**: 상담기법 중에서 대안에 대한 평가는 직업상담에서 종결단계까지를 다루고 있으며, 넓게는 직업상담 프로그램을 포함한다.

④ **의사결정하기**: 내담자는 직업정보를 분석하여 자신에게 맞는 대안을 마련하고 각 대안들을 검토한 후에 의사결정을 하게 된다.

문제유형 Vocational Counselor

01 직업대안 선택하기 중 대안선택 단계에서 내담자가 달성해야 할 4가지 과제를 쓰시오. 2013.2

I 핵심이론알기

직업심리검사 이해

❑ 직업심리검사의 용도 또는 목적

① **예언**: 개인이나 집단이 중요한 결정을 할 때 수량화된 자료에 근거하여 예측하는 것이 더 신뢰롭고 타당하다. 기업이 종업원 선발에 심리검사를 사용하는 것이 그 예이다.
② **진단**: 피검사자의 문제원인을 찾아 치료하기 위한 것이다.
③ **분류**: 분류하기 위한 것으로 기업이 선발된 신입사원을 검사결과에 의해 부서배치하는 것이 그 예다.

❑ 심리검사 제작을 위한 예비문항 작성 시 고려해야 할 사항

① 진위형, 선다형 등 문항형식에 맞는 문항을 작성한다.
② 척도화 기법을 결정하고 그에 적절한 문항을 작성한다.
③ 곤란도 수준을 고려하여 여러 문항을 많이 작성한다.

❑ 문항분석(문항난이도, 문항변별도, 오답의 능률도)

① **문항난이도**: 검사 문항의 쉽고 어려운 정도를 뜻하는 것으로 난이도 지수가 높을수록 쉬운 문항이다.

$$\text{문항난이도} = \frac{\text{어떤 문항에 정답을 한 수}}{\text{총 사례 수}} \times 100, \qquad \text{문항난이도 지수} = \frac{\text{정답자 수}}{\text{총 사례 수}}$$

② **문항변별도**: 그 검사가 측정하고자 하는 행동에 관한 문항이 수검자들을 잘 구별해 주는 정도를 말하는 것이다.
③ **오답의 능률도**: 피검집단이 문항의 각 답지에 어떻게 반응하고 있는가를 기술하고 그에 더해서 문항분석을 시도하는 방법이다.

❑ 직업상담에서 검사 선택(선정) 시 고려해야 할 사항

① 심리검사를 실시하는 목적과 대상에 맞는 검사를 선택한다.
② 검사의 신뢰도와 타당도가 높아야 한다.
③ 규준이 잘 작성되어 검사가 갖추어야 할 조건을 갖추고 있어야 한다.
④ 내담자의 문제점을 정확히 파악할 수 있어야 한다.
⑤ 피검사자의 특성이나 조건에 가장 적합한 검사를 선택해야 한다.

❑ 심리검사 사용 시 상담자(검사자)의 윤리적 문제와 관련하여 주의하여야 할 사항

① 검사선택 할 때 신뢰도와 타당도를 검토한다.
② 검사실시 할 때 피검사자의 정서 상태를 점검하고, 검사의 목적을 충분히 설명한다.
③ 상담자는 중립적 자세를 유지하고, 표준화된 방식으로 실시한다.
④ 검사채점 할 때 전문성을 갖고 표준화된 절차에 따라야 하며 규준의 적절성을 검토한다.
⑤ 다른 검사나 관련 자료를 함께 고려하여 결론을 도출한다.
⑥ 피검사자에게 검사의 적절성을 설명하고, 비밀을 보장해야 한다.

❑ 심리검사와 관련하여 준수해야 할 평가기법과 윤리강령

① 검사결과를 결정적 또는 절대적인 것으로 해석하지 않는다.
② 검사 결과에 너무 의존하지 않는다.
③ 검사의 한계와 특정 범위 내에서 사용하고 해석한다.

❑ 틴즐리(Tinsley)와 브래들리(Bradley)가 제시한 심리검사 결과 해석의 4단계

① **검사점수 이해하기**: 상담자는 '이 점수가 의미하는 것이 무엇인가?'라는 내담자의 질문에 대답할 수 있어야 한다.
② **통합하기**: 상담자는 내담자에 대해 알고 있는 다른 정보들과 검사결과를 통합한다.
③ **해석하기**: 상담자는 중립적인 자세로 내담자가 이해할 수 있는 언어로 상담결과를 내담자에게 해석한다.
④ **추수활동**: 상담자는 검사결과와 내담자의 정보를 통합한 자료를 상담장면에 활용한다.

❑ 심리검사 결과 해석 시 유의(고려)해야 할 사항

① 검사결과의 해석에 대한 내담자의 반응을 고려한다.
② 내담자가 이해하기 쉬운 언어를 사용한다.
③ 검사결과에 대한 중립적 입장을 취하고 주관적 평가는 배제한다.
④ 검사도구가 측정하는 것과 측정하지 않는 것을 명확하게 제시한다.

문제유형

Vocational Counselor

01 심리검사의 사용 목적(용도) 3가지를 쓰고 설명하시오. 2003.2 / 2007.1

02 심리검사 제작을 위한 예비문항 작성 시 고려해야 할 3가지를 쓰시오. 2004.2 / 2007.3 / 2010.1

03 문항의 난이도, 문항의 변별도, 오답의 능률도의 의미를 쓰시오. 2014.2 / 2017.2

04 직업상담에서 검사 선택(선정) 시 고려해야 할 사항 4가지를 쓰시오. 2007.1 / 2013.2 / 2020.1 · 2

05 심리검사 사용 시 상담자(검사자)의 윤리적 문제와 관련하여 주의하여야 할 사항을 6가지만 쓰시오. 2010.2

06 심리검사와 관련하여 준수해야 할 윤리강령이 있다. 이 중 평가기법과 관련하여 준수해야 할 윤리강령을 3가지를 쓰시오. 2008.1

07 심리검사 결과 해석 시 유의(고려)해야 할 사항을 4가지 기술하시오. 2008.1

08 틴즐리(Tinsley)와 브래들리(Bradley)가 제시한 심리검사 결과 해석의 4단계를 설명하시오. 2007.3 / 2012.1 / 2020.4

09 부정적인 심리검사 결과가 나온 내담자에게 검사결과를 통보하는 방법에 대해서 설명하시오. 2002.1 / 2017.2 127쪽 12

직업심리검사 측정

❑ 지필검사관련 면접 및 관찰 평가시의 채점자와 평가자의 오차에 의해서 발생하는 오류

① **후광 효과**: 내담자의 한 가지 측면을 다른 측면으로 일반화하는 경향성이다.
② **관용 오류**: 사람의 성격을 실제보다 더 호의적으로 평가하는 경향성이다.
③ **엄격화 오류**: 평가대상을 지나치게 엄격히 평가하는 경향으로 인한 오류이다.
④ **중심화 경향의 오류**: 모든 사람을 평균 혹은 중간에 가깝게 평가하려는 경향성이다.
⑤ **대조오류**: 면접자가 자신의 특성과 대조되는 사항의 평가에 긍정 또는 부정적인 영향을 미치는 경향이다.

❑ 심리검사의 결과에 영향을 미치는 검사자 변인과 수검자 변인

① **강화효과**: 검사과정에서 피검사자에게 특정 반응이나 행동의 빈도를 높이기 위하여 보상 또는 강화물을 제공하여 나타나는 효과를 말한다.
② **기대효과**: 검사자가 어떻게 기대하는가에 따라 기대하는 방향과 유사한 검사결과가 나타나는 효과를 말한다.
③ **코칭효과**: 어떤 검사를 받으려는 피검사자가 그 검사와 유사한 검사로 검사내용과 방법에 대해 설명, 조언을 받으면 나타나는 효과를 말한다.

❑ 측정의 표준오차(Standard Error of Measurement, SEM)

심리검사를 여러 번 측정했을 때 발생하는 측정오차 분포의 표준편차를 측정의 표준오차라 한다.
예 내담자에게 심리검사를 100번 실사했을 때, 진점수 60, 표준오차 5, 전체 사례의 수 70%라고 가정할 때 100개의 점수 가운데 70개의 점수는 진점수 60에서 ±5를 한 점수인 55사이에서 65점 사이의 값을 갖게 되고, 30개의 점수는 55에서 65점 사이를 벗어날 것이다.

❑ 측정의 신뢰도를 높이기 위해 측정오차를 줄이기 위한 구체적인 방법

① 오차변량을 줄인다.
② 검사실시와 채점과정을 표준화한다.
③ 신뢰도에 나쁜 영향을 주는 문항을 제거한다.
④ 문항수, 문항반응수를 늘린다.

❑ 표준화를 위해 수집된 자료가 정규분포에서 벗어나는 표집절차의 오류 해결 방법

① **완곡화**: 정규분포와 비슷하게 나왔을 때 사용하는데, 절선도표나 주상도표에서 정규분포의 모양을 갖추도록 점수를 더하거나 빼주는 방법이다.
② **절미법**: 편포의 꼬리를 잘라내는 방법으로 꼬리가 작을 때에만 사용할 수 있다.
③ **면적환산법**: 각 점수들의 백분위를 찾아서 그 백분위에 해당하는 Z점수를 찾는 방법이다.

❏ 규준 제작 시 사용되는 표집방법

① **단순무선표집**(simple random sampling): 구성원들에게 일련번호를 부여하고 이 번호들 중에서 무선적으로 필요한 만큼 표집하는 것이다. 예 번호표를 큰 통에 넣고 필요한 수를 채울 때까지 번호표를 뽑아서 해당자를 표본으로 구성하는 방법이다.

② **체계적 표집**(systematic sampling): 모집단이 어떤 특징에 따라 체계적으로 정리되어 있는 경우, 이를 이용해서 무선표집을 할 수 있다. 예 이미 정리된 목록에 일련번호를 부여하고 임의로 첫 번째 대상을 선정한 다음에 매 X번째에 해당하는 번호를 추출하는 것이다.

③ **층화표집**(stratified sampling): 모집단이 규모가 다른 몇 개의 이질적인 하위집단으로 구성되어 있는 경우에 사용한다. 예 모집단을 종교별 구분하고 하위집단에서 적절한 수를 표집한다.

④ **집락표집**(cluster sampling): 모집단을 서로 동질적인 하위집단으로 구분하여 집단 자체를 표집하는 방법이다. 예 전국대학생의 직업가치관을 알아보기 위해 3단계로 집락표집 할 경우이다.

문제유형

Vocational Counselor

01 지필검사관련 면접 및 관찰 평가시의 채점자와 평가자의 오차에 의해서 발생하는 오류 3가지를 쓰고 설명하시오. 2014.1 / 2020.3

02 심리검사의 결과에 영향을 미치는 검사자 변인과 수검자 변인 중 강화효과, 기대효과, 코칭효과를 설명하시오. 2011.1 / 2019.1

03 측정의 표준오차(Standard Error of Measurement, SEM)가 무엇인지 예를 들어 설명하시오. 2005.2 / 2010.4

04 측정의 신뢰도를 높이기 위해 측정오차를 줄이기 위한 구체적인 방법 3가지 쓰시오. 2001.2 / 2013.2 / 2019.2

05 표준화를 위해 수집된 자료가 정규분포에서 벗어나는 것은 검사도구의 문제라기보다 표집절차의 오류에 원인이 있다. 이를 해결하기 위한 방법을 3가지 쓰고 각각에 대해 설명하시오. 2013.1 / 2016.2 / 2018.3 / 2019.3

06 규준 제작 시 사용되는 표집방법 3가지를 쓰고 설명하시오. 2010.1 / 2011.3 / 2015.2 / 2020.1 · 2

07 규준표집의 체계적 표집, 층화표집을 예를 들어 설명하시오. 2015.3

I 핵심이론알기

직업심리검사 분류

❑ 측정방법에 따른 분류

① 자기보고식/설문지형/객관형/선다형검사

❍ **정의:** 질문지 형식으로 현재 자신의 태도, 감정, 의견 등을 가장 적절하게 나타낸다고 생각되는 문항에 표시하는 방법이다.

장점	단점
① 신뢰도와 타당도가 높다. ② 표준화되어 있어 집단 실시가 가능하다. ③ 신속하고 객관적인 채점이 가능하다. ④ 개인 간 객관적 비교가 가능하다. ⑤ 표준화된 해석재료가 있어 객관적 해석이 가능하다.	① 문항의 고정성으로 피검사자가 표현의 제약이 있다. ② 사회적 경향성으로 자기를 왜곡되게 보고할 수 있다. ③ 문항배열에 따라 결과가 다르게 나올 수 있다.

② 투사검사

❍ **정의:** 피검사자에게 애매모호한 자극을 제시하여 피검사자로 하여금 이 자극에 반응하도록 하고 그 반응을 분석하여 숨은 동기, 욕구, 갈등, 정서적 상태 등을 측정하는 방법이다.

장점	단점
① 다양하고 풍부한 반응을 한다. ② 개개인의 독특성이 드러난다. ③ 무의식적 반응으로 왜곡하기 어렵다.	① 신뢰도가 낮을 수 있다. ② 개인 간 객관적 비교가 어렵다. ③ 해석 시 검사자의 주관이 개입할 가능성이 있다.

❑ 측정 목적에 따른 분류

① **규준참조검사:** 개인의 점수를 다른 사람들의 점수와 비교해서 상대적으로 어떤 수준인지를 알아보려는 검사로 상대평가이며 대표적으로 적성검사가 있다.

② **준거참조검사:** 검사점수를 어떤 기준점수와 비교해서 이용하려는 검사로 절대평가이며 대표적으로 직업상담사 시험이 있다.

❑ 측정내용에 따른 분류

① 극대수행검사/인지검사/성능검사

의미	피검사자의 인지능력을 평가하기 위한 검사로 최대한의 능력발휘가 요구되는 검사를 말한다.
종류	지능검사, 적성검사, 성취도 검사

② 습관적 수행검사/비인지검사/성향검사

의미	피검사자의 일상생활에서 나타나는 개인의 습관적인 행동을 측정하는 검사를 말한다.
종류	성격검사, 흥미검사, 태도검사

실시방식에 따른 분류

① 속도검사와 역량검사

- 속도검사(speed test)는 쉬운 문제들로 구성되며 숙련도를 측정하는 검사로 대표적으로 지능검사의 바꿔쓰기 소검사가 있다.
- 역량검사(power test)는 어려운 문제들로 구성되며 문제해결력을 측정하는 검사로 대표적으로 수학 경시대회 문제가 있다.

② 개인검사와 집단검사

- 개인검사는 검사할 때 한사람씩 해야 하는 방식으로 대표적으로 TAT주제통각검사가 있다.
- 집단검사는 한번에 여러 명에게 실시하는 방식으로 대표적으로 MBTI가 있다.

③ 지필검사와 수행검사

- 지필검사는 종이와 연필을 이용하는 방식으로 대표적으로 문장완성검사가 있다.
- 수행검사는 도구를 직접 다루는 방식으로 대표적으로 웩슬러 지능검사의 차례 맞추기가 있다.

실시장면에 따른 분류

① **축소상황검사**: 실제적인 장면과 같지만 구체적인 과제나 직무를 매우 축소시켜 제시하고 그 수행 또는 그 결과를 관찰하고 평가하는 검사이다.

② **모의장면검사**: 실제 상황과 거의 유사한 장면을 인위적으로 만들어 놓고 그 장면에서 수검자의 수행과 그 성과를 관찰하고 평가하는 검사이다.

③ **경쟁장면검사**: 작업장면과 같은 상황에서 실제 문제 또는 작업을 제시하고 문제해결을 요구하되, 특히 경쟁적으로 수행하도록 하는 검사를 의미한다.

문제유형

01 심리검사에는 선다형이나 예, 아니오 등 객관적 형태의 자기 보고형 검사(설문지 형태의 검사)가 가장 많이 사용된다. 이런 검사의 정의와 장점을 쓰시오. 2011.2 / 2014.3

02 투사적 검사의 장점을 자기보고식 검사와 비교하여 3가지를 설명하시오. 2011.3

03 심리검사의 유형을 투사적 검사와 객관적 검사로 구분할 때 객관적 검사의 장점에 대해 설명하시오. 2001.2 / 2006.2 / 2017.1

04 투사검사의 장점과 단점 각각 3가지씩 쓰시오. 2008.3 / 2010.3 / 2013.1/ 2014.2 / 2016.1 / 2018.1 / 2020.3

05 검사는 사용목적에 따라 규준참조검사와 준거참조검사로 분류될 수 있다. 규준참조검사와 준거참조검사의 의미를 설명하고 각각의 예를 쓰시오. 2010.1 / 2011.2 / 2016.1 / 2016.3 / 2018.3 / 2019.2

06 극대수행검사와 습관적 수행검사의 의미를 설명하고 종류를 2가지씩 쓰시오. 2006.1 / 2010.3 / 2012.1 / 2012.2 / 2013.3 / 2018.1 / 2020.4

07 심리검사는 검사내용에 따라 능력적인 요소를 측정하는 성능검사와 습관적인 행동을 측정하는 성향검사로 분류할 수 있다. 성능검사와 성향검사에 해당하는 검사명을 각각 3가지만 쓰시오. 2012.1

08 역량검사와 속도검사에 대해서 설명하시오. 2015. 1

09 역량강화(Power test)검사의 개념을 예를 포함하여 설명하시오. 2012.2

10 심리검사 실시방식에 따른 분류 3가지를 쓰시오. 2017.1

11 심리검사도구를 검사장면에 따른 준거로 축소상황검사, 모의장면검사, 경쟁장면검사로 분류에서 장면에 따른 분류를 설명하시오. 2019.1

Ⅰ 핵심이론알기

심리검사 규준

❑ 척도의 종류

① 명명척도(nominal scale): 숫자의 차이가 측정한 속성이 대상에 따라 다르다는 것만을 나타내는 척도이다. 예 주민번호, 운동선수 등번호

② 서열척도(ordinal scale): 숫자의 차이가 측정한 속성의 차이에 관한 정보뿐 아니라 그 순위관계에 대한 정보도 포함하고 있는 척도이다. 예 학급의 석차

③ 등간척도(interval scale): 수치상의 차이가 실제 측정한 속성 간의 차이와 동일한 숫자의 집합을 말한다. 예 온도계의 0℃~5℃의 차이는 10℃~15℃ 차이와 같다.

④ 비율척도(ratio scale): 등간척도처럼 산술적인 계산이 가능하면서 절대값을 갖춘 척도이다. 예 무게, 길이

❑ 척도화 방법

① 리커트 척도(Likert scale): 응답자의 태도를 측정하고 해당 항목에 대한 측정치를 합산하여 평가대상자의 태도점수를 얻어내는 척도이다.

② 거트만 척도(Guttman scale): 태도의 강도에 대한 연속적 증가유형을 측정하고자 하는 누적척도의 대표적인 형태이다.

③ 써스톤 척도(Thurstone scale): 어떤 사실에 대하여 가장 우호적인·비우호적인 태도를 나타내는 양극단을 등간격으로 구분하여 여기에 수치를 부여하는 등간척도이다.

❑ 통계의 기본 개념들

○ 심리검사 점수의 분포정도를 판단하는 기준

- 범위(range): 점수분포에 있어서 최고점수와 최하점수까지의 거리를 말한다.
- 사분편차(quartile range): 자료들이 얼마나 중앙에 모여 있는가를 알려주는 분산도를 말한다.
- 표준편차(standard deviation): 한 집단의 수치가 얼마나 동질적인지를 표현하기 위한 개념으로 점수들이 그 집단의 평균치로부터 벗어난 평균거리를 말한다.

○ 심리검사점수의 중앙값

- 중앙치(median): 모든 점수를 크기순으로 배열했을 때 서열상 가장 중앙에 해당하는 점수를 말한다.
- 최빈치(mode): 모든 점수들 중에서 가장 많이 발생한 빈도를 지닌 점수를 말한다.
- 평균치(average value): 한 집단에 속하는 모든 점수의 합을 사례수로 나눈 값을 말한다.

❑ 규준 유형

① 집단내 규준

백분위점수	개인이 표준화 집단에서 차지하는 상대적 위치를 가리킨다. 예 A의 영어시험 백분위가 70이라면, A보다 잘한 사람이 30%, 못한 사람이 70%다.
표준점수	서로 다른 체계로 측정한 점수들을 동일한 조건에서 비교하기 위한 개념이다. 예 A는 직무능력Ⅰ, B는 직무능력Ⅱ 적성검사를 봤다면, 표준점수를 사용하여 비교한다.
표준등급	원점수를 1에서 9까지의 범주로 나눈 것으로 원점수를 크기 순서에 따라 배열한 후 백분율에 맞추어 표준등급을 매긴다. 예 성취도검사, 적성검사

② 발달규준

연령규준	개인의 점수를 규준집단에 있는 사람들의 연령에 비교해서 몇 살에 해당되는지 해석할 수 있게 하는 방법이다.
학년규준	성취도검사에서 이용하기 위해 학년별 평균이나 중앙치를 이용해서 규준을 제작하는 방법이다.
서열규준	한 개인의 행동이 어느 발달단계에 도달해 있는지를 나타내는 방법이다.
추적규준	각 개인의 발달양상을 동일 연령집단의 발달곡선을 통해 비교함으로써 연령의 증가에 따른 발달양상을 예측하는 방법이다.

문제유형

Vocational Counselor

01 직업심리검사에서 측정의 기본 단위인 척도(scale)의 4가지 유형을 쓰고 의미를 간단히 설명하시오. 2006.2 / 2016.1

02 심리검사에서 흔히 사용되는 전통적 척도화 방식을 3가지 쓰고 설명하시오. 2012.2

03 심리검사점수의 분포정도를 판단하는 기준 2가지를 설명하시오. 2014.2

04 중앙값 3가지를 쓰시오. 2015.1

05 집단 내 규준의 종류 3가지 쓰고 설명하시오. 2009.2 / 2010.4 / 2012.2 / 2012.3 / 2015.1 / 2018.3 / 2019.1

06 규준의 유형 중 백분위 점수, 표준점수, 표준등급의 의미를 쓰시오. 2007.1 / 2008.1 / 2009.3 / 2014.3

07 표준화된 심리검사에는 집단 내 규준이 포함되어 있다. 집단 내 규준을 3가지 쓰고 각각에 대해 예를 들어 설명하시오. 2017.3

08 규준의 종류 중 발달규준을 3가지 쓰고 각각에 대해 설명하시오. 2012.1

09 어떤 심리검사에서 원점수가 A=3, B=6, C=7, D=10, E=14, F=20이고, 평균은 10, 표준편차는 5.77 일 때 C의 표준점수 Z를 구하시오. (소수점 셋째자리에서 반올림할 것) 2020.1 171쪽 13

10 직업상담사가 구직자 A와 B에게 각각 동형검사인 직무능력검사(Ⅰ형)와 직무능력검사(Ⅱ형)를 실시한 결과 A는 115점, B는 124점을 얻었으나 검사유형이 다르기 때문에 두 사람의 점수를 직접 비교할 수 없다. A와 B 중 누가 더 높은 직무능력을 갖추었는지 각각 표준점수인 Z점수를 산출하고 이를 비교하시오. (각각의 Z점수는 소수점 둘째 자리까지 산출하며, 계산과정은 반드시 기재해야 한다.) (단, 직무능력검사(Ⅰ) 평균: 100, 표준편차: 7 / 직무능력검사(Ⅱ) 평균: 100, 표준편차: 15) 2007.3 / 2014.3 339쪽

신뢰도

신뢰도

○ 의미: 검사도구를 믿을 수 있는 정도이다.

검사점수변량에 영향을 미치는 개인의 일시적이고 일반적인 특성

① 건강
② 피로
③ 동기
④ 정서적 긴장
⑤ 검사요령
⑥ 검사의 매커니즘 이해
⑦ 온도, 조명, 환기 등의 외적요소

검사점수변량에 영향을 미치는 개인의 일시적이며 독특한 특성

① 독특한 검사과제의 이해
② 특별한 검사내용을 다룰 수 있는 독특한 기술
③ 정신운동검사와 같이 특별한 연습에 의한 영향
④ 특별한 검사에 대해 일시적으로 독특하게 반응하는 습관
⑤ 기억의 변화
⑥ 예기치 못하게 주의집중이 잘 안 되는 경우

신뢰도의 종류 및 추정방법

① 검사-재검사 신뢰도

○ 검사-재검사의 의미: 같은 검사를 동일한 사람에게 시간간격 두고 두 번 실시하여 얻은 점수들 간의 상관계수에 의해 신뢰도를 추정한다.

○ 검사-재검사 신뢰도에 영향을 미치는 요인

• 시간간격에 따라 신뢰도에 영향을 받는다.
• 사건의 영향을 받는다.
• 개인의 내적 차이에 영향을 받는다.
• 환경의 차이에 영향을 받는다.

❍ **검사-재검사의 단점**

- 시간간격에 따라 신뢰도에 영향을 받는다.
- 사건의 영향을 받는다.
- 개인의 내적 차이에 영향을 받는다.
- 환경의 차이에 영향을 받는다.
- 시간이 많이 걸린다.

❍ **검사-재검사를 통해 신뢰도를 추정할 때 충족되어야 할 요건**

- 측정내용 자체는 일정 시간이 경과하더라도 변하지 않는다고 가정할 수 있어야 한다.
- 동일한 수검자에게 두 번 실시하지만 처음 받은 검사 경험이 두 번째 받은 검사의 점수에 영향을 미치지 않는다는 확신이 있어야 한다.
- 검사와 재검사 사이의 어떤 학습활동이 두 번째 검사의 점수에 영향을 미치지 않는다고 가정할 수 있어야 한다.

② 동형검사 신뢰도

❍ **동형검사 신뢰도의 의미**

동일한 수검자에게 첫 번째 시행한 검사와 동등한 유형의 검사를 실시하여 두 검사점수 간의 상관계수에 의해 신뢰도를 추정한다.

❍ **동형검사 신뢰도의 단점**

동형의 검사 제작이 어렵고 두 배로 제작해야 하기 때문에 비용이 많이 든다.

❍ **동형검사의 결과가 서로 다르게 나타날 수 있는 가능한 원인 5가지**

- 유사한 검사자료에 대한 연습
- 검사를 치르는 동기
- 다른 요인들로 인해 사람들마다 점수향상의 정도에 차이
- 동등한 검사인 평행검사 구하기
- 동등한 평행검사 제작하기

③ 내적일관성 신뢰도

❍ **내적일관성 신뢰도 의미**

한 검사 내에 있는 각 문항을 독립된 별개의 검사로 간주하고 문항 간의 일관성이나 합치성 정도를 말한다.

❍ **반분신뢰도**

해당 검사를 문항수가 같도록 반씩 나눠서 개인별로 두 개의 점수를 구해서 두 점수 간의 상관계수를 계산한 것이다.

❍ **반분신뢰도 추정방법**

- **전후 절반법**: 전체 검사를 문항 순서에 따라 전과 후로 나누는 방법이다.
- **기우 절반법**: 전체 검사를 문항의 번호에 따라 홀수와 짝수로 나누는 방법이다.
- **짝진 임의배치법**: 전체 검사를 문항의 난이도와 문항과 총점 간의 상관계수를 토대로 나누는 방법이다.
- **난수표법**: 각 문항을 두 하위 검사에 무선적으로 할당하는 방법이다.

❑ 심리검사의 신뢰도 계수에 영향을 미치는 요인

① **개인차**: 개인차가 클수록 검사점수의 변량이 커지며, 그에 따라 신뢰도가 높게 나타날 가능성이 크다.
② **검사의 문항 수**: 검사의 문항 수가 많을수록 신뢰도가 높게 나타날 가능성이 크다.
③ **문항반응 수**: 문항반응 수는 적정한 크기를 유지하는 것이 바람직하며, 만약 이를 초과하는 경우 신뢰도는 향상되지 않는다.
④ **검사의 유형**: 검사는 실시시간을 기준으로 속도검사와 역량검사로 나눌 수 있다.
⑤ **신뢰도 추정 방법**: 신뢰도를 추정하는 각 방법은 오차를 포함하는 내용이 서로 다르므로 동일한 검사에 여러 가지 방법을 동시에 사용하여 얻어진 신뢰도계수는 서로 다를 수밖에 없다.

문제유형

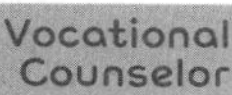

01 검사점수의 변량에 영향을 미치는 요인 중 개인의 일시적이고 일반적인 특성 4가지를 쓰시오. 2004.2 / 2008.1 / 2017.1

02 직업심리검사의 신뢰도 추정방법 3가지를 쓰고 설명하시오. 2020.1

03 신뢰도 측정방법 중 사람들이 하나의 검사에 대해 다른 시점에서 얼마나 일관성 있게 반응하는지를 알아보는 방법인 검사-재검사법의 의미와 단점을 5가지를 쓰시오. 2009.1 / 2013.3 / 2014.3 / 2018.3

04 검사-재검사 신뢰도에 영향을 미치는 요인 4가지를 쓰시오. 2009.1 / 2009.3 / 2012.2 / 2018.2 / 2020.3

05 검사-재검사를 통해 신뢰도를 추정할 때 충족되어야 할 요건을 3가지를 쓰시오. 2015.3 / 2016.2

06 신뢰도 추정의 검사-재검사, 동형검사의 의미와 단점을 쓰시오. 2009.2

07 어떤 사람의 직업적성을 알아보기 위해 같은 명칭의 A적성검사와 B적성검사를 두 번 반복 실시를 했는데 두 검사의 점수가 차이를 보여 이 사람의 정확한 적성을 판단하기 매우 어려운 상황이 발생하였다. 이와 같은 동일명의 유사한 심리검사의 결과가 서로 다르게 나타날 수 있는 가능한 원인 5가지를 쓰시오. 2007.3 / 2018.2

08 반분신뢰도를 추정하기 위해 가장 많이 사용하는 방법을 4가지를 쓰고 설명하시오. 2012.3 / 2017.1 / 2019.03

09 검사의 신뢰도란 검사가 얼마나 일관성이 있는가를 의미하는 것이다. 신뢰도의 종류와 신뢰도 계수에 영향을 미치는 요인을 각각 3가지씩 쓰시오. 2010.1

10 신뢰도 계수에 영향을 미치는 요인을 3가지 제시하고 각각에 대해 설명하시오. 2010.2

11 심리검사의 신뢰도에 영향을 주는 요인 5가지를 쓰시오. 2007.3

타당도

타당도

① **내용타당도**: 검사의 문항들이 그 검사가 측정하고자 하는 내용영역을 얼마나 잘 반영하고 있는지를 말한다.

② **준거타당도**: 어떤 심리검사가 특정준거와 어느 정도 관련성이 있는가를 말한다.

○ 준거타당도 종류

예언 타당도	피검사자의 미래의 행동이나 특성을 얼마나 정확하게 예언하는지의 정도이다. 예 지원자의 시험성적이 높아 채용선발 했는데 입사 후 일정기간이 지난 후 업무성과가 높다면 이 심리검사는 예언타당도가 높은 것으로 본다.
동시 타당도	새로운 검사를 제작하였을 때, 기존의 타당성을 보장받고 있는 검사와의 유사성을 통하여 타당성을 검증하는 방법이다. 예 기업이 종업원 선발에 사용할 새로운 검사를 제작했을 때 기존에 타당성을 보장받은 검사와 타당성을 검증하고 지원자에게 실시하여 채용선발 한다.

※ 예언타당도와 동시타당도의 차이점
예언타당도는 피검사자의 미래의 행동이나 특성을 예측할 수 있으나 동시 측정이 불가능하여 타당도 검증에 시간이 필요하다. 동시타당도는 계량화되어 타당도에 대한 객관적인 정보를 제공할 수 있으나 기존에 타당성을 보장받는 검사가 없으면 타당도를 추정할 수 없다.

※ 준거타당도가 낮은 검사를 직업상담에 사용하면 안되는 이유
직업상담에서는 심리검사 결과에 의해 내담자에게 직업정보를 제공하는데 준거타당도가 낮은 검사를 사용하면 내담자의 특성에 맞지 않는 직업정보를 제공하기 때문에 사용하면 안 된다.

※ 준거타당도가 낮은 검사를 산업현장에서 사용하면 안 되는 이유
기업이 심리검사 결과를 종업원 선발에 사용하는데 준거타당도가 낮은 검사를 사용할 경우 기업에 필요한 인재가 아닌 지원자를 선발할 수 있어 경제적 손실 문제가 발생하기 때문에 사용하면 안된다.

※ 준거타당도가 낮은 검사를 사용하면 안 되는 이유
직업상담에서는 측정된 결과에 의해 내담자에게 직업정보를 제공하고, 산업현장에서는 종업원 선발기준으로 사용하는데 준거타당도가 낮은 검사를 사용하면 경제적 손실이 발생하기 때문에 준거타당도가 낮은 검사를 사용하면 안된다.

○ 준거타당도 계수에 영향을 미치는 요인

- **표집오차**: 표본의 크기가 작아지면 표집오차는 급격하게 증가한다.
- **준거 측정치의 신뢰도**: 준거 측정치의 신뢰도가 그 검사의 타당도 계수에 영향을 미친다.
- **준거 측정치의 타당도**: 실제준거와 개념준거의 적절성을 말한다.
- **범위제한**: 준거타당도 계산을 위해 얻은 자료들이 검사점수와 준거점수의 전체 범위를 포괄하지 않고 일부범위만을 포괄하는 경우이다.

○ 개념준거와 실제준거

개념준거	실질적으로 측정되어 질 수 없는 추상적 개념이다.
실제준거	측정가능한 준거를 말한다.

예 기업이 업무능력이 높은 지원자를 선발하려 한다면 업무능력은 추상적이므로 개념준거이고, 업무능력을 측정하기 위한 학점, 어학점수, 자격증 등은 실제준거다.

③ **구성타당도:** 해당 검사가 이론적 구성개념이나 특성을 잘 측정하는 정도를 말한다.

○ 구성타당도 분석방법

요인분석	검사를 구성하는 문항들 간의 상호상관관계를 분석해서 서로 상관이 높은 문항들을 묶어 주는 통계적 방법이다.
수렴타당도	검사의 결과가 이론적으로 그 속성과 관계있는 변인들과 높은 상관관계를 지니고 있는지의 정도를 측정하는 것이다.
변별타당도	검사의 결과가 이론적으로 그 속성과 관계없는 변인들과 낮은 상관관계를 지니고 있는지의 정도를 측정하는 것이다.

○ 다특성 · 다방법 행렬표

의미	두 개 이상의 특성을 두 개 이상의 방법으로 측정해서 상호상관의 양상을 평가하는 것이다.
확인하는 절차	• 동일한 특성을 이질적인 방법으로 측정한 점수들의 상관계수 • 이질적인 특성을 동일한 방법으로 측정한 점수들의 상관계수 • 이질적인 특성을 이질적인 방법으로 측정한 점수들의 상관계수

❑ 신뢰도와 타당도의 비교

신뢰도란 심리검사 도구를 믿을 수 있는 정도이며 타당도는 심리검사 도구가 무엇을 측정하는가와 그것을 얼마나 정확하게 측정하는가를 말한다. 신뢰도가 높은 검사도구는 타당도가 높거나 낮을 수 있지만 신뢰도가 낮다면 타당도는 없다.

문제유형

01 준거타당도의 2가지 종류를 쓰고 설명하시오. 2014.1 / 2018.2

02 예언 타당도와 동시 타당도에 대해 각각의 예를 포함하여 설명하시오. 2006.1 / 2012.1

03 예언 타당도와 동시 타당도의 차이점을 설명하시오. 2008.3 / 2013.2

04 준거 타당도의 의미를 쓰고 준거 타당도에 속하는 타당도의 종류를 2가지 제시하고 간략하게 설명하시오. 2010.2

05 준거타당도의 의미와 준거타당도가 낮은 검사를 사용하면 안 되는 이유를 설명하시오. 2013.1

06 준거 타당도의 의미와 준거 타당도가 낮은 검사가 직업상담이나 산업현장에서 사용되면 안 되는 이유는? 2001.1 / 2002.1 / 2009.1

07 심리검사에서 준거 타당도 계수의 크기에 영향을 미치는 요인 3가지를 쓰고 각각에 대하여 설명하시오. 2011.1 / 2018.1

08 개념준거와 실제준거를 예를 들어 설명하시오. 2009.3

09 다음에 관하여 설명하시오. 2006.2 / 2011.3 / 2017.2 126쪽 09

(1) 준거타당도의 종류 2가지를 쓰시오.

(2) 직업상담에서 특히 준거타당도가 중요한 이유 2가지를 쓰시오.

(3) 실증연구에서 얻은 타당도계수와 실제 연구에서의 타당도 계수가 다른데 실제 연구에서의 타당도 계수가 낮은 이유를 예를 들어 설명하시오.

10 구성타당도를 분석하는 방법 3가지를 제시하고 그 방법에 대해 설명하시오. 2003.1 / 2008.1 / 2010.1 / 2015.2 / 2019.3 / 2020.4

11 구성타당도를 분석하는 방법을 2가지 제시하고 각 방법에 대해 설명하시오. 2001.1 / 2003.2 / 2009.3 / 2010.3 / 2010.4 / 2015.1 / 2016.1

12 수렴 타당도를 예를 들어 설명하시오. 2016.3 115쪽 04

13 수렴 타당도와 변별 타당도의 의미를 쓰고 이들 중 다특성-다방법 행렬표(MTMM)로 확인하는 절차에 대해 설명하시오. 2010.3 / 2012.3

14 다음 ( ) 안에 알맞은 타당도의 종류를 쓰시오. 2007.1

- ( )는 검사의 각 문항을 주의 깊게 검토하여, 그 문항이 검사에서 측정하고자 하는 것을 재는지 여부를 결정하는 것이다. 이것은 그 분야의 자격을 갖춘 사람들에 의해 판단된다.
- ( )의 유형으로는 공인 타당도와 예언 타당도가 있다.
- ( )는 조작적으로 정의되지 않은 인간의 심리적 특성이나 성질은 심리적 구인으로 분석하여 조작적 정의를 부여한 후, 검사점수가 이러한 심리적 구인으로 구성되어 있는가를 검정하는 방법이다.

15 직업심리검사의 중요한 두 가지 기준인 신뢰도와 타당도의 의미를 비교하여 쓰시오. 2005.2

Ⅰ 핵심이론알기

직업심리검사 종류

지능검사

○ 지능검사에 동작성 검사가 추가되므로 검사에 추가된 장점

- 언어적, 문화적, 교육적 요인들이 지능검사에 영향을 주어서 생길 수 있는 편향의 가능성을 극복할 수 있다.
- 동작성 과제의 점수를 통해 수검자의 정서장애가 검사수행에 미치는 영향을 파악할 수 있다.
- 수검자의 문제해결 행동을 직접 관찰함으로써 지능점수와 해석에 도움이 될 수 있는 많은 유용한 정보를 얻을 수 있다.

○ 언어성과 동작성 검사 결과 의미

- 언어성은 아동기부터 축적된 경험과 지식을 측정하기 때문에 고도로 조직화된 능력을 측정하며 피검사자의 교육수준을 나타낸다.
- 동작성은 문제해결능력과 과거에 축적된 지식의 활용과 즉각적인 대처능력을 필요로 하는 능력을 측정하며 피검사자의 일상생활에서의 대처능력을 나타낸다.

○ 지능검사에서 알 수 있는 정보

- 지적능력수준을 평가함으로 학업이나 직업적 성취를 예견한다.
- 인지특성 관련정보로 환경에 대한 적응여부를 예측한다.
- 기질적 뇌손상 유무, 뇌손상에 의한 인지적 손상유무를 평가한다.

○ 지능검사와 적성검사와의 차이점

지능검사는 종합적인 정신능력을 측정하는데 사용하고, 적성검사는 특수한 직종에 맞는 사람을 선발하는데 사용한다.

GATB(General Aptitude Test Battery) 직업적성검사

① **지능**: 일반적인 학습능력, 설명이나 지도내용과 원리를 이해하는 능력, 새로운 환경에 빨리 순응하는 능력을 말한다.

② **언어능력**: 언어의 뜻과 그에 관련된 개념을 이해하고 사용하는 능력, 보고 들은 것이나 자신의 생각을 발표하는 능력을 말한다.

③ **산수능력**: 빨리 정확히 계산하는 능력을 말한다.

④ **사무지각**: 문자나 인쇄물, 전표 등의 세부를 식별하는 능력, 잘못된 문자나 숫자를 찾아 교정하고 직관적인 인지능력의 정확도나 비교 판별하는 능력을 말한다.

⑤ **공간적성**: 공간상의 형태를 이해하고 평면과 물체의 관계를 이해하는 능력, 2차원이나 3차원의 형체를 시각으로 이해하는 능력을 말한다.

⑥ **형태지각**: 실물이나 도해 또는 표에 나타나는 것을 세부까지 바르게 지각하는 능력, 시각으로 비교 판별하는 능력, 도형의 형태나 음영, 근소한 선의 길이나 넓이 차이를 지각하는 능력, 시각의 예민도 등을 말한다.

⑦ **운동반응**: 눈과 손 또는 눈과 손가락을 함께 사용해서 빠르고 정확한 운동을 할 수 있는 능력, 눈으로 겨누면서 정확하게 손이나 손가락의 운동을 조절하는 능력을 말한다.

⑧ **손가락 재치**: 손가락을 정교하고 신속하게 움직이는 능력, 작은 물건을 정확·신속히 다루는 능력을 말한다.

⑨ **손재치**: 손을 마음대로 정교하게 조절하는 능력, 물건을 집고, 놓고 뒤집을 때 손과 손목을 정교하고 자유롭게 운동할 수 있는 능력을 말한다.

❑ 직업흥미검사

○ 직업흥미유형 6가지

① **현실형**: 분명하고 질서정연하고 체계적인 활동을 좋아하며 기계를 조작하는 활동 및 기술을 선호하는 흥미유형이다. 대표직업으로는 전기기사, 소방관, 군인, 프로운동선수, 운전사 등이 있다.

② **탐구형**: 관찰적, 상징적, 체계적이며 물리적, 생물학적, 문화적 현상의 창조적인 탐구활동을 선호하는 흥미유형이다. 대표직업으로는 심리학자, 물리학자, 경영분석가, 번역가 등이 있다.

③ **예술형**: 예술적 창조와 표현, 변화와 다양성을 선호하고 틀에 박힌 활동을 싫어하며 자유롭고, 상징적인 활동을 선호하는 흥미유형이다. 대표직업으로는 음악가, 화가, 디자이너, 시인 등이 있다.

④ **사회형**: 타인의 문제를 듣고, 이해하고, 도와주고, 치료해주는 활동을 선호하는 흥미유형이다. 대표직업으로는 사회사업가, 상담가, 간호사, 교사, 성직자 등이 있다.

⑤ **진취형**: 조직의 목적과 경제적 이익을 얻기 위해 타인을 지도, 계획, 통제, 관리하는 일과 그 결과로 얻게 되는 명예, 인정, 권위를 선호하는 흥미유형이다. 대표직업으로는 기업대표, 고위관리자, 변호사, 영업사원 등이 있다.

⑥ **관습형**: 정해진 원칙과 계획에 따라 자료를 기록, 정리, 조작하는 활동을 좋아하고 사무능력, 계산능력을 발휘하는 것을 선호하는 흥미유형이다. 대표직업으로는 회계사, 경리사무원, 은행사무원 등이 있다.

○ 홀랜드(Holland) 직업흥미검사의 해석차원

① **일관성(개인과 개인)**: 육각모형에서 근처에 인접한 유형들끼리 요약코드로 나타나면 일관성이 있다고 해석한다.

② **변별성(개인 내 비교)**: 개인이나 작업환경을 명확하게 규정할 수 있는 정도를 변별정도라고 한다.

③ **정체성(유형과 환경)**: 개인의 목표, 흥미, 재능에 대한 명확하고 견고한 청사진을 말한다.

④ **일치성(개인과 환경)**: 개인의 직업흥미나 성격 등의 특성이 직무 또는 조직과 잘 맞는지를 의미한다.

○ 성격검사 성격의 5요인(Big-five)

① **외향성**: 타인과의 상호작용을 원하고 타인의 관심을 끌고자 하는 정도이다.

② **호감성**: 타인과 편안하고 조화로운 관계를 유지하는 정도이다.

③ **성실성**: 사회적 규칙, 규범, 원칙들을 기꺼이 지키려는 정도이다.

④ **정서적 불안정성**: 정서적으로 얼마나 안정되어 있고 자신이 세상을 얼마나 통제할 수 있으며, 세상을 위협적이지 않다고 생각하는 정도이다.

⑤ **경험에 대한 개방성**: 자기 자신을 둘러싼 세계에 관한 관심, 호기심, 다양한 경험에 대한 추구 및 포용력 정도이다.

○ 홀랜드(Holland) 직업선호도검사 육각형 모형의 비판점

① 성격만이 주로 강조되어 여러 가지 다른 중요한 개인적·환경적 요인이 도외시되고 있다.

② 진로상담에 적용할 수 있는 구체적인 절차를 제공해 주지 못하고 있다.

③ 홀랜드의 모형을 측정하는 검사도구가 직업에 대한 성적 편견을 없애지 못하고 있다.

○ 스트롱(Strong) 직업흥미검사의 척도 3가지

① GOT(일반직업분류): 홀랜드(Holland)의 이론에 기초하여 6개(RIASEC)의 분류로 피검사자의 흥미에 대한 정보를 제공해 준다.

② BIS(기본흥미척도): 특정 흥미 분야에 집중하여 가능성 있는 직업 분야를 구체적으로 활용하는데 유용하다.

③ PSS(개인특성척도): 업무유형, 학습유형, 리더십유형, 모험심유형에 대해 개인이 선호하고 편안하게 느끼는 것을 측정한다.

❑ 직업흥미검사 종류

① 자기탐색검사(Self-Directed Search): 자기탐색검사는 홀랜드(Holland)의 RIASEC 모형을 적용한 검사로 개인의 진로유형 및 전공이나 직업 정보뿐만 아니라 진로정체성에 대한 정보를 제공한다.

② 스트롱 흥미검사(Strong Vocational Interest Blank): 개인의 흥미를 측정하여 그에 적합한 직업에 관한 정보를 제공하기 위한 검사로 GOT(일반직업분류), BIS(기본흥미척도), PSS(개인특성척도)로 구성되어 있다.

③ 직업선호도검사(Vocational Preference Inventory): 직업선호도검사는 개인의 직업흥미를 측정하는 검사로 L형과 S형으로 구성되어 있는데, L형은 흥미검사, 성격검사, 생활사검사로 구성되어 있고, S형은 흥미검사가 있다.

④ 미네소타 직업흥미검사(Minnesota Vocational Interest Inventory): 대학 교육과정을 이수하지 않은 학생들을 위한 검사로, 대학 과정을 요하지 않는 직업군 내에서 흥미를 측정하기 위해 개발된 흥미검사이다.

⑤ 쿠더 직업흥미검사(Kuder Preference Record): 쿠더 흥미검사는 개인이 여러 가지 활동 중 어떤 활동을 보다 더 좋아하며 같은 연령집단의 흥미와 비교해 볼 때 그의 흥미수준은 어떠하다라는 정보를 제공한다.

❑ 성격검사

○ 다면적인성검사(MMPI)의 타당도 척도

- ?척도: 수검자가 검사에 대한 비협조적인 태도, 개인적 정보 노출을 꺼리는 방어적 태도를 나타낸다.
- L척도: 수검자가 자신을 좋게 보이려는 고의적이고 부정직한 반응태도를 밝히기 위한 척도이다.
- F척도: 보통 사람들과는 다르게 응답하는 사람들을 알아내기 위한 척도이다.
- K척도: 방어와 경계심을 측정하고 정신장애가 있으면서도 정상 프로파일을 보이는 사람들을 식별하기 위한 척도이다.

○ 마이어스-브릭스(Myers-Briggs)의 MBTI 4가지 차원의 선호부분

- 에너지 방향: 외향(E) – 내향(I)
- 정보수집: 감각(S) – 직관(N)
- 판단기능: 사고(T) – 감정(F)
- 생활양식: 판단(J) – 인식(P)

❑ 진로개발을 평가하는데 사용될 수 있는 검사

① 진로결정검사(Career Decision Scale; CDS): 진로결정에 대한 확신과 미결정성의 두 하위척도로 구성되어 있으며, 미결정성의 이유를 알아낼 수 있도록 제작되었다.
② 진로성숙검사(Career Maturity Inventory; CMI): 크라이티스(Crites)는 진로성숙도를 측정하기 위한 진로성숙검사를 개발하였다. 이 검사는 태도척도와 능력척도로 구성되어 있다.
③ 진로정체성검사(My Vocational Situation; MVS): 진로정체성을 측정하기 위해 개발하였으나 직업선택에 장애가 되는 개인적·환경적 문제와 정보부족 문제를 파악할 수 있도록 제작하였다.
④ 진로결정척도(Assessment of Career Decision Making; ACDM): 진로결정에서 학생이 사용하는 전략이나 전략의 조합을 측정하는 '진로결정유형'과 '학교생활과 직업계획, 전공에 관한 진로의사결정의 정도를 측정하는 진로결정수준'에 관해 각기 3개씩의 소검사점수를 산출하도록 되어 있다.

❑ 진로성숙검사(CMI)

○ 진로성숙검사(CMI) 태도척도와 능력척도 측정내용

- 태도척도: 계획성, 독립성, 결정성
- 능력척도: 직업세계 이해능력, 직업선택 능력, 합리적인 의사결정능력

○ 진로성숙검사(CMI) 중 태도척도를 구성하는 상담척도 5가지

- 결정성: 선호하는 진로의 방향에 대한 확신 정도이다.
- 참여도: 진로선택 과정에의 능동적 참여 정도이다.
- 독립성: 진로선택을 독립적으로 할 수 있는 정도이다.
- 성향: 진로결정에 필요한 사전이해와 준비 정도이다.
- 타협성: 진로 선택시에 욕구와 현실을 타협하는 정도이다.

○ 진로성숙검사(CMI)의 능력척도 3가지

- 직업세계 이해능력: 직업의 종류, 직업의 특성, 작업조건, 교육수준, 직무 및 직업세계의 변화경향과 직업정보 획득 등 6개 분야에 대한 지식과 이해의 정도이다.
- 직업선택능력: 자신의 흥미, 적성 등과 직업세계에 대한 지식과 이해를 토대로 자신에게 적합한 직업을 선택할 수 있는 능력이다.
- 합리적인 의사결정능력: 자기 자신 및 직업세계에 대한 이해와 지식을 바탕으로 진로와 관련된 의사결정 과정에서 부딪히는 갈등상황을 합리적으로 해결하는 능력이다.

문제유형

01 지능검사에 동작성 검사가 추가되므로 검사에 추가된 장점 3가지를 쓰시오. 2018.1

02 A씨는 지능검사 실시 결과, 전체 지능지수는 102이고 언어성과 동작성 지능은 각각 88과 121이었다. A씨의 구체적인 검사 지능지수가 다음과 같을 때 A씨의 지능검사 결과에 대해 해석하시오. 2009.1 339쪽

기본 지식	숫자 외우기	어휘	산수	이해	공통성	빠진 곳 찾기	차례 맞추기	토막 짜기	모양 맞추기
9	7	7	10	8	9	10	11	16	16

03 지능검사에서 알 수 있는 정보 3가지와 적성검사와의 차이점을 쓰시오. 2005.1

04 일반직업적성검사(GATB)의 내용을 3가지를 쓰고 설명하시오. 2015.1

05 홀랜드(Holland)이론의 직업흥미유형 6가지를 쓰고 설명하시오. 2009.1 / 2016.1 / 2018.2 / 2020.3 / 2020.4

06 홀랜드(Holland)의 개인과 개인, 개인과 환경, 환경과 환경의 관계를 나타내는 이론을 3가지만 설명하시오. 2013.3 / 2016.3

07 홀랜드(Holland) 육각형 모델과 관련된 해석차원 중에서 일관성, 변별성, 정체성에 대해 설명하시오. 2010.2 / 2016.2 / 2016.3

08 홀랜드(Holland) 직업선호도검사 육각형 모형의 비판점을 2가지를 쓰시오. 2010.4

09 홀랜드(Holland) 검사를 실시한 대학생 한 명이 그 결과 SAE일 때 해석하시오. 2017.3 135쪽 18

10 홀랜드(Holland) 흥미유형에 따라 각 유형의 직업 특성에 대해서 쓰시오. 2004.1

11 홀랜드(Holland) 직업선호도 검사의 흥미유형 6가지를 쓰시오. 2019.2

12 성격검사는 성격의 5요인(Big-five)에 근거하고 있다. 5요인을 열거하고 설명하시오. 2001.2 / 2006.1 / 2019.1

13 스트롱(Strong) 직업흥미검사의 척도 3가지를 쓰고 각각에 대해 설명하시오. 2014.2 / 2018.2 / 2020.3

14 흥미검사는 특정직업 활동에 대한 흥미나 선호를 측정하기 위해 만들어진 것이다. 현재 사용할 수 있는 흥미검사의 종류 5가지 쓰시오. 2012.2 / 2020.4

15 MMPI의 타당도 척도 L, F, K를 설명하시오. 2009.2 / 2013.3 / 2017.3

16 마이어스·브리그스(Myers-Briggs) 유형지표(MBTI)는 자기보고식 강제선택형이다. 이 검사에서 나타나는 4가지 차원의 선호부분을 쓰시오. 2009.2 / 2013.1

17 진로성숙검사(CMI)는 태도척도와 능력척도로 구분된다. 태도척도와 능력척도의 측정내용을 3가지씩 쓰시오. 2009.2 / 2013.3 / 2017.3

18 진로성숙검사(CMI) 중 태도척도의를 구성하는 상담척도 5가지를 쓰고 설명하시오. 2015.3 / 2017.3

19 진로성숙검사의 능력척도 3가지를 쓰고 설명하시오. 2015.2

20 진로개발을 평가하는데 사용되는 방법으로 진로결정척도가 있다. 이 방법 외에 진로개발을 평가하는데 사용될 수 있는 검사 혹은 척도를 3가지를 쓰시오. 2011.1 / 2017.2

I 핵심이론알기

스트레스

Vocational Counselor

❏ 직무와 조직에서의 주된 스트레스를 받는 원인

① **물리적 요인**: 생활환경에서 경험하게 되는 소음, 작업시간, 작업속도 등은 스트레스의 원인이 된다.
② **역할관련 요인**: 역할갈등, 역할모호성 등은 개인이 생활 속에서 여러 과제나 역할을 요구하거나 책임을 부가하기 때문에 스트레스의 원인이 된다.
③ **조직적 원인**: 조직풍토, 통제시스템 등 조직의 독특한 분위기는 의사소통 과정에 문제가 생길 때 조직구성원 간의 오해와 갈등이 생겨 스트레스의 원인이 된다.

❏ 직무스트레스로 인한 직장에서의 행동결과

① 신경질적 행동
② 수행 저하
③ 결근
④ 태업
⑤ 지각

❏ 스트레스의 조절변인

① **행동양식**: 조급하고 공격적인 A 유형보다 느긋하고 여유로운 B 유형이 스트레스를 어느 정도 더 잘 조절할 수 있다.
② **통제유형**: 상황을 스스로 통제할 수 있는 내적 통제자는 그렇지 못한 외적 통제자에 비해 스트레스를 더 잘 조절할 수 있다.
③ **강인성**: 강인한 사람은 그렇지 못한 사람에 비해 스트레스를 더 잘 조절할 수 있다.

문제유형

Vocational Counselor

01 직무와 조직에서의 주된 스트레스를 받는 원인을 3가지를 쓰고 설명하시오. 2015.3

02 직무스트레스로 인한 직장에서의 행동결과를 5가지를 쓰시오. 2016.3

03 동일한 스트레스일지라도 개인이 받는 스트레스는 각각 다를 수 있다. 스트레스의 조절변인 3가지를 설명하시오. 2013.1 / 2017.3 / 2018.2

경력개발

경력단계별 경력개발프로그램

① 경력 초기 단계(직업적응 프로그램): 직무와 조직에 대해 배워 나가고 조직 내에서 자신의 성취 수준을 높이는 데 관심을 갖게 된다.

② 경력 중기 단계(스트레스관리 프로그램): 대부분은 전환기에 경험하게 되는 스트레스에 대처하는 방법을 배워야 한다.

③ 경력 후기 단계(은퇴 프로그램): 은퇴시기를 예측하고 이에 대한 효과적인 계획을 세워야 한다.

홀(Hall)의 경력개발 4단계

① 탐색 단계(exploration stage): 자신에게 적합한 분야를 탐색하고, 시초직무를 찾아내고 발전시켜 평생의 업으로 삼을 것을 계획한다.

② 확립 단계(establishment stage): 특정의 직무영역에 정착하는 시기로 이 단계에서 선택한 직업에 정착하려고 노력하는 때다.

③ 유지 단계(maintenance stage): 좀 더 조직과 자신을 동일시하게 되고 전체 조직의 목표와 관련하여 자신의 직무를 바라볼 수 있게 된다.

④ 쇠퇴 단계(decline stage): 은퇴 후의 계획을 세우게 되며 조직 내에서의 자신의 역할은 더 소극적으로 된다.

문제유형

Vocational Counselor

01 경력단계 초기, 중기, 말기 경력단계별 경력개발프로그램을 쓰시오. 2010.3

02 홀(Hall)의 경력개발 4단계를 순서대로 쓰고 설명하시오. 2013.1

core 41

Ⅰ 핵심이론알기

직업정보 종류

직업정보의 내용 및 역할

① 직업정보의 내용

직업명세사항	직업별로 수행되는 직무와 이에 필요한 적성, 흥미, 자격조건 등이다.
노동시장정보	각 직업별 고용동향, 인력수급현황 및 고용전망 등이다.

② 직업정보의 역할

노동시장	미취업 청소년의 진로탐색 및 진로선택시 참고자료로 이용되며, 구직자에게는 구직활동을 촉진시키는 기능을 한다.
기업	직업별 수행직무를 정확하게 파악하도록 함으로써 합리적인 인사관리를 촉진하고 직무분석을 기초한 과학적인 안전관리로 산업재해를 예방하는 기능을 수행한다.
국가	국가는 체계적인 직업정보를 기초로 하여 직업훈련 기준의 설정 및 적절한 직업훈련정책을 입안하며 고용정책을 결정하는 기초자료로 활용된다.

직업정보 생산주체에 따른 분류

구분	민간직업정보	공공직업정보
정보제공의 지속성	불연속적, 단절적	지속적
직업의 분류 및 구분	생산자 임의기준	국내 또는 국제적으로 인정되는 객관적 기준
조사·수록되는 직업의 범위	특정 목적의 해당분야 및 직종	전체산업 및 직종
다른 정보와의 관계	다른 정보와의 관련성 낮음	다른 정보에 미치는 영향이 크며, 관련성 높음
정보획득 비용	유료	무료

미시정보와 거시정보

① **미시정보**: 구인·구직정보, 자격정보, 훈련정보, 임금정보

② **거시정보**: 노동시장 동향, 직종별·업종별 인력수급 현황, 직종별·지역별 실업률

문제유형

Vocational Counselor

01 직업정보란 국내외 각종직업에 관련된 다양한 정보를 체계화한 것이라고 할 수 있다. 그 구체적 내용을 2가지로 대별하여 설명하고 이의 기능과 역할을 "노동시장", "기업", "국가" 측면에서 쓰시오. 2002.2 / 2006.1

02 직업정보는 정보의 생산 및 운영주체에 따라 민간직업정보와 공공직업정보로 크게 구분된다. 아래의 빈칸을 채우시오. 2007.3

구분	민간직업정보	공공직업정보
정보제공의 지속성	불연속적, 단절적	지속적
직업의 분류 및 구분	①	②
조사·수록되는 직업의 범위	③	④
다른 정보와의 관계	다른 정보와의 관련성 낮음	다른 정보에 미치는 영향이 크며, 관련성 높음
정보획득 비용	유료	무료

03 공공직업정보의 특성 3가지를 쓰시오. 2008.3 / 2010.3

04 고용정보를 미시정보와 거시정보로 구별하여 각각 2가지씩 쓰시오. 2009.2 / 2017.2 / 2020.1·2

core 42

Ⅰ 핵심이론알기

한국표준직업분류

직업으로 갖추어야 할 조건 4가지

① **계속성**: 직업은 유사성을 갖는 직무를 계속하여 수행하는 계속성을 가져야 한다.
- 매일, 매주, 매월 등 주기적으로 행하는 것
- 계절적으로 행해지는 것
- 명확한 주기는 없으나 계속적으로 행해지는 것
- 현재 하고 있는 일을 계속적으로 행할 의지와 가능성이 있는 것

② **경제성**: 경제적 거래관계가 성립되어야 하며, 노력이 전제되어야 한다.

③ **윤리성과 사회성**: 비윤리적 영리행위나 반사회적인 활동을 통한 경제적 이윤추구는 직업으로 인정되지 못한다.

④ 속박된 상태에서의 제반활동은 경제성이나 계속성의 여부와 상관없이 직업으로 인정되지 못한다.

직업으로 인정하지 않는 경우

① 이자, 주식배당, 임대료 등과 같은 자산 수입이 있는 경우

② 연금법, 국민기초생활보장법, 국민연금법 및 고용보험법 등의 사회보장이나 민간보험에 의한 수입이 있는 경우

③ 경마, 경륜, 경정, 복권 등에 의한 배당금이나 주식투자에 의한 시세차익이 있는 경우

④ 예·적금 인출, 보험금 수취, 차용 또는 토지나 금융자산을 매각하여 수입이 있는 경우

⑤ 자기 집의 가사 활동에 전념하는 경우

⑥ 교육기관에 재학하며 학습에만 전념하는 경우

⑦ 시민봉사활동 등에 의한 무급 봉사적인 일에 종사하는 경우

⑧ 사회복지시설 수용자의 시설 내 경제활동

⑨ 수형자의 활동과 같이 법률에 의한 강제노동을 하는 경우

⑩ 도박, 강도, 절도, 사기, 매춘, 밀수와 같은 불법적인 활동
- ①, ②, ③, ④ 노력이 전제되지 않아 직업으로 인정되지 않는다.
- ⑤, ⑥, ⑦ 경제적 거래관계가 성립되지 않아 직업으로 인정되지 않는다.
- ⑩ 비윤리적 영리행위 또는 반사회적 활동이라 직업으로 인정되지 않는다.
- ⑧, ⑨ 속박된 상태에서의 활동이라 직업으로 인정되지 않는다.

직업분류 개념

① **직능**: 주어진 직무의 업무와 과업을 수행하는 능력이다.

② **직능수준**: 직무수행능력의 높낮이를 말하는 것이다.

③ **직능유형**: 직무수행에 요구되는 지식의 분야, 사용하는 도구 및 장비, 투입되는 원재료, 생산된 재화나 서비스의 종류와 관련된다.

직능수준과 정규교육과정

① **제1직능 수준**: 일반적으로 단순하고 반복적이며 때로는 육체적인 힘을 요하는 과업을 수행한다. 초등교육이나 기초적인 교육수준을 필요로 한다.

② **제2직능 수준**: 일반적으로 완벽하게 읽고 쓸 수 있는 능력과 정확한 계산능력, 그리고 상당한 정도의 의사소통 능력을 필요로 한다. 중등 이상 교육과정의 정규교육 이수 또는 중등학교 졸업 후 교육이나 직업교육기관에서의 추가적인 교육이나 훈련을 요구할 수도 있다.

③ **제3직능 수준**: 전문적인 지식을 보유하고 수리계산이나 의사소통 능력이 상당히 높아야 한다. 중등교육을 마치고 1~3년 정도의 추가적인 교육수준을 필요로 한다.

④ **제4직능 수준**: 매우 높은 수준의 이해력과 창의력 및 의사소통 능력이 필요하다. 4년 또는 그 이상 계속하여 학사, 석사수준으로 필요로 한다.

직업분류와 직능수준

1. **관리자**: 제4직능 수준 혹은 제3직능 수준 필요
2. **전문가 및 관련 종사자**: 제4직능 수준 혹은 제3직능 수준 필요
3. **사무 종사자**: 제2직능 수준 필요
4. **서비스 종사자**: 제2직능 수준 필요
5. **판매 종사자**: 제2직능 수준 필요
6. **농림 어업 숙련 종사자**: 제2직능 수준 필요
7. **기능원 및 관련 기능 종사자**: 제2직능 수준 필요
8. **장치 기계 조작 및 조립 종사자**: 제2직능 수준 필요
9. **단순노무 종사자**: 제1직능 수준 필요

A. **군인**: 제2직능 수준 이상 필요

직무 유사성 판단기준

해당 직무를 수행하는 사람에게 필요한 지식, 경험, 기능, 직무수행자가 입직을 하기 위해서 필요한 요건이다.

직업분류의 일반원칙

① **포괄성의 원칙**: 우리나라에 존재하는 모든 직무는 어떤 수준에서든지 분류에 포괄되어야 한다.

② **배타성의 원칙**: 동일하거나 유사한 직무는 어느 경우에든 같은 단위직업으로 분류되어야 한다.

포괄적 업무에 대한 분류원칙

의미	동일한 직업이라 할지라도 사업체 규모에 따라 직무범위에 차이가 날 수 있다.
분류 원칙	① 주된 직무 우선 원칙: 2개 이상의 직무를 수행하는 경우는 수행되는 직무내용과 관련 분류 항목에 명시된 직무내용을 비교·평가하여 관련 직무 내용상의 상관성이 가장 많은 항목에 분류한다. 예 교육과 진료를 겸하는 의과대학 교수는 강의, 평가, 연구 등과 진료, 처치, 환자상담 등의 직무내용을 파악하여 관련 항목이 많은 분야로 분류한다. ② 최상급 직능수준 우선 원칙: 수행된 직무가 상이한 수준의 훈련과 경험을 통해서 얻어지는 직무능력을 필요로 한다면, 가장 높은 수준의 직무능력을 필요로 하는 일에 분류하여야 한다. 예 조리와 배달의 직무비중이 같을 경우에는 조리의 직능수준이 높으므로 조리사로 분류한다. ③ 생산업무 우선 원칙: 재화의 생산과 공급이 같이 이루어지는 경우는 생산단계에 관련된 업무를 우선적으로 분류한다. 예 한 사람이 빵을 생산하여 판매도 하는 경우에는 제빵원으로 분류하여야 한다.

다수직업 종사자 분류원칙

의미	한 사람이 전혀 상관성이 없는 두 가지 이상의 직업에 종사하는 경우이다.
분류 원칙	① 취업시간 우선의 원칙 ② 수입 우선의 원칙 ③ 조사시 최근의 직업 원칙

동일 분류수준에서 직무단위 분류하는 순서배열 원칙

① 한국표준산업분류

② 특수 · 일반분류

③ 고용자수와 직능수준, 직능유형 고려

문제유형

Vocational Counselor

01 한국표준직업분류에서 직업으로 갖추어야 할 조건을 3가지를 쓰고 설명하시오. 2006.2 / 2010.2 / 2013.3 / 2014.2 / 2017.3

02 한국표준직업분류에서 일의 계속성에 해당하는 경우 4가지를 쓰시오. 2011.1 / 2013.2 / 2017.2

03 한국표준직업분류 직업으로 인정하지 않는 경우를 6가지를 쓰시오. 2007.2 / 2008.1 / 2009.2 / 2010.1 / 2010.2 / 2010.4 / 2014.2 / 2015.1 / 2019.3

04 한국표준직업분류에서 속박된 상태에서의 제반활동으로 경제성이나 계속성의 여부와 상관없이 직업으로 보지 않는 활동을 쓰시오. 2008.3 / 2014.3

05 한국표준직업분류에서 직업분류 개념인 직능, 직능수준, 직능유형을 설명하시오. 2012.2 / 2018.2

06 한국표준직업분류에서 직능수준을 정규교육과정에 따라 정의하시오. 2006.1

07 한국표준직업분류의 대분류와 직능수준의 관계를 쓰시오. 2014.1

- 관리자:
- 전문가 및 관련 종사자:
- 서비스 종사자:
- 기능 관련 종사자:

08 한국표준직업분류에서 직무 유사성 판단기준 4가지를 쓰시오. 2015.2

09 한국표준직업분류에서 직업분류의 일반원칙을 2가지 쓰고 설명하시오. 2015.1 / 2017.1

10 한국표준직업분류의 포괄적 업무에 대한 분류원칙을 적용하는 순서대로 쓰고 각각 설명하시오. 2002. 1 / 2005.2 / 2007.1 / 2009.2 / 2009.3 / 2020.1 · 2 / 2020.3 / 2020.4

11 한국표준직업분류 중 '포괄적 업무에 대한 직업분류 원칙' 중 '주된 직무 우선 원칙'의 의미를 설명하고 사례를 쓰시오. 2012.3 / 2016.2

12 한국표준직업분류에서 말하는 '다수직업 종사자'란 무엇인지 설명하고, 이의 직업을 결정하는 일반적인 원칙을 순서대로 나열하시오. 2005.2 / 2008.3 / 2010.3 / 2011.1 / 2011.3 / 2012.2 / 2019.2

13 한국표준직업분류의 동일 분류수준에서 직무단위 분류하는 순서배열 원칙 3가지를 쓰시오. 2011.2

한국표준산업분류

❑ 산업, 산업 활동, 산업 활동의 범위

① **산업**: 유사한 성질을 갖는 산업 활동에 주로 종사하는 생산단위의 집합이다.

② **산업 활동**: 각 생산단위가 노동, 자본, 원료 등 자원을 투입하여, 재화 또는 서비스를 생산 또는 제공하는 일련의 활동과정이다.

③ **산업 활동의 범위**: 영리적, 비영리적 활동이 모두 포함되나, 가정 내의 가사활동은 제외된다.

❑ 한국산업분류의 정의

국내의 생산구조 및 실태에서 사업체 단위, 기업체 단위 등 각 생산단위가 주로 수행하는 모든 산업활동을 일정한 분류기준과 원칙 및 그 유사성에 따라 체계적으로 유형화한 것이다.

❑ 산업분류 기준 3가지

① **산출물(생산된 재화 또는 제공된 서비스)의 특성**: 산출물의 물리적 구성 및 가공단계, 산출물의 수요처, 산출물의 기능 및 용도

② **투입물의 특성**: 원재료, 생산 공정, 생산기술 및 시설 등

③ **생산활동의 일반적인 결합형태**

❑ 한국표준산업분류에서 통계단위

	하나 이상 장소	단일장소
하나 이상 산업활동	기업집단 단위	지역 단위
	기업체 단위	
단일 산업활동	활동유형 단위	사업체 단위

❑ 한국표준산업분류의 별개의 독립된 활동으로 보는 4가지 유형

① 고정자산을 구성하는 재화의 생산

② 모 생산단위에서 사용되는 재화나 서비스를 보조적으로 생산하더라도 그 생산되는 재화나 서비스의 대부분을 다른 시장에 판매하는 경우

③ 모 생산단위가 생산하는 생산품의 구성부품이 되는 재화를 생산하는 경우

④ 연구 및 개발활동

❑ 통계단위의 산업을 결정하는 방법

① 주된 산업 활동은 산출물에 대한 부가가치(액)의 크기에 따라 결정되어야 하나,

② 부가가치(액) 측정이 어려운 경우에는 산출액에 의하여 결정되어야 하나,

③ 상기의 원칙에 따라 결정하는 것이 적합하지 않을 경우에는 그 해당 활동의 종업원 수 및 노동시간, 임금 및 급여액 또는 설비의 정도에 의하여 결정된다.

❑ 사례별 산업결정방법과 산업분류의 적용원칙

① **산업결정방법:** 계절에 따라 정기적으로 산업을 달리하는 사업체는 조사시점에서 경영하는 사업과는 관계없이 조사대상 기간 중 산출액이 많았던 활동에 의하여 분류한다.

② 휴업 중 또는 자산을 청산 중인 사업체의 산업은 영업 중 또는 청산을 시작하기 이전의 산업활동에 의하여 결정한다.

③ **산업분류의 적용원칙:** 자기가 직접 실질적인 생산활동은 하지 않고, 다른 계약업자에 의뢰하여 재화 또는 서비스를 자기 계정으로 생산하게 하고, 이를 자기 명의로 자기 책임하에서 판매하는 단위는 이들 재화나 서비스 자체를 직접 생산하는 단위와 동일한 산업으로 분류하여야 한다.

문제유형

01 한국표준산업분류에서의 산업, 산업 활동, 산업 활동의 범위를 설명하시오. 2007.3 / 2010.2 / 2013.2 / 2018.3

02 한국표준산업분류에서 산업분류의 정의를 쓰시오. 2020.1 · 2

03 한국표준산업분류에서 산업분류 생산단위가 주로 수행하고 있는 산업 활동을 그 유사성에 따라 유형화한 것으로 3가지 분류기준에 의해 분류된다. 이 3가지 분류기준을 쓰시오. 2007.1 / 2008.1 / 2009.2 / 2011.2 / 2012.2 / 2017.1 / 2019.1 / 2020.4

04 한국표준산업분류에서 통계단위는 생산단위의 활동에 관한 통계작성을 위하여 필요한 정보를 수집 또는 분석할 대상이 되는 관찰 또는 분석단위를 말한다. 다음 표에 들어갈 생산활동과 장소의 동질성의 차이에 따른 통계단위를 쓰시오. 2009.3

	하나 이상 장소	단일장소
하나 이상 산업활동	(　　　　　)	지역 단위
	기업체 단위	
단일 산업활동	활동유형 단위	(　　　　　)

05 한국표준산업분류의 활동단위는 보조단위로 보아서는 안 되며, 별개의 독립된 활동으로 보는 4가지 유형을 쓰시오. 2011.4

06 한국표준산업분류에서 통계단위의 산업을 결정하는 방법을 3가지 쓰시오. 2012.1 / 2020.3

07 한국표준산업분류의 다음 사례별 산업결정방법과 산업분류의 적용원칙을 쓰시오. 2008.3

> 가. 산업결정방법
> - 계절에 따라 정기적으로 산업을 달리하는 사업체는
> - 휴업 중 또는 자산을 청산중인 사업체의 산업은
>
> 나. 산업분류의 적용원칙
> - 자기가 직접 실질적인 생산활동은 하지 않고, 다른 계약업자에 의뢰하여 재화 또는 서비스를 자기계정으로 생산케하고, 이를 자기명의로, 자기책임 하에서 판매하는 행위는

한국직업사전

한국직업사전에 수록된 부가직업정보

① 정규교육: 해당 직업의 직무를 수행하는데 필요한 일반적인 정규교육수준을 의미한다.
② 숙련기간: 정규교육과정을 이수한 후 해당 직업의 직무를 평균적인 수준으로 스스로 수행하기 위하여 필요한 각종 교육, 훈련, 숙련기간을 의미한다.
③ 직무기능: 해당 직업 종사자가 직무를 수행하는 과정에서 자료, 사람, 사물과 맺는 관련된 특성을 나타낸다.
④ 작업강도: 해당 직업의 직무를 수행하는데 필요한 육체적 힘의 강도를 나타낸다.
⑤ 육체활동: 해당 직업의 직무를 수행하기 위해 필요한 신체적 능력을 나타낸다.
⑥ 작업장소: 해당 직업의 직무가 주로 수행되는 장소를 나타내는 것으로 실내, 실외 종사비율에 따라 구분한다.

정규교육, 숙련기간, 직무기능의 의미

① 정규교육: 해당 직업의 직무를 수행하는데 필요한 일반적인 정규교육수준을 의미하는 것이다.
② 숙련기간: 정규교육과정을 이수한 후 해당 직업의 직무를 평균적인 수준으로 스스로 수행하기 위하여 필요한 각종 교육, 훈련, 숙련기간을 의미한다.
③ 직무기능: 해당 직업 종사자가 직무를 수행하는 과정에서 자료, 사람, 사물과 맺는 관련된 특성을 나타낸다.

직무기능의 자료, 사람, 사물(Data, People, Thing)

① 자료: 정보, 지식, 개념 등 세 가지 종류의 활동으로 배열되어 있는데 어떤 것은 광범위하며 어떤 것은 범위가 협소하다.
② 사람: 위계적 관계가 없거나 희박하다. 서비스 제공이 일반적으로 덜 복잡한 사람관련 기능이며, 나머지 기능들은 기능의 수준을 의미하는 것은 아니다.
③ 사물: 작업자가 기계와 장비를 가지고 작업 하는지 혹은 기계가 아닌 도구나 보조구를 가지고 작업하는지에 기초하여 분류된다.

육체적 힘의 작업강도 5단계

단계	설명
아주 가벼운 작업	최고 4kg의 물건을 들어 올리고, 때때로 장부, 소도구 등을 들어 올리거나 운반한다.
가벼운 작업	최고 8kg의 물건을 들어올리고 4kg 정도의 물건을 빈번히 들어 올리거나 운반한다.
보통 작업	최고 20kg의 물건을 들어올리고 10kg 정도의 물건을 빈번히 들어 올리거나 운반한다.
힘든 작업	최고 40kg의 물건을 들어올리고 20kg 정도의 물건을 빈번히 들어 올리거나 운반한다.
아주 힘든 작업	40kg 이상의 물건을 들어올리고 20kg 이상의 물건을 빈번히 들어 올리거나 운반한다.

작업강도를 결정하는 기준 4가지

① **들어올림**: 물체를 주어진 높이에서 다른 높이로 올리거나 내리는 작업이다.
② **운반**: 손에 들거나 팔에 걸거나 어깨에 메고 물체를 한 장소에서 다른 장소로 옮기는 작업이다.
③ **밈**: 물체에 힘을 가하여 힘을 가한 반대쪽으로 움직이게 하는 작업이다.
④ **당김**: 물체에 힘을 가하여 힘을 가한 쪽으로 움직이게 하는 작업이다.

부가직업정보 중 육체활동

① **균형감각**: 손, 발, 다리 등을 사용하여 사다리, 계단, 발판, 경사로, 기둥, 밧줄 등을 올라가거나 몸 전체의 균형을 유지하고 좁거나 경사지거나 또는 움직이는 물체 위를 걷거나 뛸 때 신체의 균형을 유지하는 것이 필요한 직업이다.
② **웅크림**: 허리를 굽히거나 몸을 앞으로 굽히고 뒤로 젖히는 동작, 다리를 구부려 무릎을 꿇는 동작, 다리와 허리를 구부려 몸을 아래나 위로 굽히는 동작, 손과 무릎 또는 손과 발로 이동하는 동작 등이 필요한 직업이다.
③ **손사용**: 일정기간의 손사용 숙련기간을 거쳐 직무의 전체 또는 일부분에 지속적으로 손을 사용하는 직업으로 통상적인 손사용이 아닌 정밀함과 숙련을 필요로 하는 직업에 한정한다.
④ **언어력**: 말로 생각이나 의사를 교환하거나 표현하는 직업으로 개인이 다수에게 정보 및 오락제공을 목적으로 말을 하는 직업이다.
⑤ **청각**: 단순히 일상적인 대화내용 청취여부가 아니라 작동하는 기계의 소리를 듣고 이상 유무를 판단하거나 논리적인 결정을 내리는 청취활동이 필요한 직업이다.
⑥ **시각**: 일상적인 눈사용이 아닌 시각적 인식을 통해 반복적인 판단을 하거나 물체의 길이, 넓이, 두께를 알아내고 물체의 재질과 형태를 알아내기 위한 거리와 공간 관계를 판단하는 직업이다. 또한 색의 차이를 판단할 수 있어야 하는 직업이다.

문제유형

Vocational Counselor

01 한국직업사전에 수록된 부가직업정보를 6가지만 쓰시오. 2007.3 / 2009.1 / 2010.1 / 2013.2 / 2018.1

02 한국직업사전의 정규교육, 숙련기간, 직무기능에 대해 설명하시오. 2008.1 / 2020.3

03 한국직업사전에서는 각 직업에 대한 부가직업정보를 제공한다. 부가직업정보 중에서 직무기능(Data, People, Thing)에 대해 설명하시오. 2008.3

04 한국직업사전의 부가직업정보 중 작업강도를 결정하는 기준을 4가지 쓰고 각각에 대해 설명하시오. 2012.3

05 한국직업사전의 부가직업정보 중 작업강도는 해당 직업의 직무를 수행하는 데 필요한 육체적 힘의 강도를 나타낸 것으로 5단계로 분류하였다. 이 5단계를 쓰시오. 2007.1

06 한국직업사전 부가직업정보 중 육체활동의 구분 4가지를 쓰시오. 2020.4

07 한국직업사전 부가직업정보의 특수학교 교사에 대한 설명이다. 아래 내용을 설명하시오. 2018.2
143쪽 09

▣ 숙련기간: 1~2년 / ▣ 작업강도: 보통 작업

직무분석

직무분석 단계

1단계	준비 단계	직무분석의 이유와 대상을 결정한다.
2단계	설계 단계	어떤 직무분석 시스템을 활용하며, 누구에게 어떤 정보를 획득할 것인지 결정해야 한다. ① 자료를 얻을 출처와 인원수를 결정한다. ② 자료수집 방법을 결정한다. ③ 자료분석 방법도 결정한다.
3단계	자료수집 및 분석 단계	
4단계	결과 정리 단계	
5단계	배포 및 활용 단계	
6단계	통제 단계	

직무분석의 목적 또는 용도

직무분석은 직무의 세부내용을 분석하여 직무기술서를 작성하고, 그 직무에서 요구되는 지식·기술·능력 등을 분석하여 직무명세서를 기술한다. 직무기술서와 직무명세서를 바탕으로 직무의 중요도, 위험도, 난이도를 평가한다.

① 모집 및 선발
② 교육 및 훈련
③ 직무수행평가
④ 직무평가
⑤ 임금관리
⑥ 배치 및 정원관리
⑦ 안전관리 및 작업조건 개선

직무기술서와 직무명세서

직무기술서	직무명세서
① 직무명칭 ② 직무의 직종 ③ 직무내용의 요약 ④ 수행되는 과업 ⑤ 직무수행의 방법 및 절차 ⑥ 사용되는 장비 및 도구 ⑦ 작업조건	① 직무명칭 ② 직무의 직종 ③ 요구되는 교육 수준 ④ 요구되는 기술 수준 ⑤ 요구 되는 지식 ⑥ 요구되는 정신적·육체적 능력 ⑦ 요구되는 작업경험

❑ 직무분석 방법

① **최초분석법**: 분석할 대상 직업에 관한 참고 문헌이나 자료가 드물고, 그 분야에 많은 경험과 지식을 갖춘 사람이 거의 없을 때에 직접 작업 현장을 방문하여 분석하는 방법이다.

적합한 경우	시간과 노력이 많이 소요되므로 비교적 단순반복되는 직무에 적합하다.
종류	• 면담법: 특정 직무에 대한 많은 지식과 숙련된 기능을 가지고 있는 사람을 직접 만나서 면담을 하면서 분석하는 방법이다. • 관찰법: 분석자가 직접 작업자의 곁에 서서 직무 활동의 실제를 상세하게 관찰하고 그 결과를 기술하는 방법이다. • 체험법: 분석자 자신이 직접 직무활동에 참여하여 체험함으로써 생생한 직무자료를 얻는 방법이다. • 설문법: 현장의 작업자 또는 감독자에게 설문지를 배부하여 이들에게 직무의 내용을 기술하게 하는 방법이다. • 녹화법: 작업장면을 촬영·녹화한 후 작업자와 함께 영상기의 화면을 보면서 분석하는 방법이다.

② **비교확인법**: 지금까지 개발된 자료를 수집하고 분석하여 직무분석 양식에 초안을 작성한 다음 최초 분석법으로 확인하는 방법이다.

③ **데이컴법**: 교과과정을 개발하는데 활용되어 온 직무분석 기법으로 교육목표와 교육내용을 비교적 단시간 내에 추출하는데 효과적이다.

❑ 직무분석의 구조적 면접법과 비구조적 면접법의 의미와 장점·단점

구 분	구조적 면접법	비구조적 면접법
의미	사전에 미리 정해진 구체적인 질문만을 하는 것이다.	즉흥적 질문을 통해 직무에 대한 정보를 수집하는 것이다.
장점	• 정보비교가 쉬우며 신뢰도가 높다. • 미숙한 면접자도 실시 가능하다.	• 면접이 목적하는 바의 정보를 깊이 있게 얻을 수 있다. • 융통성이 있다.
단점	융통성이 결여되어 피면접자의 견해가 극소화되고 부정확하게 될 우려가 있다.	• 고도의 전문적인 기술이 요구된다. • 표준화할 수 없다.

❑ 직무분석을 위한 면접 시 면접진행을 위한 지침 및 유의사항

① 면접 내내 정중하고 공손한 태도를 보여야 한다.
② 작업자를 얕보는 듯한 말투로 이야기하지 말아야 한다.
③ 면접자의 개인적인 견해나 선호가 개입되지 말아야 한다.
④ 사적인 감정을 배제해야 한다.
⑤ 상사나 감독자의 허락을 먼저 받고 작업자와 면접한다.
⑥ 작업자가 말하는 내용에 대해 의견 대립을 보이지 말아야 한다.
⑦ 노사 간의 불만이나 갈등에 관한 주제에 어느 한쪽으로 편을 들지 말아야 한다.
⑧ 직무에서의 임금분류체계에 관심을 보이지 말아야 한다.
⑨ 면접을 통해 수집한 자료에 대해 작업반장이나 부서장의 검토를 거친다.
⑩ 완결된 분석에 대해 전문가가 검토하는 과정을 거친다.

직무분석 설문지 선택 시 평가준거

① 신뢰성: 설문지를 통해 얻어지는 결과가 일관성을 지녀야 한다.
② 타당성: 설문지를 통해 얻어지는 결과의 정확성 정도를 나타낸다.
③ 실용성: 직무분석 실시에 드는 시간과 비용이다.
④ 만능성: 직무분석의 다양한 목적을 충족시킬 수 있어야 한다.
⑤ 표준성: 다른 조직에서의 직무와도 비교할 수 있도록 표준화되어 있는 정도이다.

결정적 사건법 또는 중요사건법

의미	직무수행자의 직무행동 중에 성과와 관련하여 효과적인 행동과 비효과적인 행동을 구분하여 그 사례를 수집하고, 이러한 사례로부터 직무성과에 효과적인 행동패턴을 추출하여 분류하는 방법이다.
적합한 경우	직무행동과 직무수행 성과의 관계를 직접적으로 파악할 수 있어 특정 직무의 핵심적인 요인을 결정하는데 적합하다.
단점	① 어떤 직무에서 일어난 사건을 그 개인의 특질로 귀인시키는 경향이 있다. ② 수집된 직무행동을 분류하고 평가하는데 많은 시간과 노력이 필요하다. ③ 여기서 얻은 제한된 정보만으로 해당 직무에 대한 포괄적인 정보를 얻을 수 없다.

문제유형

Vocational Counselor

01 직무분석 단계 중 2 단계에 해당하는 직무설계 단계에서 수행해야 할 과업 3가지를 쓰시오. 2016.1

02 직무기술서에서 얻을 수 있는 정보 5가지를 쓰시오. 2009.2 / 2019.2

03 직무분석 자료를 활용하는 용도를 5가지 쓰시오. 2013.2 / 2014.3 / 2018.1 / 2020.3

04 직무분석법 방법 3가지를 쓰고 설명하시오. 2016.3 / 2020.4

05 직무분석 방법 중 최초분석법에 해당하는 방법을 3가지 쓰고 각각에 대해 설명하시오. 2012.3 / 2017.3 / 2019.1

06 직무분석 방법은 최초분석법, 비교확인법, 데이컴법 등이 있다. 이 가운데 최초분석법은 어느 경우에 적합하며, 구체적인 방법은 어떤 것들이 있는지 4가지 이상 기술하시오. 2001.2

07 직무분석의 구조적 면접법과 비구조적 면접법의 의미와 장점, 단점을 각각 쓰시오. 2011.3

08 직무분석을 위한 면접 시 면접진행을 위한 지침 및 유의사항 5가지를 나열하시오. 2004.2

09 직무분석 설문지 선택 시 평가준거를 3가지 쓰고 설명하시오. 2014.2

10 직무분석 방법 중 결정적 사건법의 단점을 3가지 쓰시오. 2003.1 / 2013.1 / 2019.3

고용노동통계

고용노동통계는 주제별 고용, 임금근로시간, 기업체 노동비용 등을 제공하고, 통계별 사업체노동력조사, 직종별사업체노동력조사, 기업체노동비용조사 등 다양한 통계를 이용할 수 있다.

- 충족률 $= \dfrac{\text{취업수}}{\text{신규구인}} \times 100$

  각 업체가 처음에 구하려고 했던 사람을 얼마나 충족했는지를 나타낸 비율이다.

- 구인배율 $= \dfrac{\text{신규구인}}{\text{신규구직}}$

  구인배율 1은 기업에서 요구하는 필요인력의 수와 취업을 원하는 구직자의 수가 같다는 의미이다. 그러므로 구인수가 1이하로 떨어질수록 취업난이 가중되는 것을 나타낸다.

- 알선율 $= \dfrac{\text{알선건수}}{\text{신규구직}} \times 100$

  전체 구직자들이 얼마나 알선을 받았는지를 나타내는 비율이다.

- 취업률 $= \dfrac{\text{취업자 수}}{\text{신규구직자 수}} \times 100$

문제유형

Vocational Counselor

01 다음의 표를 보고 물음에 답하시오.(소수점 둘째자리에서 반올림하시오.) 2000.1 / 2014.1

	신규구인	신규구직	알선건수	취업수
A	103,062	426,746	513,973	36,710
B	299,990	938,855	1,148,534	119,020

① 충족률

- 공식: 충족률 $= \dfrac{\text{취업수}}{\text{신규구인}} \times 100$
- A충족률 $= \dfrac{36{,}710}{103{,}062} \times 100 = 35.6\%$, B충족률 $= \dfrac{119{,}020}{299{,}990} \times 100 = 39.7\%$

② 구인배율

- 공식: 구인배율 $= \dfrac{\text{신규구인}}{\text{신규구직}}$
- A구인배율 $= \dfrac{103{,}062}{426{,}746} = 0.2$, B구인배율 $= \dfrac{299{,}990}{938{,}855} = 0.3$

③ 취업률

- 공식: 취업률 $= \dfrac{\text{취업수}}{\text{신규구직}} \times 100$
- A취업률 $= \dfrac{36{,}710}{426{,}746} \times 100 = 8.6\%$, B취업률 $= \dfrac{119{,}020}{938{,}855} \times 100 = 12.7\%$

노동수요

❑ 노동수요 결정요인

① 임금에 의해 영향을 받는다.
② 다른 생산요소의 가격에 의해 영향을 받는다.
③ 생산되는 상품에 대한 소비자의 크기에 의해서도 좌우된다.
④ 노동생산성, 생산기술방식도 영향을 미친다.
⑤ 기업의 수도 영향을 미친다.

❑ 노동수요 탄력성 공식

• $\text{노동수요탄력성} = (-)\dfrac{\text{노동수요량의 변화율(\%)}}{\text{임금 1\%의 변화율(\%)}}$

❑ 노동수요 탄력성에 영향을 미치는 요인

① **생산물 수요의 탄력성**: 생산물에 대한 수요의 탄력성이 클수록 탄력적이다.
② **총생산비에 대한 노동비용의 비율**: 총생산비에서 차지하는 노동비용의 비중이 높을수록 커진다.
③ **노동의 다른 생산요소와의 대체가능성**: 상품생산에 사용되는 다른 요소와의 대체가능성이 높을수록 커진다.
④ **다른 생산요소의 공급탄력성**: 노동과 함께 이용되는 다른 생산요소의 공급탄력성이 클수록 커진다.
⑤ **노동수요탄력성의 크기에 관한 추정**: 숙련직에 비해 미숙련직이 탄력적이다.

❑ 단기 노동수요

기업은 이윤극대화를 추구하므로 수입과 지출(비용)이 같아지는 지점에서 고용량을 결정한다.

※ 기업이 수입과 지출(비용)이 같아지는 지점에서 고용량을 결정하는 이유는 한계생산성 체감의 법칙 때문이다.

○ 한계생산 체감의 법칙 개념

노동단위가 추가로 투입되면서 생산량이 증가하다 일정 기점을 기준으로 오히려 감소한다.

○ 한계생산 체감의 법칙 원인

노동단위가 추가로 투입되면 분업화·전문화되어 생산이 증가하지만 자본이 고정상태이기 때문에 생산시설이나 설비가 부족하여 노동자가 직무능력을 최대발휘하기 어렵기 때문이다.

문제유형

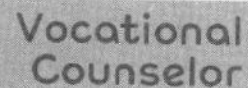

01 노동수요에 영향을 미치는 결정요인 5가지를 쓰시오. 2009.1

02 노동수요 탄력성에 영향을 미치는 요인 4가지를 쓰시오. 2005.1 / 2006.1 / 2007.3 / 2009.3 / 2019.2

03 노동수요탄력성 공식과 노동수요를 탄력적으로 만드는 조건 4가지를 쓰시오. 2013.2 / 2016.2 / 2019.3

04 노동수요의 탄력성 및 노동공급의 탄력성을 산출하는 공식을 쓰시오. 2007.1 / 2014.1

05 노동조합의 존재와 교섭력 증대 전략과 관련하여 노동수요 탄력성을 설명하시오. 2010.2 339쪽

06 시간당 임금이 500원일 때 1,000명을 고용하던 기업에서 시간당 임금이 400원으로 감소하였을 때 1,100명을 고용할 경우, 이 기업의 노동수요탄력성을 계산하시오.(단, 계산과정과 정답을 모두 기재) 2007.3 / 2017.1 123쪽 14

07 어느 기업의 아래 표를 보고 최적고용단위를 구하시오. 2018.2 141쪽 01

(노동 1단위: 150원, 생산품 1개: 100원)

노동	1	2	3	4	5	6
생산량	2	4	7	8.5	9	9

08 다음 표를 보고 물음에 답하시오. 2017.2 129쪽 18

구 분	임 금				
	5,000원	6,000원	7,000원	8,000원	9,000원
A기업의 노동수요량	22	21	20	19	18
B기업의 노동수요량	24	22	20	18	17

(1) 시간당 7,000원에서 8,000원으로 임금 인상 시 두 기업의 임금탄력성을 계산하시오.

(2) 7,000원에서 8,000원으로 노동조합이 임금협상을 시도하고자 할 때 그 타결가능성이 높은 기업은?

(3) 그 이유는 무엇인지 설명하시오.

09 완전경쟁시장에서 A제품(단가 100원)을 생산하는 어떤 기업의 단가 생산함수가 다음과 같다고 할 때 이 기업의 이윤극대화를 위한 최적고용량을 도출하고 그 근거를 설명하시오. 2005.1 / 2013.1 141쪽 01

(단위당 임금 150원)

노동투입량	1	2	3	4	5	6
총생산량	2	4	7	8.5	9	9

10 K 제과점의 근로자수와 하루 생산량은 다음과 같다. 다음 물음에 답하시오. 2016.2 111쪽 07

(케이크 가격: 10,000원, 종업원 일당: 80,000원)

노동단위	0	1	2	3	4	5
생산량	0	10	18	23	27	30

(1) 근로자수 2명일 때 노동의 한계생산을 계산하시오.

(2) 근로자수 3명일 때 노동의 한계수입생산을 계산하시오.

(3) 근로자 1인당 임금이 80,000원일 때 최대이윤을 추구하는 제과점의 근로자수와 케이크양을 계산하시오.

노동공급 Ⅰ

노동공급 결정요인

① **인구의 규모와 구조**: 생산가능인구가 많을수록 노동공급은 증가한다.
② **경제활동참가율**: 경제활동참가율이 높을수록 노동공급은 증가한다.
③ **여가와 소득의 선호**: 소득을 선호하면 노동공급은 증가한다.
④ **교육 및 숙련정도**: 교육 및 숙련정도가 높으면 임금상승 기대로 노동공급은 증가한다.
⑤ **시장임금**: 시장임금이 높을수록 노동공급은 증가한다.
⑥ **경기변동의 영향**: 경기가 좋으면 시장임금 상승기대로 노동공급은 증가한다.

기혼여성의 경제활동참가 결정요인

① **시장임금**: 시장임금이 상승할수록 기혼여성의 경제활동참가율은 높아지고, 하락할수록 낮아진다.
② **배우자의 소득**: 배우자의 소득이 증가하면 기혼여성의 경제활동참가율이 낮아지고, 감소하면 높아진다.
③ **육아시설 이용 비용**: 육아시설 이용 비용이 상승하면 30대 기혼여성의 경제활동참가율이 낮아지고, 하락하면 높아진다.
④ **보상요구임금 수준**: 기혼여성의 보상요구임금이 높으면 경제활동참가율이 낮아지고, 낮으면 높아진다.
⑤ **가계생산의 기술 발달 정도**: 가계생산 기술이 향상될수록 여성의 경제활동참가율이 높아지고, 그렇지 못하면 낮아진다.
⑥ **파트타임 고용시장의 발달 정도**: 파트타임 고용시장이 발달하면 기혼여성의 경제활동참가율이 높아지고, 그렇지 못하면 낮아진다.

무차별곡선

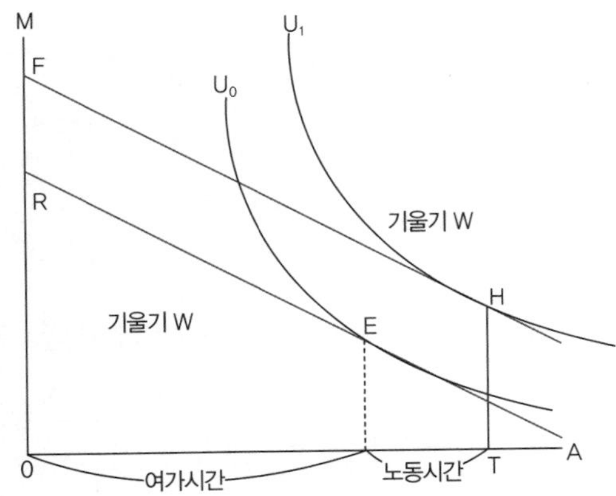

○ 노동공급 변화

비근로 소득 이전의 소득곡선 U_0로 E−T만큼 노동공급 하지만, 비근로 소득을 받으면 소득곡선이 U_1으로 이동하는데 소득효과가 우세하기 때문에 노동공급을 하지 않는다. 여가가 정상재 일 경우 소득효과가 우세하여 노동공급을 하지 않겠지만, 여가가 열등재 일 경우 대체효과가 우세하여 계속 노동공급을 할 것이다.

후방굴절형

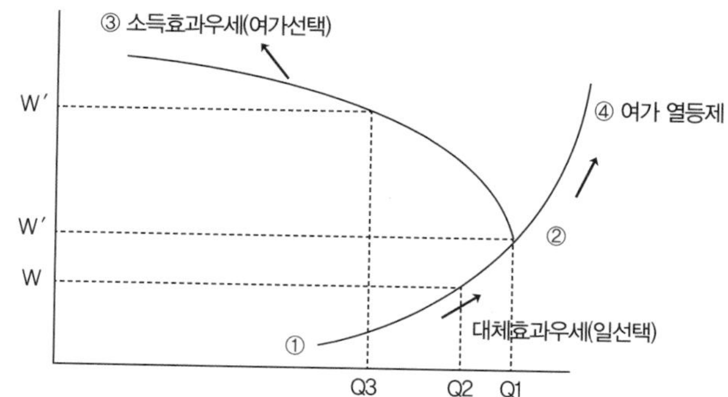

① **대체효과(일선택)**: 임금이 상승하면 여가를 줄이고 일을 선택하면서 노동공급을 늘려 노동공급곡선이 우상향한다.

② **소득효과(여가선택)**: 임금이 상승하게 되면 노동공급을 줄이고 여가를 선택하면서 노동공급곡선이 좌상향한다.

③ **여가가 정상재(여가선택) 일 경우**: 소득효과가 우세하여 좌상향한다.

④ **여가가 열등재(일선택) 일 경우**: 대체효과가 우세하여 계속 우상향한다.

문제유형

Vocational Counselor

01 노동공급을 결정하는 요인 4가지를 대별하여 설명하시오. 2008.1 / 2010.1 / 2011.1 / 2011.2

02 기혼여성의 경제활동참가율을 결정하는 요인을 5가지만 쓰시오. 2006.1 / 2007.2 / 2014.2

03 기혼여성의 경제활동참가율을 낮게 하는 요인 6가지를 쓰시오. 2011.3 / 2018.3

04 기혼여성경제활동 참가결정요인을 6가지 쓰고 상관관계를 설명하시오. 2010.3 /2014.2

05 여가와 소득의 선호에 대해서 대체효과와 소득효과의 의미를 쓰고 여가가 정상재 일 때와 열등재 일 때 소득등가에 따른 노동공급의 변화를 설명하시오. 2012.1 / 2019.1 157쪽 18

06 임금률이 상승하면 노동공급량의 증가로 노동공급곡선이 우상향 한다. 이 말이 참인지, 거짓인지, 불확실한지 판정하고, 여가와 소득의 선택모형에 의거하여 설명하시오. 2016.3 / 2020.1 · 2 172쪽 18

07 '여가가 열등재 일 경우 노동공급곡선은 우상향 한다.'라는 말이 참인지 거짓인지 쓰고 그 이유를 설명하시오. 2010.3 339쪽

08 법정 근로시간이 44시간에서 40시간으로 줄어들었고, 임금할증률이 일정하게 적용될 때, 근로자의 소득과 노동공급에는 어떠한 영향을 미치는지 여가와 소득을 비유해서 설명하시오. 2004.1 339쪽

09 100억을 유산 받은 남자가 노동공급과 여가의 선호에 대해 소득효과와 대체효과의 의미를 쓰고 여가가 정상재(우등재)일 때와 열등재일 때 소득증대에 따른 노동공급의 변화를 설명하시오. 2017.1 122쪽 11

10 인기탤런트 A양은 국내 대재벌 기업 회장의 외아들인 B씨와 결혼을 발표하였다. 이 A양이 결혼 이후 계속해서 경제활동에 참여할 것인지 아닌지 여가와 소득의 선택모형에 의해 결정하고 그 이유를 설명하시오. 2010.1 340쪽

노동공급 II

❑ 주요용어

- 15세이상 인구: 조사대상월 15일 현재 만 15세 이상인 자
- 경제활동인구: 만 15세 이상 인구 중 조사대상기간 동안 상품이나 서비스를 생산하기 위하여 실제로 수입이 있는 일을 한 취업자와 일을 하지는 않았으나 구직활동을 한 실업자의 합계
- 취업자
  - 조사대상주간에 수입을 목적으로 1시간 이상 일한 자
  - 동일가구내 가족이 운영하는 농장이나 사업체의 수입을 위하여 주당 18시간 이상 일한 무급가족종사자
  - 일시휴직자
- 실업자: 조사대상주간에 수입 있는 일을 하지 않았고, 지난 4주간 일자리를 찾아 적극적으로 구직활동을 하였던 사람으로서 일자리가 주어지면 즉시 취업이 가능한 자
- 비경제활동인구: 만 15세 이상 인구 중 조사대상기간에 취업도 실업도 아닌 상태에 있는 자
  - 아르바이트 없이 학교만 다니는 학생
  - 가사노동만 하는 가정주부
  - 일을 할 수 없는 노약자 및 장애인
  - 자발적으로 수입을 목적으로 하지 않고 자선사업 및 종교단체에 관여하는 자
- 실망노동자: 경기침체로 취업이 어려워지면 구직활동을 포기하게 되어 경제활동인구가 줄어들고 실업률이 감소한다.
- 부가노동자: 가구주 소득이 낮아지면 가구원 일부가 취업활동을 하게 되어 경제활동인구가 늘어나며 실업률이 증가한다.

❑ 주요공식

- 경제활동참가율 $= \dfrac{\text{경제활동인구}}{\text{15세 이상 인구}} \times 100$
- 고용률 $= \dfrac{\text{취업자수}}{\text{15세 이상 인구}} \times 100$
- 취업률 $= \dfrac{\text{취업자수}}{\text{경제활동인구}} \times 100$
- 실업률 $= \dfrac{\text{실업자수}}{\text{경제활동인구}} \times 100$
- 15세 이상 인구 = 경제활동인구+비경제활동인구
- 경제활동인구 = 취업자+실업자
- 취업자 = 임금근로자(상용+임시+일용)+비임금근로자(자영업자+무급가족종사자)

❑ 우리나라 통계상 실업률이 체감실업률보다 낮게 나타나는 이유

① 실망노동자 효과에 의한 구직단념자가 실업자에서 제외된다.

② 무급가족종사자가 취업자로 분류되기 때문이다.

문제유형

Vocational Counselor

01 불경기 시 부가노동자와 실망노동자수의 증가와 실업률에 미치는 효과를 비교 설명하시오. 2000.1 /2014.3

02 우리나라 통계상 실업률이 체감실업률보다 낮게 나타나는 이유를 2가지를 쓰시오. 2011.2

03 정부가 출산장려를 위하여 근로시간에 관계없이 일정금액이 육아비용 보조금을 지원하기로 했다. 이 육아비용 보조금이 부모의 근로시간에 미치는 영향을 다음의 두 가지 입장에서 설명하시오. 2016.1 108쪽 14

(1) 부모가 육아비용 보조금이 지급되기 이전에 근로를 하고 있지 않은 경우
(2) 부모가 육아비용 보조금이 지급되기 이전부터 근로를 하고 있었던 경우

04 아래의 주어진 예시를 보고 실업률과 임금근로자 수를 구하시오. (단, 소수점 둘째자리에서 반올림) 2000.1 / 2008.1 / 2009.2 / 2010.2 / 2010.3 / 2011.3 / 2014.2 / 2015.1 / 2015.2 / 2015.3 / 2017.3 / 2018.1 / 2019.3 / 2020.4 134쪽 15

- 15세 이상 인구: 35,986천명 · 비경제활동인구: 14,716천명 · 취업자 수: 20,149천명
(자영업자 수: 5,646천명, 무급가족 종사자: 1,684천명, 상용근로자: 6,113천명, 임시근로자: 4,481천명, 일용근로자: 2,225천명)

05 A국의 15세 이상인구(생산가능인구)가 100만 명이고 경제활동참가율이 70% 실업률이 10%라고 할 때 A국의 실업자 수를 계산하시오. 2011.1 / 2016.3 118쪽 15

06 다음의 경제활동참가율, 실업률, 고용률을 구하시오. 2013.2 / 2017.2 128쪽 15

(소수점 둘째자리에서 반올림, 계산과정을 포함하여 설명(단위: 천명))

- 인구수 500 · 15 세 이상 400 · 취업자 200 · 실업자 20
- 정규직 일자리를 찾고 있는 단시간 근로자 10

07 고용률 50%, 비경제활동인구 400명, 실업자 수 50명 일 때 실업률을 구하시오. 2016.2 111쪽 06

08 고용률이 50%, 실업률이 10%에 실업자 수가 50만명 일 때, 경제활동인구수와 비경제활동 인구수를 구하시오. 2016.1 109쪽 18

09 다음 물음에 답하시오. 2011.2 / 2017.1 / 2019.2 122쪽 10

	15세~19세	20세~24세	25세~29세	30세~50세
생산가능인구	3,284	2,650	3,846	22,982
경제활동인구	203	1,305	2,797	17,356
취업자	178	1,101	2,598	16,859
실업자	25	124	199	497
비경제활동인구	3,081	1,346	1,049	5,627

(1) 30~50대 고용률을 구하시오.(소수점 둘째자리에서 반올림)
(2) 30~50대 고용률을 29세 이하의 고용률과 비교하여 분석하시오.

입직률

입직은 근로자가 사업체로 처음 들어오는 신규채용과 동일 기업 내의 다른 사업체로부터 배치전환에 의한 전입으로 이루어지는데 입직률은 입직자 수를 전월말 근로자 수로 나눈 비율이다.

- $\text{입직률} = \frac{\text{신규채용} + \text{배치전환}}{\text{전월말근로자수}} \times 100$

이직률

이직은 근로자들이 기업이 정당한 사유로 면직시키는 해고, 근로자 자신의 희망에 의한 사직, 퇴직 그리고 동일 기업 내의 다른 사업체로 배치전환에 의한 전출로 이루어지는데 이직률은 이직자 수를 전월말 근로자 수로 나눈 비율이다.

- $\text{이직률} = \frac{\text{해고} + \text{사직} + \text{퇴직} + \text{배치전환}}{\text{전월말근로자수}} \times 100$

문제유형

Vocational Counselor

01 A회사 9월말 사원수는 1,000명이었다. 신규채용 인원 수는 20명, 전입 인원 수는 80명 일 때 10월의 입직률은? 2014.1 / 2015.1

- 입직률은 입직자 수를 전월말 근로자 수로 나눈 비율이다.
- $\text{입직률} = \frac{\text{신규채용} + \text{배치전환}}{\text{전월말근로자수}} \times 100 = \frac{20 + 80}{1,000} \times 100 = 10\%$

core 51 적정임금 상승률

생산성 임금제

- 생산성 $= \dfrac{\text{생산량} \times \text{생산물단가}}{\text{근로자수}}$
- 생산성 변화율 $= \dfrac{\text{생산성차이}}{\text{전년도생산성}} \times 100$
- 생산성임금제 적정임금상승률(%)=생산성변화율(%)

물가상승률에 의한 적정임금상승률

- 적정임금상승률=1인당 GNP−디플레이션−취업증가율

문제유형

Vocational Counselor

01 생산성 임금제에 의하면 명목임금의 상승률을 결정할 때 부가가치, 노동생산성과 일치시키는 것이 적당하다고 한다. 어떤 기업의 2019년 근로자수 40명, 생산량 100개, 생산물 단가 10원, 자본비용 150원이였다. 2020년에는 근로자수는 50명, 생산물은 120개, 생산물 단가 12원, 자본비용은 200원으로 올랐다고 가정하자. 생산성임금에 근거했을 때 이 기업의 2021년도 적정임금 상승률을 구하시오. (단, 소수점 발생 시 반올림하여 소수 첫째 자리로 표현하시오.) 2009.1 / 2012.1 / 2020.4

- 적정임금상승률: 15.2%
- 생산성$=\dfrac{\text{생산량} \times \text{생산물단가}}{\text{근로자수}}$
- 2019년 생산성$=\dfrac{100\text{개} \times 10\text{원}}{40\text{명}}=25$
- 2020년 생산성$=\dfrac{120\text{개} \times 12\text{원}}{50\text{명}}=28.8$
- 생산성 증가율$=\dfrac{\text{생산성 변화}}{\text{전년도생산성}} \times 100 = \dfrac{3.8}{25} \times 100 = 15.2\%$

02 다음과 같은 조건하에서 적정임금상승률을 구하시오. (계산식과 함께 작성하시오) 2002.3

1인당 GNP	디플레이션	취업자 증가율	실업률
8%	2%	4%	4.5%

- 적정임금상승률＝1인당 GNP－디플레이션－취업증가율＝8%－2%－4%＝2%

I 핵심이론알기

인적자본투자와 교육제도

인적자본투자이론

인적자본투자이론의 의의

기업에서는 생산에 필요한 기계설비를 자본으로 보는 것과 같이 사람에게 장기간 축적된 기술, 기능, 지식 등이 생산성과 기업이윤에 영향에 미치는데 이를 인적자본이라 한다.

인적자본투자의 대상

① **정규교육**: 상급학교에 대한 진학여부는 비용·편익분석으로 결정한다.
② **훈련**: 정규교육과정 졸업 후 입사 전후 직업관련 인적자본투자를 훈련이라 한다.
③ **노동시장 정보**: 노동시장의 정보가 불완전한 경우 근로조건에 대하여 확률적으로 인지한다.
④ **건강**: 노동자가 노동공급 시간을 일정 시간 수준 이상으로 유지시킬 수 있는 건강도 인적자본투자의 한 형태이다.
⑤ **이주**: 노동자가 생산능력을 극대화 할 수 있는 곳으로 이동하는 것을 의미한다.

신호선별이론

신호선별이론의 의의

교육제도가 유능한 사람을 가려내는 기구라는 이론으로 학교교육이 개인의 능력을 신호(signal)해 주는 역할을 하므로 노동자는 교육이라는 신호를 구입하려(학력-졸업장) 하고, 사용자는 선별비용을 줄이기 위해 능력의 대리변수인 교육에 높은 임금을 지불하려고 한다.

정부의 교육투자방향

적성검사 등을 통해 근로자의 생산성이 높은 분야를 발굴하는 방향으로 전개되어야 한다. 즉, 인적자본투자 중 '직업정보'를 제공하는 정책을 시행해야 한다.

사적수익률과 사회적 수익률

사적수익률과 사회적 수익률 의의

- **사적수익률**: 개인이 교육년 수 1년 증가에 따른 개인근로소득의 퍼센트 증가율이다.
- **사회적 수익률**: 개인이 교육년 수 1년 증가에 따른 생산성 퍼센트 증가율이다.

사적수익률이 낮을 경우 정부의 개입방법

사적수익률이 사회적 수익률보다 낮을 때 개인은 인적자본 투자를 꺼릴 것이므로, 정부는 교육의 사적수익률을 높일 수 있도록 제도적 뒷받침을 마련하기 위해 평생교육 체제의 구축으로 발전시켜야 할 것이다.

문제유형

Vocational Counselor

01 인적자본에 대한 투자의 대상을 3가지만 쓰고 각각 설명하시오. 2012.2 / 2019.2

02 선별가설의 의미를 쓰고 정부의 교육투자방향은 어떻게 나가야할지 쓰시오. 2004.1 / 2010.4

03 교육의 사적수익률이 사회적 수익률보다 낮을 경우 정부의 개입 방법을 쓰시오. 2010.3

04 한국에서의 남녀 임금차이의 원인을 성차별론이 아닌 노동공급적 측면에서 인적자본투자이론을 설명하시오. 2003.2 / 2006.2 340쪽

05 사용자는 다른 조건이 일정할 때 사직률이 낮은 근로자를 선호하지만 사회적인 관점에서는 바람직하지 않다. 사용자가 사직률이 낮은 근로자를 선호하는 이유와 사직률이 낮은 근로자가 사회적으로 좋지 않은 영향을 주는 이유를 설명하시오. 2009.1 / 2018.2 145쪽 17

노동시장 구조

이중노동시장 또는 분단노동시장

1차 노동시장

임금수준이 상대적으로 높고, 근로조건이 양호하며, 승진의 기회도 다양할 뿐만 아니라, 고용의 안정성이 보장된다.

2차 노동시장

임금수준이 상대적으로 낮고, 근로조건이 매우 열악하며, 승진의 기회도 부족할 뿐만 아니라 고용이 불안정하다.

내부노동시장

의의	기업 내부의 명문화된 규칙과 절차에 의거하여 임금과 직무배치 및 승진이 결정되는 노동시장이다.
형성 요인	① 숙련의 특수성: 기업에서만 요구되는 숙련이 존재하면 기업특수적 훈련을 제공할 것이며 기업이 훈련비를 일부 부담하게 된다. 기업은 훈련비용의 회수를 위해 장기계약을 선호하게 되고 이에 합리적 선택으로서 내부노동시장이 형성된다. ② 현장훈련: 현장훈련이 많을수록 기업 내 암묵지가 많아지고 이러한 암묵지를 활용하기 위해서 내부노동시장이 형성된다. ③ 관습: 기업고유의 관습에 의하여 내부노동시장이 형성된다.
장점	① 고용의 안정성 ② 고임금 형성 ③ 채용·훈련비용 절감
단점	① 입사 후 도덕적 해이 ② 노동이동의 단절 ③ 해고비용 증대

문제유형

Vocational Counselor

01 1차 노동시장 근무자들의 특성을 쓰시오. 2019.1

02 내부노동시장의 형성요인과 장점을 각각 3가지씩 쓰시오. 2009.3 / 2010.3 / 2016.2 / 2018.1

03 도린저(Doeringer. P)와 피오르(Piore. M)의 내부노동시장의 형성요인을 3가지 쓰고 간단히 설명하시오. 2015.2

04 노동시장의 내부노동시장이론, 이중노동시장이론, 인적자본이론의 의미를 간략히 설명하시오. 2011.1 / 2020.1 172쪽 17

부가급여

부가급여의 의미와 종류

의미	사용자가 적립하는 퇴직금, 유급휴가처럼 사용자가 종업원에게 지급하는 급여 이외의 모든 보상을 의미한다.
종류	① 사용자가 적립하는 퇴직금 ② 유급휴가 ③ 사용자가 부담하는 4대 보험료 ④ 회사부담의 교육훈련비

근로자가 선호하는 이유

① 현물급여는 근로소득세의 부담이 감소한다.
② 현물급여는 할인된 가격으로 구입하게 되어 근로자에게 이익이 돌아간다.
③ 연금 또는 퇴직금의 노령기 수령은 세율이 낮아 선호한다.

사용자가 선호하는 이유

① 정부가 임금규제를 강화할 때 회피 수단으로 임금인상 대신 부가급여 수준을 높인다.
② 임금액의 증가를 부가급여로 대체하여 조세나 4대 보험료의 부담이 감소된다.
③ 장기근속을 유도할 수 있어 채용 및 훈련비용을 줄일 수 있다.
④ 기업에 대한 충성심을 발휘하게 하고 내부통제가 용이해 진다.

문제유형

Vocational Counselor

01 부가급여를 예를 들어 설명하고, 사용자와 근로자가 부가급여를 선호하는 이유를 각각 2가지씩 쓰시오. 2011.1 / 2014.1 / 2018.1

02 부가급여 의미와 종류, 사용자가 선호하는 이유를 4가지 쓰시오. 2004.2 / 2010.1 / 2015.3

core 55

I 핵심이론알기

임금하방경직성

Vocational Counselor

임금하방경직성 의미와 원인

○ 의미: 한번 결정된 임금은 수요와 공급의 불균형, 경기변동에도 관계없이 좀처럼 하락하지 않는 것을 말한다.

○ 원인

① **강력한 노동조합의 존재**: 노동조합이 노동공급을 독점할 경우 노동공급을 하지 않을 수 있다.

② **장기근로계약**: 신입 일 땐 생산성보다 낮은 임금을 지급하고, 해를 거듭할수록 생산성보다 높은 임금을 보장하는 급여제도를 실시하기 때문이다.

③ **노동자의 역선택 발생가능성**: 기업의 전체 노동자에 대한 일괄적 임금삭감은 종업원의 인적자본 투자요인을 감소시키고 유능한 노동자의 이직을 유발하기 쉽다.

④ **기업내부자 집단이기주의**: 기업내부자들은 신참노동자를 먼저 해고시키는 경향이 있다.

⑤ **1차 노동시장에서 비노조기업들이 효율임금 추구 · 기업명성 유지**: 기업명성을 유지하여 참된 성실한 노동자의 채용을 지속적으로 하기 위해 효율성임금을 낮추려 하지 않기 때문이다.

⑥ **사회적 관행**: 1차 노동시장에서 불경기로 해고된 근로자들이 1차 노동시장에 재진입하기 위해 실업자로 머물지 2차 노동시장에 진입하려하지 않는다.

문제유형

Vocational Counselor

01 임금의 하방경직성의 의미를 설명하고 임금이 하방경직성이 되는 이유 5가지를 쓰시오. 2004.1 / 2009.1 / 2012.3 / 2017.3 / 2018.2 / 2020.3

02 임금의 하방경직성의 의미를 설명하고 임금의 하방경직성이 되는 이유를 4가지만 설명하시오. 2010.2 / 2011.3

최저임금제도

기대효과 또는 장점

① **근로자 간 소득격차 해소**: 지나친 저임금과 산업 간, 직종 간 그리고 지역 간의 임금격차를 개선하는 효과를 갖는다.

② **고임금의 경제효과**: 노동력의 질적 향상을 가능하게 하고 고임금의 경제를 유발할 수 있다.

③ **유효수요 창출**: 임금인상으로 인한 소득증가에 따라 총수요가 증가하는 효과를 기대할 수 있다.

④ **기업경영의 합리화 촉진**: 기업의 비용이 상승하므로 다른 부문의 생산비 절감, 생산성 향상 등 기업경영의 합리화를 촉진시킨다.

⑤ **기업 간 공정경쟁 확보**: 기업 간의 공정경쟁을 확보할 수 있다. 이 제도로 지나친 임금착취로 값싼 유사제품을 만들어 공정한 거래질서를 어지럽히던 기업이 정리될 수 있다.

⑥ **산업구조의 고도화**: 부가가치생산성이 낮은 산업부문에서 불가피하게 어느 정도 해고하게 되는데 이 때 해고노동자들이 부가가치생산성이 높은 부문으로 이동하여 산업구조의 고도화에 기여할 수 있다.

⑦ **노사 간의 분쟁 방지**: 최저임금제로 인하여 매년 임금이 상승함에 따라 노사간 분쟁을 방지할 수 있다.

부정적 효과 또는 한계

① **비자발적 실업 발생**: 시장임금보다 높은 최저임금이 결정되면 요소가격을 왜곡하게 되어 고용이 감소하게 되고 실업이 발생하게 된다.

② **기술습득에 대한 유인 감소**: 인적자본투자가 없어도 임금이 상승하므로 인적자본에 대한 투자요인이 감소할 것이다.

③ **지역경제 왜곡 및 생산감소**: 고용감소로 인하여 생산물이 감소하여 지역경제를 왜곡시킬 수 있다.

④ **진입장벽의 도구로 전락**: 최저임금을 강제하면 임금지불능력이 떨어지는 기업 또는 산업분야는 근로자 채용에 부담을 갖게되어 진입장벽의 도구로 전락할 수 있다.

⑤ **소득분배의 역진성**: 최저임금을 강제하게 되면 일부 근로자들의 실업이 발생하고 오히려 최저임금수준보다 높은 임금수준에서 근무하던 근로자들의 임금이 연쇄적으로 상승할 수 있다. 상위계층으로 갈수록 임금상승 폭이 클 수 있기 때문에 소득분배의 역진적 효과를 가져올 수 있다.

문제유형

Vocational Counselor

01 최저임금의 기대효과(장점)을 3가지(6가지)를 쓰시오. 2016.3 / 2018.2 / 2018.3

02 최저임금제의 기대효과 5가지(7가지)를 쓰시오. 2004.3 / 2015.2 / 2017.1

03 최저임금제 긍정적 효과를 6가지 쓰시오. 2011.3

04 최저임금제 도입으로 인해 발생할 수 있는 부정적 효과를 3가지 쓰시오. 2012.2

임금격차

❑ 노동시장에 존재하는 임금격차

① 기업규모별 임금격차 ② 산업별 임금격차 ③ 학력별 임금격차 ④ 고용형태별 임금격차
⑤ 직종별 임금격차 ⑥ 지역별 임금격차 ⑦ 성별 임금격차

❑ 산업별 임금격차

① 독점산업과 경쟁산업: 독점산업은 경쟁산업에 비해 임금수준이 높다.
② 노동조합의 존재여부: 노동조합의 단체교섭권으로 임금수준이 높다.
③ 성장산업과 사양산업: 성장산업은 사양산업에 비해 임금수준이 높다.
④ 노동생산성의 차이: 생산성이 높은 산업은 낮은 산업에 비해 임금수준이 높다.
⑤ 기술숙련도: 산업분야에서 요구되는 숙련도의 차이에 의해 임금격차가 발생한다.

❑ 노동수요 특성별 임금격차·경쟁적 요인

① 생산성 격차: 대기업에 소속된 노동자는 인적자본량에 차이가 있어 생산성 격차로 인해 고임금을 지급하여 임금격차가 발생한다.
② 효율임금정책: 감독이 어렵고 근로자 태만이 심각한 부문에서 개인의 작업노력을 높이려 할 경우 고임금을 지급하여 임금격차가 발생한다.
③ 보상적 임금격차: 대기업의 생산과정은 연속적이며 상호의존적이어서 감독과 규율이 엄격하여 그것을 보상하기 위해 고임금을 지급하여 임금격차가 발생한다.
④ 과도기적 임금격차: 기업에서 단기에 노동수요가 발생하면 노동공급이 비탄력적이므로 초과수요가 발생하는 직종의 임금상승으로 임금격차가 발생한다.
⑤ 보이지 않는 질적 차이: 선천적 능력, 도덕성, 규율에의 복종성 등에 따른 생산성 격차로 임금격차가 발생한다.

❑ 효율임금정책이 고생산성을 가져오는 이유

① 고임금은 노동자의 직장상실의 비용을 증대시켜서 노동자로 하여금 작업 중 태만하지 않고 스스로 열심히 일하게 한다.
② 대규모 사업장에서는 관리·감독자가 지휘·통솔할 수 있는 통제의 폭에 한계가 있기 때문에 상의하달이 제대로 되지 않아 발생하는 비효율적인 통제상실이 나타난다. 통제상실을 미연에 방지하자면 고임금을 지불하여 노동자들이 스스로 알아서 열심히 일을 하게 하는 것이다.
③ 고임금기업의 고임금노동자는 고임금을 사용자가 주는 일종의 선물로 간주하고 이러한 은혜를 되갚기 위해 작업노력을 증대시킨다.
④ 고임금은 노동자의 이직을 감소시켜서 신규노동자의 채용 및 훈련비용을 줄일 수 있다.
⑤ 고임금 지급으로 인해 신규채용 시 입사지원자의 평균적인 질이 높아져 보다 양질의 노동자를 채용할 수 있다.

❏ 아담스미스(Adam Smith)의 보상적 임금격차

의미	직업의 임금 외적인 불리한 측면을 상쇄하여 근로자에게 돌아가는 순이익을 다른 직업과 같게 해주기 위한 것이다.
발생 원인	① 작업의 쾌적함 정도: 작업환경이 나쁘거나 사회적으로 불명예스러운 직종에 종사하는 사람은 더 높은 임금을 받아야 한다. 예 탄광노동자와 사무종사자를 비교하면 탄광노동자에게 고임금을 지급해야 한다. ② 고용의 안정성 여부: 1년 내내 꾸준히 일을 할 수 있는 직종과 간헐적 또는 비정기적으로 일하는 직종이 있으면 고용이 불안정한 직종이 더 높은 임금을 받아야 한다. 예 상용근로자와 일용근로자를 비교하면 일용근로자에게 고임금을 지급해야 한다. ③ 교육훈련비용: 어떤 직종에서는 직업기술을 배우는데 1주일이면 가능한 반면, 수년이 걸리는 직종이 있다. 이 때 교육훈련비용이 많이 부담되는 직종이 더 높은 임금을 받아야 한다. 예 전문가와 단순노무종사자를 비교하면 전문가에게 고임금을 지급해야 한다. ④ 책임의 정도: 자신의 일만 책임지는 직업이 있는 반면, 다른 사람의 실수까지도 책임져야 하는 직종이 있다면 책임의 정도가 큰 직종이 더 높은 임금을 받아야 한다. 예 회사 대표와 사원을 비교하면 대표에게 고임금을 지급해야 한다. ⑤ 직업에서의 성공가능성: 어떤 직업은 그 직업에서 성공이 확실하게 보장되어 높은 사회적 평가를 기대할 수 있는 반면에 어떤 직업은 성공의 가능성이 매우 적을 수도 있다.

❏ 선진국의 임금수준이 높은 원인

① 선진국은 물가수준이 높아 최저생계비가 높다.
② 인적자본투자로 노동생산성이 높다.
③ 노동조합 조직률이 높다.

문제유형

Vocational Counselor

01 노동시장에서 존재하는 임금격차의 원인 5가지를 쓰시오. 2018.2

02 산업별 임금격차가 발생하는 원인 3가지를 쓰시오. 2013.1 / 2019.3

03 노동수요 특성별 임금격차를 발생하게 하는 경쟁적 요인을 5가지(3가지) 쓰시오. 2009.2 / 2017.3

04 보상적 임금격차에서 임금격차를 가져오는 요인을 3가지를 설명하시오. 2002.1 / 2010.4 / 2011.1 / 2013.3 / 2016.1

05 동일한 근로 시간에 대하여 탄광 근로자는 월 200만원을 받고, 봉제공은 월 100만원을 받는다고 할 때 이들 두 직종 근로자 간에 임금격차가 발생하는 원인을 설명하는 것으로 보상적 임금격차가 있다. 보상적 임금격차의 개념 및 보상적 임금격차가 발생하는 요인을 통해 위 두 근로자의 임금격차를 설명하시오. 2014.3

06 일반적으로 대기업의 경우 중소기업보다 종업원들의 근속년수가 길고 임금수준도 높다. 즉, 대기업의 경우 내부노동시장이 제도화되어 있는 경우가 많다. 이러한 현상을 초래한 인적자본, 동기유발, 지불능력 등의 차원에서 구분하여 설명하시오. 2000.2 / 2006.1 340쪽

07 고임금경제가 존재할 경우와 존재하지 않을 경우에 있어 임금 상승이 고용에 미치는 효과가 어떻게 다른지 또 그 이유는 무엇인지 설명하시오. 2011.2 / 2015.2 340쪽

08 일반적으로 선진국의 임금수준이 후진국 임금수준보다 높다. 이러한 결과를 초래하는 이유 3가지를 쓰시오. 2012.2

노동조합

노동조합의 종류

① 오픈 숍(Open Shop): 조합원 신분과 무관하게 종업원이 될 수 있다.
② 유니언 숍(Union Shop): 입사 후 일정한 기간 내에 노동조합에 가입해야 하고 조합원자격을 상실하면 종업원자격도 상실하도록 하는 제도이다.
③ 클로즈드 숍(Closed Shop): 조합에 가입하고 있는 노동자만을 채용하고 조합원자격을 상실하면 종업원이 될 수 없는 제도를 말한다.
④ 에이젼시 숍(Agency Shop): 조합원 신분과 무관하게 모든 종업원에게 노동조합비를 징수하는 제도이다.
⑤ 프레퍼렌셜 숍(Preferential Shop): 기업이 종업원 채용할 때에 노동조합원에게 우선순위를 주는 제도이다.
⑥ 메이트넌스 숍(Maintenance Shop): 조합원이 되면 일정기간 동안 조합원 자격을 유지해야 하는 제도이다.

힉스(Hicks)의 교섭모형

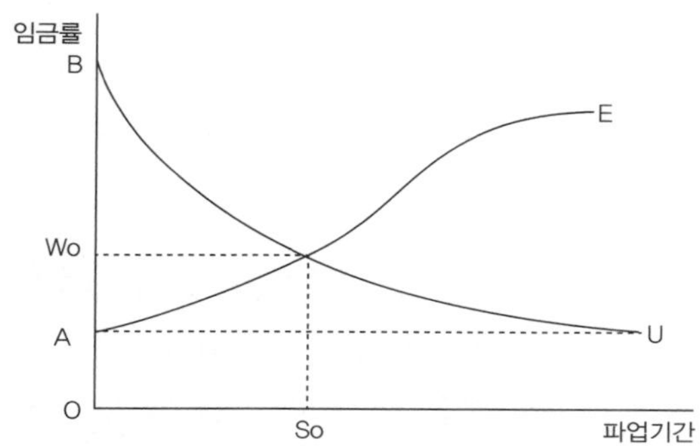

① A점은 사용자가 노조에 처음 제시하는 임금상승률이다.
② B점은 노조가 사용자에게 처음 요구하는 임금상승률이다.
③ A~E선은 사용자가 임금상승률을 노조에 양보하며 상승시키는 사용자양보곡선이다.
④ B~U선은 노조가 사용자의 제시임금상승률에 저항하며 하락시키는 노조저항곡선이다.
사용자는 낮은 임금률을 제시하고 조금씩 상승률을 높일 것이고, 노동조합은 높은 임금률을 요구하고 조금씩 하락시키며 임금교섭하는데 이는 불완전한 정보 때문이다.

노동조합의 파업 시 발생하는 이전효과와 위협효과

① 위협효과: 노동조합 조직 회사에서 임금인상을 요구하며 파업할 때 노동조합 비조직 회사의 사용자가 노조결성을 염려하여 임금인상하게 되어 임금격차가 축소된다.
② 이전효과: 노동조합 조직 회사에서 임금인상한 후 구조조정하고 신규 채용규모를 축소하여 노동조합 비조직 회사로 노동이 이동하여 노동조합 비조직 회사의 임금이 하락하여 임금격차가 확대된다.

구분	노동조합 조직 회사	노동조합 비조직 회사	임금격차
위협효과	노조가 사용자에게 임금인상을 요구하며 파업	종업원이 노조 결성할 것을 염려하여 임금인상	축소
이전효과 (파급효과)	사용자는 임금인상 후 구조조정, 신규채용규모 축소 구조조정 된 종업원과 신규입직하지 못한 지원자는 비노조 회사로 이동	입사지원자가 많아져 사용자는 임금 하락	확대

❑ 경제적 조합주의

① 노사관계를 기본적으로 이해대립의 관계로 보고 있으나 이해조정이 가능한 비적대적 관계로 이해한다.

② 노동조합운동의 목적은 노동자들의 생활조건의 개선과 유지에 있다. 그 방법으로 상호보험, 단체교섭, 입법활동 등이 활용되고 있으나 이 중 가장 중요한 것은 단체교섭제도이다.

③ 경영전권을 인정하며 경영참여를 회피해온 노선이다. 호경기에는 기업이윤의 공동분배를 위해 투쟁하고, 불경기 때는 회사적자 누적 시 구조조정에 따른 대량해고에 대해서는 경영실패에 기인하는 것이라고 하여 절대적으로 반대하고 투쟁한다.

④ 노동조합운동의 독자성·자주성 확보 및 조합 내 민주주의의 실현이 가장 중요한 조직원리이며 운동의 기본원칙이다.

문제유형

Vocational Counselor

01 노동조합 가입과 관련된 숍 제도를 4가지 쓰고 간략히 설명하시오. 2013.2

02 노동조합의 양적인 측면의 단결 강제는 숍(shop) 제도이다. 노동조합의 숍(shop) 종류 3가지를 쓰고 설명하시오. 2017.3

03 힉스(Hicks)의 단체교섭이론을 그래프로 그리고 간략히 설명하시오. 2012.1

04 노동조합의 파업 시 발생하는 이전효과와 위협효과를 각각 설명하시오. 2018.3

05 경제적 조합주의의 특징 3가지를 쓰시오. 2013.3 / 2017.2

Ⅰ 핵심이론알기

던롭(Jhon Dunlop)의 노사관계론

Vocational Counselor

❑ 던롭(Dunlop)의 노사관계

던롭은 한나라의 사회에는 정치제도, 경제제도 그리고 노사관계제도가 존재하며 노사관계제도는 경제제도 및 정치제도와 상호관계를 형성하고 있다고 보았다. 노사관계 규칙은 노·사·정(노동자·사용자·정부) 행위주체의 전략과 선택, 기술적 여건, 시장적 여건, 관련당사자 간의 권력배분상태, 당사자들이 갖고 있는 신념체계에 의해 결정된다고 하였다.

❑ 노사관계의 3주체

① 노동자
② 사용자
③ 정부

❑ 노사관계의 3여건

① 기술적 특성(technological context)
기업의 생산방법, 생산과정, 근로자의 질과 양에 따라 노사관계에 영향을 미친다. 즉, 생산물의 유형과 그것에 필요한 노동력의 규모, 노동력의 지역적 집합, 노동이동, 숙련도와 교육수준, 노동력의 숙련구성, 남녀 및 연령별 등이 있다.

② 시장 또는 예산의 제약(market context)
제품판매에 있어서의 시장여건이 노사관계에 큰 영향을 미친다. 즉, 제품판매에 있어 경쟁적이냐? 독점적이냐? 과점이냐? 독점이냐?에 따라 시장여건에 의해 노사관계에 큰 영향을 받는다.

③ 각 주체 세력관계(power context)
노동조합, 사용자, 정부의 세력관계가 노사관계에 영향을 미친다. 즉, 노사관계시스템의 힘의 배분관계는 그것이 포함되어 있는 보다 큰 사회 속의 힘의 배분관계에 대응하고 있다.

문제유형

Vocational Counselor

01 던롭(Dunlop)의 시스템이론에서 노사관계의 3 주체와 3 여건에 대하여 설명하시오. 2019.1

02 던롭(Dunlop)의 노사규제요인을 3가지 쓰고 설명하시오. 2016.3

실업

❑ 실업의 유형

① **경기적 실업**: 경기침체로 인해 유효수요 부족으로 발생하는 실업이다. 대책은 경기활성화, 일자리 창출이 있다.

② **마찰적 실업**: 노동의 수급이 어느 정도 일치하지만 직업정보의 부족에 의하여 일시적으로 발생하는 실업이다. 대책은 직업정보 제공, 직업안정기관 시설확충이 있다.

③ **구조적 실업**: 산업구조의 변화, 기술력의 변화 등에 의하여 노동력 수급구조상 불균형으로 발생하는 실업이다. 대책은 직업훈련, 지역이주금보조가 있다.

④ **계절적 실업**: 계절의 변화에 따라 규칙적으로 발생하는 실업으로 주로 건설업, 농업 등과 같이 계절의 변화에 영향을 많이 받는 산업에서 나타난다. 대책으로 부업 또는 일자리 제공한다.

⑤ **기술적 실업**: 작업의 특성을 바꿈으로써 그 일에 종사하던 사람이 더 이상 수행 가능한 기술을 지닐 수 없는 경우 또는 노동이 기계로 대체됨으로써 발생하는 실업이다.

❑ 자발적 실업과 비자발적 실업

① **자발적 실업(마찰적실업, 대기실업)**: 노동자들이 일할 능력과 의지는 있으나 임금, 근무환경 등 근로여건이 마음에 들지 않아 일자리가 있음에도 불구하고 스스로 취업하지 않는 것이다.

② **비자발적 실업(경기적실업, 구조적실업, 계절적실업)**: 현재의 근로여건 하에서 노동자들이 일할 능력과 의지가 있으나 노동에 대한 수요가 적어 일자리를 얻지 못하는 상태이다.

❑ 필립스 곡선(Phillips curve)이 오른쪽으로 이동하는 이유

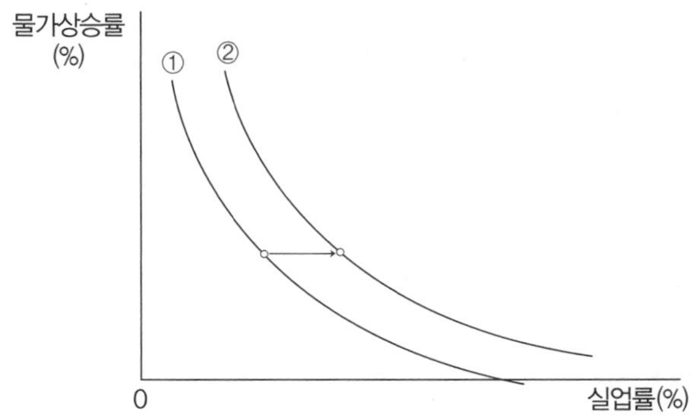

① 예상 물가상승률이 높아진 경우

② 노동시장을 보다 비경쟁적으로 만드는 정책

③ 지역 간의 실업률 격차가 커진 경우

수요부족실업과 비수요부족 실업

① 수요부족실업: 경기적실업
② 비수요부족실업: 마찰적실업, 구조적실업, 기술적실업

야호다(Jahoda)의 박탈이론

① 시간 조직화: 시간을 계획하고 조직화하여 사용할 수 있다.
② 사회적 접촉: 가족이외의 사람들과 접촉하여 사교적인 범위를 넓힐 수 있다.
③ 공동의 목표: 공동의 목표에 참여하여 자아실현을 가능하게 한다.
④ 사회적인 신분: 사회적으로 인정받아 사회적 신분을 가질 수 있다.
⑤ 활동: 의미있는 정규 활동을 활발히 할 수 있다.

문제유형

Vocational Counselor

01 마찰적 실업과 구조적 실업의 원인과 대책을 설명하시오. 2013.3 / 2018.1

02 실업자에 대한 정의를 쓰고 마찰적 실업과 구조적 실업의 공통점, 차이점을 설명하시오. 2013.1 340쪽

04 마찰적 실업과 구조적 실업의 공통점 2가지 이상과 차이점 3가지 이상을 쓰시오. 2017.1 123쪽 12

03 실업은 그 발생 원인에 따라 경기적 실업, 마찰적 실업, 구조적 실업, 계절적 실업으로 나누고 있다. 그 구체적인 내용과 대책을 설명하시오. 2007.3 / 2009.3 / 2015.3

05 비수요부족실업(non-demand-deficient unemployment)에 해당하는 대표적인 실업을 3가지 쓰고 각각에 대해 설명하시오. 2012.2 / 2017.2 128쪽 16

06 실업률과 인플레이션 간의 상충관계를 나타내는 필립스곡선이 오른쪽으로 이동하는 요인 3가지를 쓰시오. 2012.3

07 구직의 가능성이 높았더라도 노동시장에 참가하여 구직활동을 하여야 할 사람이 그러한 전망이 낮다고 필요하여 비경제활동 인구화 된 경우를 잠재실업이라고 한다. 이러한 잠재실업자를 취업시키기 위하여 경기부양책을 쓸 경우 문제점과 해결책을 쓰시오. 2006.1 340쪽

08 실업과 관련된 야호다(Jahoda)의 박탈이론에 따르면 일반적으로 고용상태에 있게 되면 실직상태에 있는 것보다 잠재적 효과가 있다고 한다. 고용으로 인한 잠재적 효과를 3가지 쓰시오. 2005.2 / 2012.2 / 2017.2

Step Ⅱ

Vocational Counselor

답안 이해하기

01회 2016년 04월 17일
02회 2016년 06월 26일
03회 2016년 10월 09일
04회 2017년 04월 16일
05회 2017년 06월 25일
06회 2017년 10월 15일
07회 2018년 04월 15일
08회 2018년 07월 01일
09회 2018년 10월 06일
10회 2019년 04월 14일
11회 2019년 06월 30일
12회 2019년 10월 13일
13회 2020년 05월 24일
14회 2020년 07월 26일
15회 2020년 10월 17일

01 행동주의상담에서 불안감소기법과 학습촉진기법을 각각 3가지 쓰시오.

○ 불안감소기법

① 체계적둔감화: 내담자로부터 불안을 없애기 위해 불안반응을 체계적으로 증대시키면서 동시에 불안과 대립되는 이완반응을 야기하는 방법이다.

체계적둔감화는 단계적둔화법이라고도 하는데 면접불안, 대인관계의 불안을 제거하는데 주로 사용하는 기법이다.

② 주장훈련: 자신이 원하는 것을 표현하지 못 했을 때 느끼는 우울이나 절망감을 피하고 대인관계에서 보다 평등한 관계가 되도록 해주는 기법이다.

주장훈련은 집단상담에서 대인관계 개선을 위한 기법으로 사용한다.

③ 홍수법: 실제 불안 자극에 집중적으로 오래 노출하는 것을 의미한다.

체계적둔감화는 불안장면을 상상하며 단계적으로 불안을 감소시키는 반면 홍수법은 불안장면에 단박에 노출시켜 불안을 제거하는 기법으로 숙련된 상담자가 사용해야 한다.

○ 학습촉진기법

① 변별학습: 유사한 자극에서 나타나는 조그만 차이에 따라 서로 다른 반응을 보이도록 유도하는 것이다.

신호등의 색깔은 정해 빨간불에 멈추고, 초록불에 출발하는 것처럼 유사한 자극에 서로 다른 반응을 보이도록 하는 기법이다.

② 모델링: 내담자가 다른 사람의 바람직한 행동을 관찰해서 학습한 것을 수행하는 것이다.

공부하는 형을 보고 따라하는 것처럼 긍정적 행동을 관찰하고 수행하도록 하는 기법이다.

③ 토큰법: 적절한 행동을 할 때마다 직접 확인될 수 있는 강화물로 토큰이 주어지는 체계적인 기법이다.

공부를 하거나 성적이 올랐을 때 선물이나 칭찬스티커를 줌으로 인해 공부하도록 하는 기법이다.

02 아들러(Adler)의 개인주의 상담의 목표를 3가지 쓰시오.

① 내담자의 사회적 관심을 증진시킨다.

② 열등감과 낙담을 제거한다.

③ 내담자의 관점과 목표를 수정하고 인생 각본을 바꾼다.

④ 좋지 못한 동기를 바꾼다.

⑤ 타인과의 동등감을 계발시킨다.

03 다알리(Darley)의 특성·요인 상담이론에서 상담자의 원칙 3가지를 쓰시오.

① 내담자에게 강의하려 하거나 거만한 자세로 말하지 않는다.

② 상담초기 내담자에게 제공하는 정보는 비교적 적은 범위로 한정시킨다.

③ 어떤 정보를 제공하기 전에 내담자가 그것을 알고 싶어 하는지 확인한다.

04 직무분석 단계 중 2단계에 해당하는 직무설계 단계에서 수행해야 할 과업 3가지를 쓰시오.

1단계	준비 단계	직무분석의 이유와 대상을 결정한다.
2단계	설계 단계	어떤 직무분석 시스템을 활용하며, 누구에게 어떤 정보를 획득할 것인지 결정해야 한다. ① 자료를 얻을 출처와 인원수를 결정한다. ② 자료수집 방법을 결정한다. ③ 자료분석 방법도 결정한다.
3단계	자료수집 및 분석 단계	
4단계	결과 정리 단계	
5단계	배포 및 활용 단계	
6단계	통제 단계	

05 인지적 명확성이 부족한 내담자의 유형 6가지를 쓰시오.

연번	내담자 유형	연번	내담자 유형
1	단순 오정보	10	하늘은 스스로 돕는 자를 돕는다.
2	복잡한 오정보	11	비난하기
3	구체성 결여	12	잘못된 의사결정방식
4	가정된 불가능	13	자기인식의 부족
5	원인과 결과 착오	14	높고 도달할 수 없는 기준에 기인한 낮은 자긍심
6	파행적 의사소통	15	무력감
7	강박적 사고	16	고정성
8	양면적 사고	17	미래시간에 대한 미계획
9	걸러내기	18	실업충격 완화하기

06 홀랜드(Holland)의 6가지 흥미 유형을 쓰시오.

① 현실형 : 분명하고 질서정연하고 체계적인 활동을 좋아하며 기계를 조작하는 활동 및 기술을 선호하는 흥미유형이다.

② 탐구형 : 관찰적, 상징적, 체계적이며 물리적, 생물학적, 문화적 현상의 창조적인 탐구활동을 선호하는 흥미유형이다.

③ 예술형 : 예술적 창조와 표현, 변화와 다양성을 선호하고 틀에 박힌 활동을 싫어하며 자유롭고, 상징적인 활동을 선호하는 흥미유형이다.

④ 사회형 : 타인의 문제를 듣고, 이해하고, 도와주고, 치료해주는 활동을 선호하는 흥미유형이다.

⑤ 진취형 : 조직의 목적과 경제적 이익을 얻기 위해 타인을 지도, 계획, 통제, 관리하는 일과 그 결과로 얻게 되는 명예, 인정, 권위를 선호하는 흥미유형이다.

⑥ 관습형 : 정해진 원칙과 계획에 따라 자료를 기록, 정리, 조작하는 활동을 좋아하고 사무능력, 계산능력을 발휘하는 것을 선호하는 흥미유형이다.

07 **직업적응이론(TWA)에서 데이비스(Dawis)와 롭퀴스트(Lofquist)의 심리검사 도구 3가지를 쓰시오.**

① 미네소타 중요성질문지(Minnesota Importance Questionnaire: MIQ)
② 미네소타 만족질문지(the Minnesota Satisfaction Questionnaire: MSQ)
③ 미네소타 만족성척도(the Minnesota Satisfactoriness Scales: MSS)
④ 직무기술질문지(the Job Description Questionnaire: JDQ)
⑤ 직업강화자 목록(A List of Reinforcers: LOR)

08 **로저스(Rogers)의 내담자중심상담을 성공적으로 이끄는 데 있어서 상담자의 능동적 성향을 강조하였으며, 패터슨(Patterson)도 내담자중심직업상담은 기법보다 태도를 필수적으로 보았다. 내담자중심접근법을 사용할 때 직업상담자가 갖추어야 할 3가지 기본태도를 쓰고 설명하시오.**

① 일치성: 상담자는 상담장면에서 자신의 감정이나, 태도를 있는 그대로 진솔하게 인정하고 개방해야 한다.
② 긍정적 관심과 수용: 상담자는 내담자의 감정이나 생각을 평가하지 않고 무조건 존중하고 따뜻하게 수용해야 한다.
③ 정확한 공감적 이해: 상담자는 내담자의 경험과 감정을 민감하고 정확하게 이해해야 한다.

09 **시간당 임금 10,000원, 제품 단가 2,000원일 때, 다음 물음에 답하시오.**

노동단위	0	1	2	3	4	5
생산량	0	10	18	23	27	30
한계생산량(개)	0	10	8	5	4	3
한계수입(원)	0	20,000	16,000	10,000	8,000	6,000
한계비용(원)	0	10,000	10,000	10,000	10,000	10,000

(1) 노동이 5단위 투입되었을 때의 노동의 평균생산량은?
- 생산량 30개÷5단위=6개, 평균생산량=6개

(2) 이윤극대화를 위한 기업의 최적의 고용단위와 한계생산량은?
- 최적의 고용단위=3단위, 한계생산량 5개
- 기업은 한계수입과 한계비용이 같아지는 지점에서 고용을 결정한다.

10 직업심리검사 측정의 기본단위 척도(Scale) 4가지 유형을 쓰고 의미를 설명하시오.

① 명명척도(nominal scale): 숫자의 차이가 측정한 속성이 대상에 따라 다르다는 것만을 나타내는 척도이다. 예 주민번호, 운동선수 등번호

② 서열척도(ordinal scale): 숫자의 차이가 측정한 속성의 차이에 관한 정보뿐 아니라 그 순위관계에 대한 정보도 포함하고 있는 척도이다. 예 학급의 석차

③ 등간척도(interval scale): 수치상의 차이가 실제 측정한 속성 간의 차이와 동일한 숫자의 집합을 말한다. 예 온도계의 0°C~5°C의 차이는 10°C~15°C 차이와 같다.

④ 비율척도(ratio scale): 등간척도처럼 산술적인 계산이 가능하면서 절대값을 갖춘 척도이다.
예 무게, 길이

11 투사적 검사의 장점을 3가지 쓰시오.

장점	단점
① 다양하고 풍부한 반응을 한다. ② 개개인의 독특성이 드러난다. ③ 무의식적 반응으로 왜곡하기 어렵다.	① 신뢰도가 낮을 수 있다. ② 개인 간 객관적 비교가 어렵다. ③ 해석 시 검사자의 주관이 개입할 가능성이 있다.

투사검사는 로르샤흐검사, TAT주제통각, 문장완성검사 등으로 그림 또는 문장을 보고 느끼는대로 자유롭게 대답하기 때문에 다양한 반응, 개개인의 독특성이 드러나고 왜곡하기 어려운 장점이 있다. 그러나 개인내적, 환경의 차이로 답변이 달라질 수 있어 검사-재검사 신뢰도가 낮을 수 있고 개인 간 객관적 비교가 어렵다. 또한 검사결과를 해석하는 상담자의 주관이 개입될 염려가 있고, 상담자의 인종, 성별, 체격 등이 내담자의 반응에 영향을 미칠 수 있는 단점이 있다.

12 구성 타당도를 분석하는 방법 2가지를 제시하고 설명하시오.

① 요인분석: 검사를 구성하는 문항들 간의 상호상관관계를 분석해서 서로 상관이 높은 문항들을 묶어주는 통계적 방법이다.

② 수렴타당도: 검사의 결과가 이론적으로 그 속성과 관계있는 변인들과 높은 상관관계를 지니고 있는지의 정도를 측정하는 것이다.

③ 변별타당도: 검사의 결과가 이론적으로 그 속성과 관계없는 변인들과 낮은 상관관계를 지니고 있는지의 정도를 측정하는 것이다.

구성타당도는 사람의 심리적 속성(구인개념)을 얼마나 제대로 측정하였는가를 추정하는 방법이다. 심리적 속성은 지성, 흥미, 동기 등을 의미하는 것으로 분석방법은 요인분석, 수렴타당도, 변별타당도가 있다.

예 어느 학교에서 영어교사를 선발하기 위해 영어와 수학문제를 각각 50문항씩 제작하여 문제들을 혼합해 지원자들에게 실시하여 채점한다.

① 요인분석: 100문항에서 영어와 수학문항을 각 과목별로 분류한다.

② 수렴타당도: 영어점수가 높은 지원자는 영어교사가 맞다고 추정한다.

③ 변별타당도: 수학점수가 낮은 지원자는 수학교사가 아니라고 추정한다.

즉, 각각의 50문항을 혼합하여 시험을 실시하고, 과목별 분류(요인분석)하여 채점한 결과로 영여교사가 맞는지(수렴타당도 높다), 수학교사가 아닌지(변별타당도 높다) 추정한다.

13 내담자와 관련된 정보를 수집하고 내담자의 행동을 이해하고 해석하는 데 기본이 되는 상담기법을 6가지만 쓰시오.

① 가정 사용하기
② 의미 있는 질문 및 지시 사용하기
③ 전이된 오류 정정하기
- 정보의 오류
- 한계의 오류
- 논리적 오류

④ 분류 및 재구성하기
⑤ 저항감 재인식하기 및 다루기
⑥ 근거 없는 믿음 확인하기
⑦ 왜곡된 사고 확인하기
⑧ 반성의 장 마련하기
⑨ 변명에 초점 맞추기
- 책임을 회피하기(부정, 알리바이, 비난)
- 결과를 다르게 조직하기(축소, 정당화, 훼손)
- 책임을 변형시키기

14 정부가 출산장려를 위하여 근로시간에 관계없이 일정 금액을 육아비용 보조금으로 지원하기로 했다. 이 육아비용 보조금이 부모의 근로시간에 미치는 영향을 다음의 두 가지 입장에서 설명하시오.

(1) 부모가 육아비용 보조금이 지급되기 이전에 근로를 하고 있지 않은 경우

육아비용 보조금 이전에도 근로하지 않았기 때문에 소득효과(여가선호)가 우세하여 노동공급을 하지 않을 것이다.

(2) 부모가 육아비용 보조금이 지급되기 이전부터 근로를 하고 있었던 경우

육아비용 보조금 지급 이전에는 대체효과(일선택)가 우세하였으나 비근로소득(육아비용 보조금) 발생으로 소득효과(여가선호)가 우세하여 노동공급이 감소할 것이다.

노동경제학에서는 비근로소득은 기혼여성의 경제활동참가율을 낮춘다고 가정한다. 그러므로 육아비용 보조금이라는 비근로소득이 발생하므로 낮아진다고 접근해야 한다.

15 검사는 사용목적에 따라 규준참조검사와 준거참조검사로 분류될 수 있다. 규준참조검사와 준거참조검사의 의미를 설명하고 각각의 예를 쓰시오.

① 규준참조검사: 개인의 점수를 다른 사람들의 점수와 비교해서 상대적으로 어떤 수준인지를 알아보려는 검사로 상대평가이며 대표적으로 적성검사가 있다.

② 준거참조검사: 검사점수를 어떤 기준점수와 비교해서 이용하려는 검사로 절대평가이며 대표적으로 직업상담사 시험이 있다.

16 한국표준산업분류의 적용원칙에서 아래 (   )를 채우시오.

> 한국표준산업분류의 생산단위는 산출물뿐만 아니라 (투입물)과(와) (생산공정) 등을 고려하여 그들의 활동을 가장 정확하게 설명한 항목에 분류해야 한다.

17 보상적 임금격차에서 임금격차를 가져오는 요인을 3가지 설명하시오.

○ 의미 : 직업의 임금 외적인 불리한 측면을 상쇄하여 근로자에게 돌아가는 순이익을 다른 직업과 같게 해주기 위한 것이다.

○ 발생원인

① 작업의 쾌적함 정도: 작업환경이 나쁘거나 사회적으로 불명예스러운 직종에 종사하는 사람은 더 높은 임금을 받아야 한다. 예 탄광노동자와 사무종사자를 비교하면 탄광노동자에게 고임금을 지급해야 한다.

② 고용의 안정성 여부: 1년 내내 꾸준히 일을 할 수 있는 직종과 간헐적 또는 비정기적으로 일하는 직종이 있으면 고용이 불안정한 직종이 더 높은 임금을 받아야 한다. 예 상용근로자와 일용근로자를 비교하면 일용근로자에게 고임금을 지급해야 한다.

③ 교육훈련비용: 어떤 직종에서는 직업기술을 배우는데 1주일이면 가능한 반면, 수년이 걸리는 직종이 있다. 이 때 교육훈련비용이 많이 부담되는 직종이 더 높은 임금을 받아야 한다. 예 전문가와 단순노무종사자를 비교하면 전문가에게 고임금을 지급해야 한다.

④ 책임의 정도: 자신의 일만 책임지는 직업이 있는 반면, 다른 사람의 실수까지도 책임져야하는 직종이 있다면 책임의 정도가 큰 직종이 더 높은 임금을 받아야 한다. 예 회사 대표와 사원을 비교하면 대표에게 고임금을 지급해야 한다.

⑤ 직업에서의 성공가능성: 어떤 직업은 그 직업에서 성공이 확실하게 보장되어 높은 사회적 평가를 기대할 수 있는 반면에 어떤 직업은 성공의 가능성이 매우 적을 수도 있다.

18 고용률이 50%, 실업률이 10%에 실업자 수가 50만 명일 때, 경제활동인구 수와 비경제활동인구 수를 구하시오. (계산식 필수)

- 경제활동인구: 500만, 비경제활동인구: 400만

- 고용률 $= \frac{\text{취업자수}}{\text{15세 이상 인구}} \times 100$, $50\% = \frac{\text{450만}}{\text{15세 이상 인구}} \times 100$,
  $\frac{1}{2} = \frac{\text{450만}}{\text{15세 이상 인구}}$, 15세 이상 인구 = 900만

- 실업률 $= \frac{\text{실업자수}}{\text{경제활동인구}} \times 100$, $10\% = \frac{\text{50만}}{\text{경제활동인구}} \times 100$,
  $\frac{1}{10} = \frac{\text{50만}}{\text{경제활동인구}}$, 경제활동인구 = 500만

- 15세 이상 인구 = 경제활동인구 + 비경제활동인구, 900만 = 500만 + 비경제활동인구,
  비경제활동인구 = 400만
- 경제활동인구 = 취업자 + 실업자, 500만 = 취업자 + 50만, 취업자 = 450만

01 면접에 대한 불안을 갖는 최(崔)모 씨에게 단계적둔화법을 사용하여 상담절차를 쓰시오.

> 필답시험 성적은 우수하지만 취업면접에서 지나친 긴장과 불안 때문에 몇 차례에 걸친 취업기회에도 불구하고 실패를 거듭해 온 내담자에 대해 상담자는 면접상황에서의 긴장과 불안을 완화시키지 않고는 이 내담자가 취업에 성공하기는 힘들다는 판단을 내리게 되었다.

① 근육이완훈련 : 상담자는 내담자에게 근육을 긴장하게 했다 풀어놓도록 하는 훈련을 반복하여 근육의 긴장을 이완할 수 있도록 훈련시킨다.
② 불안위계목록 작성 : 상담자는 내담자에게 불안이나 공포를 일으키는 상황에 대한 위계목록을 작성하게 한다.
③ 둔감화 : 불안위계목록에서 위협을 가장 적게 느끼는 상황에서부터 시작하여 가장 위협적인 상황까지 불안 없이 단계적으로 제거해 불안이 완전히 소거될 때까지 반복하여 실시한다.

02 의사거래분석(TA)에서 인간의 자아상태 3가지를 쓰시오.

① 부모자아(P) : 개인이 자신이나 타인에게 강요하는 당위적인 명령으로 구성되어 있는 자아 상태로 비판적 부모자아와 양육적 부모자아로 구성되어 있다.
② 성인자아(A) : 개인이 현실세계와 관련해 기능하는 성격부분으로 성격의 합리적이고 객관적인 측면을 나타낸다.
③ 아동자아(C) : 우리 각자의 아동기의 유물인 일련의 감정, 태도, 행동유형으로 자유로운 어린이와 순응적인 어린이로 구성되어 있다.

03 생애진로사정(LCA)을 통해 얻을 수 있는 정보 3가지를 쓰시오.

○ 의미 : 상담자와 내담자가 처음 만났을 때 사용하는 구조화된 면담기법으로 내담자에게 심리적 부담은 적게 주면서 내담자의 직업과 관련된 정보를 얻을 수 있다.
○ 구조 : 진로사정, 전형적인 하루, 강점과 장애, 요약
○ 얻을 수 있는 정보
① 내담자의 직업경험과 교육수준을 나타내는 객관적인 사실
② 내담자 자신의 기술과 유능성에 대한 자기평가 및 상담자의 평가정보
③ 내담자 자신의 가치관과 자기의식

04 노동수요를 탄력적으로 만드는 조건 3가지를 쓰시오.

① 생산물에 대한 수요의 탄력성이 클수록 탄력적이다.
② 총생산비에서 차지하는 노동비용의 비중이 높을수록 커진다.
③ 상품생산에 사용되는 다른 요소와의 대체가능성이 높을수록 커진다.

05 표준화를 위해 수집된 자료가 정규분포에서 벗어나는 것은 검사도구의 문제라기보다 표집절차의 오류에 원인이 있다. 이를 해결하기 위한 방법을 3가지 쓰고 각각에 대해 설명하시오.

① 완곡화 : 정규분포와 비슷하게 나왔을 때 사용하는데, 절선도표나 주상도표에서 정규분포의 모양을 갖추도록 점수를 더하거나 빼주는 방법이다.

② 절미법 : 편포의 꼬리를 잘라내는 방법으로 꼬리가 작을 때에만 사용할 수 있다.

③ 면적환산법 : 각 점수들의 백분위를 찾아서 그 백분위에 해당하는 Z점수를 찾는 방법이다.

06 고용률 50%, 비경제활동인구 400명, 실업자수 50명일 때 실업률을 구하시오.

- 실업률 : 10%
- 고용률 $= \dfrac{\text{취업자수}}{\text{15세 이상 인구}} \times 100$, $50\% = \dfrac{\text{취업자}}{\text{경제활동인구} + \text{비경제활동인구}} \times 100$,

  $\dfrac{1}{2} = \dfrac{x}{x+50+400}$, $2x = x+450$, $x = 450$ $\quad \therefore x(\text{취업자}) = 450$
- 실업률 $= \dfrac{\text{실업자수}}{\text{경제활동인구}} \times 100$, $\dfrac{50}{500} \times 100 = 10\%$
- 15세 이상 인구 = 경제활동인구(취업자 + 실업자) + 비경제활동인구

07 K 제과점의 근로자수와 하루 생산량은 다음과 같다. 물음에 답하시오.

(케이크 가격: 10,000원, 종업원 일당: 80,000원)

노동단위	0	1	2	3	4	5
생산량	0	10	18	23	27	30
한계생산량(개)	0	10	8	5	4	3
한계수입(원)	0	100,000	80,000	50,000	40,000	30,000
한계비용(원)	0	80,000	80,000	80,000	80,000	80,000

(1) 근로자수 2명일 때 노동의 한계생산을 계산하시오.

- 1명 일 때 10개, 2명 일 때 18개로 8개 증가하여 한계생산은 8개이다.

(2) 근로자수 3명일 때 노동의 한계수입생산을 계산하시오.

- 한계수입생산 = 한계생산 × 재화의 가격 = 5개 × 10,000원 = 50,000원
  2명 일 때 18개, 3명 일 때 23개로 한계생산은 5개이다.

(3) 근로자 1인당 임금이 80,000원일 때 최대이윤을 추구하는 제과점의 근로자수와 케이크양을 계산하시오.

- 2명 일 때 케이크 한계생산이 8개로 한계수입이 80,000원이며, 노동의 한계비용이 80,000원으로 최대이윤을 추구하는 제과점의 근로자 수는 2명이며, 케이크양은 18개이다.

08 내부노동시장의 형성요인과 장점을 각각 3가지씩 쓰시오.

○ 형성요인

① 숙련의 특수성: 기업에서만 요구되는 숙련이 존재하면 기업특수적 훈련을 제공할 것이며 기업이 훈련비를 일부 부담하게 된다. 기업은 훈련비용의 회수를 위해 장기계약을 선호하게 되고 이에 합리적 선택으로서 내부노동시장이 형성된다.

② 현장훈련: 현장훈련이 많을수록 기업 내 암묵지가 많아지고 이러한 암묵지를 활용하기 위해서 내부노동시장이 형성된다.

③ 관습: 기업고유의 관습에 의하여 내부노동시장이 형성된다.

○ 장점

① 고용의 안정성

② 고임금 형성

③ 채용·훈련비용 절감

○ 단점

① 입사 후 도덕적 해이

② 노동이동의 단절

③ 해고비용 증대

09 윌리암슨(Williamson)의 직업상담 문제유형을 3가지 쓰고 설명하시오.

① 불확실한 선택: 내담자가 자신에 대한 이해 부족, 직업세계에 대한 이해가 부족한 상태에서 진로선택을 한 경우이다.

② 무선택: 내담자가 아직 진로결정을 하지 못 했다고 이야기 하거나 진로에 대해 잘 모른다고 하는 경우이다.

③ 흥미와 적성의 불일치: 내담자가 말하는 흥미와 적성의 불일치일 수도 있고, 측정된 결과의 불일치를 보이는 경우이다.

④ 어리석은 선택: 내담자의 흥미와 관계없는 목표, 직업정보의 결핍 등에 의해 현명하지 못한 선택을 한 경우이다.

10 인지·정서·행동(REBT)에서 ABCDEF 모델의 의미를 쓰시오.

① A: 선행사건(내담자가 노출되었던 문제 장면이나 선행사건이다.)

② B: 신념체계(내담자가 문제 장면에 대해 갖는 신념으로 비합리적 신념이다.)

③ C: 결과(내담자가 선행사건 때문에 생겨났다고 보고하는 정서적·행동적 결과이다.)

④ D: 논박(내담자의 비합리적 신념에 대한 상담자의 적극적인 논박이다.)

⑤ E: 효과(내담자의 비합리적 신념을 논박한 결과이다.)

⑥ F: 감정(논박하기를 통해 바뀐 합리적 신념에서 비롯된 새로운 감정이나 행동이다.)

11 검사-재검사를 통해 신뢰도를 추정할 때 충족되어야 할 요건 3가지를 쓰시오.

① 측정내용 자체는 일정 시간이 경과하더라도 변하지 않는다고 가정할 수 있어야 한다.
② 동일한 수검자에게 두 번 실시하지만 처음 받은 검사 경험이 두 번째 받은 검사의 점수에 영향을 미치지 않는다는 확신이 있어야 한다.
③ 검사와 재검사 사이의 어떤 학습활동이 두 번째 검사의 점수에 영향을 미치지 않는다고 가정할 수 있어야 한다.

12 측정을 위한 척도의 종류 4가지를 설명하시오.

① 명명척도(nominal scale): 숫자의 차이가 측정한 속성이 대상에 따라 다르다는 것만을 나타내는 척도이다. 예 주민번호, 운동선수 등번호
② 서열척도(ordinal scale): 숫자의 차이가 측정한 속성의 차이에 관한 정보뿐 아니라 그 순위관계에 대한 정보도 포함하고 있는 척도이다. 예 학급의 석차
③ 등간척도(interval scale): 수치상의 차이가 실제 측정한 속성 간의 차이와 동일한 숫자의 집합을 말한다. 예 온도계의 0°C~5°C의 차이는 10°C~15°C 차이와 같다.
④ 비율척도(ratio scale): 등간척도처럼 산술적인 계산이 가능하면서 절대값을 갖춘 척도이다.
예 무게, 길이

13 상담에서 대화의 중단 또는 내담자의 침묵은 자주 일어나는 일이다. 내담자의 침묵이 발생하는 원인 3가지를 쓰시오.

① 상담초기 상담 관계에 대해 두렵게 느끼거나 부정적일 때 침묵한다.
② 상담자 개인의 적대감에서 오는 저항이나 불안 때문에 침묵한다.
③ 내담자가 할 말이 더이상 생각나지 않거나 무슨 말을 해야 할지 모를 때 침묵한다.
④ 내담자가 자신의 느낌을 표현하고 싶지만 적절한 표현이 생각나지 않을 때 침묵한다.
⑤ 내담자가 스스로 한 얘기에 대해 생각할 때 침묵한다.
⑥ 내담자가 이전에 표현했던 감정 상태에서 생긴 피로를 회복하고 있을 때 침묵한다.

14 흥미사정기법 3가지를 쓰고 간략히 설명하시오.

① 표현된 흥미: 어떤 활동이나 직업에 대해 '좋다, 싫다'라고 간단하게 말하도록 요청하는 것이다.
② 조작된 흥미: 활동에 대해 질문을 하거나 활동에 참여하는 사람들이 어떻게 시간을 보내는지를 관찰하는 것이다.
③ 조사된 흥미: 표준화된 검사를 이용하여 개인이 특정 직업에 종사하는 사람들의 흥미와 유사점이 있는지 비교한다.

15 **직업적응이론에서 개인이 환경과 상호작용하는 특성을 나타내주는 성격유형 요소들 중 3가지만 제시하고 각각에 대해 간략히 설명하시오.**

① 민첩성 : 과제를 완성하는 속도를 말한다.
② 역량 : 근로자의 평균 활동수준을 말한다.
③ 리듬 : 활동의 다양성을 말한다.
④ 지구력 : 개인이 환경과 상호작용하는 시간의 양을 말한다.

16 **통계단위의 산업결정방법을 3가지 쓰시오.**

① 주된 산업 활동은 산출물에 대한 부가가치(액)의 크기에 따라 결정되어야 하나,
② 부가가치(액) 측정이 어려운 경우에는 산출액에 의하여 결정되어야 하나,
③ 상기의 원칙에 따라 결정하는 것이 적합하지 않을 경우에는 그 해당 활동의 종업원 수 및 노동시간, 임금 및 급여액 또는 설비의 정도에 의하여 결정된다.

17 **홀랜드(Holland) 육각형 모델과 관련된 해석차원 중에서 일관성, 변별성, 정체성에 대해 설명하시오.**

① 일관성(개인과 개인) : 육각모형에서 근처에 인접한 유형들끼리 요약코드로 나타나면 일관성이 있다고 해석한다.
② 변별성(개인 내 비교) : 개인이나 작업환경을 명확하게 규정할 수 있는 정도를 변별정도라고 한다.
③ 정체성(유형과 환경) : 개인의 목표, 흥미, 재능에 대한 명확하고 견고한 청사진을 말한다.
④ 일치성(개인과 환경) : 개인의 직업흥미나 성격 등의 특성이 직무 또는 조직과 잘 맞는지를 의미한다.

18 **한국표준직업분류 중 '포괄적인 업무에 대한 직업분류 원칙' 중 '주된 직무 우선원칙'의 의미를 설명하고 사례를 쓰시오.**

① 의미 : 2개 이상의 직무를 수행하는 경우는 수행되는 직무내용과 관련 분류 항목에 명시된 직무내용을 비교·평가하여 관련 직무 내용상의 상관성이 가장 많은 항목에 분류한다.
② 사례 : 교육과 진료를 겸하는 의과대학 교수는 강의, 평가, 연구 등과 진료, 처치, 환자상담 등의 직무내용을 파악하여 관련 항목이 많은 분야로 분류한다.

03회

2016년 10월 09일

01 던롭(Dunlop)의 노사관계 요인을 3가지 쓰고 설명하시오.

❍ 노사관계 3 주체: 노동자, 사용자, 정부

❍ 노사관계 3 여건(요인)

① 기술적 특성: 기업의 생산방법, 생산과정, 근로자의 질과 양에 따라 노사관계에 영향을 미친다.
② 시장 또는 예산제약: 제품판매에 있어서의 시장여건이 노사관계에 큰 영향을 미친다.
③ 각 주체 세력관계: 노동조합, 사용자, 정부의 세력관계를 의미하는 것으로, 이 주체들의 세력관계가 노사관계에 영향을 미친다.

02 크라이티스(Crites)는 직업상담의 문제유형 분류에서 흥미와 적성을 3가지 변인들과 관련지어 분류하였다. 3가지 변인을 쓰고 각각에 대해 설명하시오.

① 적응성: 흥미와 적성이 일치하는 적응형과 흥미와 적성이 맞는 분야를 찾지 못하는 부적응형이 있다.
② 현실성: 흥미를 느끼는 분야는 있으나 적성이 없는 비현실형, 적성보다 낮은 수준의 직업을 선택한 불충족형 그리고 적성 때문에 선택했지만 흥미를 느끼지 못하는 강압형이 있다.
③ 결정성: 가능성이 많아 결정을 내리지 못하는 다재다능형과 흥미와 적성과 관계없이 성격적으로 결정하지 못하는 우유부단형이 있다.

03 최저임금제의 기대효과를 6가지 쓰시오.

① 근로자 간 소득격차 해소: 지나친 저임금과 산업 간, 직종 간 그리고 지역 간의 임금격차를 개선하는 효과를 갖는다.
② 고임금의 경제효과: 노동력의 질적 향상을 가능하게 하고 고임금의 경제를 유발할 수 있다.
③ 유효수요 창출: 임금인상으로 인한 소득증가에 따라 총수요가 증가하는 효과를 기대할 수 있다.
④ 기업경영의 합리화 촉진: 기업의 비용이 상승하므로 다른 부문의 생산비 절감, 생산성 향상 등 기업경영의 합리화를 촉진시킨다.
⑤ 기업 간 공정경쟁 확보: 기업 간의 공정경쟁을 확보할 수 있다. 이 제도로 지나친 임금착취로 값싼 유사제품을 만들어 공정한 거래질서를 어지럽히던 기업이 정리될 수 있다.
⑥ 산업구조의 고도화: 부가가치생산성이 낮은 산업부문에서 불가피하게 어느 정도 해고하게 되는데 이때 해고노동자들이 부가가치생산성이 높은 부문으로 이동하여 산업구조의 고도화에 기여할 수 있다.
⑦ 노사 간의 분쟁 방지: 최저임금제로 인하여 매년 임금이 상승함에 따라 노사간 분쟁을 방지할 수 있다.

04 수렴 타당도를 예를 들어 설명하시오.

수렴타당도란 검사의 결과가 이론적으로 그 속성과 관계있는 변인들과 높은 상관관계를 지니고 있는지의 정도를 측정하는 것이다. 예 어느 학교에서 영어교사 선발을 위해 영어시험을 실시했을 때 시험점수가 높다면 '영어교사 맞다!'고 추정하며 이 때 수렴타당도가 높다고 한다.

05 심리검사 시 윤리적 고려사항을 4가지 쓰시오.

① 검사선택 할 때 신뢰도와 타당도를 검토한다.
② 검사실시 할 때 피검사자의 정서 상태를 점검하고, 검사의 목적을 충분히 설명한다.
③ 상담자는 중립적 자세를 유지하고, 표준화된 방식으로 실시한다.
④ 검사 채점할 때 전문성을 갖고 표준화된 절차에 따라야 하며 규준의 적절성을 검토한다.
⑤ 다른 검사나 관련 자료를 함께 고려하여 결론을 도출한다.
⑥ 피검사자에게 검사의 적절성을 설명하고, 비밀을 보장해야 한다.

06 직무분석 방법을 3가지 쓰고 설명하시오.

① 최초분석법 : 분석할 대상 직업에 관한 참고 문헌이나 자료가 드물고, 그 분야에 많은 경험과 지식을 갖춘 사람이 거의 없을 때에 직접 작업 현장을 방문하여 분석하는 방법이다.
② 비교확인법 : 지금까지 개발된 자료를 수집하고 분석하여 직무분석 양식에 초안을 작성한 다음 최초분석법으로 확인하는 방법이다.
③ 데이컴법 : 교과과정을 개발하는데 활용되어 온 직무분석 기법으로 교육목표와 교육내용을 비교적 단시간 내에 추출하는데 효과적이다.

07 행동주의 직업상담의 상담기법을 크게 불안감소기법과 학습촉진기법 유형으로 구분할 수 있다. 각 유형별 대표적 방법을 각각 3가지만 쓰시오.

○ 불안감소기법

① 체계적둔감화 : 내담자로부터 불안을 없애기 위해 불안반응을 체계적으로 증대시키면서 동시에 불안과 대립되는 이완반응을 야기하는 방법이다.
② 주장훈련 : 자신이 원하는 것을 표현하지 못 했을 때 느끼는 우울이나 절망감을 피하고 대인관계에서 보다 평등한 관계가 되도록 해주는 기법이다.
③ 홍수법 : 실제 불안 자극에 집중적으로 오래 노출하는 것을 의미한다.

○ 학습촉진기법

① 변별학습 : 유사한 자극에서 나타나는 조그만 차이에 따라 서로 다른 반응을 보이도록 유도하는 것이다.
② 모델링 : 내담자가 다른 사람의 바람직한 행동을 관찰해서 학습한 것을 수행하는 것이다.
③ 토큰법 : 적절한 행동을 할 때마다 직접 확인될 수 있는 강화물로 토큰이 주어지는 체계적인 기법이다.

08 검사는 사용목적에 따라 규준참조검사와 준거참조검사로 분류될 수 있다. 규준참조검사와 준거참조검사의 의미를 각각의 예를 들어 설명하시오.

① 규준참조검사 : 개인의 점수를 다른 사람들의 점수와 비교해서 상대적으로 어떤 수준인지를 알아보려는 검사로 상대평가이며 대표적으로 적성검사가 있다.
② 준거참조검사 : 검사점수를 어떤 기준점수와 비교해서 이용하려는 검사로 절대평가이며 대표적으로 직업상담사 시험이 있다.

09 엘리스(Ellis)의 REBT기법에서 ABCDEF에 대해 설명하시오.

① A(선행사건): 내담자가 노출되었던 문제 장면이나 선행사건이다.
② B(신념체계): 내담자가 문제 장면에 대해 갖는 신념으로 비합리적 신념이다.
③ C(결과): 내담자가 선행사건 때문에 생겨났다고 보고하는 정서적·행동적 결과이다.
④ D(논박): 내담자의 비합리적 신념에 대한 상담자의 적극적인 논박이다.
⑤ E(효과): 내담자의 비합리적 신념을 논박한 결과이다.
⑥ F(감정): 논박하기를 통해 바뀐 합리적 신념에서 비롯된 새로운 감정이나 행동이다.

10 자기보고식 가치사정하기 기법 6가지를 쓰시오.

① 체크목록의 가치에 순위 매기기
② 과거의 선택 회상하기
③ 절정경험 조사하기
④ 자유시간과 금전 사용하기
⑤ 백일몽 말하기
⑥ 존경하는 사람 기술하기

11 홀랜드(Holland)의 개인과 개인, 개인과 환경, 환경과 환경의 관계를 나타내는 이론을 3가지만 설명하시오.

① 개인과 개인(일관성): 육각모형에서 근처에 인접한 유형들끼리 요약코드로 나타나면 일관성이 있다고 해석한다.
② 개인과 환경(일치성): 개인의 직업흥미나 성격 등의 특성이 직무 또는 조직과 잘 맞는지를 의미한다.
③ 환경과 환경(정체성): 개인의 목표, 흥미, 재능에 대한 명확하고 견고한 청사진을 말한다.

12 고트프레드손(Gottfredson)이 제시한 직업포부이론의 개인의 발달단계 4단계를 연령에 따라 설명하시오.

① 힘과 크기 지향성(orientation to size and power, 3~5세): 사고과정이 구체화 되며 어른이 된다는 것의 의미를 알게 된다.
② 성역할 지향성(orientation to sex roles, 6~8세): 자아개념이 성(gender)의 발달에 의해서 영향을 받게 된다.
③ 사회적 가치 지향성(orientation to social valuation, 9~13세): 사회계층에 대한 개념이 생기면서 자아를 인식하게 되고 일의 수준에 대한 이해를 확장시킨다.
④ 내적, 고유한 자아 지향성(orientation to the internal, unique self): 내성적인 사고를 통하여 자아인식이 발달되며 타인에 대한 개념이 생겨난다. 자아성찰과 사회계층의 맥락에서 직업적 포부가 더욱 발달하게 된다.

13 스피어만(Spearman)의 2요인 이론인 일반이론과 특수이론을 설명하시오.

① 일반이론: 인지과제를 해결하는 데 필수적으로 요구되는 정신에너지를 말한다.
② 특수이론: 어떤 특정 종류의 인지과제를 처리할 때 선별적으로 동원되는 정신에너지를 말한다.

14 임금률이 상승하면 노동공급량의 증가로 노동공급곡선이 우상향한다. 이 말이 참인지, 거짓인지, 불확실한지 판정하고, 여가와 소득의 선택모형에 의거하여 설명하시오.

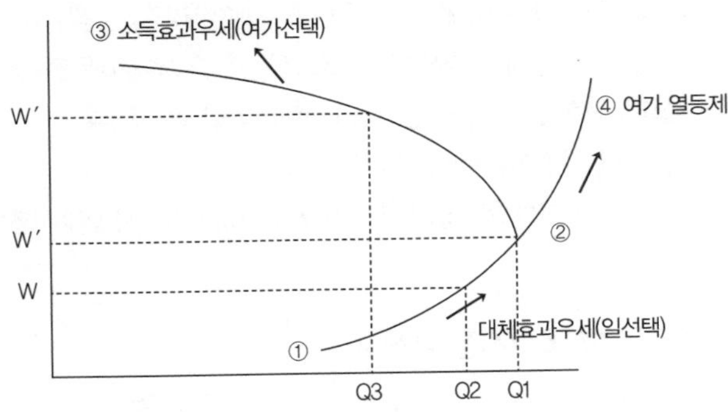

• 판정: 불확실

①~② 임금이 상승하면 여가를 줄이고 일을 선택하면서 노동공급을 늘려 노동공급곡선이 우상향하므로 참이다.

②~③ 임금이 상승하게 되면 노동자의 소득이 증가하게 됨으로써 노동공급을 줄이고 여가를 선택하면서 노동공급곡선이 좌상향하므로 거짓이다.

④ 여가가 열등재라는 것은 초과근로, 휴일근로를 하는 것으로 여가보다 소득(일)을 선택해 노동공급곡선이 우상향하므로 참이다.

위 경우 우상향하는 것이 참인 경우도 있고, 거짓인 경우도 있는데 소득효과와 대체효과 중 어느 것이 우세한지 알 수 없어 불확실하다.

15 A국의 15세 이상 인구(생산가능인구)가 100만 명이고, 경제활동참가율이 70%, 실업률이 10%라고 할 때 A국의 실업자 수를 계산하시오.

• 실업자 수: 7만명

• $\text{경제활동참가율} = \dfrac{\text{경제활동인구}}{\text{15세 이상 인구}} \times 100$, $70\% = \dfrac{\text{경제활동인구}}{\text{100만}} \times 100$, 경제활동인구＝70만

• $\text{실업률} = \dfrac{\text{실업자수}}{\text{경제활동인구}} \times 100$, $10\% = \dfrac{\text{실업자수}}{\text{70만}} \times 100$, 실업자수＝7만

16 직무스트레스로 인한 직장에서의 행동결과를 5가지 쓰시오.

① 신경질적 행동
② 수행 저하
③ 결근
④ 태업
⑤ 지각

17 규준제작 시 사용되는 표집방법을 3가지 쓰고 설명하시오.

① 단순무선표집(simple random sampling): 구성원들에게 일련번호를 부여하고, 이 번호들 중에서 무선적으로 필요한 만큼 표집하는 것이다. 예 번호표를 큰 통에 넣고 필요한 수를 채울 때까지 번호표를 뽑아서 해당자를 표본으로 구성하는 방법이다.

② 체계적 표집(systematic sampling): 모집단이 어떤 특징에 따라 체계적으로 정리되어 있는 경우, 이를 이용해서 무선표집을 할 수 있다. 예 이미 정리된 목록에 일련번호를 부여하고 임의로 첫 번째 대상을 선정한 다음에, 매 X번째에 해당하는 번호를 추출하는 것이다.

③ 층화표집(stratified sampling): 모집단이 규모가 다른 몇 개의 이질적인 하위집단으로 구성되어 있는 경우에 사용한다. 예 모집단을 종교별 구분하고 하위집단에서 적절한 수를 표집한다.

④ 집락표집(cluster sampling): 모집단을 서로 동질적인 하위집단으로 구분하여 집단 자체를 표집하는 방법이다. 예 전국대학생의 직업가치관을 알아보기 위해 3단계로 집락표집 할 경우이다.

18 다음은 한 기업의 노동량, 임금, 한계수입생산을 나타내는 표이다. 아래 물음에 답하시오.

노동량	5	6	7	8	9	10
임금	6	8	10	12	14	16
한계수입	62	50	38	26	14	2

(1) 노동량이 7, 임금이 10일 때 한계수입비용을 구하는 계산식과 답을 구하시오.

- 노동의 한계비용: 2원
- 노동의 한계비용은 노동량 1단위 추가 투입으로 발생하는 비용을 말하는 것으로 노동 6단위 일 때 임금 8원, 노동 7단위 일 때 임금 10원이므로 2원 증가되었다.
- 계산식 $= \dfrac{\text{한계비용의 변화}}{\text{노동량의 변화}} = \dfrac{2\text{원}}{1\text{단위}} = 2\text{원}$

(2) 이 기업의 최대수입(조건)을 내는 노동량과 임금을 구하시오.

- 노동량: 10단위, 임금: 16원
- 극대이윤을 추구하는 기업은 한계비용과 한계수입이 같아지는 지점에서 고용을 결정한다.
- 노동단위 9단위 일 때 임금 14원에서 10일 때 임금 16원으로 한계비용 2원이다.

∴ 노동단위가 10일 때 한계비용 2원, 한계수입 2원으로 한계비용과 한계수입이 같아지므로 기업은 노동 10단위에서 고용을 결정한다.

01 **한국표준산업분류의 분류는 생산단위가 주로 수행하고 있는 산업활동을 그 유사성에 따라 유형화한 것으로 3가지 분류기준에 의해 분류된다. 이 3가지 분류기준을 쓰시오.**

① 산출물(생산된 재화 또는 제공된 서비스)의 특성
- 산출물의 물리적 구성 및 가공단계
- 산출물의 수요처
- 산출물의 기능 및 용도

② 투입물의 특성
- 원재료, 생산 공정, 생산기술 및 시설 등

③ 생산활동의 일반적인 결합형태

02 **반분신뢰도에서 가장 많이 사용되는 기법 4가지를 쓰고 설명하시오.**

① 전후 절반법 : 전체 검사를 문항 순서에 따라 전과 후로 나누는 방법이다.
② 기우 절반법 : 전체 검사를 문항의 번호에 따라 홀수와 짝수로 나누는 방법이다.
③ 짝진 임의배치법 : 전체 검사를 문항의 난이도와 문항과 총점 간의 상관계수를 토대로 나누는 방법이다.
④ 난수표법 : 각 문항을 두 하위 검사에 무선적으로 할당하는 방법이다.

03 **한국표준직업분류에서 직업분류의 일반 원칙 2가지를 쓰고 설명하시오.**

① 포괄성의 원칙 : 우리나라에 존재하는 모든 직무는 어떤 수준에서든지 분류에 포괄되어야 한다.
② 배타성의 원칙 : 동일하거나 유사한 직무는 어느 경우에든 같은 단위직업으로 분류되어야 한다.

04 **사회인지이론(SCCT)에서 3가지 영역모델에 대하여 설명하시오.**

① 흥미모형 : 개인의 흥미는 결과기대와 자기효능감과 함께 목표를 예언하고 수행 결과로 이어진다.
예 자신이 드럼을 잘 칠 수 있다는 자기효능감에 기초하여 드럼에 대한 흥미가 발달한다.
② 선택모형 : 개인의 특성과 그를 둘러싼 환경은 학습경험에 영향을 주고 학습경험이 자기효능감과 결과기대에 영향을 준다. 예 성별, 인종, 학습경험, 환경 등이 선택에 영향을 준다.
③ 수행모형 : 개인이 그 목표를 추구함에 있어 어느 정도 지속할 것인가와 어느 정도 수준을 수행해낼 것인가 예측한다.

05 **윌리암슨(Williamson)의 심리검사 해석 시 상담기법 3가지를 쓰시오.**

① 직접충고 : 검사결과를 토대로 상담자가 내담자에게 자신의 견해를 솔직히 표명하는 것이다.
② 설득 : 상담자가 내담자에게 합리적이고 논리적인 방법으로 증거를 제시하는 것이다.
③ 설명 : 상담자가 진단과 검사자료뿐 아니라 비검사자료들을 해석하여 내담자의 진로선택을 돕는 것이다.

06 객관적 검사의 장점 3가지를 쓰시오.

① 신뢰도와 타당도가 높다.
② 표준화되어 있어 집단 실시가 가능하다.
③ 신속하고 객관적인 채점이 가능하다.
④ 개인 간 객관적 비교가 가능하다.
⑤ 표준화된 해석재료가 있어 객관적 해석이 가능하다.

07 수퍼(Super)의 발달단계 5단계를 설명하시오.

① 성장기 : 이 시기에 아동은 가정과 학교에서 중요한 타인에 대해 동일시를 함으로써 자아개념을 발달시킨다.
② 탐색기 : 이 시기에 개인은 학교생활, 여가활동 등과 같은 활동을 통해서 자아를 검증하고, 역할을 수행하며 직업탐색을 시도한다.
③ 확립기 : 이 시기에 개인은 자신에게 적합한 분야를 발견해서 종사하고 생활의 터전을 잡으려고 노력한다.
④ 유지기 : 이 시기에 개인은 안정된 속에서 비교적 만족스런 삶을 살아간다.
⑤ 쇠퇴기 : 이 시기에 개인은 직업전선에서 은퇴하게 되므로 다른 새로운 역할과 활동을 찾게 된다.

08 정신분석상담에서 필수적 개념인 불안의 3가지 유형을 쓰고 각각에 대해 설명하시오.

① 현실적 불안 : 외부세계에서의 실제적인 위협을 지각함으로써 발생하는 감정적 체험이다.
② 신경증적 불안 : 현실을 고려하여 작동하는 자아와 본능에 의해 작동되는 원초아 간의 갈등에서 비롯된 불안이다.
③ 도덕적 불안 : 원초아와 초자아 간의 갈등에서 비롯된 불안으로 본질적으로 자신의 양심에 대한 두려움이다.

09 정신분석적 상담은 내담자의 자각을 증진시키고 직접적인 방법으로 불안을 통제할 수 없을 때 무의식적으로 방어기제를 사용한다. 방어기제 종류 3가지를 쓰시오.

자아는 불안이 발생할 때 방어기제를 사용하는데, 현실을 왜곡하고 변형하고 속이는 특징이 있다. 방어기제는 불안을 다루기 위해 자아가 발달시킨 전략이다.

① 억압 : 의식하기에는 너무나 충격적이고 고통스러운 경험을 무의식 속으로 억눌러 버리는 것을 말한다.
② 부인 : 감당하기 어려운 현실적인 상황이나 사실을 인정하지 않고 부정해버리는 것을 말한다.
③ 투사 : 자신의 심리적 속성이 마치 타인에게 있는 것처럼 생각하고 행동하는 것을 말한다.
④ 합리화 : 자신이 경험한 상황이 고통스럽거나 받아들이기 어려운 경우 그럴듯한 이유를 찾아 조작하는 것을 말한다.
⑤ 치환 : 위협적인 대상에서 안전한 상대에게로 이동시켜 충동을 해소하는 것을 말한다.
⑥ 승화 : 사회적으로 용인될 수 없는 충동을 수용될만한 형태와 방법으로 표현하는 것을 말한다.
⑦ 퇴행 : 심한 스트레스 상황이나 곤경에 처했을 때 불안을 감소시키려고 이전의 발달단계로 되돌아가는 것을 말한다.
⑧ 동일시 : 자기가 좋아하거나 존경하는 대상과 자기 자신이 같은 것으로 인식하는 것을 말한다.

10 다음 물음에 답하시오.

	15세~19세	20세~24세	25세~29세	30세~50세
생산가능인구	3,284	2,650	3,846	22,982
경제활동인구	203	1,305	2,797	17,356
취업자	178	1,101	2,598	16,859
실업자	25	124	199	497
비경제활동인구	3,081	1,346	1,049	5,627

(1) 30~50대 고용률을 구하시오.(소수점 둘째자리에서 반올림)

- 고용률(%)$=\frac{\text{취업자}}{\text{생산가능인구}}\times 100$, $\frac{16,859}{22,982}\times 100=73.4\%$

(2) 30~50대 고용률을 29세 이하의 고용률과 비교하여 분석하시오.

- 29세 이하 고용률(%)$=\frac{\text{취업자}}{\text{생산가능인구}}\times 100$, $\frac{178+1,101+2,598}{3,284+2,650+3,846}\times 100$, $\frac{3,877}{9,780}\times 100=39.6\%$
- 비교분석: 고용률은 생산가능인구 중 취업자의 비율을 나타낸 것으로 30~50대의 고용률은 73.4%이고, 29세 이하의 고용률은 39.6%이다. 30~50대의 고용률이 29세 이하의 고용률에 비해 33.8% 높다.

11 100억을 유산 받은 남자가 노동공급과 여가의 선호에 대해 소득효과와 대체효과의 의미를 쓰고 여가가 정상재(우등재)일 때와 열등재일 때 소득증대에 따른 노동공급의 변화를 설명하시오.

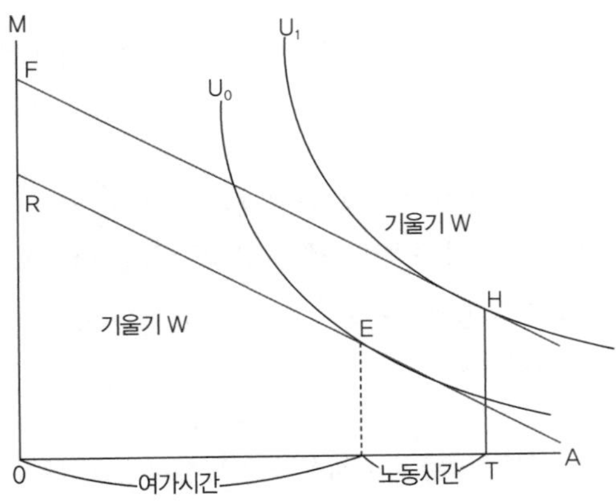

① 대체효과: 임금이 상승하면 여가를 줄이고 일을 선택하면서 노동공급을 늘리는 것이다.

② 소득효과: 임금이 상승하게 되면 노동자의 소득이 증가하게 됨으로써 노동공급을 줄이고 여가를 선택하는 것이다.

③ 노동공급 변화: 100억의 유산상속을 받은 남자는 상속이전의 소득곡선 U_0로 E−T만큼 노동공급 하지만, 유산상속을 받으면 소득곡선이 U_1으로 이동하는데 소득효과가 우세하기 때문에 노동공급을 하지 않는다. 여가가 정상재 일 경우 소득효과가 우세하여 노동공급을 하지 않겠지만, 여가가 열등재 일 경우 대체효과가 우세하여 계속 노동공급을 할 것이다.

12 마찰적 실업과 구조적 실업의 공통점 2가지 이상과 차이점 3가지 이상을 쓰시오.

❍ 공통점

① 비수요부족

② 직업정보 제공으로 실업률을 낮출 수 있다.

❍ 차이점

① 실업 발생원인 : 마찰적 실업(정보부족), 구조적 실업(노동력수급구조상 불균형)

② 대책 : 마찰적 실업(정보제공), 구조적 실업(직업훈련, 지역이주금보조, 직업전환)

③ 특징 : 마찰적 실업(자발적실업), 구조적 실업(비자발적 실업)

		마찰적 실업	구조적 실업
차이점	원인	직업정보 부족	노동력수급구조상 불균형
	대책	정보제공	직업훈련, 지역이주금보조, 직업전환
	특징	자발적 실업	비자발적 실업
공통점		비수요 부족	
		직업정보제공으로 실업률을 낮출 수 있다.	

13 청소년 집단상담을 하려고 한다. 부처(Butcher)가 바라본 집단 직업상담의 과정 3단계를 설명하시오.

① 탐색단계 : 자기개방하고, 흥미와 적성에 대한 탐색을 하며, 탐색 결과에 대한 피드백을 하고, 불일치를 해결한다.

② 전환단계 : 자기 지식을 직업세계와 연결하고, 가치관의 변화를 꾀하고, 자신의 가치와 피드백 간의 불일치를 해결한다.

③ 행동단계 : 목표설정을 하고, 목표달성을 위해 정보를 수집하고 공유하며, 행동으로 옮긴다.

14 시간당 임금이 500원 일 때 1,000명을 고용하던 기업에서 시간당 임금이 400원으로 감소하였을 때 1,100명을 고용할 경우, 이 기업의 노동수요탄력성을 계산하시오.

• 노동수요탄력성 $=(-)\dfrac{\text{노동수요량 변화율(\%)}}{\text{임금 1\%의 변화율(\%)}}$, $-\dfrac{10\%}{(-)20\%}=0.5$

• 임금 1%의 변화율(%) $=\dfrac{\text{변화량}}{\text{기존}}\times100=\dfrac{-100}{500}\times100=-20\%$

• 노동수요량 변화율(%) $=\dfrac{\text{변화량}}{\text{기존}}\times100=\dfrac{100}{1,000}\times100=10\%$

15 외적행동변화의 자기주장훈련 절차를 쓰시오.

① 자신의 감정을 헤아려 본다.

② 감정을 유발시킨 원인을 파악한다.

③ 집단원이 원하는 것을 파악한다.

④ 상대방의 행동변화를 제안, 요구, 주장하는 내용을 표현한다.

16 심리검사 실시방식에 따른 분류 3가지를 쓰시오.

① 속도검사와 역량검사

- 속도검사(speed test)는 시간 쉬운 문제들로 구성되며 숙련도를 측정하는 검사로 대표적으로 지능검사의 바꿔쓰기 소검사가 있다.
- 역량검사(power test)는 어려운 문제들로 구성되며 문제해결력을 측정하는 검사로 대표적으로 수학경시대회 문제가 있다.

② 개인검사와 집단검사

- 개인검사는 검사할 때 한사람씩 해야 하는 방식으로 대표적으로 TAT주제통각검사가 있다.
- 집단검사는 한번에 여러 명에게 실시하는 방식으로 대표적으로 MBTI가 있다.

③ 지필검사와 수행검사

- 지필검사는 종이와 연필을 이용하는 방식으로 대표적으로 문장완성검사가 있다.
- 수행검사는 도구를 직접 다루는 방식으로 대표적으로 웩슬러 지능검사의 차례 맞추기가 있다.

17 검사점수의 변량에 영향을 미치는 요인 중 개인의 일시적이고 일반적인 특성 4가지를 쓰시오.

① 건강

② 피로

③ 동기

④ 정서적 긴장

⑤ 검사요령

⑥ 검사의 매커니즘 이해

⑦ 온도, 조명, 환기 등의 외적요소

18 심리검사의 신뢰도에 영향을 주는 요인 5가지를 쓰시오.

① 개인차 : 개인차가 클수록 검사점수의 변량이 커지며, 신뢰도가 높게 나타날 가능성이 크다.

② 검사의 문항 수 : 검사의 문항 수가 많을수록 신뢰도가 높게 나타날 가능성이 크다.

③ 문항반응 수 : 문항반응 수는 적정한 크기를 유지하는 것이 바람직하며, 만약 이를 초과하는 경우 신뢰도는 향상되지 않는다.

④ 검사의 유형 : 검사는 실시시간을 기준으로 속도검사와 역량검사로 나눌 수 있다.

⑤ 신뢰도 추정 방법 : 신뢰도를 추정하는 각 방법은 오차를 포함하는 내용이 서로 다르므로 동일한 검사에 여러 가지 방법을 동시에 사용하여 얻어진 신뢰도 계수는 서로 다를 수밖에 없다.

01 부처(Butcher)의 집단 직업상담을 위한 3단계 모델을 쓰고 설명하시오.

① 탐색단계 : 자기개방하고, 흥미와 적성에 대한 탐색을 하며, 탐색 결과에 대한 피드백을 하고, 불일치를 해결한다.

② 전환단계 : 자기 지식을 직업세계와 연결하고, 가치관의 변화를 꾀하고, 자신의 가치와 피드백 간의 불일치를 해결한다.

③ 행동단계 : 목표설정을 하고, 목표달성을 위해 정보를 수집하고 공유하며, 행동으로 옮긴다.

02 인터넷을 이용한 사이버상담(cyber counseling)이 필요한 이유를 쓰시오.

많은 사람이 직업정보를 수집할 때 접근이 쉽고, 많은 양의 정보가 있는 인터넷을 이용하고, 수집된 정보로 의사결정을 한다. 그러나 정보의 양이 많아 잘못된 정보 또는 왜곡된 정보로 진로의사결정을 할 경우 문제가 발생하기 때문에 전문가의 도움이 필요하다.

03 실존주의적 상담자들이 내담자의 궁극적 관심사와 관련하여 중요하게 생각하는 주제를 4가지 제시하고 각각에 대해 설명하시오.

① 자유와 책임 : 인간은 여러 가지 상황에서 선택할 수 있는 자유를 가진 자기결정적인 존재이다. 인간은 근본적으로 자유롭기 때문에 삶의 방향을 지시하고 운명을 이루어 나가는 데 책임을 져야만 한다.

② 불안과 죄책감 : 실존주의자들은 우리에게 주어진 자유 때문에 그리고 선택하도록 운명 지어져 있기 때문에 우리는 어쩔 수 없이 불안하다고 주장한다.

③ 삶의 의미성 : 삶의 중요성과 목적을 향한 노력은 인간의 독특한 특성이다.

④ 죽음과 비존재 : 실존주의의 가장 중요한 문제는 죽음이다. 인간은 미래의 언젠가는 자신이 죽는다는 것을 스스로 자각한다.

04 형태주의상담의 주요 목표 3가지를 쓰시오.

① 체험 확장 : 내담자 스스로 억압했던 자신의 감정이나 욕구를 자연스럽게 표현하며 체험영역을 확장한다.

② 통합 : 분리되고 소외된 성격 부분을 접촉하고 체험함으로써 자기 성격의 일부로 통합하도록 한다.

③ 자립 : 내담자가 스스로 자립할 수 있다는 것을 알아차리도록 한다.

④ 책임자각 : 자신의 행동을 선택하고 책임질 수 있게 한다.

⑤ 성장: 내담자 스스로 혼란을 극복하고 새로운 모습으로 변화하고 성장한다.

⑥ 실존적인 삶: 타인의 기대에 의해 살려고 하지 않고 실존적인 삶을 살아가도록 한다.

05 고용정보를 미시정보와 거시정보로 구별하고 각각 2가지씩 쓰시오.

① 미시정보 : 구인·구직정보, 자격정보

② 거시정보 : 노동시장동향, 직종별·업종별 인력수급현황

06 윌리암슨(Williamson)의 이성적 지시적(특성·요인) 이론 중 인간본성에 대한 기본 가정을 3가지만 쓰시오.

① 인간은 선과 악의 잠재력을 모두 지니고 있는 존재이다.

② 인간은 선을 실현하는 과정에서 타인의 도움을 필요로 하는 존재이다.

③ 그러나 인간이 선한 생활을 결정하는 것은 바로 자기 자신이다.

④ 선의 본질은 자아의 완전한 실현이다.

⑤ 세계관은 개인적인 것으로, 인간은 누구나 그 자신의 독특한 세계관을 지닌다.

07 사회인지이론(SCCT)의 세 가지 영역모델을 쓰고 설명하시오.

① 흥미모형: 개인의 흥미는 결과기대와 자기효능감과 함께 목표를 예언하고 수행 결과로 이어진다.
예 자신이 드럼을 잘 칠 수 있다는 자기효능감에 기초하여 드럼에 대한 흥미가 발달한다.

② 선택 모형: 개인의 특성과 그를 둘러싼 환경은 학습경험에 영향을 주고 학습경험이 자기효능감과 결과기대에 영향을 준다. 예 성별, 인종, 학습경험, 환경 등이 선택에 영향을 준다.

③ 수행모형: 개인이 그 목표를 추구함에 있어 어느 정도 지속할 것인가와 어느 정도 수준을 수행해낼 것인가 예측한다.

08 진로시간전망 검사인 코틀(Cottle)의 원형검사(The Circles test)에서 시간전망 개입의 3가지 차원을 쓰고 각각에 대하여 설명하시오.

① 방향성: 미래지향성을 증진시키는 것으로 미래에 대해 낙관적인 입장을 구성한다.

② 변별성: 미래를 현실처럼 느끼게 하고, 미래계획에 대한 긍정적 태도를 강화시키며 목표설정을 신속하게 하는 것이 목표다.

③ 통합성: 현재 행동과 미래 결과를 연결시키고, 계획한 기법을 실습하여 진로에 대한 인식을 증진시키는 것이 목표다.

09 다음에 관하여 설명하시오.

(1) 준거타당도의 종류 2가지를 쓰시오.

① 예언타당도: 피검사자의 미래의 행동이나 특성을 얼마나 정확하게 예언하는가를 나타내는 정도이다.

② 동시타당도: 새로운 검사를 제작하였을 때 기존의 타당성을 보장받고 있는 검사와의 유사성에 의하여 타당성을 검증하는 방법이다.

(2) 직업상담에서 특히 준거타당도가 중요한 이유 2가지를 쓰시오.

① 내담자의 특성에 따른 직업정보 제공으로 사용하기 때문이다.

② 제공 받은 정보로 취업 후 직업적응하기 때문이다.

(3) 실증연구에서 얻은 타당도계수와 실제 연구에서의 타당도 계수가 다른데 실제 연구에서의 타당도 계수가 낮은 이유를 예를 들어 설명하시오.

실증연구는 객관성이 있어 신뢰도가 높지만, 실제연구에서 상사의 주관이 개입된 인사고과는 신뢰도에 영향을 미칠 수 있다.

10 진로개발을 평가하는데 사용되는 방법으로 진로결정척도가 있다. 이 방법 외에 진로개발을 평가하는데 사용될 수 있는 검사 혹은 척도를 3가지 쓰시오.

① 진로결정검사(Career Decision Scale; CDS) : 진로결정에 대한 확신(certainty)과 미결정성(indecision)의 두 하위척도로 구성되어 있으며, 미결정성의 이유를 알아낼 수 있도록 제작되었다.

② 진로성숙검사(Career Maturity Inventory; CMI) : 크라이티스(Crites)는 진로성숙도를 측정하기 위한 진로성숙검사를 개발하였다. 이 검사는 태도척도와 능력척도로 구성되어 있다.

③ 진로정체성검사(My Vocational Situation; MVS) : 진로정체성을 측정하기 위해 개발하였으나 직업선택에 장애가 되는 개인적·환경적 문제와 정보부족 문제를 파악할 수 있도록 제작하였다.

④ 진로결정척도(Assessment of Career Decision Making; ACDM) : 진로결정에서 학생이 사용하는 전략이나 전략의 조합을 측정하는 '진로결정유형'과 '학교생활과 직업계획, 전공에 관한 진로의사결정의 정도를 측정하는 진로결정수준'에 관해 각기 3개씩의 소검사점수를 산출하도록 되어 있다.

11 문항의 난이도, 문항의 변별도, 오답의 능률도의 의미를 쓰시오.

① 문항난이도 : 검사 문항의 쉽고 어려운 정도를 뜻하는 것으로 난이도 지수가 높을수록 쉬운 문항이다.

② 문항변별도 : 그 검사가 측정하고자 하는 행동에 관한 문항이 수검자들을 잘 구별해 주는 정도를 말하는 것이다.

③ 오답의 능률도 : 피검집단이 문항의 각 답지에 어떻게 반응하고 있는가를 기술하고 그에 더해서 문항분석을 시도하는 방법이다.

12 부정적인 심리검사 결과가 나온 내담자에게 검사결과를 통보하는 방법에 대해서 설명하시오.

검사결과는 상담에 보조적으로 사용하는 객관적 자료로 내담자의 점수범위를 고려하여 검사결과와 내담자 정보를 통합하여 중립적인 입장에서 일상적인 용어로 설명한다. 검사결과를 통보 받는 내담자가 경험하게 될 정서적 반응까지도 고려하여야 한다.

13 한국표준직업분류에서 일의 계속성에 해당하는 경우 4가지를 쓰시오.

① 매일, 매주, 매월 등 주기적으로 행하는 것

② 계절적으로 행해지는 것

③ 명확한 주기는 없으나 계속적으로 행해지는 것

④ 현재 하고 있는 일을 계속적으로 행할 의지와 가능성이 있는 것

14 실업과 관련된 야호다(Jahoda)의 박탈이론에 따르면 일반적으로 고용상태에 있게 되면 실직상태에 있는 것보다 잠재적 효과가 있다고 한다. 고용으로 인한 잠재적 효과를 3가지만 쓰시오.

① 시간 조직화

② 사회적 접촉

③ 공동의 목표

④ 사회적인 정체성

⑤ 의미 있는 활동

15 다음의 경제활동참가율, 실업률, 고용률을 구하시오.

(소수점 둘째자리에서 반올림, 계산과정을 포함하여 설명(단위: 천명))

- 인구수 500 · 15세 이상 400 · 취업자 200 · 실업자 20
- 정규직 일자리를 찾고 있는 단시간 근로자 10

- 경제활동참가율$=\frac{\text{경제활동인구}}{\text{15세 이상 인구}}\times100$, $\frac{220}{400}\times100=55.0\%$
- 실업률$=\frac{\text{실업자수}}{\text{경제활동인구}}\times100$, $\frac{20}{220}\times100=9.1\%$
- 고용률$=\frac{\text{취업자수}}{\text{15세 이상 인구}}\times100$, $\frac{200}{400}\times100=50.0\%$

※ 이 문제에서 주의할 사항 : 정규직 일자리를 찾고 있는 단시간 근로자는 취업자 200명에 포함되었음

16 비수요부족실업(non-demand-deficient unemployment)에 해당하는 대표적인 실업을 3가지 쓰고 각각에 대해 설명하시오.

① 구조적실업 : 산업구조의 변화, 기술력의 변화 등에 의하여 노동력 수급구조상 불균형으로 발생하는 실업이다.

② 기술적 실업 : 기술, 조직구조와 직무변화과정에서 제거된 직무로 인한 실업으로 노동이 기계로 대체됨으로써 발생하는 실업이다.

③ 마찰적 실업 : 노동의 수급이 어느 정도 일치하지만 직업정보의 부족에 의하여 일시적으로 발생하는 실업이다.

17 경제적 조합주의의 특징 3가지를 쓰시오.

경제적 조합주의는 임금과 노동조건의 개선 등 노동자들의 생활 향상에 조합 활동을 의식적으로 한정시키는 것을 의미한다.

① 노사관계를 기본적으로 이해대립의 관계로 보고 있으나 이해조정이 가능한 비적대적 관계로 이해한다.

② 노동조합운동의 목적은 노동자들의 생활조건의 개선과 유지에 있다. 그 방법으로 상호보험, 단체교섭, 입법활동 등이 활용되고 있으나 이 중 가장 중요한 것은 단체교섭제도이다.

③ 경영전권을 인정하며 경영참여를 회피해온 노선이다. 호경기에는 기업이윤의 공동분배를 위해 투쟁하고, 불경기 때는 회사적자 누적 시 구조조정에 따른 대량해고에 대해서는 경영실패에 기인하는 것이라고 하여 절대적으로 반대하고 투쟁한다.

④ 노동조합운동의 독자성·자주성 확보 및 조합 내 민주주의의 실현이 가장 중요한 조직원리이며 운동의 기본원칙이다.

18 다음 물음에 답하시오.

구 분	임 금				
	5,000원	6,000원	7,000원	8,000원	9,000원
A기업의 노동수요량	22	21	20	19	18
B기업의 노동수요량	24	22	20	18	17

(1) 시간당 7,000원에서 8,000원으로 임금 인상 시 두 기업의 임금탄력성을 계산하시오.

- A기업 노동수요탄력성 $=(-)\dfrac{\text{노동수요량 변화율(\%)}}{\text{임금 1\%의 변화율(\%)}}$, $-\dfrac{(-)5\%}{14.28\%}=0.35$
- A기업 노동수요량 변화율(%) $=\dfrac{\text{차이}}{\text{기존}}\times100=\dfrac{-1}{20}\times100=-5\%$
- B기업 노동수요탄력성 $=(-)\dfrac{\text{노동수요량 변화율(\%)}}{\text{임금 1\%의 변화율(\%)}}$, $-\dfrac{(-)10\%}{14.28\%}=0.70$
- B기업 노동수요량 변화율(%) $=\dfrac{\text{차이}}{\text{기존}}\times100=\dfrac{-2}{20}\times100=-10\%$
- 임금 1%의 변화율(%) $=\dfrac{\text{차이}}{\text{기존}}\times100=\dfrac{1,000}{7,000}\times100=14.28\%$

(2) 7,000원에서 8,000원으로 노동조합이 임금협상을 시도하고자 할 때 그 타결가능성이 높은 기업은?
A기업

(3) 그 이유는 무엇인지 설명하시오.
A기업이 B기업에 비해 임금탄력성이 비탄력적이기 때문이다.

01 이성적 지시적(특성·요인) 상담이론에서 브래이필드(Brayfield)가 제시한 직업정보 기능 3가지 쓰고 설명하시오.

① 정보적 기능 : 이미 선택한 바를 확인시켜 주거나, 두 가지 방법이 똑같이 매력적 일 때 망설임을 해결해 주어 내담자의 직업선택에 대하여 지식을 증가시킨다. 직업정보는 직무내용, 자격요건, 근무환경, 근로조건 등을 말하는데, 다양한 정보를 비교분석하여 직업선택을 위한 지식을 증가시킨다.

② 재조정 기능 : 내담자가 현실에 비추어 부적당한 선택을 했을 때 이를 점검하는 기초를 마련한다. 직업정보를 비교분석한 내용을 바탕으로 의사결정하도록 한다.

③ 동기화 기능 : 내담자가 진로의사결정 과정에 적극적으로 참여하도록 동기부여 한다. 내담자가 직업정보를 직접 탐색하고 비교분석하는 과정에 참여하게 한다.

02 임금의 하방경직성 의의를 쓰고 이에 영향을 미치는 요인을 4가지 쓰시오.

○ 임금의 하방경직성 의의: 한번 결정된 임금은 수요와 공급의 불균형, 경기변동에도 관계없이 좀처럼 하락하지 않는 것을 말한다.

일반적으로 해마다 전기요금, 수도요금, 원재료 단가, 자재비 등이 상승하는데 그로 인해 기업이 생산하는 재화 또는 제공되는 서비스의 가격이 상승하고 기업은 종업원의 임금인상을 실시한다. 이 경우 고용조정이나 채용규모를 축소하게되는데 그럼에도 불구하고 임금을 하락시키지 못하는 것을 임금의 하방경직성이라 한다.

○ 임금의 하방경직성 원인

① 강력한 노동조합의 존재 : 노동조합이 노동공급을 독점할 경우 노동공급을 하지 않을 수 있다.

② 장기근로계약 : 신입 일 땐 생산성보다 낮은 임금을 지급하고, 해를 거듭할수록 생산성보다 높은 임금을 보장하는 급여제도를 실시하기 때문이다.

③ 노동자의 역선택 발생가능성 : 기업의 전체 노동자에 대한 일괄적 임금삭감은 종업원의 인적자본투자요인을 감소시키고 유능한 노동자의 이직을 유발하기 쉽다.

④ 기업내부자 집단이기주의 : 기업내부자들은 신참노동자를 먼저 해고시키는 경향이 있다.

⑤ 1차 노동시장에서 비노조기업들이 효율임금 추구·기업명성 유지 : 기업명성을 유지하여 참된 성실한 노동자의 채용을 지속적으로 하기 위해 효율성임금을 낮추려 하지 않기 때문이다.

⑥ 사회적 관행 : 1차 노동시장에서 불경기로 해고된 근로자들이 1차 노동시장에 재진입하기 위해 실업자로 머물지 2차 노동시장에 진입하려하지 않는다.

03 동일한 스트레스일지라도 개인이 받는 스트레스는 각각 다를 수 있다. 스트레스의 조절변인을 3가지 설명하시오.

① 행동양식 : 조급하고 공격적인 A 유형보다 느긋하고 여유로운 B 유형이 스트레스를 어느 정도 더 잘 조절할 수 있다.

② 통제유형 : 상황을 스스로 통제할 수 있는 내적 통제자는 그렇지 못한 외적 통제자에 비해 스트레스를 더 잘 조절할 수 있다.

③ 강인성 : 강인한 사람은 그렇지 못한 사람에 비해 스트레스를 더 잘 조절할 수 있다.

04 직업상담의 구조화된 면담법으로 생애진로사정(LCA)의 구조 4가지에 대해 설명하시오.

① 진로사정 : 일경험, 교육 또는 훈련과정과 관심사, 여가활동에 대해 사정한다.

② 전형적인 하루 : 내담자가 의존적인지 독립적인지, 자발적인지 체계적인지 차원을 탐색하여 개인이 자신의 생활을 어떻게 조직하는지를 알아보는 것이다.

③ 강점과 장애 : 내담자가 다루고 있는 문제와 내담자가 마음대로 사용하는 자원 등에 대하여 직접적인 정보를 준다.

④ 요약 : 강점과 약점을 통해 내담자는 자신의 긍정적인 측면들을 더 한층 계발할 수 있으며, 약점들을 극복하기 위한 목표설정도 할 수 있다.

05 집단직업상담의 장점 3가지를 쓰시오.

❍ 집단상담의 장점

① 경제적이며 효율적이다. 한정된 시간에 더 많은 내담자를 상담할 수 있어서 효율적이며, 비용이 적게 든다는 점에서 경제적이다.

② 실생활의 축소판 기능이 있다. 실생활의 축소판으로 지지적이고 수용적이며 양육적인 대리 가족을 제공한다는 장점이 있다.

③ 문제예방의 효과가 있다. 잠재적인 문제가 악화되거나 발생하기 전에 집단상담을 통해 사전에 대처할 수 있는 생활 관리기술을 배울 수 있기 때문이다.

④ 인간적 성장환경을 마련할 수 있다. 집단상담은 여러 사람들과의 상호작용으로 서로의 사고와 행동 그리고 생활양식 등을 탐색해보는 기회를 가짐으로써 인간적 성장의 환경을 마련할 수 있다.

⑤ 상담에 대한 긍정적 인식이 확대된다. 상담에 대해 알지 못하거나 부정적인 인식을 가졌던 사람들이 집단상담의 경험으로 긍정적인 인식을 갖게 될 수 있다.

❍ 집단상담의 한계 또는 단점

① 비밀보장의 한계가 있다. 집단상담 장면에서는 집단원의 비밀보장에 한계가 있다.

② 역효과의 가능성이 있다. 집단상담에 참여하기를 원하지 않았거나 준비가 되지 않은 상태에서 집단에 참여하게 된 경우 부정적인 결과를 가져올 수 있다.

③ 집단의 압력가능성이 있다. 집단원들의 집단 규준과 기대에 부응해야 할 것 같은 미묘한 심리적 압박을 갖게 할 수 있다.

④ 개인에 대한 관심이 미약할 수 있다. 상담자가 집단원 개개인에게 주의를 기울여 수용하고 이해하기 위한 시간이 부족하기 때문에 자칫하면 집단원 중 일부의 문제를 등한시 할 수도 있다.

06 표준화된 심리검사에는 집단 내 규준이 포함되어 있다. 집단 내 규준을 3가지 쓰고 각각에 대해 예를 들어 설명하시오.

① 백분위 점수 : 개인이 표준화 집단에서 차지하는 상대적 위치를 가리킨다. 예 A의 영어시험 백분위가 70이라면, A보다 잘한 사람이 30%, 못한 사람이 70%다.

③ 표준점수 : 서로 다른 체계로 측정한 점수들을 동일한 조건에서 비교하기 위한 개념이다. 예 A는 직무능력Ⅰ, B는 직무능력Ⅱ 적성검사를 봤다면, 표준점수를 사용하여 비교한다.

③ 표준등급 : 원점수를 1에서 9까지의 범주로 나눈 것으로 원점수를 크기 순서에 따라 배열한 후 백분율에 맞추어 표준등급을 매긴다. 예 성취도검사, 적성검사

07 진로성숙검사(CMI)는 태도척도와 능력척도로 구분된다. 태도척도와 능력척도의 측정내용을 3가지씩 쓰시오.

○ 태도척도

① 계획성 : 자신의 진로방향 선택 및 직업결정을 위한 사전준비와 계획의 정도이다.
② 독립성 : 자신의 진로를 탐색, 준비, 선택하는데 있어서 스스로 할 수 있는 정도이다.
③ 결정성 : 자신의 진로방향 및 직업선택에 대한 확신의 정도이다.

○ 능력척도

① 직업세계 이해능력 : 직업의 종류, 직업의 특성, 작업조건, 교육수준, 직무 및 직업세계의 변화경향과 직업정보 획득 등 6개 분야에 대한 지식과 이해의 정도이다.
② 직업선택능력 : 직업세계에 대한 지식과 이해를 토대로 자신에게 적합한 직업을 선택할 수 있는 능력이다.
③ 합리적인 의사결정능력 : 자기 자신 및 직업세계에 대한 이해와 지식을 바탕으로 진로와 관련된 의사결정 과정에서 부딪히는 갈등상황을 합리적으로 해결하는 능력이다.

08 체계적 둔감법의 의미를 쓰고 절차를 설명하시오.

○ 의미: 내담자로부터 불안을 없애기 위해 불안반응을 체계적으로 증대시키면서 동시에 불안과 대립되는 이완반응을 야기하는 방법이다.

○ 적용절차

① 근육이완훈련 : 상담자는 내담자에게 근육을 긴장하게 했다 풀어놓도록 하는 훈련을 반복하여 근육의 긴장을 이완할 수 있도록 훈련시킨다.
② 불안위계목록 작성 : 상담자는 내담자에게 불안이나 공포를 일으키는 상황에 대한 위계목록을 작성하게 한다.
③ 둔감화 : 불안위계목록에서 위협을 가장 적게 느끼는 상황에서부터 시작하여 가장 위협적인 상황까지 불안 없이 단계적으로 제거해 불안이 완전히 소거될 때까지 반복하여 실시한다.

09 노동수요 특성별 임금격차를 발생하게 하는 경쟁적 요인 3가지를 쓰시오.

① 생산성 격차 : 대기업에 소속된 노동자는 인적자본량에 차이가 있어 생산성 격차로 인해 고임금을 지급하여 임금격차가 발생한다.
② 효율임금정책 : 감독이 어렵고 근로자 태만이 심각한 부문에서 개인의 작업노력을 높이려 할 경우 고임금을 지급하여 임금격차가 발생한다.
③ 보상적 임금격차 : 대기업의 생산과정은 연속적이며 상호의존적이어서 감독과 규율이 엄격하여 그것을 보상하기 위해 고임금을 지급하여 임금격차가 발생한다.
④ 과도기적 임금격차 : 기업에서 단기에 노동수요가 발생하면 노동공급이 비탄력적이므로 초과수요가 발생하는 직종의 임금상승으로 임금격차가 발생한다.
⑤ 보이지 않는 질적 차이 : 선천적 능력, 도덕성, 규율에의 복종성 등에 따른 생산성 격차로 임금격차가 발생한다.

10 정신역동적 직업상담 모형을 구체화 시킨 보딘(Bordin)의 3단계 직업상담과정을 쓰고 각각에 대해 설명하시오.

① 탐색과 계약설정 : 상담자는 내담자가 자신의 욕구 및 자신의 정신역동적 상태를 탐색할 수 있도록 돕고 앞으로의 상담전략을 합의한다.

상담자는 허용적이며 온정적 관심 등을 보여 내담자가 어떤 이야기든 할 수 있는 분위기를 만들어 치료적 관계를 형성한다.

② 비판적 결정단계 : 진로에 대한 비판적 결정뿐만이 아니라 선택이 제한된 것들 또는 인성변화를 포괄하는 문제들도 포함한다.

내담자가 희망하는 직업과 관련하여 자신의 성격과 맞지 않을 경우 직업에 맞는 성격으로 바꿀 것인가? 또는 성격에 맞는 직업을 선택할 것인가? 결정한다.

③ 변화를 위한 노력단계 : 자신이 선택하고자 하는 직업과 관련지어 보아 자신의 성격 특히 욕구, 흥미 등에서 더 많은 변화를 필요로 하는 부분에 대한 변화를 시도하려고 노력해야 한다.

내담자가 성격에 맞는 직업을 선택 했다면 그 직업에서 요구하는 지식, 기술, 능력 등을 갖추기 위한 노력을 해야 하고, 그 직업에 맞는 성격으로 바꾸기로 결정 했다면 성격부분의 변화를 시도한다.

11 노동조합의 양적인 측면의 단결 강제는 숍(shop) 제도이다. 노동조합의 숍 종류 3가지를 쓰고 설명하시오.

① 오픈 숍 : 조합원 신분과 무관하게 종업원이 될 수 있다.

② 유니언 숍 : 입사 후 일정한 기간 내에 노동조합에 가입해야 하고 조합원자격을 상실하면 종업원자격도 상실하도록 하는 제도이다.

③ 클로즈드 숍 : 조합에 가입하고 있는 노동자만을 채용하고 조합원자격을 상실하면 종업원이 될 수 없는 제도를 말한다.

④ 에이젼시 숍 : 조합원 신분과 무관하게 모든 종업원에게 노동조합비를 징수하는 제도이다.

⑤ 프레퍼렌셜 숍 : 기업이 종업원 채용할 때에 노동조합원에게 우선순위를 주는 제도이다.

⑥ 메이트넌스 숍 : 조합원이 되면 일정기간 동안 조합원 자격을 유지해야 하는 제도이다.

12 직무분석 방법 중 최초분석법에 해당하는 방법을 3가지 쓰고 각각에 대해 설명하시오.

- 최초분석법 의미 : 분석할 대상 직업에 관한 참고 문헌이나 자료가 드물고, 그 분야에 많은 경험과 지식을 갖춘 사람이 거의 없을 때에 직접 작업 현장을 방문하여 분석하는 방법이다.
- 적합한 경우 : 시간과 노력이 많이 소요되므로 비교적 단순반복되는 직무에 적합하다.
- 종류

① 면담법 : 특정 직무에 대한 많은 지식과 숙련된 기능을 가지고 있는 사람을 직접 만나서 면담을 하면서 분석하는 방법이다.

② 관찰법 : 분석자가 직접 작업자의 곁에 서서 직무 활동의 실제를 상세하게 관찰하고 그 결과를 기술하는 방법이다.

③ 체험법 : 분석자 자신이 직접 직무활동에 참여하여 체험함으로써 생생한 직무자료를 얻는 방법이다.

④ 설문법 : 현장의 작업자 또는 감독자에게 설문지를 배부하여 이들에게 직무의 내용을 기술하게 하는 방법이다.

⑤ 녹화법 : 작업장면을 촬영·녹화한 후 작업자와 함께 영상기의 화면을 보면서 분석하는 방법이다.

13 다면인성검사(MMPI)의 타당도 척도 L, F, K를 설명하시오.

① ?척도 : 수검자가 검사에 대한 비협조적인 태도, 개인적 정보 노출을 꺼리는 방어적 태도를 나타낸다.
② L척도 : 수검자가 자신을 좋게 보이려는 고의적이고 부정직한 반응태도를 밝히기 위한 척도이다.
③ F척도 : 보통 사람들과는 다르게 응답하는 사람들을 알아내기 위한 척도이다.
④ K척도 : 방어와 경계심을 측정하고 정신장애가 있으면서도 정상 프로파일을 보이는 사람들을 식별하기 위한 척도이다.

14 일반적으로 '직업'으로 규명하기 위한 4가지 요건을 쓰고 설명하시오.

① 계속성 : 직업은 유사성을 갖는 직무를 계속하여 수행하는 계속성을 가져야 한다.
② 경제성 : 경제적 거래관계가 성립되어야 하며, 노력이 전제되어야 한다.
③ 윤리성과 사회성 : 비윤리적 영리행위나 반사회적인 활동을 통한 경제적 이윤추구는 직업으로 인정되지 않는다.
④ 속박된 상태에서의 제반활동은 경제성이나 계속성의 여부와 상관없이 직업으로 인정되지 않는다.

15 아래의 주어진 예시를 보고 실업률과 임금 근로자수를 구하시오.

(둘째자리에서 반올림)

> • 15세 이상 인구: 35,986천명 • 비경제활동인구: 14,716천명 • 취업자: 20,149천명
> (자영업자: 5,646천명, 무급가족 종사자: 1,684천명, 상용근로자: 6,113천명, 임시근로자: 4,481천명, 일용근로자: 2,225천명)

• 실업률 $= \dfrac{\text{실업자}}{\text{경제활동인구}} \times 100$, $\dfrac{1,121}{21,270} \times 100 = 5.3\%$

• 임금근로자 수 = 상용근로자 + 임시근로자 + 일용근로자,
6,113천명 + 4,481천명 + 2,225천명 = 12,819천명

• 15세이상인구 = 경제활동인구 + 비경제활동인구
35,986천명 = 경제활동인구 + 14,716천명, 경제활동인구 = 21,270천명

• 경제활동인구 = 취업자 + 실업자
21,270천명 = 20,149천명 + 실업자, 실업자 = 1,121천명

16 신뢰도에 영향을 미치는 요인 3가지를 쓰고 설명하시오.

① 개인차 : 개인차가 클수록 검사점수의 변량이 커지며 신뢰도가 높게 나타날 가능성이 크다.
② 검사의 문항 수 : 검사의 문항 수가 많을수록 신뢰도가 높게 나타날 가능성이 크다.
③ 문항반응 수 : 문항반응 수는 적정한 크기를 유지하는 것이 바람직하며, 이를 초과하는 경우 신뢰도는 향상되지 않는다.
④ 검사의 유형 : 검사는 실시시간을 기준으로 속도검사와 역량검사로 나눌 수 있다.
⑤ 신뢰도 추정 방법 : 신뢰도를 추정하는 각 방법은 오차를 포함하는 내용이 서로 다르므로 동일한 검사에 여러 가지 방법을 동시에 사용하여 얻어진 신뢰도 계수는 서로 다를 수밖에 없다.

17 직업상담에서 내담자 이해를 위한 질적측정도구 3가지를 쓰고 설명하시오.

① 생애진로사정 : 상담자와 내담자가 처음 만났을 때 사용하는 구조화된 면담기법으로 내담자에게 심리적 부담은 적게 주면서 내담자의 직업과 관련된 정보를 얻을 수 있다.

② 직업가계도 : 내담자의 부모, 형제자매 등의 직업들을 도해로 표시하는 것으로 직업, 진로경로포부, 직업선택 등에 관해 내담자에게 영향을 주었던 다른 사람들도 포함시킨다.

③ 가치평가 : 내담자의 직업선택과 직업적응에 관련된 주관적인 개인요인을 평가하는 것이다.

④ 구직욕구평가 : 직업을 가지려는 동기적 속성을 평가하는 검사로 구직욕구가 높은 사람은 구직정보의 탐구나 직업훈련에 대한 적극성과 수용성을 보인다.

⑤ 자기효능감 측정 : 어떤 과제를 특정 수준까지 해낼 수 있다는 개인의 판단을 측정하는 검사이다.

18 홀랜드(Holland) 검사를 실시한 대학생 한 명이 그 결과 SAE일 때 해석하시오.

이 내담자의 흥미유형이 SAE 유형으로 일관성이 있어 대체로 안정된 직업경력, 직업성취와 직업적 목표가 분명해 보인다.

S(사회형)은 타인의 문제를 듣고, 이해하고, 도와주고, 치료해주는 활동을 선호하는 흥미유형으로 복지사, 상담사 등의 대표 직업이 있고, A(예술형)은 예술적 창조와 표현, 변화와 다양성을 선호하고 틀에 박힌 활동을 싫어하며 자유롭고, 상징적인 활동을 선호하는 흥미유형으로 음악, 연극 등의 대표 직업이 있다. E(진취형)는 조직의 목적과 경제적 이익을 얻기 위해 타인을 지도, 계획, 통제, 관리하는 일과 그 결과로 얻게 되는 명예, 권위, 인정을 선호하는 흥미유형이다.

01 이성적 지시적(특성 · 요인) 상담의 기본 원리에 대해 쓰시오.

① 모든 근로자는 독특한 심리학적 특성으로 인하여 특수한 직업유형에 잘 적응한다.

② 여러 가지 직업에 종사하는 근로자들은 각기 다른 심리학적 특성을 가지고 있다.

③ 직업적응은 직접적으로 근로자의 특성과 직업에서 요구하는 것들 사이의 조화 정도에 따라 달라진다.

02 윌리암슨(Williamson)의 특성 · 요인 직업상담에서 직업의사결정과정에서 나타나는 여러 문제들에 대한 변별진단 결과를 분류하는 4가지 범주를 쓰고 각각에 대해 설명하시오.

① 불확실한 선택 : 내담자가 자신에 대한 이해 부족, 직업세계에 대한 이해가 부족한 상태에서 진로선택을 한 경우이다.

② 무선택 : 내담자가 아직 진로결정을 하지 못 했다고 이야기 하거나 진로에 대해 잘 모른다고 하는 경우이다.

③ 흥미와 적성의 불일치 : 내담자가 말하는 흥미와 적성의 불일치일 수도 있고, 측정된 결과의 불일치를 보이는 경우이다.

④ 어리석은 선택 : 내담자의 흥미와 관계없는 목표, 직업정보의 결핍 등에 의해 현명하지 못한 선택을 한 경우이다.

03 김씨는 정리해고로 인해 자신이 무가치한 존재라 여기고 자살을 시도하려 한다. 김씨를 엘리스(Ellis)의 RET기법으로 상담할 때 ABCDE모델로 설명하시오.

① A(선행사건) : 김씨는 정리해고 되었다.

② B(신념체계) : 정리해고 당한 나는 무가치한 존재다라는 비합리적 신념을 가진다.

③ C(결과) : 비합리적 신념으로 자살을 시도하려 한다.

④ D(논박) : 정리해고 된 사람들은 모두 무가치한가? 정리해고 원인과 책임이 모두 내담자에게 있는가? 등의 질문으로 내담자의 비합리적 신념을 논박한다.

⑤ E(효과) : 나는 무가치한 존재가 아니다라고 합리적 신념으로 전환한다.

04 의사교류분석(TA) 상담의 제한점 3가지를 쓰시오.

① 주요개념들이 인지적이므로 지적 능력이 낮은 내담자에게 부적절할 수도 있다.

② 주요개념이 추상적이어서 실제적용에 어려움이 많다.

③ 주요개념에 대한 실증적 연구도 있었지만 과학적인 증거로 제시되었다고 보기는 어렵다.

05 마찰적실업과 구조적실업의 원인과 대책을 설명하시오.

① 마찰적 실업 원인 : 직업정보 부족
마찰적 실업 대책 : 직업정보 제공, 직업안정기관 시설 확충
② 구조적 실업 원인 : 노동력수급구조상 불균형
구조적 실업 대책 : 직업훈련, 직업전환, 지역이주금 보조

06 생애진로사정(LCA)의 의미와 구조 그리고 이를 통해 얻을 수 있는 정보를 쓰시오.

- 의미: 상담자와 내담자가 처음 만났을 때 사용하는 구조화된 면담기법으로 내담자에게 심리적 부담은 적게 주면서 내담자의 직업과 관련된 정보를 얻을 수 있다.
- 구조: 진로사정, 전형적인 하루, 강점과 장애, 요약
- 얻을 수 있는 정보
  ① 내담자의 직업경험과 교육수준을 나타내는 객관적인 사실
  ② 내담자 자신의 기술과 유능성에 대한 자기평가 및 상담자의 평가정보
  ③ 내담자 자신의 가치관과 자기의식

07 아들러(Adler)의 개인주의 상담이론에서 열등감 콤플렉스의 원인 3가지를 쓰시오.

① 기관열등감 : 개인의 신체와 관련된 열등감이다.
예 외모, 신체적 불완전성, 만성적으로 아픈 것
② 과잉보호 : 부모의 자녀교육과 관련된 열등감이다.
예 얼마나 의존적으로 키우는가? 독립적으로 키우는가?
③ 양육태만 : 부모가 자녀에 대한 최소한의 도리를 하지 않는 것과 관련된다.
예 부모와의 신체적 접촉, 놀이

08 수퍼(Super)의 발달적 직업상담의 6단계를 쓰시오.

① 1단계 문제탐색 및 자아개념 묘사하기 : 내담자가 문제탐색 및 자아개념을 추구할 수 있도록 비지시적 상담방법을 실시한다.
② 2단계 심층적 탐색하기 : 내담자가 심층적 탐색을 할 수 있는 주제를 선정하도록 지시적 상담방법을 사용한다.
③ 3단계 자아수용 및 자아통찰하기 : 내담자가 느낌을 명료화하여 자신을 수용하고 통찰할 수 있도록 비지시적 상담방법을 사용한다.
④ 4단계 현실검증하기 : 내담자가 현실검증을 위해 검사, 직업정보 등과 같은 사실적 자료들을 탐색하도록 하는 지시적 상담방법을 사용한다.
⑤ 5단계 태도와 감정의 탐색과 처리하기 : 내담자가 현실검증으로 나타난 태도와 느낌을 탐색하고 직면하도록 비지시적 상담방법을 실시한다.
⑥ 6단계 의사결정하기 : 의사결정을 돕기 위해 가능한 대안과 행동들을 고찰하는 비지시적상담을 실시한다.

09 직업심리검사 분류에서 극대수행검사와 습관적 수행검사를 설명하고 각각의 대표적인 유형 2가지 쓰시오.

① 극대수행검사: 피검사자의 인지능력을 평가하기 위한 검사로 최대한의 능력발휘가 요구되는 검사를 말한다. 대표적인 유형에는 지능검사와 적성검사가 있다.

② 습관적 수행검사: 피검사자의 일상생활에서 나타나는 개인의 습관적인 행동을 측정하는 검사를 말한다. 대표적인 유형에는 성격검사와 흥미검사가 있다.

10 투사적 검사의 장점과 단점에 대해서 3가지씩 쓰시오.

장점	단점
① 다양하고 풍부한 반응을 한다. ② 개개인의 독특성이 드러난다. ③ 무의식적 반응으로 왜곡하기 어렵다.	① 신뢰도가 낮을 수 있다. ② 개인 간 객관적 비교가 어렵다. ③ 해석 시 검사자의 주관이 개입할 가능성이 있다.

투사검사는 로르샤흐검사, TAT주제통각, 문장완성검사 등으로 그림 또는 문장을 보고 느끼는대로 자유롭게 대답하기 때문에 다양한 반응, 개개인의 독특성이 드러나고 왜곡하기 어려운 장점이 있다. 그러나 개인내적, 환경의 차이로 답변이 달라질 수 있어 검사-재검사 신뢰도가 낮을 수 있고 개인 간 객관적 비교가 어렵다. 또한 검사결과를 해석하는 상담자의 주관이 개입될 염려가 있고, 상담자의 인종, 성별, 체격 등이 내담자의 반응에 영향을 미칠 수 있는 단점이 있다.

11 직업심리검사의 신뢰도를 추정하는 방법 3가지를 쓰고 설명하시오.

① 검사-재검사 신뢰도: 같은 검사를 동일한 사람에게 시간간격을 두고 두 번 실시하여 얻은 점수들 간의 상관계수에 의해 신뢰도를 추정한다.

② 동형검사 신뢰도: 동일한 수검자에게 첫 번째 시행한 검사와 동등한 유형의 검사를 실시하여 두 검사점수 간의 상관계수에 의해 신뢰도를 추정한다.

③ 내적일관성 신뢰도: 한 검사 내에 있는 각 문항을 독립된 별개의 검사로 간주하고 문항 간의 일관성이나 합치성 정도를 말한다.

12 직무분석을 하는 목적은 직무기술서나 직업 간 명세서를 만들고 이로부터 얻어진 정보를 여러 모로 활용하는데 있다. 직무분석 자료 활용의 용도 5가지를 쓰시오.

① 모집 및 선발
② 교육 및 훈련
③ 직무수행평가
④ 직무평가
⑤ 정원관리

직무분석은 직무의 세부내용을 분석하여 직무기술서를 작성하고, 그 직무에서 요구되는 지식·기술·능력 등을 분석하여 직무명세서를 기술한다. 직무기술서와 직무명세서를 바탕으로 직무의 중요도, 위험도, 난이도를 평가한다. 그 자료들을 바탕으로 모집 및 선발, 교육 및 훈련, 직무수행평가, 직무평가, 임금관리, 배치 및 정원관리, 안전관리 및 작업조건 개선에 활용한다.

13 부가급여를 예를 들어 설명하고 사용자와 근로자가 부가급여를 선호하는 이유를 각각 2가지씩 쓰시오.

- 의미: 사용자가 적립하는 퇴직금, 유급휴가처럼 사용자가 종업원에게 지급하는 급여 이외의 모든 보상을 의미한다.

- 부가급여 종류
  ① 사용자가 적립하는 퇴직금 ② 유급휴가
  ③ 사용자가 부담하는 4대 보험료 ④ 회사부담의 교육훈련비

- 근로자가 선호하는 이유
  ① 현물급여는 근로소득세의 부담이 감소한다.
  ② 현물급여는 할인된 가격으로 구입하게 되어 근로자에게 이익이 돌아간다.
  ③ 연금 또는 퇴직금의 노령기 수령은 세율이 낮아 선호한다.

- 사용자가 선호하는 이유
  ① 정부가 임금규제를 강화할 때 회피 수단으로 임금인상 대신 부가급여 수준을 높인다.
  ② 임금액의 증가를 부가급여로 대체하여 조세나 4대 보험료의 부담이 감소된다.
  ③ 장기근속을 유도할 수 있어 채용 및 훈련비용을 줄일 수 있다.
  ④ 기업에 대한 충성심을 발휘하게 하고 내부통제가 용이해진다.

14 지능검사에 동작성 검사가 추가되므로 검사에 추가된 장점 3가지를 쓰시오.

① 언어적, 문화적, 교육적 요인들이 지능검사에 영향을 주어서 생길 수 있는 편향의 가능성을 극복할 수 있다.
② 동작성 과제의 점수를 통해 수검자의 정서장애가 검사수행에 미치는 영향을 파악할 수 있다.
③ 수검자의 문제해결 행동을 직접 관찰함으로써 지능점수와 해석에 도움이 될 수 있는 많은 유용한 정보를 얻을 수 있다.

15 내부노동시장의 형성요인과 장점 각각 3가지씩 쓰시오.

- 형성요인
  ① 숙련의 특수성: 기업에서만 요구되는 숙련이 존재하면 기업특수적 훈련을 제공할 것이며 기업이 훈련비를 일부 부담하게 된다. 기업은 훈련비용의 회수를 위해 장기계약을 선호하게 되고 이에 합리적 선택으로서 내부노동시장이 형성된다.
  ② 현장훈련: 현장훈련이 많을수록 기업 내 암묵지가 많아지고 이러한 암묵지를 활용하기 위해서 내부노동시장이 형성된다.
  ③ 관습: 기업고유의 관습에 의하여 내부노동시장이 형성된다.

- 내부노동시장의 장점
  ① 고용의 안정성
  ② 고임금 형성
  ③ 채용·훈련비용 절감
  ④ 근로자의 동기유발 자극

- 내부노동시장의 단점
  ① 입사 후 도덕적 해이
  ② 노동이동의 단절
  ③ 해고비용 증대

16 준거타당도 계수의 크기에 영향을 미치는 요인 3가지를 쓰고 설명하시오.

① 표집오차 : 표본의 크기가 작아지면 표집오차는 급격하게 증가한다.
② 준거 측정치의 신뢰도 : 준거 측정치의 신뢰도가 그 검사의 타당도 계수에 영향을 미친다.
③ 준거 측정치의 타당도 : 실제준거와 개념준거의 적절성을 말한다.
④ 범위제한 : 준거타당도 계산을 위해 얻은 자료들이 검사점수와 준거점수의 전체 범위를 포괄하지 않고 일부범위만을 포괄하는 경우이다.

17 한국직업사전에 수록된 부가직업정보 6가지를 쓰시오.

① 정규교육 : 해당 직업의 직무를 수행하는데 필요한 일반적인 정규교육수준을 의미한다.
② 숙련기간 : 정규교육과정을 이수한 후 해당 직업의 직무를 평균적인 수준으로 스스로 수행하기 위하여 필요한 각종 교육, 훈련, 숙련기간을 의미한다.
③ 직무기능 : 해당 직업 종사자가 직무를 수행하는 과정에서 자료, 사람, 사물과 맺는 관련된 특성을 나타낸다.
④ 작업강도 : 해당 직업의 직무를 수행하는데 필요한 육체적 힘의 강도를 나타낸다.
⑤ 육체활동 : 해당 직업의 직무를 수행하기 위해 필요한 신체적 능력을 나타낸다.
육체활동 구분 : 균형감각, 웅크림, 손, 언어력, 청각, 시각
⑥ 작업장소 : 해당직업의 직무가 주로 수행되는 장소를 나타내는 것으로 실내, 실외 종사비율에 따라 구분한다.

18 아래의 주어진 예시를 보고 실업률과 임금 근로자수, 경제활동참가율을 구하시오.

(둘째자리에서 반올림)

> · 15세 이상 인구: 35,986천명 · 비경제활동인구: 14,716천명 · 취업자: 20,149천명
> (자영업자: 5,646천명, 무급가족 종사자: 1,684천명, 상용근로자: 6,113천명, 임시근로자: 4,481천명, 일용근로자: 2,225천명)

- 실업률 $= \frac{\text{실업자}}{\text{경제활동인구}} \times 100$, $\frac{1,121}{21,270} \times 100 = 5.3\%$
- 임금근로자 수 = 상용근로자 + 임시근로자 + 일용근로자,
  6,113천명 + 4,481천명 + 2,225천명 = 12,819천명
- 경제활동참가율 $= \frac{\text{경제활동인구}}{\text{15세 이상 인구}} \times 100$, $\frac{21,270}{35,986} \times 100 = 59.1\%$
- 15세이상인구 = 경제활동인구 + 비경제활동인구
  35,986천명 = 경제활동인구 + 14,716천명, 경제활동인구 = 21,270천명
- 경제활동인구 = 취업자 + 실업자
  21,270천명 = 20,149천명 + 실업자, 실업자 = 1,121천명

01 어느 기업의 아래 표를 보고 최적고용단위를 구하시오.

(노동 1단위: 150원, 생산품 1개: 100원)

노동	1	2	3	4	5	6
생산량	2	4	7	8.5	9	9
한계생산량(개)	2	2	3	1.5	0.5	0
한계수입(원) (한계생산×단가)	200	200	300	150	50	0
한계비용	150	150	150	150	150	150

- 최적의 고용단위: 4단위
  노동 4단위 일 때 한계생산량 1.5개, 한계수입=1.5개×100원=150원이다.
  노동 1단위 추가로 지불하는 한계비용 150원으로 최적의 고용단위는 4단위이다.
  기업은 이윤극대화를 추구하므로 수입과 지출(비용)이 같아지는 지점에서 고용을 결정한다.
  ※ 기업이 수입과 지출(비용)이 같아지는 지점에서 고용량을 결정하는 이유는 한계생산성 체감의 법칙 때문이다.
- 한계생산 체감의 법칙 개념: 노동단위가 추가로 투입되면서 생산량이 증가하다 일정 기점을 기준으로 오히려 감소한다.
- 한계생산 체감의 법칙 원인: 노동단위가 추가로 투입되면 분업화 전문화되어 생산이 증가하지만 자본이 고정상태이기 때문에 생산시설이나 설비가 부족하여 노동자가 직무능력을 최대로 발휘하기 어렵기 때문이다.

02 준거타당도의 2가지 종류를 쓰고 설명하시오.

① 예언 타당도: 피검사자의 미래의 행동이나 특성을 얼마나 정확하게 예언하는지의 정도이다.
예 지원자의 시험성적이 높아 채용선발 했는데 입사 후 일정기간이 지난 후 업무성과가 높다면 이 심리검사는 예언타당도가 높은 것으로 본다.

② 동시 타당도: 새로운 검사를 제작하였을 때, 기존의 타당성을 보장받고 있는 검사와의 유사성을 통하여 타당성을 검증하는 방법이다.
예 기업이 종업원 선발에 사용할 새로운 검사를 제작했을 때 기존에 타당성을 보장받은 검사와 유사성을 통하여 타당성을 검증하고 지원자에게 실시하여 채용 선발한다.

03 행동주의상담에서 노출치료(exposure therapy)의 방법을 3가지 쓰고 설명하시오.

① 실제적 노출법: 실제 공포자극에 노출시키는 방법으로 혐오치료가 있다.
② 심상적 노출법: 공포자극을 상상하게 하여 노출시키는 방법으로 체계적 둔감화가 있다.
③ 집중적 노출법: 단번에 강한 공포자극에 직면시키는 방법으로 홍수법이 있다.
④ 점진적 노출법: 약한 자극을 주고 극복하면 조금 더 강한 자극으로 강도를 올리며 노출시키는 방법으로 스트레스 접종이 있다.

04 게슈탈트(Gestalt) 상담기법 3가지를 쓰고 설명하시오.

① 빈 의자 기법 : 현재 상담장면에 와 있지 않은 사람과 상호작용할 필요가 있을 때 사용하는 기법으로 내담자는 의자를 번갈아 앉아가면서 서로 대화를 나눈다.

② 과장하기 연습 : 내담자가 무의식적으로 혹은 습관적으로 보여주는 행동이나 제스처를 반복해서 과장되게 표현하게 하는 방법이다.

③ 시연 연습 : 각성을 높이기 위해 과거에 있었던 어떤 장면이나 미래에 있을 수 있는 어떤 장면을 현재에 벌어지는 장면으로 상상하여 실제행동으로 시연해 보도록 하는 것이다.

④ 책임지기 : 내담자에게 어떤 진술을 하게 한 다음 "나는 그것에 대해 책임이 있습니다."라고 말하게 함으로써 자신의 행동에 대하여 책임을 지는 태도를 강화하는 것이다.

⑤ 현실 검증을 위한 과제하기 : 내담자에게 상담 과정에서 학습한 것을 일상생활에서 실험해 보도록 여러 가지 숙제를 부과하는 것을 말한다.

05 흥미사정하기 목적 3가지를 쓰시오.

① 자기인식 발전시키기
② 직업대안 규명하기
③ 여가선호와 직업선호 구별하기
④ 직업과 교육상의 불만족 원인 규명하기
⑤ 직업탐색 조장하기

06 홀랜드(Holland)이론의 직업흥미유형 6가지를 쓰고 설명하시오.

① 현실형 : 분명하고 질서정연하고 체계적인 활동을 좋아하며 기계를 조작하는 활동 및 기술을 선호하는 흥미유형이다. 대표직업으로는 전기기사, 소방관, 군인, 프로운동선수, 운전사 등이 있다.

② 탐구형 : 관찰적, 상징적, 체계적이며 물리적, 생물학적, 문화적 현상의 창조적인 탐구활동을 선호하는 흥미유형이다. 대표직업으로는 심리학자, 물리학자, 경영분석가, 번역가 등이 있다.

③ 예술형 : 예술적 창조와 표현, 변화와 다양성을 선호하고 틀에 박힌 활동을 싫어하며 자유롭고, 상징적인 활동을 선호하는 흥미유형이다. 대표직업으로는 음악가, 화가, 디자이너, 시인 등이 있다.

④ 사회형 : 타인의 문제를 듣고, 이해하고, 도와주고, 치료해주는 활동을 선호하는 흥미유형이다. 대표직업으로는 사회사업가, 상담가, 간호사, 교사, 성직자 등이 있다.

⑤ 진취형 : 조직의 목적과 경제적 이익을 얻기 위해 타인을 지도, 계획, 통제, 관리하는 일과 그 결과로 얻게 되는 명예, 인정, 권위를 선호하는 흥미유형이다. 대표직업으로는 기업대표, 고위관리자, 변호사, 영업사원 등이 있다.

⑥ 관습형 : 정해진 원칙과 계획에 따라 자료를 기록, 정리, 조작하는 활동을 좋아하고 사무능력, 계산능력을 발휘하는 것을 선호하는 흥미유형이다. 대표직업으로는 회계사, 경리사무원, 은행사무원 등이 있다.

07 동일한 스트레스일지라도 개인이 받는 스트레스는 각각 다를 수 있다. 스트레스의 조절변인 3가지를 설명하시오.

① 행동양식 : 조급하고 공격적인 A 유형보다 느긋하고 여유로운 B 유형이 스트레스를 어느 정도 더 잘 조절할 수 있다.

② 통제유형 : 상황을 스스로 통제할 수 있는 내적 통제자는 그렇지 못한 외적 통제자에 비해 스트레스를 더 잘 조절할 수 있다.

③ 강인성 : 강인한 사람은 그렇지 못한 사람에 비해 스트레스를 더 잘 조절할 수 있다.

08 임금하방경직성을 설명하고 이에 영향을 주는 요인 4가지를 쓰시오.

❍ 임금의 하방경직성 의미 : 한번 결정된 임금은 수요와 공급의 불균형, 경기변동에도 관계없이 좀처럼 하락하지 않는 것을 말한다.

일반적으로 해마다 전기요금, 수도요금, 원재료 단가, 자재비 등이 상승하는데 그로 인해 기업이 생산하는 재화 또는 제공되는 서비스의 가격이 상승하고 기업은 종업원의 임금인상을 실시한다. 이 경우 고용조정이나 채용규모를 축소하게되는데 그럼에도 불구하고 임금은 하락시키지 못하는 것을 임금의 하방경직성이라 한다.

❍ 임금의 하방경직성 원인

① 강력한 노동조합의 존재 : 노동조합이 노동공급을 독점할 경우 노동공급을 하지 않을 수 있다.

② 장기근로계약 : 신입 일 땐 생산성보다 낮은 임금을 지급하고, 해를 거듭할수록 생산성보다 높은 임금을 보장하는 급여제도를 실시하기 때문이다.

③ 노동자의 역선택 발생가능성 : 기업의 전체 노동자에 대한 일괄적 임금삭감은 종업원의 인적자본 투자요인을 감소시키고 유능한 노동자의 이직을 유발하기 쉽다.

④ 기업내부자 집단이기주의 : 기업내부자들은 신참노동자를 먼저 해고시키는 경향이 있다.

⑤ 1차 노동시장에서 비노조기업들이 효율임금 추구·기업명성 유지 : 기업명성을 유지하여 참된 성실한 노동자의 채용을 지속적으로 하기 위해 효율성임금을 낮추려 하지 않기 때문이다.

⑥ 사회적 관행 : 1차 노동시장에서 불경기로 해고된 근로자들이 1차 노동시장에 재진입하기 위해 실업자로 머물지 2차 노동시장에 진입하려하지 않는다.

09 한국직업사전 부가직업정보의 특수학교 교사에 대한 설명이다. 아래 내용을 설명하시오.

▣ 숙련기간: 1~2년 / ▣ 작업강도: 보통 작업

숙련기간은 정규교육과정을 이수한 후 해당 직업의 직무를 평균적인 수준으로 스스로 수행하기 위하여 필요한 각종 교육, 훈련, 숙련기간을 의미한다. 작업강도는 해당 직업의 직무를 수행하는데 필요한 육체적 힘의 강도를 나타낸다. 특수학교 교사의 숙련기간은 1~2년 소요되고, 작업강도는 보통 작업으로 최고 20kg의 물건을 들어올리고 10kg 정도의 물건을 빈번히 들어 올리거나 운반한다.

10 노동시장에서 존재하는 임금격차의 원인 5가지를 쓰시오.

① 기업규모별 임금격차
② 산업별 임금격차
③ 학력별 임금격차
④ 고용형태별 임금격차
⑤ 직종별 임금격차
⑥ 지역별 임금격차
⑦ 성별 임금격차

11 긴즈버그(Ginzberg)의 진로발달단계 중 현실기의 하위단계 3단계를 설명하시오.

① 탐색단계 : 개인은 자신의 진로선택을 2~3가지 정도로 좁혀간다.

② 구체화단계 : 특정직업 분야에 몰두하게 된다.

③ 특수화단계 : 각자가 직업을 선택하거나 특정 진로에 맞는 직업훈련을 받게 된다.

12 최저임금의 기대효과(장점)을 3가지 쓰시오.

❍ 기대효과 또는 장점

① 근로자 간 소득격차 해소: 지나친 저임금과 산업 간, 직종 간 그리고 지역 간의 임금격차를 개선하는 효과를 갖는다.

② 고임금의 경제효과: 노동력의 질적 향상을 가능하게 하고 고임금의 경제를 유발할 수 있다.

③ 유효수요 창출: 임금인상으로 인한 소득증가에 따라 총수요가 증가하는 효과를 기대할 수 있다.

④ 기업경영의 합리화 촉진: 기업의 비용이 상승하므로 다른 부문의 생산비 절감, 생산성 향상 등 기업경영의 합리화를 촉진시킨다.

⑤ 기업 간 공정경쟁 확보: 기업 간의 공정경쟁을 확보할 수 있다. 이 제도로 지나친 임금착취로 값싼 유사제품을 만들어 공정한 거래질서를 어지럽히던 기업이 정리될 수 있다.

⑥ 산업구조의 고도화: 부가가치생산성이 낮은 산업부문에서 불가피하게 어느 정도 해고하게 되는데 이 때 해고노동자들이 부가가치생산성이 높은 부문으로 이동하여 산업구조의 고도화에 기여할 수 있다.

⑦ 노사 간의 분쟁 방지: 최저임금제로 인하여 매년 임금이 상승함에 따라 노사간 분쟁을 방지할 수 있다.

❍ 부정적 효과 또는 한계

① 비자발적 실업 발생: 시장임금보다 높은 최저임금이 결정되면 요소가격을 왜곡하게 되어 고용이 감소하게 되고 실업이 발생하게 된다.

② 기술습득에 대한 유인 감소: 인적자본투자가 없어도 임금이 상승하므로 인적자본에 대한 투자요인이 감소할 것이다.

③ 지역경제 왜곡 및 생산감소: 고용감소로 인하여 생산물이 감소하여 지역경제를 왜곡시킬 수 있다.

④ 진입장벽의 도구로 전략: 최저임금을 강제하면 임금지불능력이 떨어지는 기업 또는 산업분야는 근로자 채용에 부담을 갖게되어 진입장벽의 도구로 전락할 수 있다.

⑤ 소득분배의 역진성: 최저임금을 강제하게 되면 일부 근로자들의 실업이 발생하고 오히려 최저임금수준보다 높은 임금수준에서 근무하던 근로자들의 임금이 연쇄적으로 상승할 수 있다. 상위계층으로 갈수록 임금상승폭이 클 수 있기 때문에 소득분배의 역진적 효과를 가져올 수 있다.

13 검사-재검사 신뢰도에 영향을 주는 요인 3가지를 쓰시오.

① 시간간격: 시간간격이 너무 짧으면 먼저 풀었던 문항을 기억하여 답하거나 한 번 풀었던 문항을 다시 풀기 때문에 연습효과가 있을 수 있고, 너무 길면 그 동안 공부 했던 것을 잊거나 새로운 내용을 공부해서 점수에 영향을 미칠 수 있다.

② 사건의 영향: 검사-재검사 신뢰도는 시간간격을 두고 실시하므로 시간간격에 따라 경험하는 사건이 발생할 수 있어 그로 인해 영향을 미칠 수 있다. 예 직업가치관 검사에서 고용안정을 가장 우선시하였는데 인턴 또는 현장실습하며 안전사고를 목격하게 되면 직업가치관에 영향을 미칠 수 있다.

③ 개인내적 차이: 검사를 실시할 때 피검사자(내담자)의 건강상태, 동기, 피로, 불안 등에 따라 검사결과에 영향을 미칠 수 있다.

④ 환경의 차이: 검사를 실시하는 환경에 따라 검사에 영향을 미칠 수 있다.

예 여름 또는 겨울, 소음, 습도 등

14 아들러(Adler)의 개인주의 상담이론에서 상담목표 3가지를 쓰시오.

① 내담자의 사회적 관심을 증진시킨다.
② 열등감과 낙담을 제거한다.
③ 내담자의 관점과 목표를 수정하고 인생 각본을 바꾼다.
④ 좋지 못한 동기를 바꾼다.
⑤ 타인과의 동등감을 계발시킨다.

15 한국표준직업분류에서 직업분류 개념인 직능, 직능수준, 직능유형을 설명하시오.

① 직능 : 주어진 직무의 업무와 과업을 수행하는 능력이다.
② 직능수준 : 직무수행능력의 높낮이를 말하는 것이다.
③ 직능유형 : 직무수행에 요구되는 지식의 분야, 사용하는 도구 및 장비, 투입되는 원재료, 생산된 재화나 서비스의 종류와 관련된다.

16 정신역동적 직업상담 모형을 구체화 시킨 보딘(Bordin)의 상담과정을 쓰시오.

① 탐색과 계약설정 : 상담자는 내담자가 자신의 욕구 및 자신의 정신역동적 상태를 탐색할 수 있도록 돕고 앞으로의 상담전략을 합의한다.
② 비판적 결정단계 : 진로에 대한 비판적 결정뿐만이 아니라 선택이 제한된 것들 또는 인성변화를 포괄하는 문제들도 포함한다.
③ 변화를 위한 노력단계 : 자신이 선택하고자 하는 직업과 관련지어 보아 자신의 성격 특히 욕구, 흥미 등에서 더 많은 변화를 필요로 하는 부분에 대한 변화를 시도하려고 노력해야 한다.

17 사용자는 다른 조건이 일정할 때 사직률이 낮은 근로자를 선호하지만 사회적인 관점에서는 바람직하지 않다. 사용자가 사직률이 낮은 근로자를 선호하는 이유와 사직률이 낮은 근로자가 사회적으로 좋지 않은 영향을 주는 이유를 설명하시오.

- 사직률이 낮은 근로자를 선호하는 이유 : 기업은 지원자의 가능성을 보고 선발하여 시간과 비용을 투자해 생산성이 향상되어 기업이윤 극대화를 추구하기 때문에 낮은 사직률의 근로자를 선호한다.

- 사직률이 낮은 근로자가 사회적으로 좋지 않은 영향을 주는 이유 : 근로자는 이직으로 지식과 기술을 습득할 기회를 갖지 못하기 때문에 인적자본 형성에 좋지 못한 영향을 받고, 사회적으로 볼 때 이직으로 형성되는 신규 일자리가 줄고, 기업이 새로운 사업을 하고자 할 때 필요한 인재를 선발하는데 어려움을 겪을 수 있기 때문에 낮은 사직률은 바람직하지 않다.

18 **어떤 사람의 직업적성을 알아보기 위해 같은 명칭의 A적성검사와 B적성검사를 두 번 반복 실시를 했는데 두 검사의 점수가 차이를 보여 이 사람의 정확한 적성을 판단하기 매우 어려운 상황이 발생하였다. 이와 같은 동일명의 유사한 심리검사의 결과가 서로 다르게 나타날 수 있는 가능한 원인 5가지를 쓰시오.**

① 유사한 검사자료에 대한 연습
② 검사를 치르는 동기
③ 다른 요인들로 인해 사람들마다 점수향상 정도의 차이
④ 동등한 검사인 평행검사 구하기
⑤ 동등한 평행검사 제작하기

19 **크롬볼츠(Krumboltz)의 진로결정에 영향을 주는 요인 4가지를 쓰고 설명하시오.**

① 유전적 요인과 특별한 능력 : 타고난 재능과 특수한 능력은 교육적이거나 직업적 선호나 기술을 제한하는 유전적인 자질을 말한다.
② 환경조건과 사건 : 각 개인의 환경에서 특정한 사건과 상황이 기술개발, 진로선호에 영향을 미친다는 것이다.
③ 학습경험 : 도구적 학습경험과 연상적 학습경험이 있다.
④ 과제접근기술 : 어떤 과제를 성공 했거나? 실패 했거나? 새로운 과제는 다른 방법으로 접근해야 한다.

○ 크롬볼츠(Krumboltz)의 계획된 우연 모형
사람들은 살아가면서 우연적 사건을 마주치게 되는데 이런 사건에 대한 태도나 마음 자세에 따라 긍정 또는 부정적으로 작용하기도 한다. 그런데 우연해 보이는 사건이 진로에 긍정적으로 작용할 때 '계획된 우연'이라 부른다.

○ 계획된 우연의 5가지 요소
① 호기심 : 새로운 배움의 기회를 찾는다.
② 낙관성 : 새로운 기회가 생겼을 때 긍정적으로 본다.
③ 끈기 : 자신이 선택한 일에 차질이 생겨도 지속적으로 노력한다.
④ 융통성 : 상황에 따라 융통성 있게 대처한다.
⑤ 위험감수 : 불확실한 결과에도 도전하는 용기를 낸다.

20 **스트롱(Strong) 직업흥미검사의 척도 3가지를 쓰고 각각에 대해 설명하시오.**

① GOT(일반직업분류) : 홀랜드의 이론에 기초하여 6개(RIASEC)의 분류로 피검사자의 흥미에 대한 정보를 제공해 준다.
② BIS(기본흥미척도) : 특정 흥미 분야에 집중하여 가능성 있는 직업 분야를 구체적으로 활용하는데 유용하다.
③ PSS(개인특성척도) : 업무유형, 학습유형, 리더십유형, 모험심유형에 대해 개인이 선호하고 편안하게 느끼는 것을 측정한다.

스트롱 검사는 연령에 따라 총 3종의 검사도구로 스트롱 진로발달검사, 스트롱진로탐색검사, 스트롱직업흥미검사로 구성되어 있다. 총 325문항은 8개의 부분으로 나누어져 있으며 하위척도는 일반직업분류, 기본흥미척도, 개인특성척도로 구성되어있다.

21 교류분석(TA)에서 내담자 이해를 위한 분석유형 3가지를 설명하시오.

① 구조분석 : 내담자의 성격을 구성하는 자아를 분석하는 것으로 부모자아, 어른자아, 아동자아를 통해 내담자가 자신을 이해하도록 조력하는 것이다.

- 부모자아(P) : 개인이 자신이나 타인에게 강요하는 당위적인 명령으로 구성되어 있는 자아 상태로 비판적 부모자아와 양육적 부모자아로 구성되어 있다.
- 성인자아(A) : 개인이 현실세계와 관련해 기능하는 성격부분으로 성격의 합리적이고 객관적인 측면을 나타낸다.
- 아동자아(C) : 우리 각자의 아동기의 유물인 일련의 감정, 태도, 행동유형으로 자유로운 어린이와 순응적인 어린이로 구성되어 있다.

② 교류분석 : 내담자가 상대하는 사람과의 행동과 언어를 분석하는 것이다.

- 상보적 교류 : 원만한 대화가 이루어지며 바람직한 인간관계의 유형이다.
- 교차적 교류 : 의사소통이 단절이나 왜곡이 생기고 성실성이 없거나 바람직하지 못한 인간 관계가 된다.
- 이면적 교류 : 겉으로는 합리적 대화를 하는 것 같으나 대화 이면에 다른 동기나 진의를 감추고 있는 교류 패턴이다.

③ 게임분석 : 게임은 겉으로는 상보적 교류를 하지만 결국 불쾌한 감정으로 이어지는 이면적 교류방식이다.

④ 각본분석 : 내담자가 강박적으로 사용하는 구체적인 인생각본을 분석하는 것이다.

- 자기긍정-타인긍정 : 나도 너도 좋다고 생각한다.
- 자기긍정-타인부정 : 자신은 좋아도 상대가 나쁘기 때문이라고 생각한다.
- 자기부정-타인긍정 : 너는 좋으나 나는 그렇지 않다고 생각한다.
- 자기부정-타인부정 : 나도 너도 틀렸다고 생각한다.

01 수퍼(Super)의 직업상담 6단계를 순서대로 쓰시오.

① 1단계 문제탐색 및 자아개념 묘사하기 : 내담자가 문제탐색 및 자아개념을 추구할 수 있도록 비지시적 상담방법을 실시한다.

② 2단계 심층적 탐색하기 : 내담자가 심층적 탐색을 할 수 있는 주제를 선정하도록 지시적 상담방법을 사용한다.

③ 3단계 자아수용 및 자아통찰하기 : 내담자가 느낌을 명료화하여 자신을 수용하고 통찰할 수 있도록 비지시적 상담방법을 사용한다.

④ 4단계 현실검증하기 : 내담자가 현실검증을 위해 검사, 직업정보 등과 같은 사실적 자료들을 탐색하도록 하는 지시적 상담방법을 사용한다.

⑤ 5단계 태도와 감정의 탐색과 처리하기 : 내담자가 현실검증으로 나타난 태도와 느낌을 탐색하고 직면하도록 비지시적 상담방법을 실시한다.

⑥ 6단계 의사결정하기 : 의사결정을 돕기 위해 가능한 대안과 행동들을 고찰하는 비지시적상담을 실시한다.

02 검사는 사용목적에 따라 규준참조검사와 준거참조검사로 분류될 수 있다. 규준참조검사와 준거참조검사의 의미를 설명하고 각각의 예를 쓰시오.

① 규준참조검사 : 개인의 점수를 다른 사람들의 점수와 비교해서 상대적으로 어떤 수준인지를 알아보려는 검사로 상대평가이며 대표적으로 적성검사가 있다.

② 준거참조검사 : 검사점수를 어떤 기준점수와 비교해서 이용하려는 검사로 절대평가이며 대표적으로 직업상담사 시험이 있다.

03 로저스(Rogers)의 인간중심상담의 철학적 가정 5가지를 쓰시오.

① 인간은 가치를 지닌 독특하고 유일한 존재이다.

② 인간은 자기 확충을 향한 적극적인 성장력을 지녔다.

③ 인간은 근본적으로 선하며 이성적이고 믿을 수 있는 존재이다.

④ 각 개인을 알기 위해서는 개인의 주관적 생활에 초점을 두어야 한다.

⑤ 각 개인은 자신이 의사결정을 내릴 권리와 장래에 대해 선택할 권리를 가졌다.

04 심리검사에서 준거타당도 계수의 크기에 영향을 미치는 요인 3가지를 쓰고 각각에 대하여 설명하시오.

① 표집오차 : 표본의 크기가 작아지면 표집오차는 급격하게 증가한다.

② 준거 측정치의 신뢰도 : 준거 측정치의 신뢰도가 그 검사의 타당도 계수에 영향을 미친다.

③ 준거 측정치의 타당도 : 실제준거와 개념준거의 적절성을 말한다.

05 규준 제작 시 사용되는 확률표집방법 3가지를 쓰고 설명하시오.

① 단순무선표집(simple random sampling): 구성원들에게 일련번호를 부여하고, 이 번호들 중에서 무선적으로 필요한 만큼 표집하는 것이다. 예 번호표를 큰 통에 넣고 필요한 수를 채울 때까지 번호표를 뽑아서 해당자를 표본으로 구성하는 방법이다.

② 체계적 표집(systematic sampling): 모집단이 어떤 특징에 따라 체계적으로 정리되어 있는 경우, 이를 이용해서 무선표집을 할 수 있다. 예 이미 정리된 목록에 일련번호를 부여하고 임의로 첫 번째 대상을 선정한 다음에, 매 X번째에 해당하는 번호를 추출하는 것이다.

③ 층화표집(stratified sampling): 모집단이 규모가 다른 몇 개의 이질적인 하위집단으로 구성되어 있는 경우에 사용한다. 예 모집단을 종교별 구분하고 하위집단에서 적절한 수를 표집한다.

④ 집락표집(cluster sampling): 모집단을 서로 동질적인 하위집단으로 구분하여 집단 자체를 표집하는 방법이다. 예 전국대학생의 직업가치관을 알아보기 위해 3단계로 집락표집 할 경우이다.

06 보딘(Bordin)의 직업문제의 원인 중 3가지를 쓰고 설명하시오.

① 의존성: 자신의 진로문제를 해결하고 책임지는 것을 어렵다고 느끼기 때문에 지나치게 다른 사람들에게 의존하려 한다.

② 정보의 부족: 경제적으로나 교육적으로 궁핍한 환경에서 자란 사람들은 적합한 정보를 접할 기회가 없었기 때문에 현명한 선택을 하지 못한다.

③ 자아갈등: 자아개념과 다른 심리적 갈등으로 인하여 진로선택이나 진로결정에 어려움을 겪는다.

④ 진로선택에 따르는 불안: 자신이 하고 싶어 하는 일과 중요한 타인이 기대하는 일이 다를 경우 진로선택에 따른 불안과 갈등을 겪는다.

⑤ 문제가 없음: 내담자가 현명한 선택을 한 후에 그것을 확인하기 위해 상담자를 찾는 경우이다.

07 앨리스(Ellis)의 REBT기법에서 ABCDEF 모델에 대해 설명하시오.

① A(선행사건): 내담자가 노출되었던 문제 장면이나 선행사건이다.

② B(신념체계): 내담자가 문제 장면에 대해 갖는 신념으로 비합리적 신념이다.

③ C(결과): 내담자가 선행사건 때문에 생겨났다고 보고하는 정서적·행동적 결과이다.

④ D(논박): 내담자의 비합리적 신념에 대한 상담자의 적극적인 논박이다.

⑤ E(효과): 내담자의 비합리적 신념을 논박한 결과이다.

⑥ F(감정): 논박하기를 통해 바뀐 합리적 신념에서 비롯된 새로운 감정이나 행동이다.

08 집단 내 규준의 종류 3가지를 쓰고 설명하시오.

① 백분위 점수: 개인이 표준화 집단에서 차지하는 상대적 위치를 가리킨다. 예 A의 영어시험 백분위가 70이라면, A보다 잘한 사람이 30%, 못한 사람이 70%다.

② 표준점수: 서로 다른 체계로 측정한 점수들을 동일한 조건에서 비교하기 위한 개념이다. 예 A는 직무능력 I, B는 직무능력 II 적성검사를 봤다면, 표준점수를 사용하여 비교한다.

③ 표준등급: 원점수를 1에서 9까지의 범주로 나눈 것으로 원점수를 크기 순서에 따라 배열한 후 백분율에 맞추어 표준등급을 매긴다. 예 성취도검사, 적성검사

09 상담 시 내담자의 대화를 가로 막을 수 있는 상담자의 반응 3가지를 쓰고 설명하시오.

① 너무 이른 조언 : 내담자가 받아들이지 않거나, 내담자에게 상담자에 대한 의존성을 심어주기 때문에 효과적이지 않다.

② 가르치기 : 상담자가 내담자를 가르치기 시작하는 순간, 내담자는 자신에 대한 이야기를 더 이상 하지 않거나, 상담자에게 지나치게 의존하는 경향을 보이게 된다.

③ 지나친 질문 : 상담자의 질문은 내담자를 탐색하기 위한 필수조건이라 할 수 있지만, 지나친 질문은 대화를 가로막을 수 있다.

10 신뢰도 추정방법 중 검사-재검사의 단점 3가지를 쓰시오.

① 시간간격에 따라 신뢰도에 영향을 받는다.

시간간격이 너무 짧으면 먼저 풀었던 문항을 기억하여 답하거나 한 번 풀었던 문항을 다시 풀기 때문에 연습효과가 있을 수 있고, 너무 길면 그 동안 공부 했던 것을 잊거나 새로운 내용을 공부해서 점수에 영향을 미칠 수 있다.

② 사건의 영향을 받는다.

검사-재검사 신뢰도는 시간간격을 두고 실시하므로 시간간격에 따라 경험하는 사건이 발생할 수 있어 그로 인해 영향을 미칠 수 있다. 예 직업가치관 검사에서 고용안정을 가장 우선시하였는데 인턴 또는 현장실습하며 안전사고를 목격하게 되면 직업가치관에 영향을 미칠 수 있다.

③ 개인내적 차이에 영향을 받는다.

검사를 실시할 때 피검사자(내담자)의 건강상태, 동기, 피로, 불안 등에 따라 검사결과에 영향을 미칠 수 있다.

④ 환경의 차이에 영향을 받는다.

검사를 실시하는 환경에 따라 검사에 영향을 미칠 수 있다. 예 여름 또는 겨울, 소음, 습도 등

⑤ 시간이 많이 걸린다.

검사와 재검사 사이 시간간격을 두어야하기 때문에 시간이 많이 걸린다.

11 베크(Beck)의 인지치료에서 인지적 오류 3가지를 쓰고 설명하시오.

인지적 오류 : 현실을 제대로 지각하지 못하거나 사실 또는 그 의미를 왜곡하여 받아들이는 것을 말한다.

① 자의적 추론 : 충분하고 적절한 증거가 없는데도 결론에 도달하는 오류이다.

② 파국화 : 개인이 걱정하는 한 사건을 취해서 지나치게 과장하여 두려워하는 오류이다.

③ 긍정격하 : 개인이 자신의 긍정적인 경험을 격하시켜 평가하는 오류이다.

④ 흑백논리 : 사건의 의미를 이분법적으로 해석하는 오류로 둘 중의 하나로 평가하는 오류이다.

⑤ 선택적 추상화 : 사건이나 상황의 특정한 일부 정보에만 주의를 기울여 전체를 해석하는 오류이다.

12 한국표준산업분류에서 산업, 산업 활동, 산업 활동의 범위를 설명하시오.

① 산업 : 유사한 성질을 갖는 산업 활동에 주로 종사하는 생산단위의 집합이다.

② 산업 활동 : 각 생산단위가 노동, 자본, 원료 등 자원을 투입하여, 재화 또는 서비스를 생산 또는 제공하는 일련의 활동과정이다.

③ 산업 활동 범위 : 영리적, 비영리적 활동이 모두 포함되나, 가정 내의 가사활동은 제외된다.

13 다음 물음에 답하시오.

> 김대리는 남보다 승진이 빠르다. 그러나 사소한 실수를 했다. 상사나 다른 동료들은 아무렇지 않다고 말했지만 내담자는 아니었다. 김 대리는 "실수하면 안된다. 실수하면 회사생활은 끝이다."라는 생각을 했고 심리적 혼란을 겪었다. 그래서 전직을 위해 직업상담사를 찾았다. 상담사는 RET기법으로 김 대리를 상담하면 될 것 같아 그렇게 하기로 했다.

(1) 이 내담자를 상담할 때의 목표는 어떤 것인가?

상담자는 논박기법을 사용하여 내담자의 비합리적 신념을 최소화하거나 합리적 신념으로 전환하도록 한다.

(2) 이 내담자가 전직하려고 하고, 심리적 혼란을 겪는 원인은 무엇인가?

'실수하면 안 된다. 실수하면 회사생활 끝이다.'라는 비합리적 신념 때문이다.

14 노동조합의 파업 시 발생하는 이전효과와 위협효과를 각각 설명하시오.

① 위협효과: 노동조합 조직 회사에서 임금인상을 요구하며 파업할 때 노동조합 비조직 회사의 사용자가 노조결성을 염려하여 임금인상하게 되어 임금격차가 축소된다.

② 이전효과: 노동조합 조직 회사에서 임금인상한 후 구조조정하고 신규 채용규모를 축소하여 노동조합 비조직 회사로 노동이 이동하여 노동조합 비조직 회사의 임금이 하락하여 임금격차가 확대된다.

구분	노동조합 조직 회사	노동조합 비조직 회사	임금격차
위협효과	노조가 사용자에게 임금인상을 요구하며 파업	종업원이 노조 결성할 것을 염려하여 임금인상	축소
이전효과 (파급효과)	사용자는 임금인상 후 구조조정, 신규채용규모 축소 구조조정 된 종업원과 신규입직하지 못한 지원자는 비노조 회사로 이동	입사지원자가 많아져 사용자는 임금 하락	확대

※ 위협효과와 이전효과(파급효과)는 이론적으로 성립할 뿐 현실적 가능성이 낮다는 비판이 있다.

15 기혼여성의 경제활동참가율을 낮게 하는 요인 6가지를 쓰시오.

① 시장임금: 시장임금이 하락할수록 기혼여성의 경제활동참가율은 낮아진다.

② 배우자의 소득: 배우자의 소득이 증가하면 여가선호도가 높아져서 기혼여성의 경제활동참가율이 낮아진다.

③ 육아시설 이용 비용: 육아시설 이용 비용이 상승하면 보상요구임금 수준이 높아져 30대 기혼여성의 경제활동참가율이 낮아진다.

④ 보상요구임금 수준: 여타의 조건이 일정불변일 때, 보상요구임금이 높을수록 경제활동참가율이 낮아진다.

⑤ 가계생산의 기술 발달 정도: 가계생산 기술이 향상될수록 여성의 경제활동참가율이 높아지는데, 가계생산기술이 발달하지 못할수록 낮아진다.

⑥ 파트타임 고용시장의 발달 정도: 파트타임 고용시장이 발달하지 못하면 선택의 폭이 좁아져 기혼여성의 경제활동참가율이 낮아진다.

16 노동공급을 결정하는 요인 4가지를 대별하여 설명하시오.

① 인구의 규모와 구조: 생산가능인구가 많을수록 노동공급은 증가한다.
② 경제활동참가율: 경제활동참가율이 높을수록 노동공급은 증가한다.
③ 여가와 소득의 선호: 소득을 선호하면 노동공급은 증가한다.
④ 교육 및 숙련정도: 교육 및 숙련정도가 높으면 임금상승 기대로 노동공급은 증가한다.
⑤ 시장임금: 시장임금이 높을수록 노동공급은 증가한다.
⑥ 경기변동의 영향: 경기가 좋으면 시장임금 상승기대로 노동공급은 증가한다.

17 A 기업은 임금이 4,000원 일 때 20,000의 노동시간을 사용했고, 임금이 5,000원 일 때 10,000의 노동시간을 사용했다. B 기업은 임금이 6,000원 일 때 30,000의 노동시간을 사용했고, 임금이 5,000원 일 때 33,000의 노동시간을 사용했다. A와 B의 임금탄력성을 각각 계산하고, A와 B기업의 노동조합 중 임금교섭력이 더 높은 조합과 그 이유를 쓰시오.

- A기업 임금탄력성 $=(-)\dfrac{\text{노동수요량의 변화율(\%)}}{\text{임금 1\%의 변화율(\%)}}$, $-\dfrac{(-)50\%}{25\%}=2.0$
- A기업 노동수요량 변화율(%) $=\dfrac{-10,000}{20,000}\times 100=-50\%$
- 임금 1%의 변화율(%) $=\dfrac{1,000}{4,000}\times 100=25\%$
- B기업 임금탄력성 $=(-)\dfrac{\text{노동수요량의 변화율(\%)}}{\text{임금 1\%의 변화율(\%)}}$, $-\dfrac{10\%}{(-)16.7\%}=0.6$
- B기업 노동수요량 변화율(%) $=\dfrac{3,000}{30,000}\times 100=10\%$
- 임금 1%의 변화율(%) $=\dfrac{-1,000}{6,000}\times 100=-16.7\%$
- 임금교섭력이 더 높은 조합: B기업
- 이유: B기업이 A기업에 비해 임금탄력성이 비탄력적이기 때문이다.

18 최저임금의 기대효과 6가지를 쓰시오.

① 근로자 간 소득격차 해소
② 고임금의 경제효과
③ 유효수요 창출
④ 기업경영의 합리화 촉진
⑤ 기업 간 공정경쟁 확보
⑥ 산업구조의 고도화

01 집단상담의 장점 5가지를 쓰시오.

① 경제적이며 효율적이다.
한정된 시간에 더 많은 내담자를 상담할 수 있어서 효율적이며, 비용이 적게 든다는 점에서 경제적이다.
② 실생활의 축소판 기능이 있다.
실생활의 축소판으로 지지적이고 수용적이며 양육적인 대리 가족을 제공한다는 장점이 있다.
③ 문제예방의 효과가 있다.
잠재적인 문제가 악화되거나 발생하기 전에 집단상담을 통해 사전에 대처할 수 있는 생활 관리기술을 배울 수 있기 때문이다.
④ 인간적 성장환경을 마련할 수 있다.
집단상담은 여러 사람들과의 상호작용으로 서로의 사고와 행동 그리고 생활양식 등을 탐색해보는 기회를 가짐으로써 인간적 성장의 환경을 마련할 수 있다.
⑤ 상담에 대한 긍정적 인식이 확대된다.
상담에 대해 알지 못하거나 부정적인 인식을 가졌던 사람들이 집단상담의 경험으로 긍정적인 인식을 갖게 될 수 있다.

02 톨버트(Tolbert)가 제시한 집단직업상담 과정에서 나타나는 활동유형 3가지를 쓰시오.

① 자기탐색 : 수용적 분위기 속에서 자신의 감정, 태도, 가치 등을 탐색한다.
② 상호작용 : 개개인의 직업 목표에 대한 구성원들 상호 간의 피드백이 이루어진다.
③ 개인적 정보의 검토 및 목표와의 연결 : 자기탐색 및 상호작용으로 가진 정보를 검토한 후 이를 목표와 연결시킨다.
④ 직업적 교육적 정보의 획득과 검토 : 자신의 관심 직업에 대한 최신정보와 교육적 자료들을 면밀히 검토한다.
⑤ 의사결정 : 개인, 직업, 교육적 정보들을 토대로 자신에게 맞는 직업을 합리적으로 의사결정한다.

03 직무분석에서 최초분석법 종류 4가지를 쓰고 설명하시오.

○ 최초분석법 의미 : 분석할 대상 직업에 관한 참고 문헌이나 자료가 드물고, 그 분야에 많은 경험과 지식을 갖춘 사람이 거의 없을 때에 직접 작업 현장을 방문하여 분석하는 방법이다.
○ 적합한 경우 : 시간과 노력이 많이 소요되므로 비교적 단순반복되는 직무에 적합하다.
○ 종류
① 면담법 : 특정 직무에 대한 많은 지식과 숙련된 기능을 가지고 있는 사람을 직접 만나서 면담을 하면서 분석하는 방법이다.
② 관찰법 : 분석자가 직접 작업자의 곁에 서서 직무 활동의 실제를 상세하게 관찰하고 그 결과를 기술하는 방법이다.
③ 체험법 : 분석자 자신이 직접 직무활동에 참여하여 체험함으로써 생생한 직무자료를 얻는 방법이다.
④ 설문법 : 현장의 작업자 또는 감독자에게 설문지를 배부하여 이들에게 직무의 내용을 기술하게 하는 방법이다.
⑤ 녹화법 : 작업장면을 촬영·녹화한 후 작업자와 함께 영상기의 화면을 보면서 분석하는 방법이다.

04 롭퀴스트(Lofquist)와 데이비스(Dawis)의 직업적응방식 3가지를 쓰시오.

① 융통성(flexibility) : 작업과 개인의 부조화가 크더라도 잘 참아낼 수 있는 정도를 말한다.
② 끈기(perseverance) : 환경이 자신에게 맞지 않아도 개인이 얼마나 오랫동안 견뎌낼 수 있는가?하는 것을 말한다.
③ 적극성(activeness) : 개인이 작업환경을 개인적 방식과 좀 더 조화롭게 만들어가려고 노력하는 정도를 말한다.
④ 반응성(reactiveness) : 개인이 작업성격의 변화로 인해 작업환경에 반응하는 정도를 말한다.

05 성격검사는 성격의 5요인(Big-five)에 근거하고 있다. 5요인을 열거하고 설명하시오.

① 외향성 : 타인과의 상호작용을 원하고 타인의 관심을 끌고자 하는 정도이다.
② 호감성 : 타인과 편안하고 조화로운 관계를 유지하는 정도이다.
③ 성실성 : 사회적 규칙, 규범, 원칙들을 지키려는 정도이다.
④ 정서적 불안정성 : 정서적으로 얼마나 안정되어 있고 세상을 위협적이지 않다고 생각하는 정도이다.
⑤ 경험에 대한 개방성 : 자기 자신을 둘러싼 세계에 관한 관심, 호기심, 다양한 경험에 대한 추구 및 포용력 정도이다.

06 심리검사의 결과에 영향을 미치는 검사자 변인과 수검자 변인 중 강화효과, 기대효과, 코칭효과를 설명하시오.

① 강화효과 : 검사과정에서 피검사자에게 특정 반응이나 행동의 빈도를 높이기 위하여 보상 또는 강화물을 제공하여 나타나는 효과를 말한다.
② 기대효과 : 검사자가 어떻게 기대하는가에 따라 기대하는 방향과 유사한 검사결과가 나타나는 효과를 말한다.
③ 코칭효과 : 어떤 검사를 받으려는 피검사자가 그 검사와 유사한 검사로 검사내용과 방법에 대해 설명, 조언을 받으면 나타나는 효과를 말한다.

07 던롭(Dunlop)의 시스템이론에서 노사관계의 3주체와 3여건에 대하여 설명하시오.

- 노사관계 3주체: 노동자, 사용자, 정부
- 노사관계 3여건
  ① 기술적 특성: 기업의 생산방법, 생산과정, 근로자의 질과 양에 따라 노사관계에 영향을 미친다.
  ② 시장 또는 예산제약: 제품판매에 있어서의 시장여건이 노사관계에 큰 영향을 미친다.
  ③ 각 주체 세력관계: 노동조합, 사용자, 정부의 세력관계를 의미하는 것으로, 이 주체들의 세력관계가 노사관계에 영향을 미친다.

08 교류분석상담에서 개인의 생활각본을 구성하는 주요 요소인 기본적인 생활 자세 4가지를 쓰고 설명하시오.

① 자기긍정-타인긍정 : 나도 너도 좋다고 생각한다.
② 자기긍정-타인부정 : 자신은 좋아도 상대가 나쁘기 때문이라고 생각한다.
③ 자기부정-타인긍정 : 너는 좋으나 나는 그렇지 않다고 생각한다.
④ 자기부정-타인부정 : 나도 너도 틀렸다고 생각한다.

09 집단 내 규준 종류 3가지를 설명하시오.

① 백분위 점수: 개인이 표준화 집단에서 차지하는 상대적 위치를 가리킨다. 예 A의 영어시험 백분위가 70이라면, A보다 잘한 사람이 30%, 못한 사람이 70%다.

② 표준점수: 서로 다른 체계로 측정한 점수들을 동일한 조건에서 비교하기 위한 개념이다. 예 A는 직무능력Ⅰ, B는 직무능력Ⅱ 적성검사를 봤다면, 표준점수를 사용하여 비교한다.

③ 표준등급: 원점수를 1에서 9까지의 범주로 나눈 것으로 원점수를 크기 순서에 따라 배열한 후 백분율에 맞추어 표준등급을 매긴다. 예 성취도검사, 적성검사

10 겔라트(Galatt)의 직업의사결정 8단계 중 2~7단계를 쓰시오.

① 목적의식
② 정보수집
③ 대안열거
④ 대안의 결과 예측
⑤ 대안의 실현가능성 예측
⑥ 가치평가
⑦ 의사결정
⑧ 평가 및 재투입

11 1차 노동시장 근무자들의 특성을 쓰시오.

임금수준이 상대적으로 높고, 근로조건이 양호하며, 승진의 기회도 다양할 뿐만 아니라, 고용의 안정성이 보장된다.

12 A국의 15세 이상인구(생산가능인구)가 100만 명이고 경제활동참가율이 70% 실업률이 10%라고 할 때 A국의 실업자 수를 계산하시오.

- 실업자수: 7만명
- $경제활동참가율=\frac{경제활동인구}{생산가능인구}\times 100,\ 70\%=\frac{경제활동인구}{100만}\times 100,\ 경제활동인구=70만$
- $실업률=\frac{실업자}{경제활동인구}\times 100,\ 10\%=\frac{실업자}{70만}\times 100,\ 실업자수=7만$

13 실존주의상담에서 3가지 차원의 인간존재 양식세계를 쓰고 설명하시오.

① 주변세계: 인간이 접하면서 살아가는 환경 혹은 생물학적 세계를 말하며, 개인이 던져진 세계이다.

② 공존세계: 인간은 사회적 존재로서 타인과의 관계로 이루어지는 공동체의 세계에 존재한다. 인간만이 갖는 대인관계이다.

③ 고유세계: 인간에게만 나타나는 세계로서 개인이 자신에게 가지는 관계를 의미하며, 자신의 세계를 말한다.

④ 영적세계: 인간이 갖는 믿음이나 신념세계로 이상적 세계를 의미하며, 개인의 영적 또는 종교적 세계를 말한다.

14 심리검사도구를 검사장면에 따른 준거로 축소상황검사, 모의장면검사, 경쟁장면검사로 분류에서 장면에 따른 분류를 설명하시오.

① 축소상황검사 : 실제적인 장면과 같지만 구체적인 과제나 직무를 매우 축소시켜 제시하고 그 수행 또는 그 결과를 관찰하고 평가하는 검사이다.

② 모의장면검사 : 실제 상황과 거의 유사한 장면을 인위적으로 만들어 놓고 그 장면에서 수검자의 수행과 그 성과를 관찰하고 평가하는 검사이다.

③ 경쟁장면검사 : 작업장면과 같은 상황에서 실제 문제 또는 작업을 제시하고 문제해결을 요구하되, 특히 경쟁적으로 수행하도록 하는 검사를 의미한다.

15 한국표준산업분류의 분류는 생산단위가 주로 수행하고 있는 산업활동을 그 유사성에 따라 유형화한 것으로 3가지 분류기준에 의해 분류된다. 이 3가지 분류기준을 쓰시오.

① 산출물(생산된 재화 또는 제공된 서비스)의 특성

- 산출물의 물리적 구성 및 가공단계
- 산출물의 수요처
- 산출물의 기능 및 용도

② 투입물의 특성

- 원재료, 생산 공정, 생산기술 및 시설 등

③ 생산활동의 일반적인 결합형태

16 크라이티스(Crites)의 포괄적 직업상담 3단계를 쓰고 설명하시오.

① 진단단계 : 내담자의 진로문제를 진단하기 위해 내담자에 대한 폭넓은 검사자료와 상담을 통한 자료가 수집되는 단계이다.

② 명료화 및 해석단계 : 내담자와 상담자가 협력해서 의사결정의 과정을 방해하는 태도와 행동을 확인하며 함께 대안을 탐색하는 단계이다.

③ 문제해결단계 : 내담자가 자신의 문제를 확인하고 적극적으로 참여하여 문제해결을 위한 행동을 실제로 취해야 하는가를 결정하는 단계이다.

17 로(Roe)의 수직차원 6단계를 쓰시오.

① 고급 전문관리 : 중요한 사안에 대해 독립적인 책임을 지는 전문가들과 최고 경영관리자들을 포함한다.

② 중급 전문관리 : 중간정도의 책임을 지며 정책을 해석하고 석사학위 이상 정도의 교육을 받는다.

③ 준 전문관리 : 타인에 대한 낮은 수준의 책임을 지며 자신만을 위한 의사결정을 한다.

④ 숙련직 : 숙련직은 견습이나 다른 특수한 훈련과 경험을 필요로 한다.

⑤ 반숙련직 : 약간의 훈련과 경험을 요구하며 훨씬 더 적은 자율과 주도권이 주어진다.

⑥ 비숙련직 : 간단한 지시를 따르거나 단순한 반복활동에 종사한다.

18 여가와 소득의 선호에 대해서 대체효과와 소득효과의 의미를 쓰고 여가가 정상재일 때와 열등재일 때 소득 등가에 따른 노동공급의 변화를 설명하시오.

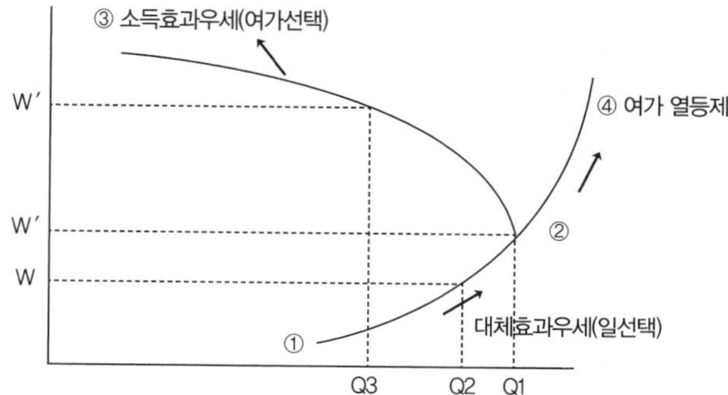

① 대체효과(일선택) : 임금이 상승하면 여가를 줄이고 일을 선택하면서 노동공급을 늘려 노동공급곡선이 우상향한다.

② 소득효과(여가선택) : 임금이 상승하게 되면 노동공급을 줄이고 여가를 선택하면서 노동공급곡선이 좌상향한다.

③ 여가가 정상재(여가선택) 일 경우 : 소득효과가 우세하여 좌상향한다.

④ 여가가 열등재(일선택) 일 경우 : 대체효과가 우세하여 계속 우상향한다.

01 **정신분석적 상담에서 내담자의 자각을 증진시키고 직접적인 방법으로 불안을 통제할 수 없을 때 사용하는 방어기제 5가지를 쓰시오.**

자아는 불안이 발생할 때 방어기제를 사용하는데, 현실을 왜곡하고 변형하고 속이는 특징이 있다. 방어기제는 불안을 다루기 위해 자아가 발달시킨 전략이다.

① 억압 : 의식하기에는 너무나 충격적이고 고통스러운 경험을 무의식 속으로 억눌러 버리는 것을 말한다.
② 부인 : 감당하기 어려운 현실적인 상황이나 사실을 인정하지 않고 부정해버리는 것을 말한다.
③ 투사 : 자신의 심리적 속성이 마치 타인에게 있는 것처럼 생각하고 행동하는 것을 말한다.
④ 합리화 : 자신이 경험한 상황이 고통스럽거나 받아들이기 어려운 경우 그럴듯한 이유를 찾아 조작하는 것을 말한다.
⑤ 치환 : 위협적인 대상에서 안전한 상대에게로 이동시켜 충동을 해소하는 것을 말한다.
⑥ 승화 : 사회적으로 용인될 수 없는 충동을 수용될만한 형태와 방법으로 표현하는 것을 말한다.
⑦ 퇴행 : 심한 스트레스 상황이나 곤경에 처했을 때 불안을 감소시키려고 이전의 발달단계로 되돌아가는 것을 말한다.
⑧ 동일시 : 자기가 좋아하거나 존경하는 대상과 자기 자신이 같은 것으로 인식하는 것을 말한다.

02 **보딘(Bordin)의 정신역동적 상담에서 주장하는 내담자의 심리적 문제 원인 5가지를 쓰시오.**

① 의존성 : 자신의 진로문제를 해결하고 책임지는 것을 어렵다고 느끼기 때문에 지나치게 다른 사람들에게 의존하려 한다.
② 정보의 부족 : 경제적으로나 교육적으로 궁핍한 환경에서 자란 사람들은 적합한 정보를 접할 기회가 없었기 때문에 현명한 선택을 하지 못한다.
③ 자아갈등 : 자아개념과 다른 심리적 갈등으로 인하여 진로선택이나 진로결정에 어려움을 겪는다.
④ 진로선택에 따르는 불안 : 자신이 하고 싶어 하는 일과 중요한 타인이 기대하는 일이 다를 경우 진로선택에 따른 불안과 갈등을 겪는다.
⑤ 문제가 없음 : 내담자가 현명한 선택을 한 후에 그것을 확인하기 위해 상담자를 찾는 경우이다.

03 **집단상담은 그 형태와 접근 방식에 따라 여러 가지로 나눌 수 있다. 집단상담의 형태를 3가지 쓰고 각각 설명하시오.**

① 치료집단 : 정서·행동문제나 정신장애를 치료하기 위한 목적으로 구성되어 입원이나 통원의 형태로 이루어지는 집단이다.
② 성장집단 : 집단 경험을 원하거나 자신에 대해 좀 더 알기를 원하는 집단원들로 구성되는 집단을 말한다.
③ 과업집단 : 구체적인 과업의 목적을 달성하기 위해 모인 구성원들의 집단을 말한다.
④ 교육집단 : 정신건강 교육의 기회와 관련된 다양한 주제에 대한 정보를 제공하기 위해 구성되는 집단을 말한다.
⑤ 자조집단 : 정신건강 전문가들이 돕기에 한계가 있는 문제를 지닌 사람들을 위한 집단이다.

04 수퍼(Super)의 경력개발 단계 중 성장기의 하위단계를 쓰시오.

① 환상기 : 아동의 욕구가 지배적이며 역할수행이 중시된다.
② 흥미기 : 진로의 목표와 내용을 결정하는데 있어서 아동의 흥미가 중시된다.
③ 능력기 : 진로선택에 있어서 능력을 중시하며 직업에서의 훈련조건을 중시한다.

05 브래이필드(Brayfield)가 제시한 직업정보의 기능 3가지를 쓰고 설명하시오.

① 정보적 기능 : 이미 선택한 바를 확인시켜 주거나, 두 가지 방법이 똑같이 매력적 일 때 망설임을 해결해 주어 내담자의 직업선택에 대하여 지식을 증가시킨다.
② 재조정 기능 : 내담자가 현실에 비추어 부적당한 선택을 했을 때 이를 점검하는 기초를 마련한다.
③ 동기화 기능 : 내담자가 진로의사결정 과정에 적극적으로 참여하도록 동기부여한다.

06 윌리암슨(Williamson)의 특성 · 요인 상담과정 중 ( )를 채우고 설명하시오.

> 분석→(①)→(②)→(③)→상담→추수지도

- 분석 : 자료수집단계로 내담자와 관련된 정보를 모으는 것이다.
  ① 종합 : 내담자의 자료가 수집되면 상담자는 내담자의 강점과 약점을 확인할 수 있도록 자료를 요약하고 종합한다.
  ② 진단 : 내담자의 자료를 분석하고 강점과 약점에 관한 판단을 근거로 변별진단한다.
  ③ 처방 : 내담자의 객관적 자료를 추적하여 문제의 원인을 파악한다.
- 상담 : 내담자가 직업에서 바람직한 적응을 위해 무엇을 해야 할지 상담 한다.
- 추수지도 : 새로운 문제가 야기되었을 때 내담자가 바람직한 행동계획을 수행할 수 있도록 돕고 지도한다.

07 베크(Beck)는 주변의 사건이나 상황의 의미를 해석하는 정보처리 과정에서 범하는 체계적인 잘못을 인지적 오류라 하였다. 베크(Beck)가 제시한 인지적 오류 3가지를 제시하고 각각 간략히 설명하시오.

인지적 오류 : 현실을 제대로 지각하지 못하거나 사실 또는 그 의미를 왜곡하여 받아들이는 것을 말한다.

① 자의적 추론 : 충분하고 적절한 증거가 없는데도 결론에 도달하는 오류이다.
② 파국화 : 개인이 걱정하는 한 사건을 취해서 지나치게 과장하여 두려워하는 오류이다.
③ 긍정격하 : 개인이 자신의 긍정적인 경험을 격하시켜 평가하는 오류이다.
④ 흑백논리 : 사건의 의미를 이분법적으로 해석하는 오류로 둘 중의 하나로 평가하는 오류이다.
⑤ 선택적 추상화 : 사건이나 상황의 특정한 일부 정보에만 주의를 기울여 전체를 해석하는 오류이다.

08 생애진로사정에서 진로사정의 구조 3가지를 쓰시오.

① 일경험 : 마지막 직업, 가장 좋았던 것과 싫었던 것 등에 대해 평가한다.
② 교육 또는 훈련과정과 관심사 : 일반적인 평가로 가장 좋았던 것과 싫었던 것, 지식 · 기술 · 기능의 수준이나 형태를 위한 교육이나 훈련을 다룬다.
③ 오락 : 여가시간, 사회활동 등을 평가한다.

09 검사는 사용목적에 따라 규준참조검사와 준거참조검사로 구별될 수 있다. 규준참조검사와 준거참조검사의 의미를 설명하고 각각의 예를 쓰시오.

① 규준참조검사 : 개인의 점수를 다른 사람들의 점수와 비교해서 상대적으로 어떤 수준인지를 알아보려는 검사로 상대평가이며 대표적으로 적성검사가 있다.

② 준거참조검사 : 검사점수를 어떤 기준점수와 비교해서 이용하려는 검사로 절대평가이며 대표적으로 직업상담사 시험이 있다.

10 심리검사에는 선다형이나 예, 아니오 등 객관적 형태의 자기보고형 검사(설문지 형태의 검사)가 가장 많이 사용된다. 이런 검사의 장점을 5가지를 쓰시오.

① 신뢰도와 타당도가 높다.

② 표준화되어 있어 집단 실시가 가능하다.

③ 신속하고 객관적인 채점이 가능하다.

④ 개인 간 객관적 비교가 가능하다.

⑤ 표준화된 해석재료가 있어 객관적 해석이 가능하다.

11 홀랜드(Holland) 검사의 흥미유형 6가지를 쓰시오.

① 현실형 : 분명하고 질서정연하고 체계적인 활동을 좋아하며 기계를 조작하는 활동 및 기술을 선호하는 흥미유형이다.

② 탐구형 : 관찰적, 상징적, 체계적이며 물리적, 생물학적, 문화적 현상의 창조적인 탐구활동을 선호하는 흥미유형이다.

③ 예술형 : 예술적 창조와 표현, 변화와 다양성을 선호하고 틀에 박힌 활동을 싫어하며 자유롭고, 상징적인 활동을 선호하는 흥미유형이다.

④ 사회형 : 타인의 문제를 듣고, 이해하고, 도와주고, 치료해주는 활동을 선호하는 흥미유형이다.

⑤ 진취형 : 조직의 목적과 경제적 이익을 얻기 위해 타인을 지도, 계획, 통제, 관리하는 일과 그 결과로 얻게 되는 명예, 인정, 권위를 선호하는 흥미유형이다.

⑥ 관습형 : 정해진 원칙과 계획에 따라 자료를 기록, 정리, 조작하는 활동을 좋아하고 사무능력, 계산능력을 발휘하는 것을 선호하는 흥미유형이다.

12 측정의 신뢰도를 높이기 위해 측정오차를 줄이기 위한 구체적인 방법 3가지를 쓰시오.

① 오차변량을 줄인다.
검사환경, 지시내용, 시간제한, 친밀교감 등을 통제하여 균일한 검사조건을 유지한다.

② 검사실시와 채점과정을 표준화한다.

③ 신뢰도에 나쁜 영향을 주는 문항을 제거한다.

④ 문항수, 문항반응수를 늘린다.

13 한국표준직업분류에서 말하는 '다수직업종사자'의 의미와 직업을 결정하는 일반적인 원칙을 순서대로 나열하시오.

- 의미 : 한 사람이 전혀 상관성이 없는 두 가지 이상의 직업에 종사하는 경우이다.

  예 낮에는 사무직으로 근무하고 밤에는 대리운전하는 경우이다.

- 일반적인 원칙

  ① 취업시간 우선의 원칙 : 가장 먼저 분야별로 취업시간을 고려하여 보다 긴 시간을 투자하는 직업으로 결정한다.

  ② 수입 우선의 원칙 : 위의 경우로 분별하기 어려운 경우는 수입(소득이나 임금)이 많은 직업으로 결정한다.

  ③ 조사시 최근의 직업 원칙 : 위의 두 가지 경우로 판단할 수 없는 경우에는 조사시점을 기준으로 최근에 종사한 직업으로 결정한다.

14 롭퀴스트(Lofquist)와 데이비스(Dawis)의 직업적응이론에 기초하여 개발한 직업적응과 관련된 검사도구 3가지를 쓰시오.

① 미네소타 중요성질문지(Minnesota Importance Questionnaire: MIQ)

② 미네소타 만족질문지(the Minnesota Satisfaction Questionnaire: MSQ)

③ 미네소타 만족성척도(the Minnesota Satisfactoriness Scales: MSS)

④ 직무기술질문지(the Job Description Questionnaire: JDQ)

⑤ 직업강화자 목록(A List of Reinforcers: LOR)

15 다음 표를 보고 물음에 답하시오.

	15세~19세	20세~24세	25세~29세	30세~50세
생산가능인구	3,284	2,650	3,846	22,982
경제활동인구	203	1,305	2,797	17,356
취업자	178	1,101	2,598	16,859
실업자	25	124	199	497
비경제활동인구	3,081	1,346	1,049	5,627

(1) 30~50대 고용률 계산하시오.(소수점 둘째자리에서 반올림)

- 고용률(%) $= \frac{\text{취업자}}{\text{생산가능인구}} \times 100$, $\frac{16,859}{22,982} \times 100 = 73.4\%$

(2) 30~50대 고용률을 29세 이하의 고용률과 비교하시오.

- 29세 이하 고용률(%) $= \frac{\text{취업자}}{\text{생산가능인구}} \times 100$, $\frac{178+1,101+2,598}{3,284+2,650+3,846} \times 100$, $\frac{3,877}{9,780} \times 100 = 39.6\%$
- 비교분석: 고용률은 생산가능인구 중 취업자의 비율을 나타낸 것으로 30~50대의 고용률은 73.4%이고, 29세 이하의 고용률은 39.6%이다. 30~50대의 고용률이 29세 이하의 고용률에 비해 33.8% 높다.

16 인적자본에 대한 투자의 대상을 3가지 쓰고 각각 설명하시오.

① 정규교육 : 상급학교에 대한 진학여부는 비용·편익분석으로 결정한다.
② 훈련 : 정규교육과정 졸업 후 입사 전후 직업관련 인적자본투자를 훈련이라 한다.
③ 노동시장 정보 : 노동시장의 정보가 불완전한 경우 근로조건에 대하여 확률적으로 인지한다.
④ 건강 : 노동자가 노동공급 시간을 일정 시간 수준 이상으로 유지 시킬 수 있는 건강도 인적자본투자의 한 형태이다.
⑤ 이주 : 노동자가 생산능력을 극대화 할 수 있는 곳으로 이동하는 것을 의미한다.

17 노동수요 탄력성에 영향을 미치는 요인 4가지를 쓰시오.

① 생산물 수요의 탄력성 : 생산물에 대한 수요의 탄력성이 클수록 탄력적이다.
② 총생산비에 대한 노동비용의 비율 : 총생산비에서 차지하는 노동비용의 비중이 높을수록 커진다.
③ 노동의 다른 생산요소와의 대체가능성 : 상품생산에 사용되는 다른 요소와의 대체가능성이 높을수록 커진다.
④ 다른 생산요소의 공급탄력성 : 노동과 함께 이용되는 다른 생산요소의 공급탄력성이 클수록 커진다.
⑤ 노동수요탄력성의 크기에 관한 추정 : 숙련직에 비해 미숙련직이 탄력적이다.

18 직무기술서에서 얻을 수 있는 정보 5가지를 쓰시오.

① 직무명칭
② 직무의 직종
③ 직무내용의 요약
④ 수행되는 과업
⑤ 작업조건

01 구성타당도를 분석하는 방법을 3가지 쓰고 각각에 대해 설명하시오.

① 요인분석 : 검사를 구성하는 문항들 간의 상호상관관계를 분석해서 서로 상관이 높은 문항들을 묶어 주는 통계적 방법이다.

② 수렴타당도 : 검사의 결과가 이론적으로 그 속성과 관계있는 변인들과 높은 상관관계를 지니고 있는지의 정도를 측정하는 것이다.

③ 변별타당도 : 검사의 결과가 이론적으로 그 속성과 관계없는 변인들과 낮은 상관관계를 지니고 있는지의 정도를 측정하는 것이다.

구성타당도는 사람의 심리적 속성(구인개념)을 얼마나 제대로 측정하였는가를 추정하는 방법이다. 심리적 속성은 적성, 흥미, 동기 등을 의미하는 것으로 추상적 개념으로 분석방법으로 요인분석, 수렴타당도, 변별타당도 3가지 방법을 제시한다.

예 어느 학교에서 영어교사를 선발하기 위해 영어와 수학문제를 각각 50문항씩 제작하여 문제들을 혼합해 지원자들에게 실시하여 채점한다.

① 요인분석 : 100문항에서 영어와 수학문항을 각 과목별로 분류한다.

② 수렴타당도 : 영어점수가 높은 지원자는 영어교사 맞다고 추정한다.

③ 변별타당도 : 수학점수가 낮은 지원자는 수학교사 아니라고 추정한다.

즉, 각각의 50문항을 혼합하여 시험을 실시하고, 과목별 분류(요인분석)하여 채점한 결과로 영여교사가 맞는지(수렴타당도 높다), 수학교사가 아닌지(변별타당도 높다) 추정한다.

02 심리검사 시 윤리적 고려사항 6가지를 쓰시오.

① 검사선택 할 때 신뢰도와 타당도를 검토한다.

② 검사실시 할 때 피검사자의 정서 상태를 점검하고, 검사의 목적을 충분히 설명한다.

③ 상담자는 중립적 자세를 유지하고, 표준화된 방식으로 실시한다.

④ 검사 채점할 때 전문성을 갖고 표준화된 절차에 따라야 하며 규준의 적절성을 검토한다.

⑤ 다른 검사나 관련 자료를 함께 고려하여 결론을 도출한다.

⑥ 피검사자에게 검사의 적절성을 설명하고 비밀을 보장해야 한다.

03 인지·정서적 상담이론에서 개인을 파멸로 몰아가는 근본적인 문제는 개인이 가지고 있는 비합리적 신념 때문이다. 비합리적 신념의 뿌리를 이루고 있는 3가지 당위성을 예를 포함하여 설명하시오.

① 자신에 대한 당위성 : '나는 훌륭한 사람이어야 한다.'와 같이 우리 자신에 대한 당위성을 강조하는 것이다.

② 타인에 대한 당위성 : '직장동료니까 항상 일에 협조해야 한다.'와 같이 우리에게 밀접하게 관련한 사람에게 당위적인 행동을 기대하는 것이다.

③ 조건에 대한 당위성 : '나의 사무실은 아늑해야 한다.'와 같이 우리에게 주어진 조건에 대해 당위성을 기대하는 것이다.

04 실존주의상담은 실존적 존재로서 인간이 갖는 긍정적 관심사에 대한 자각이 불안을 야기한다고 본다. 실존주의 상담자들이 내담자의 긍정적 관심사와 관련하여 중요하게 설명하는 주제를 4가지만 제시하고 각각에 대해 설명하시오.

① 자유와 책임 : 인간은 여러 가지 상황에서 선택할 수 있는 자유를 가진 자기결정적인 존재이다. 인간은 근본적으로 자유롭기 때문에 삶의 방향을 지시하고 운명을 이루어 나가는 데 책임을 져야만 한다.

② 불안과 죄책감 : 실존주의자들은 우리에게 주어진 자유 때문에 그리고 선택하도록 운명 지어져 있기 때문에 우리는 어쩔 수 없이 불안하다고 주장한다.

③ 삶의 의미성 : 삶의 중요성과 목적을 향한 노력은 인간의 독특한 특성이다.

④ 죽음과 비존재 : 실존주의의 가장 중요한 문제는 죽음이다. 인간은 미래의 언젠가는 자신이 죽는다는 것을 스스로 자각한다.

05 형태주의상담의 주요 목표 3가지를 쓰시오.

① 체험 확장 : 내담자 스스로 억압했던 자신의 감정이나 욕구를 자연스럽게 표현하며 체험영역을 확장한다.

② 통합 : 분리되고 소외된 성격 부분을 접촉하고 체험함으로써 자기 성격의 일부로 통합하도록 한다.

③ 자립 : 내담자가 스스로 자립할 수 있다는 것을 알아차리도록 한다.

④ 책임자각 : 자신의 행동을 선택하고 책임질 수 있게 한다.

⑤ 성장 : 내담자 스스로 혼란을 극복하고 새로운 모습으로 변화하고 성장한다.

⑥ 실존적인 삶 : 타인의 기대에 의해 살려고 하지 않고 실존적인 삶을 살아가도록 한다.

06 반분신뢰도를 추정하기 위해 가장 많이 사용하는 4가지 방법을 쓰고 각각에 대해 설명하시오.

① 전후 절반법 : 전체 검사를 문항 순서에 따라 전과 후로 나누는 방법이다.

② 기우 절반법 : 전체 검사를 문항의 번호에 따라 홀수와 짝수로 나누는 방법이다.

③ 짝진 임의배치법 : 전체 검사를 문항의 난이도와 문항과 총점 간의 상관계수를 토대로 나누는 방법이다.

④ 난수표법 : 각 문항을 두 하위 검사에 무선적으로 할당하는 방법이다.

07 표준화를 위해 수정된 자료가 정규분포에서 벗어나는 것은 검사도구의 문제라기보다 표집절차의 오류에 원인이 있다. 이를 해결하기 위한 방법 3가지를 쓰고 설명하시오.

① 완곡화 : 정규분포와 비슷하게 나왔을 때 사용하는데, 절선도표나 주상도표에서 정규분포의 모양을 갖추도록 점수를 더하거나 빼주는 방법이다.

② 절미법 : 편포의 꼬리를 잘라내는 방법으로 꼬리가 작을 때에만 사용할 수 있다.

③ 면적환산법 : 각 점수들의 백분위를 찾아서 그 백분위에 해당하는 Z점수를 찾는 방법이다.

08 노동수요를 보다 탄력적으로 만드는 조건을 4가지만 쓰시오.

① 생산물에 대한 수요의 탄력성이 클수록

② 총 생산비에서 차지하는 노동비용의 비중이 높을수록

③ 상품생산에 사용되는 다른 요소와의 대체가능성이 높을수록

④ 노동과 함께 이용되는 다른 생산요소의 공급탄력성이 클수록

09 K 제과점의 근로자수와 하루 생산량은 다음과 같다. 물음에 답하시오.

(케이크 가격이 10,000원, 종업원 일당 80,000원)

근로자 수	0	1	2	3	4
케이크 수	0	10	18	23	27

(1) 근로자수 2명일 때 노동의 한계생산을 계산하시오.

1명 일 때 10개, 2명 일 때 18개로 8개 증가하여 한계생산은 8개이다.

(2) 근로자수 3명일 때 노동의 한계수입생산을 계산하시오.

한계수입생산=한계생산×재화의 가격=5개×10,000원=50,000원

2명 일 때 18개, 3명 일 때 23개로 한계생산은 5개

(3) 근로자 1인당 임금이 80,000원일 때 이윤최대점을 추구하는 제과점의 근로자수와 케이크양을 계산하시오.

2명 일 때 케이크 한계생산이 8개로 한계수입이 80,000원이며, 노동의 한계비용이 80,000원으로 최대이윤을 추구하는 제과점의 근로자 수는 2명이며, 케이크양은 18개이다.

10 한국표준직업분류에서 직업으로 인정되지 않는 경우 6가지를 쓰시오.

① 이자, 주식배당, 임대료 등과 같은 자산 수입이 있는 경우
② 연금법, 국민기초생활보장법, 국민연금법 및 고용보험법 등의 사회보장이나 민간보험에 의한 수입이 있는 경우
③ 경마, 경륜, 경정, 복권 등에 의한 배당금이나 주식투자에 의한 시세차익이 있는 경우
④ 예·적금 인출, 보험금 수취, 차용 또는 토지나 금융자산을 매각하여 수입이 있는 경우
⑤ 자기 집의 가사 활동에 전념하는 경우
⑥ 교육기관에 재학하며 학습에만 전념하는 경우
⑦ 시민봉사활동 등에 의한 무급 봉사적인 일에 종사하는 경우
⑧ 사회복지시설 수용자의 시설 내 경제활동
⑨ 수형자의 활동과 같이 법률에 의한 강제노동을 하는 경우
⑩ 도박, 강도, 절도, 사기, 매춘, 밀수와 같은 불법적인 활동

○ 직업의 4요건과 직업으로 인정되지 않는 경우분류

- 계속성 : 직업은 유사성을 갖는 직무를 계속하여 수행하는 계속성을 가져야 한다.
- 경제성 : 경제적 거래관계가 성립되어야 하며, 노력이 전제되어야 한다.
  ①, ②, ③, ④는 노력이 전제되지 않아 직업으로 인정되지 않는다.
  ⑤, ⑥, ⑦은 경제적 거래관계가 성립되지 않아 직업으로 인정되지 않는다.
- 윤리성과 사회성 : 비윤리적 영리행위나 반사회적인 활동을 통한 경제적 이윤추구는 직업으로 인정되지 않는다.
  ⑩은 비윤리적 영리행위 또는 반사회적 활동이라 직업으로 인정되지 않는다.
- 속박된 상태에서의 제반활동은 경제성이나 계속성의 여부와 상관없이 직업으로 인정되지 않는다.
  ⑧, ⑨는 속박된 상태에서의 활동이라 직업으로 인정되지 않는다.

11 **심리검사는 선다형이나 예, 아니오 등 객관적 형태의 자기보고식 검사(설문지 형태의 검사)가 가장 많이 사용되는데 이런 형태의 검사가 가지는 단점 3가지를 쓰시오.**

① 문항의 고정성으로 피검사자가 표현의 제약이 있다.
② 사회적 경향성으로 자기를 왜곡되게 보고할 수 있다.
③ 문항배열에 따라 결과가 다르게 나올 수 있다.

12 **생애진로사정(LCA)의 구조와 얻을 수 있는 정보 3가지를 쓰시오.**

- 생애진로사정의 구조 : 진로사정, 전형적인 하루, 강점과 장애, 요약

- 생애진로사정에서 얻을 수 있는 정보
  ① 내담자의 직업경험과 교육수준을 나타내는 객관적인 사실
  ② 내담자 자신의 기술과 유능성에 대한 자기평가 및 상담자의 평가정보
  ③ 내담자 자신의 가치관과 자기의식

13 **직무분석 방법 중 결정적 사건법의 단점 3가지를 쓰시오.**

① 어떤 직무에서 일어난 사건을 그 개인의 특질로 귀인시키는 경향이 있다.
② 수집된 직무행동을 분류하고 평가하는데 많은 시간과 노력이 필요하다.
③ 여기서 얻은 제한된 정보만으로 해당 직무에 대한 포괄적인 정보를 얻을 수 없다.

- 결정적 사건법 또는 중요사건법
  - 의미 : 직무수행자의 직무행동 중에 성과와 관련하여 효과적인 행동과 비효과적인 행동을 구분하여 그 사례를 수집하고, 이러한 사례로부터 직무성과에 효과적인 행동패턴을 추출하여 분류하는 방법이다.
  - 적합한 경우 : 직무행동과 직무수행 성과의 관계를 직접적으로 파악할 수 있어 특정 직무의 핵심적인 요인을 결정하는데 적합하다.

14 **겔라트(Galatt)의 직업의사결정 8단계를 쓰시오.**

① 목적의식 ② 정보수집 ③ 대안열거 ④ 대안의 결과 예측 ⑤ 대안의 실현가능성 예측
⑥ 가치평가 ⑦ 의사결정 ⑧ 평가 및 재투입

15 **진로시간전망 조사 시 검사지의 용도 5가지를 쓰시오.**

① 미래의 방향을 이끌어내기 위해서
② 미래에 대한 희망을 심어 주기 위해서
③ 미래가 실제인 것처럼 느끼도록 하기 위해서
④ 계획에 대해 긍정적 태도를 강화하기 위해서
⑤ 목표설정을 촉구하기 위해서
⑥ 현재의 행동을 미래의 결과와 연계시키기 위해서
⑦ 계획기술을 연습하기 위해서
⑧ 진로의식을 높이기 위해서

16 산업별 임금격차가 발생하는 원인 3가지를 쓰시오.

① 독점산업과 경쟁산업 : 독점산업은 경쟁산업에 비해 임금수준이 높다.
② 노동조합의 존재여부 : 노동조합의 단체교섭권으로 임금수준이 높다.
③ 성장산업과 사양산업 : 성장산업은 사양산업에 비해 임금수준이 높다.
④ 노동생산성의 차이 : 생산성이 높은 산업은 낮은 산업에 비해 임금수준이 높다.
⑤ 기술숙련도 : 산업분야에서 요구되는 숙련도의 차이에 의해 임금격차가 발생한다.

17 '자기보고식 가치사정하기'에서 가치사정기법 6가지를 쓰시오.

① 체크목록의 가치에 순위 매기기
② 과거의 선택 회상하기
③ 절정경험 조사하기
④ 자유시간과 금전 사용하기
⑤ 백일몽 말하기
⑥ 존경하는 사람 기술하기

18 진로자서전과 의사결정 일기에 대해 설명하시오.

① 진로자서전 : 대학, 학과선택 그 외 일상적인 결정 등에 대해 내담자가 자유롭게 기술하도록 하여 과거에 내담자의 의사결정에 큰 영향을 주었던 '중요한 타인'이 누구인지 알게 해준다.
② 의사결정일기 : 내담자가 현재 일상적인 의사결정을 어떻게 하는지 알아보고 직업의사결정과정에서 보다 더 분명하게 자신의 의견을 표현할 수 있게 될 것이다.

19 주어진 예시를 보고 임금근로자 수를 계산하시오.

· 15세 이상 인구: 35,986천명 · 비경제활동인구: 14,716천명 · 취업자: 20,149천명
(자영업자: 5,646천명, 무급가족 종사자: 1,684천명, 상용근로자: 6,113천명, 임시근로자: 4,481천명, 일용근로자: 2,225천명)

• 임금근로자 수 = 상용근로자 + 임시근로자 + 일용근로자,
6,113천명 + 4,481천명 + 2,225천명 = 12,819천명

01 **부처(Butcher)가 제시한 집단직업상담을 위한 3단계 모델을 쓰고 설명하시오.**

① 탐색단계 : 자기개방하고, 흥미와 적성에 대한 탐색을 하며, 탐색 결과에 대한 피드백을 하고, 불일치를 해결한다.

② 전환단계 : 자기지식을 직업세계와 연결하고, 가치관의 변화를 꾀하고, 자신의 가치와 피드백 간의 불일치를 해결한다.

③ 행동단계 : 목표설정을 하고, 목표달성을 위해 정보를 수집하고 공유하며, 행동으로 옮긴다.

02 **의사교류분석(TA)에서 내담자 이해를 위한 역동적 자아상태 3가지를 쓰시오.**

① 부모자아(P) : 개인이 자신이나 타인에게 강요하는 당위적인 명령으로 구성되어 있는 자아 상태로 비판적 부모자아와 양육적 부모자아로 구성되어 있다.

② 성인자아(A) : 개인이 현실세계와 관련해 기능하는 성격부분으로 성격의 합리적이고 객관적인 측면을 나타낸다.

③ 아동자아(C) : 우리 각자의 아동기의 유물인 일련의 감정, 태도, 행동유형으로 자유로운 어린이와 순응적인 어린이로 구성되어 있다.

03 **실존주의적 상담자들이 내담자의 궁극적 관심사와 관련하여 중요하게 생각하는 주제를 3가지를 제시하고 각각에 대해 설명하시오.**

① 자유와 책임 : 인간은 여러 가지 상황에서 선택할 수 있는 자유를 가진 자기결정적인 존재이다. 인간은 근본적으로 자유롭기 때문에 삶의 방향을 지시하고 운명을 이루어 나가는 데 책임을 져야만 한다.

② 불안과 죄책감 : 실존주의자들은 우리에게 주어진 자유 때문에 그리고 선택하도록 운명 지어져 있기 때문에 우리는 어쩔 수 없이 불안하다고 주장한다.

③ 삶의 의미성 : 삶의 중요성과 목적을 향한 노력은 인간의 독특한 특성이다.

④ 죽음과 비존재 : 실존주의의 가장 중요한 문제는 죽음이다. 인간은 미래의 언젠가는 자신이 죽는다는 것을 스스로 자각한다.

04 **엘리스(Ellis)의 REBT기법에서 ABCDE 모델을 설명하시오.**

① A(선행사건) : 내담자가 노출되었던 문제 장면이나 선행사건이다.

② B(신념체계) : 내담자가 문제 장면에 대해 갖는 신념으로 비합리적 신념이다.

③ C(결과) : 내담자가 선행사건 때문에 생겨났다고 보고하는 정서적·행동적 결과이다.

④ D(논박) : 내담자의 비합리적 신념에 대한 상담자의 적극적인 논박이다.

⑤ E(효과) : 내담자의 비합리적 신념을 논박한 결과이다.

05 직업적응이론에서는 개인이 환경과 상호작용하는 특성을 나타내주는 성격유형 요소들 중 3가지만 제시하고 각각에 대해 간략히 설명하시오.

① 민첩성 : 과제를 완성하는 속도를 말한다.
② 역량 : 근로자의 평균 활동수준을 말한다.
③ 리듬 : 활동의 다양성을 말한다.
④ 지구력 : 개인이 환경과 상호작용 하는 시간의 양을 말한다.

06 생애진로사정(LCA)의 의미와 구조 그리고 이를 통해 얻을 수 있는 정보를 쓰시오.

○ 의미: 상담자와 내담자가 처음 만났을 때 사용하는 구조화된 면담기법으로 내담자에게 심리적 부담은 적게 주면서 내담자의 직업과 관련된 정보를 얻을 수 있다.

○ 구조

① 진로사정 : 일경험, 교육 또는 훈련과정과 관심사, 여가활동에 대해 사정한다.
② 전형적인 하루 : 내담자가 의존적인지 독립적인지, 자발적인지 체계적인지 차원을 탐색하여 개인이 자신의 생활을 어떻게 조직하는지를 알아보는 것이다.
③ 강점과 장애 : 내담자가 다루고 있는 문제와 내담자가 마음대로 사용하는 자원 등에 대하여 직접적인 정보를 준다.
④ 요약 : 강점과 약점을 통해 내담자는 자신의 긍정적인 측면들을 더 한층 계발할 수 있으며, 약점들을 극복하기 위한 목표설정도 할 수 있다.

○ 얻을 수 있는 정보

① 내담자의 직업경험과 교육수준을 나타내는 객관적인 사실
② 내담자 자신의 기술과 유능성에 대한 자기평가 및 상담자의 평가정보
③ 내담자 자신의 가치관과 자기의식

07 구조조정으로 인해 실직한 내담자의 특성과 직업지도 방법을 2가지씩 쓰시오.

○ 구조조정으로 인해 실직한 내담자의 특성

① 실직으로 인해 자신이 무능하다는 자동적 사고로 수치심과 무력감을 가질 수 있다.
② 실직으로 인해 조직에 대한 배신감 또는 불신감을 가질 수 있다.

○ 직업지도 방법

① 구조조정 대상이 무능함을 의미하는 것이 아니라는 생각으로 전환할 수 있도록 베크(Beck)의 인지치료 기법을 사용한다.
② 실업에서 오는 충격으로 인한 비합리적 신념을 확인하고 이를 최소화하거나 합리적 신념으로 전환하도록 엘리스의 인지·정서·행동기법을 사용한다.

08 고용정보를 미시정보와 거시정보로 구별하여 각각 2가지씩 쓰시오.

① 미시정보 : 구인·구직정보, 자격정보
② 거시정보 : 노동시장동향, 직종별·업종별 인력수급현황

09 직업상담에서 검사 선택 시 고려해야 할 사항 4가지를 쓰시오.

① 심리검사를 실시하는 목적과 대상에 맞는 검사를 선택한다.
② 검사의 신뢰도와 타당도가 높아야 한다.
③ 규준이 잘 작성되어 검사가 갖추어야 할 조건을 갖추고 있어야 한다.
④ 내담자의 문제점을 정확히 파악할 수 있어야 한다.
⑤ 피검사자의 특성이나 조건에 가장 적합한 검사를 선택해야 한다.

10 규준 제작 시 사용되는 표집방법 3가지를 쓰고 설명하시오.

① 단순무선표집(simple random sampling): 구성원들에게 일련번호를 부여하고, 이 번호들 중에서 무선적으로 필요한 만큼 표집하는 것이다. 예 번호표를 큰 통에 넣고 필요한 수를 채울 때까지 번호표를 뽑아서 해당자를 표본으로 구성하는 방법이다.
② 체계적 표집(systematic sampling): 모집단이 어떤 특징에 따라 체계적으로 정리되어 있는 경우, 이를 이용해서 무선표집을 할 수 있다. 예 이미 정리된 목록에 일련번호를 부여하고 임의로 첫 번째 대상을 선정한 다음에, 매 X번째에 해당하는 번호를 추출하는 것이다.
③ 층화표집(stratified sampling): 모집단이 규모가 다른 몇 개의 이질적인 하위집단으로 구성되어 있는 경우에 사용한다. 예 모집단을 종교별 구분하고 하위집단에서 적절한 수를 표집한다.
④ 집락표집(cluster sampling): 모집단을 서로 동질적인 하위집단으로 구분하여 집단 자체를 표집하는 방법이다. 예 전국대학생의 직업가치관을 알아보기 위해 3단계로 집락표집 할 경우이다.

11 직업심리검사에서 측정의 기본 단위인 척도(scale)의 4가지 유형을 쓰고 의미를 간단히 설명하시오.

① 명명척도(nominal scale): 숫자의 차이가 측정한 속성이 대상에 따라 다르다는 것만을 나타내는 척도이다. 예 주민번호, 운동선수 등번호
② 서열척도(ordinal scale): 숫자의 차이가 측정한 속성의 차이에 관한 정보뿐 아니라 그 순위관계에 대한 정보도 포함하고 있는 척도이다. 예 학급의 석차
③ 등간척도(interval scale): 수치상의 차이가 실제 측정한 속성 간의 차이와 동일한 숫자의 집합을 말한다. 예 온도계의 0°C~5°C의 차이는 10°C~15°C 차이와 같다.
④ 비율척도(ratio scale): 등간척도처럼 산술적인 계산이 가능하면서 절대값을 갖춘 척도이다.
예 무게, 길이

12 직업심리검사의 신뢰도 추정방법 3가지를 쓰고 설명하시오.

① 검사-재검사 신뢰도: 같은 검사를 동일한 사람에게 시간간격을 두고 두 번 실시하여 얻은 점수들 간의 상관계수에 의해 신뢰도를 추정한다.
② 동형검사 신뢰도: 동일한 수검자에게 첫 번째 시행한 검사와 동등한 유형의 검사를 실시하여 두 검사점수 간의 상관계수에 의해 신뢰도를 추정한다.
③ 내적일관성 신뢰도: 한 검사 내에 있는 각 문항을 독립된 별개의 검사로 간주하고 문항 간의 일관성이나 합치성 정도를 말한다.

13 **어떤 심리검사에서 원점수가 A=3, B=6, C=7, D=10, E=14, F=20이고, 평균은 10, 표준편차는 5.77일 때 C의 표준점수 Z를 구하시오. (소수점 셋째자리에서 반올림할 것)**

- Z: -0.52
- Z점수$=\frac{\text{원점수}-\text{평균}}{\text{표준편차}}=\frac{7-10}{5.77}=-0.52$

14 **한국표준산업분류에서 산업분류의 정의를 쓰시오.**

국내의 생산구조 및 실태에서 사업체단위, 기업체 단위 등 각 생산단위가 주로 수행하는 모든 산업활동을 일정한 분류기준과 원칙 및 그 유사성에 따라 체계적으로 유형화한 것이다.

15 **시간당 임금이 7,000원일 때 20명을 고용하던 A기업은 임금이 8,000원일 때 19명을 고용했다. 시간당 임금이 7,000원일 때 20명을 고용하던 B기업은 임금이 8,000원일 때 18명을 고용했을 때 아래의 물음에 답하시오.**

(1) 임금이 7,000원에서 8,000원으로 인상될 때 각 기업의 임금탄력성을 계산하시오.

- A기업의 임금탄력성$=(-)\frac{\text{노동수요량의 변화율(\%)}}{\text{임금 1\%의 변화율(\%)}}=(-)\frac{-5\%}{14.28\%}=0.35$
- 임금변화율(%)$=\frac{1{,}000\text{원}}{7{,}000\text{원}}\times100=14.28\%$
- 노동수요 변화율(%)$=\frac{-1\text{명}}{20\text{명}}\times100=-5\%$
- B기업 임금탄력성$=(-)\frac{\text{노동수요량의 변화율(\%)}}{\text{임금 1\%의 변화율(\%)}}=(-)\frac{-10\%}{14.28\%}=0.70$
- 임금변화율(%)$=\frac{1{,}000\text{원}}{7{,}000\text{원}}\times100=14.28\%$
- 노동수요 변화율(%)$=\frac{-2\text{명}}{20\text{명}}\times100=-10\%$

(2) A와 B기업의 노동조합이 임금인상 협상을 시도하고자 할 때 그 타결가능성이 높은 기업은 어디인가?

A기업

(3) 그 이유는 무엇인지 설명하시오.

임금변화에 따른 노동수요량의 변화율이 A기업이 B기업에 비해 비탄력적이기 때문이다.

16 **한국표준직업분류에서 포괄적 업무의 개념과 분류원칙 3가지를 쓰고 설명하시오.**

○ 포괄적인 업무의 개념: 동일한 직업이라 할지라도 사업체 규모에 따라 직무범위에 차이가 날 수 있다.

○ 분류원칙

① 주된 직무 우선 원칙: 2개 이상의 직무를 수행하는 경우는 수행되는 직무내용과 관련 분류 항목에 명시된 직무내용을 비교·평가하여 관련 직무 내용상의 상관성이 가장 많은 항목에 분류한다.

② 최상급 직능수준 우선 원칙: 수행된 직무가 상이한 수준의 훈련과 경험을 통해서 얻어지는 직무능력을 필요로 한다면, 가장 높은 수준의 직무능력을 필요로 하는 일에 분류하여야 한다.

③ 생산업무 우선 원칙: 재화의 생산과 공급이 같이 이루어지는 경우는 생산단계에 관련된 업무를 우선적으로 분류한다.

17 노동시장의 내부노동시장이론, 이중노동시장이론, 인적자본이론의 의미를 간략히 설명하시오.

① 내부노동시장이론: 기업 내부의 명문화된 규칙과 절차에 의거하여 임금과 직무배치 및 승진이 결정되는 노동시장이다.

② 이중노동시장이론: 1차와 2차 노동시장으로 1차 노동시장은 임금수준이 상대적으로 높고, 근로조건이 양호하며, 승진의 기회도 다양할 뿐만 아니라, 고용의 안정성이 보장된다.
2차 노동시장: 임금수준이 상대적으로 낮고, 근로조건이 매우 열악하며, 승진의 기회도 부족할 뿐만 아니라 고용이 불안정하다.

③ 인적자본이론: 기업에서는 생산에 필요한 기계설비를 자본으로 보는 것과 같이 사람에게 장기간 축적된 기술, 기능, 지식 등이 생산성과 기업이윤을 영향을 미치는데 이를 인적자본이라 한다.

18 임금률이 상승하면 노동공급량의 증가로 노동공급곡선이 우상향 한다. 이 말이 참인지, 거짓인지, 불확실한지 판정하고, 여가와 소득의 선택모형에 의거하여 설명하시오.

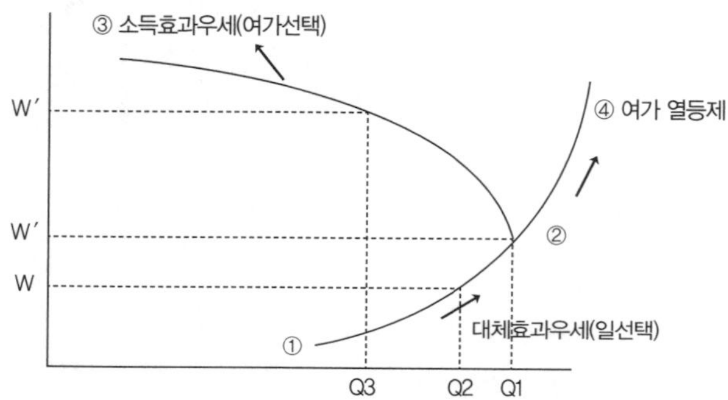

• 판정: 불확실

①~② 임금이 상승하면 여가를 줄이고 일을 선택하면서 노동공급을 늘려 노동공급곡선이 우상향하므로 참이다.

②~③ 임금이 상승하게 되면 노동자의 소득이 증가하게 됨으로써 노동공급을 줄이고 여가를 선택하면서 노동공급곡선이 좌상향하므로 거짓이다.

④ 여가가 열등재라는 것은 초과근로, 휴일근로를 하는 것으로 여가보다 소득(일)을 선택해 노동공급곡선이 우상향하므로 참이다.

위 경우 우상향하는 것이 참인 경우도 있고, 거짓인 경우도 있는데 소득효과와 대체효과 중 어느 것이 우세한지 알 수 없어 불확실하다.

01 정신역동적 직업상담 모형을 구체화 시킨 보딘(Bordin)의 상담과정 3단계를 쓰고 설명하시오.

① 탐색과 계약설정 : 상담자는 내담자가 자신의 욕구 및 자신의 정신역동적 상태를 탐색할 수 있도록 돕고 앞으로의 상담전략을 합의한다.

상담자는 허용적이며 온정적 관심 등을 보여 내담자가 어떤 이야기든 할 수 있는 분위기를 만들어 치료적 관계를 형성한다.

② 비판적 결정단계 : 진로에 대한 비판적 결정뿐만이 아니라 선택이 제한된 것들 또는 인성변화를 포괄하는 문제들도 포함한다.

내담자가 희망하는 직업과 관련하여 자신의 성격과 맞지 않을 경우 직업에 맞는 성격으로 바꿀 것인가? 또는 성격에 맞는 직업을 선택할 것인가? 결정한다.

③ 변화를 위한 노력단계 : 자신이 선택하고자 하는 직업과 관련지어 보아 자신의 성격 특히 욕구, 흥미 등에서 더 많은 변화를 필요로 하는 부분에 대한 변화를 시도하려고 노력해야 한다.

내담자가 성격에 맞는 직업을 선택 했다면 그 직업에서 요구하는 지식, 기술, 능력 등을 갖추기 위한 노력을 해야 하고, 그 직업에 맞는 성격으로 바꾸기로 결정 했다면 성격부분의 변화를 시도한다.

02 내담자와의 초기 면담 수행 시 상담자가 유의해야 할 사항 4가지를 쓰시오.

① 상담 시작 전에 가능한 모든 사례자료 검토하기
② 내담자와 만나기
③ 내담자의 초기목표를 명확히 하기
④ 내담자의 직업상담에 대한 기대를 결정하기
⑤ 내담자가 상담자의 기대를 얼마나 잘 수용하는지 관찰하기
⑥ 비밀유지에 대해 설명하기
⑦ 요약하기
⑧ 반드시 짚고 넘어가야 할 상담시의 필수질문들을 확인하기
⑨ 과제물 부여하기
⑩ 적절한 때에 상담관리자나 다른 직업상담가에게 피드백 받기

03 구성타당도 분석방법 2가지를 제시하고 설명하시오.

① 수렴타당도 : 검사의 결과가 이론적으로 그 속성과 관계있는 변인들과 높은 상관관계를 지니고 있는지의 정도를 측정하는 것이다.

② 변별타당도 : 검사의 결과가 이론적으로 그 속성과 관계없는 변인들과 낮은 상관관계를 지니고 있는지의 정도를 측정하는 것이다.

04 엘리스(Ellis)의 REBT기법에서 ABCDEF에 대해 설명하시오.

① A(선행사건) : 내담자가 노출되었던 문제 장면이나 선행사건이다.
② B(신념체계) : 내담자가 문제 장면에 대해 갖는 신념으로 비합리적 신념이다.
③ C(결과) : 내담자가 선행사건 때문에 생겨났다고 보고하는 정서적 · 행동적 결과이다.
④ D(논박) : 내담자의 비합리적 신념에 대한 상담자의 적극적인 논박이다.
⑤ E(효과) : 내담자의 비합리적 신념을 논박한 결과이다.
⑥ F(감정) : 논박하기를 통해 바뀐 합리적 신념에서 비롯된 새로운 감정이나 행동이다.

엘리스(Ellis)는 사람들이 어떤 사건을 경험 했을 때 합리적 사고 또는 비합리적 사고를 할 수 있는데 비합리적 사고로 정서적 혼란을 겪고 행동에 영향을 미친다고 보고 비합리적 사고(신념)을 최소화하거나 합리적 사고(신념)으로 전환하도록 도와야한다고 했다. 예 사소한 실수로 인해 실수하면 안된다. 회사생활 끝이라고 생각하며 전직을 결심한 내담자가 상담자를 찾아왔다.

- A(선행사건) : 사소한 실수를 했다.
- B(신념체계) : 실수하면 안된다. 실수하면 회사생활 끝이다.
- C(결과) : 전직을 결심한다.
- D(논박) : 동료나 상사가 실수한다면 어떻게 말해주겠어요? 회사생활 끝이라는 것은 어떤 것일까요? 전직이후에도 실수하면 회사를 그만둬야 할까요?
- E(효과) : 생각해보니 사소한 실수였다. 회사생활하며 실수할 수도 있다.
- F(감정) : 그 회사에 계속 근무한다.

05 스트롱(Strong) 직업흥미검사 척도 3가지를 쓰고 간략하게 설명하시오.

① GOT(일반직업분류) : 홀랜드의 이론에 기초하여 6개(RIASEC)의 분류로 피검사자의 흥미에 대한 정보를 제공해 준다.
② BIS(기본흥미척도) : 특정 흥미 분야에 집중하여 가능성 있는 직업 분야를 구체적으로 활용하는데 유용하다.
③ PSS(개인특성척도) : 업무유형, 학습유형, 리더십유형, 모험심유형에 대해 개인이 선호하고 편안하게 느끼는 것을 측정한다.

스트롱 검사는 연령에 따라 총 3종의 검사도구로 스트롱 진로발달검사, 스트롱진로탐색검사, 스트롱직업흥미검사로 구성되어 있다. 총 325문항은 8개의 부분으로 나누어져 있으며 하위척도는 일반직업분류, 기본흥미척도, 개인특성척도로 구성되어있다.

○ 특성 · 요인 상담에서 스트롱(Strong)과 슈미트(Schmidt)가 중요하게 생각한 상담사의 특성 3가지

① 전문성(Expertness; E) : 상담자가 타당한 주장을 할 수 있는 능력을 충분히 갖추고 있는 사람으로 보이는 정도이다.
② 친근감(Attractiveness; A) : 친근감은 비슷한 출신배경, 상담자가 내담자를 평가하지 않는 것, 공격적이지 않고 친절한 것 등이다.
③ 신뢰감(Trustworthiness; T) : 신뢰감은 상담자가 솔직하다, 비밀유지를 해준다. 책임감이 있어 보인다. 공평하다 등이다.

06 검사-재검사 신뢰도에 영향을 미치는 요인 4가지를 쓰시오.

검사-재검사 신뢰도는 한번 실시한 검사를 시간간격 두고 반복실시하여 상관 관계를 추정하는 계산방법이다.

① 시간간격: 시간간격이 너무 짧으면 먼저 풀었던 문항을 기억하여 답하거나 한 번 풀었던 문항을 다시 풀기 때문에 연습효과가 있을 수 있고, 너무 길면 그 동안 공부했던 것을 잊거나 새로운 내용을 공부해서 점수에 영향을 미칠 수 있다.

② 사건의 영향: 검사-재검사 신뢰도는 시간간격을 두고 실시하므로 시간간격에 따라 경험하는 사건이 발생할 수 있어 그로인해 영향을 미칠 수 있다. 예 직업가치관 검사에서 고용안정을 가장 우선시하였는데 인턴 또는 현장실습하며 안전사고를 목격하게되면 직업가치관에 영향을 미칠 수 있다.

③ 개인내적 차이: 검사를 실시할 때 피검사자(내담자)의 건강상태, 동기, 피로, 불안 등에 따라 검사결과에 영향을 미칠 수 있다.

④ 환경의 차이: 검사를 실시하는 환경이 예를 들어, 여름 또는 겨울, 소음, 습도 등에 따라 검사에 영향을 미칠 수 있다.

07 진로성숙검사의 능력척도 3가지를 쓰고 설명하시오.

① 직업세계 이해능력: 직업의 종류, 직업의 특성, 작업조건, 교육수준, 직무 및 직업세계의 변화경향과 직업정보 획득 등 6개 분야에 대한 지식과 이해의 정도이다.

② 직업선택능력: 자신의 흥미, 적성 등과 직업세계에 대한 지식과 이해를 토대로 자신에게 적합한 직업을 선택할 수 있는 능력이다.

③ 합리적인 의사결정능력: 자기 자신 및 직업세계에 대한 이해와 지식을 바탕으로 진로와 관련된 의사결정 과정에서 부딪히는 갈등상황을 합리적으로 해결하는 능력이다.

진로의사결정에서 가장 중요한 것으로 간주되는 지식영역인 자기평가, 직업정보, 목표선정, 계획, 문제해결 등 5개 영역을 측정하여 내담자의 능력척도인 직업세계 이해능력, 직업선택능력, 합리적인 의사결정능력을 측정한다.

08 지필검사관련 면접 및 관찰 평가시의 채점자와 평가자의 오차에 의해서 발생하는 오류 3가지를 쓰고 설명하시오.

① 후광 효과: 내담자의 한 가지 측면을 다른 측면으로 일반화하는 경향성이다.
예 잘 생긴 사람은 성격도 좋을 것이다.

② 관용 오류: 사람의 성격을 실제보다 더 호의적으로 평가하는 경향성이다.
예 좋은 점을 찾아 최대한 부각 시킨다.

③ 엄격화 오류: 평가대상을 지나치게 엄격히 평가하는 경향으로 인한 오류이다.
예 작은 실수도 엄격하게 평가한다.

④ 중심화 경향의 오류: 모든 사람을 '평균' 혹은 중간에 가깝게 평가하려는 경향성이다.
예 설문지 또는 만족도 조사에서 점수주기 곤란할 때 '보통'에 체크하듯 채점할 때 평균 점수를 준다.

⑤ 대조오류: 면접자가 자신의 특성과 대조되는 사항의 평가에 긍정 또는 부정적인 영향을 미치는 경향이다.
예 학력이 낮은 사람이 고학력자 평가에 긍정적 또는 부정적 반응을 보이는 것이다.

09 투사검사의 장점과 단점 각각 3가지씩 쓰시오.

장점	단점
① 다양하고 풍부한 반응을 한다. ② 개개인의 독특성이 드러난다. ③ 무의식적 반응으로 왜곡하기 어렵다.	① 신뢰도가 낮을 수 있다. ② 개인 간 객관적 비교가 어렵다. ③ 해석 시 검사자의 주관이 개입할 가능성이 있다.

투사검사는 로르샤흐검사, TAT주제통각, 문장완성검사 등으로 그림 또는 문장을 보고 느끼는대로 자유롭게 대답하기 때문에 다양한 반응, 개개인의 독특성이 드러나고 왜곡하기 어려운 장점이 있다. 그러나 개인내적, 환경의 차이로 답변이 달라질 수 있어 검사-재검사 신뢰도가 낮을 수 있고 개인 간 객관적 비교가 어렵다. 또한 검사결과를 해석하는 상담자의 주관이 개입될 염려가 있고, 상담자의 인종, 성별, 체격 등이 내담자의 반응에 영향을 미칠 수 있는 단점이 있다.

10 한국직업사전의 정규교육, 숙련기간, 직무기능에 대해 설명하시오.

① 정규교육 : 해당 직업의 직무를 수행하는데 필요한 일반적인 정규교육수준을 의미한다.
② 숙련기간 : 정규교육과정을 이수한 후 해당 직업의 직무를 평균적인 수준으로 스스로 수행하기 위하여 필요한 각종 교육, 훈련, 숙련기간을 의미한다.
③ 직무기능 : 해당 직업 종사자가 직무를 수행하는 과정에서 "자료", "사람", "사물"과 맺는 관련된 특성을 나타낸다.

11 직무분석 자료를 활용하는 용도를 5가지 쓰시오.

① 모집 및 선발
② 교육 및 훈련
③ 직무수행평가
④ 직무평가
⑤ 정원관리

직무분석은 직무의 세부내용을 분석하여 직무기술서를 작성하고, 그 직무에서 요구되는 지식·기술·능력 등을 분석하여 직무명세서를 기술한다. 직무기술서와 직무명세서를 바탕으로 직무의 중요도, 위험도, 난이도를 평가한다. 그 자료들을 바탕으로 모집 및 선발, 교육 및 훈련, 직무수행평가, 직무평가, 임금관리, 배치 및 정원관리, 안전관리 및 작업조건 개선에 활용한다.

12 한국표준산업분류에서 통계단위의 산업결정방법을 3가지 쓰시오.

① 주된 산업 활동은 산출물에 대한 부가가치(액)의 크기에 따라 결정되어야 하나,
② 부가가치(액) 측정이 어려운 경우에는 산출액에 의하여 결정되어야 하나,
③ 상기의 원칙에 따라 결정하는 것이 적합하지 않을 경우에는 그 해당 활동의 종업원 수 및 노동시간, 임금 및 급여액 또는 설비의 정도에 의하여 결정된다.

예 빵과 커피를 함께 판매한다면 제빵 또는 커피전문점으로 볼 것인가?를 결정할 때 ① 두 가지 중 어느 종목이 부가가치액이 큰가?로 결정하고 둘이 같다면 ② 산출액으로 결정하는데 그것도 같다면 ③ 제빵 종업원 수 및 노동시간 등과 커피 종업원 수 및 노동시간 등으로 결정한다.

13 한국표준직업분류의 포괄적 업무에 대한 분류원칙을 적용하는 순서대로 쓰고 각각 설명하시오.

① 주된 직무 우선 원칙 : 2개 이상의 직무를 수행하는 경우는 수행되는 직무내용과 관련 분류 항목에 명시된 직무내용을 비교·평가하여 관련 직무 내용상의 상관성이 가장 많은 항목에 분류한다. 예 교육과 진료를 겸하는 의과대학 교수는 강의, 평가, 연구 등과 진료, 처치, 환자상담 등의 직무내용을 파악하여 관련 항목이 많은 분야로 분류한다.

② 최상급 직능수준 우선 원칙 : 수행된 직무가 상이한 수준의 훈련과 경험을 통해서 얻어지는 직무능력을 필요로 한다면, 가장 높은 수준의 직무능력을 필요로 하는 일에 분류하여야 한다. 예 조리와 배달의 직무비중이 같은 경우에는, 조리의 직능수준이 높으므로 조리사로 분류한다.

③ 생산업무 우선 원칙 : 재화의 생산과 공급이 같이 이루어지는 경우는 생산단계에 관련된 업무를 우선적으로 분류한다. 예 한 사람이 빵을 생산하여 판매도 하는 경우에는 제빵원으로 분류하여야 한다.

· 포괄적 직무에 대한 원칙 의미 : 동일한 직업이라 할지라도 사업체 규모에 따라 직무범위에 차이가 날 수 있다.

14 홀랜드(Holland)의 성격유형 6가지를 쓰고 설명하시오.

① 현실형 : 분명하고 질서정연하고 체계적인 활동을 좋아하며 기계를 조작하는 활동 및 기술을 선호하는 흥미유형이다. 대표직업으로는 전기기사, 소방관, 군인, 프로운동선수, 운전사 등이 있다.

② 탐구형 : 관찰적, 상징적, 체계적이며 물리적, 생물학적, 문화적 현상의 창조적인 탐구활동을 선호하는 흥미유형이다. 대표직업으로는 심리학자, 물리학자, 경영분석가, 번역가 등이 있다.

③ 예술형 : 예술적 창조와 표현, 변화와 다양성을 선호하고 틀에 박힌 활동을 싫어하며 자유롭고, 상징적인 활동을 선호하는 흥미유형이다. 대표직업으로는 음악가, 화가, 디자이너, 시인 등이 있다.

④ 사회형 : 타인의 문제를 듣고, 이해하고, 도와주고, 치료해주는 활동을 선호하는 흥미유형이다. 대표직업으로는 사회사업가, 상담가, 간호사, 교사, 성직자 등이 있다.

⑤ 진취형 : 조직의 목적과 경제적 이익을 얻기 위해 타인을 지도, 계획, 통제, 관리하는 일과 그 결과로 얻게 되는 명예, 인정, 권위를 선호하는 흥미유형이다. 대표직업으로는 기업대표, 고위관리자, 변호사, 영업사원 등이 있다.

⑥ 관습형 : 정해진 원칙과 계획에 따라 자료를 기록, 정리, 조작하는 활동을 좋아하고 사무능력, 계산능력을 발휘하는 것을 선호하는 흥미유형이다. 대표직업으로는 회계사, 경리사무원, 은행사무원 등이 있다.

15 상담목표를 설정할 때 고려해야 할 사항 4가지를 쓰시오.

① 목표들은 구체적이어야 한다.
② 목표들은 실현가능해야 한다.
③ 목표들은 내담자가 원하고 바라는 것이어야 한다.
④ 내담자의 목표는 상담자의 기술과 양립 가능해야만 한다.

상담자는 내담자의 직업관련 문제를 평가하고 상담목표를 설정하는데 구체적이고 실현가능해야하며 내담자가 원하고 바라는 것이어야 한다. 또한 상담자가 그 목표달성에 요구되는 지식과 기술 등을 갖추었는지 확인해야 한다. 상담자가 도울 수 없다면 상담을 시작하지 말아야하고, 만일 상담중 내담자를 도울 수 없음을 알아차렸을 때 상담을 중단하고 내담자는 다른 전문가에게 의뢰해야 한다.

16 내담자의 흥미사정기법 3가지를 쓰고 설명하시오.

① 표현된 흥미 : 어떤 활동이나 직업에 대해 '좋다, 싫다'라고 간단하게 말하도록 요청하는 것이다.
② 조작된 흥미 : 활동에 대해 질문을 하거나 활동에 참여하는 사람들이 어떻게 시간을 보내는지를 관찰하는 것이다.
③ 조사된 흥미 : 표준화된 검사를 이용하여 개인이 특정 직업에 종사하는 사람들의 흥미와 유사점이 있는지 비교한다.

17 기업의 한계노동비용과 이윤극대화가 이루어질 때 아래 물음에 답하시오.

노동공급	임금	한계수입생산
5	6	62
6	8	50
7	10	38
8	12	26
9	14	14
10	16	2

(1) 노동량이 7, 임금이 10일 때 한계비용을 구하는 계산식을 쓰고 답을 계산하시오.

- 노동의 한계비용: 2원
- 노동의 한계비용은 노동량 1단위 추가 투입으로 발생하는 비용을 말하는 것으로 노동 6단위 일 때 임금 8원, 노동 7단위 일 때 임금 10원이므로 2원 증가되었다.
- 계산식 $= \frac{\text{한계비용의 변화}}{\text{노동량의 변화}} = \frac{2\text{원}}{1\text{단위}} = 2\text{원}$

(2) 이 기업의 최대수입(조건)을 내는 노동량과 임금을 계산하시오.

- 노동량: 10단위, 임금: 16원
- 극대이윤을 추구하는 기업은 한계비용과 한계수입이 같아지는 지점에서 고용을 결정한다.
- 노동단위 9단위 일 때 임금 14원에서 10일 때 임금 16원으로 한계비용 2원이다.

∴ 노동단위가 10일 때 한계비용 2원, 한계수입 2원으로 한계비용과 한계수입이 같아지므로 기업은 노동 10단위에서 고용을 결정한다.

완전경쟁시장하에서 기업은 한계비용이 한계수입(한계생산물가치)과 일치하는 점까지 생산을 계속함으로써 극대이윤을 추구하고 한계비용과 한계수입이 같아지는 지점에서 고용을 결정한다. 기업은 노동비용(임금)이 상승한다면 고용량을 감소할 것이고, 노동비용이 하락한다면 고용량을 증대할 것이다.

18 임금의 하방경직성의 의미를 설명하고 임금이 하방경직성이 되는 이유 5가지를 쓰시오.

○ 임금의 하방경직성 의미: 한번 결정된 임금은 수요와 공급의 불균형, 경기변동에도 관계없이 좀처럼 하락하지 않는 것을 말한다.

일반적으로 해마다 전기요금, 수도요금, 원재료 단가, 자재비 등이 상승하는데 그로 인해 기업이 생산하는 재화 또는 제공되는 서비스의 가격이 상승하고 기업은 종업원의 임금인상을 실시한다. 이 경우 고용조정이나 채용규모를 축소하게되는데 그럼에도 불구하고 임금을 하락시키지 못하는 것을 임금의 하방경직성이라 한다.

○ 임금의 하방경직성 원인

① 강력한 노동조합의 존재 : 노동조합이 노동공급을 독점할 경우 노동공급을 하지 않을 수 있다.

② 장기근로계약 : 신입 일 땐 생산성보다 낮은 임금을 지급하고, 해를 거듭할수록 생산성보다 높은 임금을 보장하는 급여제도를 실시하기 때문이다.

③ 노동자의 역선택 발생가능성 : 기업의 전체 노동자에 대한 일괄적 임금삭감은 종업원의 인적자본 투자요인을 감소시키고 유능한 노동자의 이직을 유발하기 쉽다.

④ 기업내부자 집단이기주의 : 기업내부자들은 신참노동자를 먼저 해고시키는 경향이 있다.

⑤ 1차 노동시장에서 비노조기업들이 효율임금 추구·기업명성 유지 : 기업명성을 유지하여 참된 성실한 노동자의 채용을 지속적으로 하기 위해 효율성임금을 낮추려 하지 않기 때문이다.

⑥ 사회적 관행 : 1차 노동시장에서 불경기로 해고된 근로자들이 1차 노동시장에 재진입하기 위해 실업자로 머물지 2차 노동시장에 진입하려하지 않는다.

01 직업상담사가 갖추어야 할 자질을 3가지 쓰시오

① 직업상담사는 상담 업무를 수행하는데 있어 결함이 없는 성격을 갖추어야 한다.

직업상담사는 통일된 동일시, 건설적 냉철함, 정서성에서 분리된 지나치지 않은 동정심, 순수한 이해심을 가진 신중한 태도, 도덕적 판단이나 두려움, 충격 등에 대한 뜻깊은 이해성을 갖추어야 한다.

② 직업상담사는 내담자의 유형에 적합한 프로그램을 기획하고 개발할 수 있어야 한다.

③ 직업상담사는 직업정보를 다양한 매체를 통하여 제공해야 하므로 매체를 다루는데 능숙해야 한다.

직업상담사는 컴퓨터를 이용하여 직업정보를 수집·분석·가공하고 전산망을 사용하거나 조사된 자료에 통계처리를 하며, 상담행정에 관한 관리를 해야 한다.

④ 직업상담사는 내담자에 대한 존경심을 가져야 한다.

내담자를 있는 그대로 수용하고 내담자가 자신의 문제를 스스로 해결할 수 있도록 자유를 주는 것은 물론 내담자에 대한 존경심을 잃지 말아야 한다.

⑤ 직업상담사는 상황 대처능력이 뛰어나야 한다.

내담자의 특성에 따라 상담자를 매우 힘들고 난처하게 하는 상황도 발생하므로 상황 대처능력이 뛰어나야 한다.

02 인지적·정서적 상담(RET)기법에서 기본가정, 기본개념, 상담의 목표를 쓰시오.

① 기본가정 : 인간은 합리적 사고와 비합리적 사고의 잠재성을 가지고 태어났다고 가정하며 정서적 혼란은 비합리적 신념에서 비롯된다고 본다.

② 기본개념 : 인지는 인간정서를 결정하는 가장 중요한 핵심적 요소이며 역기능적 사고는 정서장애의 중요한 결정요인이다. 정서적 문제를 해결하기 위해 사고의 분석부터 시작하는 것이 효과적이다.

③ 상담의 목표 : 상담과정에 논박하기를 이용하여 내담자의 비합리적 신념을 합리적 신념으로 바꾸어 수용할 수 있는 합리적 결과를 갖게 하는 것이다.

03 한국표준산업분류에서 산업분류 생산단위가 주로 수행하고 있는 산업활동을 그 유사성에 따라 유형화한 것으로 3가지 분류기준에 의해 분류된다. 이 3가지 분류기준을 쓰시오.

① 산출물(생산된 재화 또는 제공된 서비스)의 특성
- 산출물의 물리적 구성 및 가공단계
- 산출물의 수요처
- 산출물의 기능 및 용도

② 투입물의 특성
- 원재료, 생산 공정, 생산기술 및 시설 등

③ 생산활동의 일반적인 결합형태

04 수퍼(Super)의 발달적 직업상담에서 진단을 위한 3가지 평가유형을 설명하시오.

① 문제평가 : 문제평가에서는 내담자가 경험한 어려움과 진로상담에 대한 기대를 평가한다.

문제평가에서는 직업적 문제와 직업문제와 관계된 요인으로 나누어 평가되었다. 직업적 문제는 유용한 진단체계로 분류하기, 직업에 대한 개인의 생각 평가하기, 개인의 직업적 문제가 미성숙이거나 부적응에서 오는가를 평가하고, 직업문제와 관련된 요인으로 직업선택문제에서 가족의 관여여부, 직업선택에 관한 문제에서 성격과의 관련, 재정적 문제, 군복무, 결혼계획, 학업계속 등이 평가의 대상이다.

② 개인평가 : 개인평가는 내담자의 심리적, 사회적 및 신체적 차원에서 개인의 상태에 대한 평가를 한다.

개인의 평가는 현재의 상태와 기능과 생애발달사로 나누어 평가되었다. 현재의 상태와 기능에서는 적성, 특수적성, 흥미 등을 평가하고, 생애발달사에서는 중요한 신체적 질병, 가족적 배경, 출생순위, 부모의 양육태도 등이 평가의 대상이다.

③ 예언평가 : 예언평가에는 직업적·개인적 평가를 바탕으로 내담자가 만족할 수 있는 것에 대한 예언이 이루어진다.

예언평가에는 직업상담과 직업적응으로 나누어 평가한다. 직업상담에서는 상담에 대한 기대, 상담의 관여, 상담의 목표와 계획을 평가하고, 직업적응에서는 직업에의 성공, 만족과 관련된 능력, 성격과의 관련성을 알아본다.

05 윌리암슨(Williamson)의 특성·요인 직업상담에서 직업의사결정과정에서 나타나는 여러 문제들에 대한 변별진단 결과를 분류하는 4가지 범주를 쓰시오.

① 불확실한 선택 : 내담자가 자신에 대한 이해 부족, 직업세계에 대한 이해가 부족한 상태에서 진로선택을 한 경우이다.

② 무선택 : 내담자가 아직 진로결정을 하지 못 했다고 이야기 하거나 진로에 대해 잘 모른다고 하는 경우이다.

③ 흥미와 적성의 불일치 : 내담자가 말하는 흥미와 적성의 불일치일 수도 있고, 측정된 결과의 불일치를 보이는 경우이다.

④ 어리석은 선택 : 내담자의 흥미와 관계없는 목표, 직업정보의 결핍 등에 의해 현명하지 못한 선택을 한 경우이다.

06 구성타당도를 분석하는 방법 3가지를 제시하고 그 방법에 대해 설명하시오.

① 요인분석 : 검사를 구성하는 문항들 간의 상호상관관계를 분석해서 서로 상관이 높은 문항들을 묶어주는 통계적 방법이다.

② 수렴타당도 : 검사의 결과가 이론적으로 그 속성과 관계있는 변인들과 높은 상관관계를 지니고 있는지의 정도를 측정하는 것이다.

③ 변별타당도 : 검사의 결과가 이론적으로 그 속성과 관계없는 변인들과 낮은 상관관계를 지니고 있는지의 정도를 측정하는 것이다.

07 집단상담의 장점과 단점을 각각 3가지씩 쓰시오.

○ 집단상담의 장점

① 경제적이며 효율적이다.
한정된 시간에 더 많은 내담자를 상담할 수 있어서 효율적이며, 비용이 적게 든다는 점에서 경제적이다.

② 실생활의 축소판 기능이 있다.
실생활의 축소판으로 지지적이고 수용적이며 양육적인 대리 가족을 제공한다는 장점이 있다.

③ 문제예방의 효과가 있다.
잠재적인 문제가 악화되거나 발생하기 전에 집단상담을 통해 사전에 대처할 수 있는 생활 관리기술을 배울 수 있기 때문이다.

④ 인간적 성장환경을 마련할 수 있다.
집단상담은 여러 사람들과의 상호작용으로 서로의 사고와 행동 그리고 생활양식 등을 탐색해보는 기회를 가짐으로써 인간적 성장의 환경을 마련할 수 있다.

⑤ 상담에 대한 긍정적 인식이 확대된다.
상담에 대해 알지 못하거나 부정적인 인식을 가졌던 사람들이 집단상담의 경험으로 긍정적인 인식을 갖게 될 수 있다.

○ 집단상담의 한계 또는 단점

① 비밀보장의 한계가 있다.
집단상담 장면에서는 집단원의 비밀보장에 한계가 있다.

② 역효과의 가능성이 있다.
집단상담에 참여하기를 원하지 않았거나 준비가 되지 않은 상태에서 집단에 참여하게 된 경우 부정적인 결과를 가져올 수 있다.

③ 집단의 압력가능성이 있다.
집단원들의 집단 규준과 기대에 부응해야 할 것 같은 미묘한 심리적 압박을 갖게 할 수 있다.

④ 개인에 대한 관심이 미약할 수 있다.
상담자가 집단원 개개인에게 주의를 기울여 수용하고 이해하기 위한 시간이 부족하기 때문에 자칫하면 집단원 중 일부의 문제를 등한시 할 수도 있다.

08 한국표준산업분류에서 통계단위의 산업을 결정하는 방법 3가지를 쓰시오.

① 주된 산업 활동은 산출물에 대한 부가가치(액)의 크기에 따라 결정되어야 하나,

② 부가가치(액) 측정이 어려운 경우에는 산출액에 의하여 결정되어야 하나,

③ 상기의 원칙에 따라 결정하는 것이 적합하지 않을 경우에는 그 해당 활동의 종업원 수 및 노동시간, 임금 및 급여액 또는 설비의 정도에 의하여 결정된다.

09 극대수행검사와 습관적 수행검사의 의미를 설명하고 종류를 2가지씩 쓰시오.

① 극대수행검사는 피검사자의 인지능력을 평가하기 위한 검사로 최대한의 능력발휘가 요구되는 검사를 말한다. 종류에는 지능검사와 적성검사가 있다.

② 습관적 수행검사는 피검사자의 일상생활에서 나타나는 개인의 습관적인 행동을 측정하는 검사를 말한다. 종류에는 성격검사와 흥미검사가 있다.

10 틴즐리(Tinsley)와 브래들리(Bradley)가 제시한 심리검사 결과 해석의 4단계를 설명하시오.

① 검사점수 이해하기 : 상담자는 '이 점수가 의미하는 것이 무엇인가?'라는 내담자의 질문에 대답할 수 있어야 한다.

② 통합하기 : 상담자는 내담자에 대해 알고 있는 다른 정보들과 검사결과를 통합한다.

③ 해석하기 : 상담자는 중립적인 자세로 내담자가 이해할 수 있는 언어로 상담결과를 내담자에게 해석한다.

④ 추수활동 : 상담자는 검사결과와 내담자의 정보를 통합한 자료를 상담장면에 활용한다.

11 흥미검사는 특정직업 활동에 대한 흥미나 선호를 측정하기 위해 만들어진 것이다. 현재 사용할 수 있는 흥미검사의 종류를 5가지 쓰시오.

① 자기탐색검사(Self-Directed Search) : 자기탐색검사는 홀랜드의 RIASEC 모형을 적용한 검사로 개인의 진로유형 및 전공이나 직업 정보뿐만 아니라 진로정체성에 대한 정보를 제공한다.

② 스트롱 흥미검사(Strong Vocational Interest Blank) : 개인의 흥미를 측정하여 그에 적합한 직업에 관한 정보를 제공하기 위한 검사로 GOT(일반직업분류), BIS(기본흥미척도), PSS(개인특성척도)로 구성되어 있다.

③ 직업선호도검사(Vocational Preference Inventory) : 직업선호도검사는 개인의 직업흥미를 측정하는 검사로 L형과 S형으로 구성되어 있는데, L형은 흥미검사, 성격검사, 생활사검사로 구성되어 있고, S형은 흥미검사가 있다.

④ 미네소타 직업흥미검사(Minnesota Vocational Interest Inventory) : 대학 교육과정을 이수하지 않은 학생들을 위한 검사로, 대학 과정을 요하지 않는 직업군 내에서 흥미를 측정하기 위해 개발된 흥미검사이다.

⑤ 쿠더 직업흥미검사(Kuder Preference Record) : 쿠더 흥미검사는 개인이 여러 가지 활동 중 어떤 활동을 보다 더 좋아하며 같은 연령집단의 흥미와 비교해 볼 때 그의 흥미수준은 어떠하다라는 정보를 제공한다.

12 수퍼(Super)의 경력개발 5단계를 쓰고 설명하시오.

① 성장기 : 이 시기에 아동은 가정과 학교에서 중요한 타인에 대해 동일시를 함으로써 자아개념을 발달시킨다.

- 환상기: 아동의 욕구가 지배적이며 역할수행이 중시된다.
- 흥미기: 진로의 목표와 내용을 결정하는데 있어서 아동의 흥미가 중시된다.
- 능력기: 진로선택에 있어서 능력을 중시하며 직업에서의 훈련조건을 중시한다.

② 탐색기 : 이 시기에 개인은 학교생활, 여가활동 등과 같은 활동을 통해서 자아를 검증하고, 역할을 수행하며 직업탐색을 시도한다.

- 잠정기: 자신의 흥미, 능력, 취업기회 등을 고려하여 토론이나 일의 경험 등을 통해 잠정적으로 진로를 선택해 본다.
- 전환기: 장래 직업세계에 들어갈 때 필요한 교육이나 훈련을 받으며 자신의 자아개념을 확립하려고 하고 현실적 요인을 중시한다.
- 시행기: 자기에게 적합하다고 판단되는 직업을 선택해서 거기에 종사하기 시작한다.

③ 확립기 : 이 시기에 개인은 자신에게 적합한 분야를 발견해서 종사하고 생활의 터전을 잡으려고 노력한다.

④ 유지기 : 이 시기에 개인은 안정된 속에서 비교적 만족스런 삶을 살아간다.

⑤ 쇠퇴기 : 이 시기에 개인은 직업전선에서 은퇴하게 되므로 다른 새로운 역할과 활동을 찾게 된다.

13 실업률과 임금근로자수를 구하시오.

(단, 소수점 둘째자리에서 반올림)

· 15세 이상 인구: 35,986천명　　· 비경제활동인구: 14,716천명　　· 취업자: 20,149천명
(자영업자 수: 5,646천명, 무급가족 종사자: 1,684천명, 상용근로자: 6,113천명, 임시근로자: 4,481천명, 일용근로자: 2,225천명)

- 실업률: 5.3%
- 임금근로자 수: 12,819천명
- 실업률 $= \frac{\text{실업자 수}}{\text{경제활동인구}} \times 100$, $\frac{\text{1,121천명}}{\text{21,270천명}} \times 100 = 5.3\%$
- 임금근로자＝상용근로자＋임시근로자＋일용근로자＝6,113천명＋4,481천명＋2,225천명＝12,819천명

- 국민=15세 이상인구+15세 미만인구
- 15세이상인구=경제활동인구+비경제활동인구
- 경제활동인구=취업자+실업자
- 취업자=임금근로자+비임금근로자
- 임금근로자=상용근로자+임시근로자+일용근로자
- 비임금근로자=자영업자+무급가족종사자

14 한국직업사전 부가직업정보 중 육체활동의 구분 4가지를 쓰시오

○ 의미: 육체활동은 해당 직업의 직무를 수행하기 위해 필요한 신체적 능력을 나타내는 것으로 균형감각, 웅크림, 손, 언어력, 청각, 시각 등이 요구되는 직업인지를 보여준다.

① 균형감각: 손, 발, 다리 등을 사용하여 사다리, 계단, 발판, 경사로, 기둥, 밧줄 등을 올라가거나 몸 전체의 균형을 유지하고 좁거나 경사지거나 또는 움직이는 물체 위를 걷거나 뛸 때 신체의 균형을 유지하는 것이 필요한 직업이다.

② 웅크림: 허리를 굽히거나 몸을 앞으로 굽히고 뒤로 젖히는 동작, 다리를 구부려 무릎을 꿇는 동작, 다리와 허리를 구부려 몸을 아래나 위로 굽히는 동작, 손과 무릎 또는 손과 발로 이동하는 동작 등이 필요한 직업이다.

③ 손사용: 일정기간의 손사용 숙련기간을 거쳐 직무의 전체 또는 일부분에 지속적으로 손을 사용하는 직업으로 통상적인 손사용이 아닌 정밀함과 숙련을 필요로 하는 직업에 한정한다.

④ 언어력: 말로 생각이나 의사를 교환하거나 표현하는 직업으로 개인이 다수에게 정보 및 오락제공을 목적으로 말을 하는 직업이다.

⑤ 청각: 단순히 일상적인 대화내용 청취여부가 아니라 작동하는 기계의 소리를 듣고 이상 유무를 판단하거나 논리적인 결정을 내리는 청취활동이 필요한 직업이다.

⑥ 시각: 일상적인 눈사용이 아닌 시각적 인식을 통해 반복적인 판단을 하거나 물체의 길이, 넓이, 두께를 알아내고 물체의 재질과 형태를 알아내기 위한 거리와 공간 관계를 판단하는 직업이다. 또한 색의 차이를 판단할 수 있어야 하는 직업이다.

15 한국표준직업분류에서 포괄적 업무의 개념과 분류원칙 3가지를 쓰고 설명하시오.

○ 개념: 동일한 직업이라 할지라도 사업체 규모에 따라 직무범위에 차이가 날 수 있다.

○ 분류원칙

① 주된 직무 우선 원칙 : 2개 이상의 직무를 수행하는 경우는 수행되는 직무내용과 관련 분류 항목에 명시된 직무내용을 비교·평가하여 관련 직무 내용상의 상관성이 가장 많은 항목에 분류한다.

예 교육과 진료를 겸하는 의과대학 교수는 강의, 평가, 연구 등과 진료, 처치, 환자상담 등의 직무내용을 파악하여 관련 항목이 많은 분야로 분류한다.

② 최상급 직능수준 우선 원칙 : 수행된 직무가 상이한 수준의 훈련과 경험을 통해서 얻어지는 직무능력을 필요로 한다면, 가장 높은 수준의 직무능력을 필요로 하는 일에 분류하여야 한다.

예 조리와 배달의 직무비중이 같은 경우에는, 조리의 직능수준이 높으므로 조리사로 분류한다.

③ 생산업무 우선 원칙 : 재화의 생산과 공급이 같이 이루어지는 경우는 생산단계에 관련된 업무를 우선적으로 분류한다.

예 한 사람이 빵을 생산하여 판매도 하는 경우에는 제빵원으로 분류하여야 한다.

16 직무분석법 방법 3가지를 쓰고 설명하시오.

① 최초분석법 : 분석할 대상 직업에 관한 참고 문헌이나 자료가 드물고, 그 분야에 많은 경험과 지식을 갖춘 사람이 거의 없을 때에 직접 작업 현장을 방문하여 분석하는 방법이다.

적합한 경우	시간과 노력이 많이 소요되므로 비교적 단순반복되는 직무에 적합하다.
종류	• 면담법: 특정 직무에 대한 많은 지식과 숙련된 기능을 가지고 있는 사람을 직접 만나서 면담을 하면서 분석하는 방법이다. • 관찰법: 분석자가 직접 작업자의 곁에 서서 직무 활동의 실제를 상세하게 관찰하고 그 결과를 기술하는 방법이다. • 체험법: 분석자 자신이 직접 직무활동에 참여하여 체험함으로써 생생한 직무자료를 얻는 방법이다. • 설문법: 현장의 작업자 또는 감독자에게 설문지를 배부하여 이들에게 직무의 내용을 기술하게 하는 방법이다. • 녹화법: 작업장면을 촬영·녹화한 후 작업자와 함께 영상기의 화면을 보면서 분석하는 방법이다.

② 비교확인법 : 지금까지 개발된 자료를 수집하고 분석하여 직무분석 양식에 초안을 작성한 다음 최초분석법으로 확인하는 방법이다.

③ 데이컴법 : 교과과정을 개발하는데 활용되어 온 직무분석 기법으로 교육목표와 교육내용을 비교적 단시간 내에 추출하는데 효과적이다.

17 생산성 임금제에 의하면 명목임금의 상승률을 결정할 때 부가가치, 노동생산성과 일치시키는 것이 적당하다고 한다. 어떤 기업의 2019년 근로자수 40명, 생산량 100개, 생산물 단가 10원, 자본비용 150원이였다. 2020년에는 근로자수는 50명, 생산물은 120개, 생산물 단가 12원, 자본비용은 200원으로 올랐다고 가정하자. 생산성임금에 근거했을 때 이 기업의 2021년도 적정임금 상승률을 구하시오. (단, 소수점 발생 시 반올림하여 소수 첫째 자리로 표현하시오.)

- 적정임금상승률: 15.2%
- 생산성 $= \dfrac{\text{생산량} \times \text{생산물단가}}{\text{근로자수}}$
- 2019년 생산성 $= \dfrac{100\text{개} \times 10\text{원}}{40\text{명}} = 25$
- 2020년 생산성 $= \dfrac{120\text{개} \times 12\text{원}}{50\text{명}} = 28.8$
- 생산성 증가율 $= \dfrac{\text{생산성 변화}}{\text{전년도생산성}} \times 100 = \dfrac{3.8}{25} \times 100 = 15.2\%$

18 홀랜드(Holland)의 흥미유형 6가지를 쓰고 설명하시오.

① 현실형 : 분명하고 질서정연하고 체계적인 활동을 좋아하며 기계를 조작하는 활동 및 기술을 선호하는 흥미유형이다. 대표직업으로는 전기기사, 소방관, 군인, 프로운동선수, 운전사 등이 있다.

② 탐구형 : 관찰적, 상징적, 체계적이며 물리적, 생물학적, 문화적 현상의 창조적인 탐구활동을 선호하는 흥미유형이다. 대표직업으로는 심리학자, 물리학자, 경영분석가, 번역가 등이 있다.

③ 예술형 : 예술적 창조와 표현, 변화와 다양성을 선호하고 틀에 박힌 활동을 싫어하며 자유롭고, 상징적인 활동을 선호하는 흥미유형이다. 대표직업으로는 음악가, 화가, 디자이너, 시인 등이 있다.

④ 사회형 : 타인의 문제를 듣고, 이해하고, 도와주고, 치료해주는 활동을 선호하는 흥미유형이다. 대표직업으로는 사회사업가, 상담가, 간호사, 교사, 성직자 등이 있다.

⑤ 진취형 : 조직의 목적과 경제적 이익을 얻기 위해 타인을 지도, 계획, 통제, 관리하는 일과 그 결과로 얻게 되는 명예, 인정, 권위를 선호하는 흥미유형이다. 대표직업으로는 기업대표, 고위관리자, 변호사, 영업사원 등이 있다.

⑥ 관습형 : 정해진 원칙과 계획에 따라 자료를 기록, 정리, 조작하는 활동을 좋아하고 사무능력, 계산능력을 발휘하는 것을 선호하는 흥미유형이다. 대표직업으로는 회계사, 경리사무원, 은행사무원 등이 있다.

Step Ⅲ

Vocational Counselor

답안 따라 쓰기

01회 2016년 04월 17일
02회 2016년 06월 26일
03회 2016년 10월 09일
04회 2017년 04월 16일
05회 2017년 06월 25일
06회 2017년 10월 15일
07회 2018년 04월 15일
08회 2018년 07월 01일
09회 2018년 10월 06일
10회 2019년 04월 14일
11회 2019년 06월 30일
12회 2019년 10월 13일
13회 2020년 05월 24일
14회 2020년 07월 26일
15회 2020년 10월 17일

01회

2016년 04월 17일

01 행동주의상담에서 불안감소기법과 학습촉진기법을 각각 3가지 쓰시오.

① 불안감소기법 : 체계적둔감화, 주장훈련, 홍수법
② 학습촉진기법 : 변별학습, 모델링, 토큰법

02 아들러(Adler)의 개인주의 상담의 목표를 3가지 쓰시오.

① 내담자의 사회적 관심을 증진시킨다.
② 열등감과 낙담을 제거한다.
③ 내담자의 관점과 목표를 수정하고 인생 각본을 바꾼다.

03 다알리(Darley)의 특성 · 요인 상담이론에서 상담자의 원칙 3가지를 쓰시오.

① 내담자에게 강의하려 하거나 거만한 자세로 말하지 않는다.
② 상담초기 내담자에게 제공하는 정보는 비교적 적은 범위로 한정시킨다.
③ 어떤 정보를 제공하기 전에 내담자가 그것을 알고 싶어 하는지 확인한다.

04 직무분석 단계 중 2단계에 해당하는 직무설계 단계에서 수행해야 할 과업 3가지를 쓰시오.

① 자료를 얻을 출처와 인원수를 결정한다.
② 자료수집 방법을 결정한다.
③ 자료분석 방법도 결정한다.

05 인지적 명확성이 부족한 내담자의 유형 6가지를 쓰시오.

① 단순 오정보 ② 복잡한 오정보 ③ 구체성 결여
④ 가정된 불가능 ⑤ 원인과 결과 착오 ⑤ 파행적 의사소통

06 홀랜드(Holland)의 6가지 흥미 유형을 쓰시오.

① 현실형 ② 탐구형 ③ 예술형
④ 사회형 ⑤ 진취형 ⑥ 관습형

07 직업적응이론(TWA)에서 데이비스(Dawis)와 롭퀴스트(Lofquist)의 심리검사 도구 3가지를 쓰시오.

① 미네소타 중요성질문지
② 미네소타 만족질문지
③ 미네소타 만족성척도

08 로저스(Rogers)의 내담자중심상담을 성공적으로 이끄는 데 있어서 상담자의 능동적 성향을 강조하였으며, 패터슨(Patterson)도 내담자중심직업상담은 기법보다 태도를 필수적으로 보았다. 내담자중심접근법을 사용할 때 직업상담자가 갖추어야 할 3가지 기본태도를 쓰고 설명하시오.

① 일치성 : 상담자는 상담장면에서 자신의 감정이나, 태도를 있는 그대로 진솔하게 인정하고 개방해야 한다.
② 긍정적 관심과 수용 : 상담자는 내담자의 감정이나 생각을 평가하지 않고 무조건 존중하고 따뜻하게 수용해야 한다.
③ 정확한 공감적 이해 : 상담자는 내담자의 경험과 감정을 민감하고 정확하게 이해해야 한다.

09 시간당 임금 10,000원, 제품 단가 2,000원일 때, 다음 물음에 답하시오.

노동단위	0	1	2	3	4	5
생산량	0	10	18	23	27	30

한계생산량(개)	0	10	8	5	4	3
한계수입(원)	0	20,000	16,000	10,000	8,000	6,000
한계비용(원)	0	10,000	10,000	10,000	10,000	10,000

(1) 노동이 5단위 투입되었을 때의 노동의 평균생산량은?

- 생산량 30개÷5단위=6개, 평균생산량=6개

(2) 이윤극대화를 위한 기업의 최적의 고용단위와 한계생산량은?

- 최적의 고용단위=3단위, 한계생산량 5개

10 직업심리검사 측정의 기본단위 척도(Scale) 4가지 유형을 쓰고 의미를 설명하시오.

① 명명척도 : 숫자의 차이가 측정한 속성이 대상에 따라 다르다는 것만을 나타내는 척도이다.

② 서열척도 : 숫자의 차이가 측정한 속성의 차이에 관한 정보뿐 아니라 그 순위관계에 대한 정보도 포함하고 있는 척도이다.

③ 등간척도 : 수치상의 차이가 실제 측정한 속성 간의 차이와 동일한 숫자의 집합을 말한다.

④ 비율척도 : 등간척도처럼 산술적인 계산이 가능하면서 절대값을 갖춘 척도이다.

11 투사적 검사의 장점을 3가지 쓰시오.

① 다양하고 풍부한 반응을 한다.

② 개개인의 독특성이 드러난다.

③ 무의식적 반응으로 왜곡하기 어렵다.

12 구성 타당도를 분석하는 방법 2가지를 제시하고 설명하시오.

① 수렴타당도: 검사의 결과가 이론적으로 그 속성과 관계있는 변인들과 높은 상관관계를 지니고 있는지의 정도를 측정하는 것이다.
② 변별타당도: 검사의 결과가 이론적으로 그 속성과 관계없는 변인들과 낮은 상관관계를 지니고 있는지의 정도를 측정하는 것이다.

13 내담자와 관련된 정보를 수집하고 내담자의 행동을 이해하고 해석하는 데 기본이 되는 상담기법을 6가지만 쓰시오.

① 가정 사용하기
② 의미 있는 질문 및 지시 사용하기
③ 전이된 오류 정정하기
④ 분류 및 재구성하기
⑤ 저항감 재인식하기 및 다루기
⑥ 근거 없는 믿음 확인하기

14 정부가 출산장려를 위하여 근로시간에 관계없이 일정 금액을 육아비용 보조금으로 지원하기로 했다. 이 육아비용 보조금이 부모의 근로시간에 미치는 영향을 다음의 두 가지 입장에서 설명하시오.

(1) 부모가 육아비용 보조금이 지급되기 이전에 근로를 하고 있지 않은 경우

육아비용 보조금 이전에도 근로하지 않았기 때문에 소득효과(여가선호)가 우세하여 노동공급을 하지 않을 것이다.

(2) 부모가 육아비용 보조금이 지급되기 이전부터 근로를 하고 있었던 경우

육아비용 보조금 지급 이전에는 대체효과(일선택)가 우세하였으나 비근로소득(육아비용 보조금) 발생으로 소득효과(여가선호)가 우세하여 노동공급이 감소할 것이다.

15 검사는 사용목적에 따라 규준참조검사와 준거참조검사로 분류될 수 있다. 규준참조검사와 준거참조검사의 의미를 설명하고 각각의 예를 쓰시오.

① 규준참조검사: 개인의 점수를 다른 사람들의 점수와 비교해서 상대적으로 어떤 수준인지를 알아보려는 검사로 상대평가이며 대표적으로 적성검사가 있다.
② 준거참조검사: 검사점수를 어떤 기준점수와 비교해서 이용하려는 검사로 절대평가이며 대표적으로 직업상담사 시험이 있다.

16 한국표준산업분류의 적용원칙에서 아래 (   )를 채우시오.

> 한국표준산업분류의 생산단위는 산출물뿐만 아니라 (투입물)과(와) (생산공정) 등을 고려하여 그들의 활동을 가장 정확하게 설명한 항목에 분류해야 한다.

17 보상적 임금격차에서 임금격차를 가져오는 요인을 3가지 설명하시오.

① 작업의 쾌적함 정도: 작업환경이 나쁘거나 사회적으로 불명예스러운 직종에 종사하는 사람은 더 높은 임금을 받아야 한다.

② 고용의 안정성 여부: 1년 내내 꾸준히 일을 할 수 있는 직종과 간헐적 또는 비정기적으로 일하는 직종이 있으면 고용이 불안정한 직종이 더 높은 임금을 받아야 한다.

③ 교육훈련비용: 어떤 직종에서는 직업기술을 배우는데 1주일이면 가능한 반면, 수년이 걸리는 직종이 있다. 이 때 교육훈련비용이 많이 부담되는 직종이 더 높은 임금을 받아야 한다.

18 고용률이 50%, 실업률이 10%에 실업자 수가 50만 명일 때, 경제활동인구 수와 비경제활동인구 수를 구하시오. (계산식 필수)

- 경제활동인구: 500만, 비경제활동인구: 400만
- 고용률$=\dfrac{\text{취업자수}}{\text{15세 이상 인구}}\times 100$, $50\%=\dfrac{\text{450만}}{\text{15세 이상 인구}}\times 100$,
  $\dfrac{1}{2}=\dfrac{\text{450만}}{\text{15세 이상 인구}}$, 15세 이상 인구$=$900만
- 실업률$=\dfrac{\text{실업자수}}{\text{경제활동인구}}\times 100$, $10\%=\dfrac{\text{50만}}{\text{경제활동인구}}\times 100$,
  $\dfrac{1}{10}=\dfrac{\text{50만}}{\text{경제활동인구}}$, 경제활동인구$=$500만
- 15세 이상 인구＝경제활동인구+비경제활동인구, 900만＝500만+비경제활동인구, 비경제활동인구＝400만
- 경제활동인구＝취업자+실업자, 500만＝취업자+50만, 취업자=450만

01 면접에 대한 불안을 갖는 최(崔)모 씨에게 단계적둔화법을 사용하여 상담절차를 쓰시오.

> 필답시험 성적은 우수하지만 취업면접에서 지나친 긴장과 불안 때문에 몇 차례에 걸친 취업기회에도 불구하고 실패를 거듭해 온 내담자에 대해 상담자는 면접상황에서의 긴장과 불안을 완화시키지 않고는 이 내담자가 취업에 성공하기는 힘들다는 판단을 내리게 되었다.

① 근육이완훈련
② 불안위계목록 작성
③ 둔감화

02 의사거래분석(TA)에서 인간의 자아상태 3가지를 쓰시오.

① 부모자아(P)
② 성인자아(A)
③ 아동자아(C)

03 생애진로사정(LCA)을 통해 얻을 수 있는 정보 3가지를 쓰시오.

① 내담자의 직업경험과 교육수준을 나타내는 객관적인 사실
② 내담자 자신의 기술과 유능성에 대한 자기평가 및 상담자의 평가정보
③ 내담자 자신의 가치관과 자기의식

04 노동수요를 탄력적으로 만드는 조건 3가지를 쓰시오.

① 생산물에 대한 수요의 탄력성이 클수록
② 총생산비에서 차지하는 노동비용의 비중이 높을수록
③ 상품생산에 사용되는 다른 요소와의 대체가능성이 높을수록

05 표준화를 위해 수집된 자료가 정규분포에서 벗어나는 것은 검사도구의 문제라기보다 표집절차의 오류에 원인이 있다. 이를 해결하기 위한 방법을 3가지 쓰고 각각에 대해 설명하시오.

① 완곡화: 정규분포와 비슷하게 나왔을 때 사용하는데, 절선도표나 주상도표에서 정규분포의 모양을 갖추도록 점수를 더하거나 빼주는 방법이다.

② 절미법: 편포의 꼬리를 잘라내는 방법으로 꼬리가 작을 때에만 사용할 수 있다.

③ 면적환산법: 각 점수들의 백분위를 찾아서 그 백분위에 해당하는 Z점수를 찾는 방법이다.

06 고용률 50%, 비경제활동인구 400명, 실업자수 50명일 때 실업률을 구하시오.

- 실업률: 10%
- $\text{고용률} = \dfrac{\text{취업자수}}{\text{15세 이상 인구}} \times 100$, $50\% = \dfrac{\text{취업자}}{\text{경제활동인구} + \text{비경제활동인구}} \times 100$,

  $\dfrac{1}{2} = \dfrac{x}{x+50+400}$, $2x = x + 450$, $x = 450$ $\quad \therefore x(\text{취업자}) = 450$
- $\text{실업률} = \dfrac{\text{실업자수}}{\text{경제활동인구}} \times 100$, $\dfrac{50}{500} \times 100 = 10\%$
- 15세 이상 인구=경제활동인구(취업자+실업자)+비경제활동인구

07 K 제과점의 근로자수와 하루 생산량은 다음과 같다. 물음에 답하시오.

(케이크 가격: 10,000원, 종업원 일당: 80,000원)

노동단위	0	1	2	3	4	5
생산량	0	10	18	23	27	30

한계생산량(개)	0	10	8	5	4	3
한계수입(원)	0	100,000	80,000	50,000	40,000	30,000
한계비용(원)	0	80,000	80,000	80,000	80,000	80,000

(1) 근로자수 2명일 때 노동의 한계생산을 계산하시오.

- 1명 일 때 10개, 2명 일 때 18개로 8개 증가하여 한계생산은 8개이다.

(2) 근로자수 3명일 때 노동의 한계수입생산을 계산하시오.

- 한계수입생산=한계생산×재화의 가격=5개×10,000원=50,000원
  2명 일 때 18개, 3명 일 때 23개로 한계생산은 5개이다.

(3) 근로자 1인당 임금이 80,000원일 때 최대이윤을 추구하는 제과점의 근로자수와 케이크양을 계산하시오.

- 근로자 수는 2명이며, 케이크양은 18개이다.

08 내부노동시장의 형성요인과 장점을 각각 3가지씩 쓰시오.

① 형성요인 : 숙련의 특수성, 현장훈련, 관습
② 장점 : 고용의 안정성, 고임금 형성, 채용·훈련비용 절감

09 윌리암슨(Williamson)의 직업상담 문제유형을 3가지 쓰고 설명하시오.

① 불확실한 선택 : 내담자가 자신에 대한 이해 부족, 직업세계에 대한 이해가 부족한 상태에서 진로선택을 한 경우이다.
② 무선택 : 내담자가 아직 진로결정을 하지 못 했다고 이야기 하거나 진로에 대해 잘 모른다고 하는 경우이다.
③ 흥미와 적성의 불일치 : 내담자가 말하는 흥미와 적성의 불일치일 수도 있고, 측정된 결과의 불일치를 보이는 경우이다.

10 인지·정서·행동(REBT)에서 ABCDEF 모델의 의미를 쓰시오.

① A : 선행사건
② B : 신념체계
③ C : 결과
④ D : 논박
⑤ E : 효과
⑥ F : 감정

11 검사-재검사를 통해 신뢰도를 추정할 때 충족되어야 할 요건 3가지를 쓰시오.

① 측정내용 자체는 일정 시간이 경과하더라도 변하지 않는다고 가정할 수 있어야 한다.
② 동일한 수검자에게 두 번 실시하지만 처음 받은 검사 경험이 두 번째 받은 검사의 점수에 영향을 미치지 않는다는 확신이 있어야 한다.
③ 검사와 재검사 사이의 어떤 학습활동이 두 번째 검사의 점수에 영향을 미치지 않는다고 가정할 수 있어야 한다.

12 측정을 위한 척도의 종류 4가지를 설명하시오.

① 명명척도 : 숫자의 차이가 측정한 속성이 대상에 따라 다르다는 것만을 나타내는 척도이다.
② 서열척도 : 숫자의 차이가 측정한 속성의 차이에 관한 정보뿐 아니라 그 순위관계에 대한 정보도 포함하고 있는 척도이다.
③ 등간척도 : 수치상의 차이가 실제 측정한 속성 간의 차이와 동일한 숫자의 집합을 말한다.
④ 비율척도 : 등간척도처럼 산술적인 계산이 가능하면서 절대값을 갖춘 척도이다.

13 상담에서 대화의 중단 또는 내담자의 침묵은 자주 일어나는 일이다. 내담자의 침묵이 발생하는 원인 3가지를 쓰시오.

① 상담초기 상담 관계에 대해 두렵게 느끼거나 부정적일 때 침묵한다.
② 상담자 개인의 적대감에서 오는 저항이나 불안 때문에 침묵한다.
③ 내담자가 할 말이 더이상 생각나지 않거나 무슨 말을 해야 할지 모를 때 침묵한다.

14 흥미사정기법 3가지를 쓰고 간략히 설명하시오.

① 표현된 흥미 : 어떤 활동이나 직업에 대해 '좋다, 싫다'라고 간단하게 말하도록 요청하는 것이다.
② 조작된 흥미 : 활동에 대해 질문을 하거나 활동에 참여하는 사람들이 어떻게 시간을 보내는지를 관찰하는 것이다.
③ 조사된 흥미 : 표준화된 검사를 이용하여 개인이 특정 직업에 종사하는 사람들의 흥미와 유사점이 있는지 비교한다.

15 직업적응이론에서 개인이 환경과 상호작용하는 특성을 나타내주는 성격유형 요소들 중 3가지만 제시하고 각각에 대해 간략히 설명하시오.

① 민첩성 : 과제를 완성하는 속도를 말한다.
② 역량 : 근로자의 평균 활동수준을 말한다.
③ 리듬 : 활동의 다양성을 말한다.

16 통계단위의 산업결정방법을 3가지 쓰시오.

① 주된 산업 활동은 산출물에 대한 부가가치(액)의 크기에 따라 결정되어야 하나,
② 부가가치(액) 측정이 어려운 경우에는 산출액에 의하여 결정되어야 하나,
③ 상기의 원칙에 따라 결정하는 것이 적합하지 않을 경우에는 그 해당 활동의 종업원 수 및 노동시간, 임금 및 급여액 또는 설비의 정도에 의하여 결정된다.

17 홀랜드(Holland) 육각형 모델과 관련된 해석차원 중에서 일관성, 변별성, 정체성에 대해 설명하시오.

① 일관성 : 육각모형에서 근처에 인접한 유형들끼리 요약코드로 나타나면 일관성이 있다고 해석한다.
② 변별성 : 개인이나 작업환경을 명확하게 규정할 수 있는 정도를 변별정도라고 한다.
③ 정체성 : 개인의 목표, 흥미, 재능에 대한 명확하고 견고한 청사진을 말한다.

18 한국표준직업분류 중 '포괄적인 업무에 대한 직업분류 원칙' 중 '주된 직무 우선원칙'의 의미를 설명하고 사례를 쓰시오.

① 의미 : 2개 이상의 직무를 수행하는 경우는 수행되는 직무내용과 관련 분류 항목에 명시된 직무내용을 비교·평가하여 관련 직무 내용상의 상관성이 가장 많은 항목에 분류한다.
② 사례 : 교육과 진료를 겸하는 의과대학 교수는 강의, 평가, 연구 등과 진료, 처치, 환자상담 등의 직무내용을 파악하여 관련 항목이 많은 분야로 분류한다.

01 던롭(Dunlop)의 노사관계 요인을 3가지 쓰고 설명하시오.

① 기술적 특성 : 기업의 생산방법, 생산과정, 근로자의 질과 양에 따라 노사관계에 영향을 미친다.
② 시장 또는 예산제약 : 제품판매에 있어서의 시장여건이 노사관계에 큰 영향을 미친다.
③ 각 주체 세력관계 : 노동조합, 사용자, 정부의 세력관계를 의미하는 것으로, 이 주체들의 세력관계가 노사관계에 영향을 미친다.

02 크라이티스(Crites)는 직업상담의 문제유형 분류에서 흥미와 적성을 3가지 변인들과 관련지어 분류하였다. 3가지 변인을 쓰고 각각에 대해 설명하시오.

① 적응성 : 흥미와 적성이 일치하는 적응형과 흥미와 적성이 맞는 분야를 찾지 못하는 부적응형이 있다.
② 현실성 : 흥미를 느끼는 분야는 있으나 적성이 없는 비현실형, 적성보다 낮은 수준의 직업을 선택한 불충족형 그리고 적성 때문에 선택했지만 흥미를 느끼지 못하는 강압형이 있다.
③ 결정성 : 가능성이 많아 결정을 내리지 못하는 다재다능형과 흥미와 적성과 관계없이 성격적으로 결정하지 못하는 우유부단형이 있다.

03 최저임금제의 기대효과를 6가지 쓰시오.

① 근로자 간 소득격차 해소
② 고임금의 경제효과
③ 유효수요 창출
④ 기업경영의 합리화 촉진
⑤ 기업 간 공정경쟁 확보
⑥ 산업구조의 고도화

04 수렴 타당도를 예를 들어 설명하시오.

수렴타당도란 검사의 결과가 이론적으로 그 속성과 관계있는 변인들과 높은 상관관계를 지니고 있는지의 정도를 측정하는 것이다. 예 어느 학교에서 영어교사 선발을 위해 영어시험을 실시했을 때 시험점수가 높다면 '영어교사 맞다!'고 추정하며 이때 수렴타당도가 높다고 한다.

05 심리검사 시 윤리적 고려사항을 4가지 쓰시오.

① 검사선택 할 때 신뢰도와 타당도를 검토한다.
② 검사실시 할 때 피검사자의 정서 상태를 점검하고, 검사의 목적을 충분히 설명한다.
③ 상담자는 중립적 자세를 유지하고, 표준화된 방식으로 실시한다.
④ 검사 채점할 때 전문성을 갖고 표준화된 절차에 따라야 하며 규준의 적절성을 검토한다.

06 직무분석 방법을 3가지 쓰고 설명하시오.

① 최초분석법: 분석할 대상 직업에 관한 참고 문헌이나 자료가 드물고, 그 분야에 많은 경험과 지식을 갖춘 사람이 거의 없을 때에 직접 작업 현장을 방문하여 분석하는 방법이다.
② 비교확인법: 지금까지 개발된 자료를 수집하고 분석하여 직무분석 양식에 초안을 작성한 다음 최초 분석법으로 확인하는 방법이다.
③ 데이컴법: 교과과정을 개발하는데 활용되어 온 직무분석 기법으로 교육목표와 교육내용을 비교적 단시간 내에 추출하는데 효과적이다.

07 행동주의 직업상담의 상담기법을 크게 불안감소기법과 학습촉진기법 유형으로 구분할 수 있다. 각 유형별 대표적 방법을 각각 3가지만 쓰시오.

① 불안감소기법: 체계적둔감화, 주장훈련, 홍수법
② 학습촉진기법: 변별학습, 모델링, 토큰법

08 검사는 사용목적에 따라 규준참조검사와 준거참조검사로 분류될 수 있다. 규준참조검사와 준거참조검사의 의미를 각각의 예를 들어 설명하시오.

① 규준참조검사: 개인의 점수를 다른 사람들의 점수와 비교해서 상대적으로 어떤 수준인지를 알아보려는 검사로 상대평가이며 대표적으로 적성검사가 있다.
② 준거참조검사: 검사점수를 어떤 기준점수와 비교해서 이용하려는 검사로 절대평가이며 대표적으로 직업상담사 시험이 있다.

09 엘리스(Ellis)의 REBT기법에서 ABCDEF에 대해 설명하시오.

① A(선행사건) : 내담자가 노출되었던 문제 장면이나 선행사건이다.
② B(신념체계) : 내담자가 문제 장면에 대해 갖는 신념으로 비합리적 신념이다.
③ C(결과) : 내담자가 선행사건 때문에 생겨났다고 보고하는 정서적·행동적 결과이다.
④ D(논박) : 내담자의 비합리적 신념에 대한 상담자의 적극적인 논박이다.
⑤ E(효과) : 내담자의 비합리적 신념을 논박한 결과이다.
⑥ F(감정) : 논박하기를 통해 바뀐 합리적 신념에서 비롯된 새로운 감정이나 행동이다.

10 자기보고식 가치사정하기 기법 6가지를 쓰시오.

① 체크목록의 가치에 순위 매기기
② 과거의 선택 회상하기
③ 절정경험 조사하기
④ 자유시간과 금전 사용하기
⑤ 백일몽 말하기
⑥ 존경하는 사람 기술하기

11 홀랜드(Holland)의 개인과 개인, 개인과 환경, 환경과 환경의 관계를 나타내는 이론을 3가지만 설명하시오.

① 개인과 개인(일관성) : 육각모형에서 근처에 인접한 유형들끼리 요약코드로 나타나면 일관성이 있다고 해석한다.
② 개인과 환경(일치성) : 개인의 직업흥미나 성격 등의 특성이 직무 또는 조직과 잘 맞는지를 의미한다.
③ 환경과 환경(정체성) : 개인의 목표, 흥미, 재능에 대한 명확하고 견고한 청사진을 말한다.

12 고트프레드슨(Gottfredson)이 제시한 직업포부이론의 개인의 발달단계 4단계를 연령에 따라 설명하시오.

① 힘과 크기 지향성 : 사고과정이 구체화 되며 어른이 된다는 것의 의미를 알게 된다.
② 성역할 지향성 : 자아개념이 성(gender)의 발달에 의해서 영향을 받게 된다.
③ 사회적 가치 지향성 : 사회계층에 대한 개념이 생기면서 자아를 인식하게 되고 일의 수준에 대한 이해를 확장시킨다.
④ 내적, 고유한 자아 지향성 : 내성적인 사고를 통하여 자아인식이 발달되며 타인에 대한 개념이 생겨난다. 자아성찰과 사회계층의 맥락에서 직업적 포부가 더욱 발달하게 된다.

13 스피어만(Spearman)의 2요인 이론인 일반이론과 특수이론을 설명하시오.

① 일반이론: 인지과제를 해결하는 데 필수적으로 요구되는 정신에너지를 말한다.
② 특수이론: 어떤 특정 종류의 인지과제를 처리할 때 선별적으로 동원되는 정신에너지를 말한다.

14 임금률이 상승하면 노동공급량의 증가로 노동공급곡선이 우상향한다. 이 말이 참인지, 거짓인지, 불확실한지 판정하고, 여가와 소득의 선택모형에 의거하여 설명하시오.

• 판정: 불확실

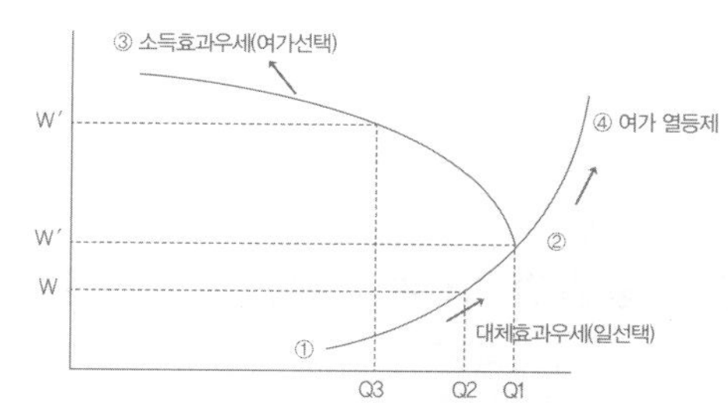

①~② 임금이 상승하면 여가를 줄이고 일을 선택하면서 노동공급을 늘려 노동공급곡선이 우상향하므로 참이다.
②~③ 임금이 상승하게 되면 노동자의 소득이 증가하게 됨으로써 노동공급을 줄이고 여가를 선택하면서 노동공급곡선이 좌상향하므로 거짓이다.
④ 여가가 열등재라는 것은 초과근로, 휴일근로를 하는 것으로 여가보다 소득(일)을 선택해 노동공급곡선이 우상향하므로 참이다.
위 경우 우상향하는 것이 참인 경우도 있고, 거짓인 경우도 있는데 소득효과와 대체효과 중 어느 것이 우세한지 알 수 없어 불확실하다.

15 A국의 15세 이상 인구(생산가능인구)가 100만 명이고, 경제활동참가율이 70%, 실업률이 10%라고 할 때 A국의 실업자 수를 계산하시오.

• 실업자 수: 7만명

• 경제활동참가율$=\frac{\text{경제활동인구}}{\text{15세 이상 인구}}\times100$, $70\%=\frac{\text{경제활동인구}}{\text{100만}}\times100$, 경제활동인구=70만

• 실업률$=\frac{\text{실업자수}}{\text{경제활동인구}}\times100$, $10\%=\frac{\text{실업자수}}{\text{70만}}\times100$, 실업자수=7만

16 직무스트레스로 인한 직장에서의 행동결과를 5가지 쓰시오.

① 신경질적 행동　② 수행 저하　③ 결근
④ 태업　⑤ 지각

17 규준제작 시 사용되는 표집방법을 3가지 쓰고 설명하시오.

① 단순무선표집 : 구성원들에게 일련번호를 부여하고, 이 번호들 중에서 무선적으로 필요한 만큼 표집하는 것이다.
② 체계적 표집 : 모집단이 어떤 특징에 따라 체계적으로 정리되어 있는 경우, 이를 이용해서 무선표집을 할 수 있다.
③ 층화표집 : 모집단이 규모가 다른 몇 개의 이질적인 하위집단으로 구성되어 있는 경우에 사용한다.

18 다음은 한 기업의 노동량, 임금, 한계수입생산을 나타내는 표이다. 아래 물음에 답하시오.

노동량	5	6	7	8	9	10
임금	6	8	10	12	14	16
한계수입	62	50	38	26	14	2

(1) 노동량이 7, 임금이 10일 때 한계수입비용을 구하는 계산식과 답을 구하시오.

- 노동의 한계비용: 2원
- $계산식 = \frac{한계비용의\ 변화}{노동량의\ 변화} = \frac{2원}{1단위} = 2원$

(2) 이 기업의 최대수입(조건)을 내는 노동량과 임금을 구하시오.

- 노동량: 10단위, 임금: 16원

04회

2017년 04월 16일

01 한국표준산업분류의 분류는 생산단위가 주로 수행하고 있는 산업활동을 그 유사성에 따라 유형화한 것으로 3가지 분류기준에 의해 분류된다. 이 3가지 분류기준을 쓰시오.

① 산출물의 특성
② 투입물의 특성
③ 생산활동의 일반적인 결합형태

02 반분신뢰도에서 가장 많이 사용되는 기법 4가지를 쓰고 설명하시오.

① 전후 절반법 : 전체 검사를 문항 순서에 따라 전과 후로 나누는 방법이다.
② 기우 절반법 : 전체 검사를 문항의 번호에 따라 홀수와 짝수로 나누는 방법이다.
③ 짝진 임의배치법 : 전체 검사를 문항의 난이도와 문항과 총점 간의 상관계수를 토대로 나누는 방법이다.
④ 난수표법 : 각 문항을 두 하위 검사에 무선적으로 할당하는 방법이다.

03 한국표준직업분류에서 직업분류의 일반 원칙 2가지를 쓰고 설명하시오.

① 포괄성의 원칙 : 우리나라에 존재하는 모든 직무는 어떤 수준에서든지 분류에 포괄되어야 한다.
② 배타성의 원칙 : 동일하거나 유사한 직무는 어느 경우에든 같은 단위직업으로 분류되어야 한다.

04 사회인지이론(SCCT)에서 3가지 영역모델에 대하여 설명하시오.

① 흥미모형 : 개인의 흥미는 결과기대와 자기효능감과 함께 목표를 예언하고 수행결과로 이어진다.
② 선택모형 : 개인의 특성과 그를 둘러싼 환경은 학습경험에 영향을 주고 학습경험이 자기효능감과 결과기대에 영향을 준다.
③ 수행모형 : 개인이 그 목표를 추구함에 있어 어느 정도 지속할 것인가와 어느 정도 수준을 수행해낼 것인가 예측한다.

05 윌리암슨(Williamson)의 심리검사 해석 시 상담기법 3가지를 쓰시오.

① 직접충고
② 설득
③ 설명

06 객관적 검사의 장점 3가지를 쓰시오.

① 신뢰도와 타당도가 높다.
② 표준화되어 있어 집단 실시가 가능하다.
③ 신속하고 객관적인 채점이 가능하다.

07 수퍼(Super)의 발달단계 5단계를 설명하시오.

① 성장기 : 이 시기에 아동은 가정과 학교에서 중요한 타인에 대해 동일시를 함으로써 자아개념을 발달시킨다.
② 탐색기 : 이 시기에 개인은 학교생활, 여가활동 등과 같은 활동을 통해서 자아를 검증하고, 역할을 수행하며 직업탐색을 시도한다.
③ 확립기 : 이 시기에 개인은 자신에게 적합한 분야를 발견해서 종사하고 생활의 터전을 잡으려고 노력한다.
④ 유지기 : 이 시기에 개인은 안정된 속에서 비교적 만족스런 삶을 살아간다.
⑤ 쇠퇴기 : 이 시기에 개인은 직업전선에서 은퇴하게 되므로 다른 새로운 역할과 활동을 찾게 된다.

08 정신분석상담에서 필수적 개념인 불안의 3가지 유형을 쓰고 각각에 대해 설명하시오.

① 현실적 불안 : 외부세계에서의 실제적인 위협을 지각함으로써 발생하는 감정적 체험이다.
② 신경증적 불안 : 현실을 고려하여 작동하는 자아와 본능에 의해 작동되는 원초아 간의 갈등에서 비롯된 불안이다.
③ 도덕적 불안 : 원초아와 초자아 간의 갈등에서 비롯된 불안으로 본질적으로 자신의 양심에 대한 두려움이다.

09 **정신분석적 상담은 내담자의 자각을 증진시키고 직접적인 방법으로 불안을 통제할 수 없을 때 무의식적으로 방어기제를 사용한다. 방어기제 종류 3가지를 쓰시오.**

① 억압 ② 부인 ③ 투사

10 **다음 물음에 답하시오.**

	15세~19세	20세~24세	25세~29세	30세~50세
생산가능인구	3,284	2,650	3,846	22,982
경제활동인구	203	1,305	2,797	17,356
취업자	178	1,101	2,598	16,859
실업자	25	124	199	497
비경제활동인구	3,081	1,346	1,049	5,627

(1) 30~50대 고용률을 구하시오.(소수점 둘째자리에서 반올림)

• 고용률(%)$=\frac{\text{취업자}}{\text{생산가능인구}}\times 100$, $\frac{16,859}{22,982}\times 100=73.4\%$

(2) 30~50대 고용률을 29세 이하의 고용률과 비교하여 분석하시오.

• 29세 이하 고용률(%)$=\frac{\text{취업자}}{\text{생산가능인구}}\times 100$, $\frac{178+1,101+2,598}{3,284+2,650+3,846}\times 100$, $\frac{3,877}{9,780}\times 100=39.6\%$

• 비교분석: 고용률은 생산가능인구 중 취업자의 비율을 나타낸 것으로 30~50대의 고용률은 73.4%이고, 29세 이하의 고용률은 39.6%이다. 30~50대의 고용률이 29세 이하의 고용률에 비해 33.8% 높다.

11 **100억을 유산 받은 남자가 노동공급과 여가의 선호에 대해 소득효과와 대체효과의 의미를 쓰고 여가가 정상재(우등재)일 때와 열등재일 때 소득증대에 따른 노동공급의 변화를 설명하시오.**

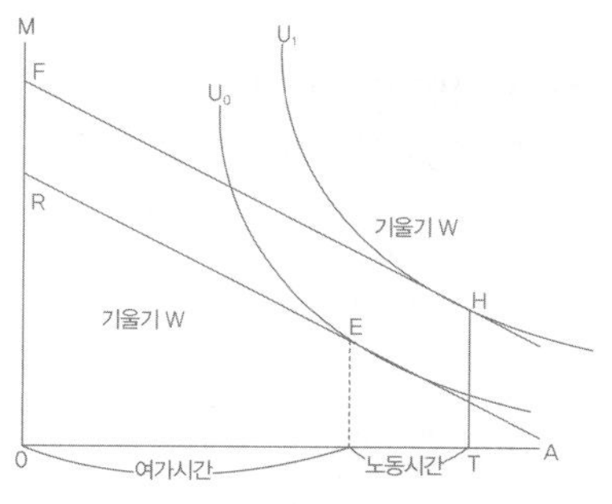

① 대체효과: 임금이 상승하면 여가를 줄이고 일을 선택하면서 노동공급을 늘리는 것이다.

② 소득효과: 임금이 상승하게 되면 노동자의 소득이 증가하게 됨으로써 노동공급을 줄이고 여가를 선택하는 것이다.

③ 노동공급 변화: 100억의 유산상속을 받은 남자는 상속이전의 소득곡선 U_0로 E-T만큼 노동공급 하지만, 유산상속을 받으면 소득곡선이 U_1으로 이동하는데 소득효과가 우세하기 때문에 노동공급을 하지 않는다. 여가가 정상재 일 경우 소득효과가 우세하여 노동공급을 하지 않겠지만, 여가가 열등재 일 경우 대체효과가 우세하여 계속 노동공급을 할 것이다.

12 마찰적 실업과 구조적 실업의 공통점 2가지 이상과 차이점 3가지 이상을 쓰시오.

○ 공통점

① 비수요부족

② 직업정보 제공으로 실업률을 낮출 수 있다.

○ 차이점

① 실업 발생원인: 마찰적 실업(정보부족), 구조적 실업(노동력수급구조상 불균형)

② 대책: 마찰적 실업(정보제공), 구조적 실업(직업훈련, 지역이주금보조, 직업전환)

③ 특징: 마찰적 실업(자발적실업), 구조적 실업(비자발적 실업)

13 청소년 집단상담을 하려고 한다. 부처(Butcher)가 바라본 집단 직업상담의 과정 3단계를 설명하시오.

① 탐색단계: 자기개방하고, 흥미와 적성에 대한 탐색을 하며, 탐색 결과에 대한 피드백을 하고, 불일치를 해결한다.

② 전환단계: 자기 지식을 직업세계와 연결하고, 가치관의 변화를 꾀하고, 자신의 가치와 피드백 간의 불일치를 해결한다.

③ 행동단계: 목표설정을 하고, 목표달성을 위해 정보를 수집하고 공유하며, 행동으로 옮긴다.

14 시간당 임금이 500원 일 때 1,000명을 고용하던 기업에서 시간당 임금이 400원으로 감소하였을 때 1,100명을 고용할 경우, 이 기업의 노동수요탄력성을 계산하시오.

- 노동수요탄력성 $=(-)\dfrac{\text{노동수요량 변화율(\%)}}{\text{임금 1\%의 변화율(\%)}}$, $-\dfrac{10\%}{(-)20\%}=0.5$
- 임금 1%의 변화율(%) $=\dfrac{\text{변화량}}{\text{기존}}\times 100=\dfrac{-100}{500}\times 100=-20\%$
- 노동수요량 변화율(%) $=\dfrac{\text{변화량}}{\text{기존}}\times 100=\dfrac{100}{1{,}000}\times 100=10\%$

15 외적행동변화의 자기주장훈련 절차를 쓰시오.

① 자신의 감정을 헤아려 본다.
② 감정을 유발시킨 원인을 파악한다.
③ 집단원이 원하는 것을 파악한다.
④ 상대방의 행동변화를 제안, 요구, 주장하는 내용을 표현한다.

16 심리검사 실시방식에 따른 분류 3가지를 쓰시오.

① 속도검사와 역량검사
② 개인검사와 집단검사
③ 지필검사와 수행검사

17 검사점수의 변량에 영향을 미치는 요인 중 개인의 일시적이고 일반적인 특성 4가지를 쓰시오.

① 건강
② 피로
③ 동기
④ 정서적 긴장

18 심리검사의 신뢰도에 영향을 주는 요인 5가지를 쓰시오.

① 개인차
② 검사의 문항 수
③ 문항반응 수
④ 검사의 유형
⑤ 신뢰도 추정 방법

01 부처(Butcher)의 집단 직업상담을 위한 3단계 모델을 쓰고 설명하시오.

① 탐색단계 : 자기개방하고, 흥미와 적성에 대한 탐색을 하며, 탐색 결과에 대한 피드백을 하고, 불일치를 해결한다.
② 전환단계 : 자기 지식을 직업세계와 연결하고, 가치관의 변화를 꾀하고, 자신의 가치와 피드백 간의 불일치를 해결한다.
③ 행동단계 : 목표설정을 하고, 목표달성을 위해 정보를 수집하고 공유하며, 행동으로 옮긴다.

02 인터넷을 이용한 사이버상담(cyber counseling)이 필요한 이유를 쓰시오.

많은 사람이 직업정보를 수집할 때 접근이 쉽고, 많은 양의 정보가 있는 인터넷을 이용하고, 수집된 정보로 의사결정을 한다. 그러나 정보의 양이 많아 잘못된 정보 또는 왜곡된 정보로 진로의사결정을 할 경우 문제가 발생하기 때문에 전문가의 도움이 필요하다.

03 실존주의적 상담자들이 내담자의 궁극적 관심사와 관련하여 중요하게 생각하는 주제를 4가지 제시하고 각각에 대해 설명하시오.

① 자유와 책임 : 인간은 여러 가지 상황에서 선택할 수 있는 자유를 가진 자기결정적인 존재이다. 인간은 근본적으로 자유롭기 때문에 삶의 방향을 지시하고 운명을 이루어 나가는 데 책임을 져야만 한다.
② 불안과 죄책감 : 실존주의자들은 우리에게 주어진 자유 때문에 그리고 선택하도록 운명 지어져 있기 때문에 우리는 어쩔 수 없이 불안하다고 주장한다.
③ 삶의 의미성 : 삶의 중요성과 목적을 향한 노력은 인간의 독특한 특성이다.
④ 죽음과 비존재 : 실존주의의 가장 중요한 문제는 죽음이다. 인간은 미래의 언젠가는 자신이 죽는다는 것을 스스로 자각한다.

04 형태주의상담의 주요 목표 3가지를 쓰시오.

① 체험 확장　　② 통합　　③ 자립

05 고용정보를 미시정보와 거시정보로 구별하고 각각 2가지씩 쓰시오.

① 미시정보 : 구인·구직정보, 자격정보
② 거시정보 : 노동시장동향, 직종별·업종별 인력수급현황

06 윌리암슨(Williamson)의 이성적 지시적(특성·요인) 이론 중 인간본성에 대한 기본 가정을 3가지만 쓰시오.

① 인간은 선과 악의 잠재력을 모두 지니고 있는 존재이다.
② 인간은 선을 실현하는 과정에서 타인의 도움을 필요로 하는 존재이다.
③ 그러나 인간이 선한 생활을 결정하는 것은 바로 자기 자신이다.

07 사회인지이론(SCCT)의 세 가지 영역모델을 쓰고 설명하시오.

① 흥미모형 : 개인의 흥미는 결과기대와 자기효능감과 함께 목표를 예언하고 수행결과로 이어진다.
② 선택모형 : 개인의 특성과 그를 둘러싼 환경은 학습경험에 영향을 주고 학습경험이 자기효능감과 결과기대에 영향을 준다.
③ 수행모형 : 개인이 그 목표를 추구함에 있어 어느 정도 지속할 것인가와 어느 정도 수준을 수행해낼 것인가 예측한다.

08 진로시간전망 검사인 코틀(Cottle)의 원형검사(The Circles test)에서 시간전망 개입의 3가지 차원을 쓰고 각각에 대하여 설명하시오.

① 방향성 : 미래지향성을 증진시키는 것으로 미래에 대해 낙관적인 입장을 구성한다.
② 변별성 : 미래를 현실처럼 느끼게 하고, 미래계획에 대한 긍정적 태도를 강화시키며 목표설정을 신속하게 하는 것이 목표다.
③ 통합성 : 현재 행동과 미래 결과를 연결시키고, 계획한 기법을 실습하여 진로에 대한 인식을 증진시키는 것이 목표다.

09 다음에 관하여 설명하시오.

(1) 준거타당도의 종류 2가지를 쓰시오.

① 예언타당도: 피검사자의 미래의 행동이나 특성을 얼마나 정확하게 예언하는가를 나타내는 정도이다.

② 동시타당도: 새로운 검사를 제작하였을 때 기존의 타당성을 보장받고 있는 검사와의 유사성에 의하여 타당성을 검증하는 방법이다.

(2) 직업상담에서 특히 준거타당도가 중요한 이유 2가지를 쓰시오.

① 내담자의 특성에 따른 직업정보 제공으로 사용하기 때문이다.

② 제공 받은 정보로 취업 후 직업적응하기 때문이다.

(3) 실증연구에서 얻은 타당도계수와 실제 연구에서의 타당도 계수가 다른데 실제 연구에서의 타당도 계수가 낮은 이유를 예를 들어 설명하시오.

실증연구는 객관성이 있어 신뢰도가 높지만, 실제연구에서 상사의 주관이 개입된 인사고과는 신뢰도에 영향을 미칠 수 있다.

10 진로개발을 평가하는데 사용되는 방법으로 진로결정척도가 있다. 이 방법 외에 진로개발을 평가하는데 사용될 수 있는 검사 혹은 척도를 3가지 쓰시오.

① 진로결정검사

② 진로성숙검사

③ 진로정체성검사

11 문항의 난이도, 문항의 변별도, 오답의 능률도의 의미를 쓰시오.

① 문항난이도: 검사 문항의 쉽고 어려운 정도를 뜻하는 것으로 난이도 지수가 높을수록 쉬운 문항이다.

② 문항변별도: 그 검사가 측정하고자 하는 행동에 관한 문항이 수검자들을 잘 구별해 주는 정도를 말하는 것이다.

③ 오답의 능률도: 피검집단이 문항의 각 답지에 어떻게 반응하고 있는가를 기술하고 그에 더해서 문항분석을 시도하는 방법이다.

12 부정적인 심리검사 결과가 나온 내담자에게 검사결과를 통보하는 방법에 대해서 설명하시오.

검사결과는 상담에 보조적으로 사용하는 객관적 자료로 내담자의 점수범위를 고려하여 검사결과와 내담자 정보를 통합하여 중립적인 입장에서 일상적인 용어로 설명한다. 검사결과를 통보 받는 내담자가 경험하게 될 정서적 반응까지도 고려하여야 한다.

13 한국표준직업분류에서 일의 계속성에 해당하는 경우 4가지를 쓰시오.

① 매일, 매주, 매월 등 주기적으로 행하는 것
② 계절적으로 행해지는 것
③ 명확한 주기는 없으나 계속적으로 행해지는 것
④ 현재 하고 있는 일을 계속적으로 행할 의지와 가능성이 있는 것

14 실업과 관련된 야호다(Jahoda)의 박탈이론에 따르면 일반적으로 고용상태에 있게 되면 실직상태에 있는 것보다 잠재적 효과가 있다고 한다. 고용으로 인한 잠재적 효과를 3가지만 쓰시오.

① 시간 조직화
② 사회적 접촉
③ 공동의 목표

15 다음의 경제활동참가율, 실업률, 고용률을 구하시오.

(소수점 둘째자리에서 반올림, 계산과정을 포함하여 설명(단위: 천명))

· 인구수 500	· 15 세 이상 400	· 취업자 200	· 실업자 20
· 정규직 일자리를 찾고 있는 단시간 근로자 10			

- 경제활동참가율$=\dfrac{\text{경제활동인구}}{\text{15세 이상 인구}}\times 100$, $\dfrac{220}{400}\times 100=55.0\%$
- 실업률$=\dfrac{\text{실업자수}}{\text{경제활동인구}}\times 100$, $\dfrac{20}{220}\times 100=9.1\%$
- 고용률$=\dfrac{\text{취업자수}}{\text{15세 이상 인구}}\times 100$, $\dfrac{200}{400}\times 100=50.0\%$

16 비수요부족실업(non-demand-deficient unemployment)에 해당하는 대표적인 실업을 3가지 쓰고 각각에 대해 설명하시오.

① 구조적실업 : 산업구조의 변화, 기술력의 변화 등에 의하여 노동력 수급구조상 불균형으로 발생하는 실업이다.
② 기술적 실업 : 기술, 조직구조와 직무변화과정에서 제거된 직무로 인한 실업으로 노동이 기계로 대체됨으로써 발생하는 실업이다.
③ 마찰적 실업 : 노동의 수급이 어느 정도 일치하지만 직업정보의 부족에 의하여 일시적으로 발생하는 실업이다.

17 경제적 조합주의의 특징 3가지를 쓰시오.

① 노사관계를 기본적으로 이해대립의 관계로 보고 있으나 이해조정이 가능한 비적대적 관계로 이해한다.
② 노동조합운동의 목적은 노동자들의 생활조건의 개선과 유지에 있다.
③ 경영전권을 인정하며 경영참여를 회피해온 노선이다.

18 다음 물음에 답하시오.

구 분	임 금				
	5,000원	6,000원	7,000원	8,000원	9,000원
A기업의 노동수요량	22	21	20	19	18
B기업의 노동수요량	24	22	20	18	17

⑴ 시간당 7,000원에서 8,000원으로 임금 인상 시 두 기업의 임금탄력성을 계산하시오.

- A기업 노동수요탄력성 $=(-)\dfrac{\text{노동수요량 변화율(\%)}}{\text{임금 1\%의 변화율(\%)}},\ -\dfrac{(-)5\%}{14.28\%}=0.35$
- A기업 노동수요량 변화율(%) $=\dfrac{\text{차이}}{\text{기존}}\times 100=\dfrac{-1}{20}\times 100=-5\%$
- B기업 노동수요탄력성 $=(-)\dfrac{\text{노동수요량 변화율(\%)}}{\text{임금 1\%의 변화율(\%)}},\ -\dfrac{(-)10\%}{14.28\%}=0.70$
- B기업 노동수요량 변화율(%) $=\dfrac{\text{차이}}{\text{기존}}\times 100=\dfrac{-2}{20}\times 100=-10\%$
- 임금 1%의 변화율(%) $=\dfrac{\text{차이}}{\text{기존}}\times 100=\dfrac{1,000}{7,000}\times 100=14.28\%$

⑵ 7,000원에서 8,000원으로 노동조합이 임금협상을 시도하고자 할 때 그 타결가능성이 높은 기업은?

A기업

⑶ 그 이유는 무엇인지 설명하시오.

A기업이 B기업에 비해 임금탄력성이 비탄력적이기 때문이다.

06회

2017년 10월 15일

01 이성적 지시적(특성 · 요인) 상담이론에서 브래이필드(Brayfield)가 제시한 직업정보 기능 3가지 쓰고 설명하시오.

① 정보적 기능 : 이미 선택한 바를 확인시켜 주거나, 두 가지 방법이 똑같이 매력적일 때 망설임을 해결해 주어 내담자의 직업선택에 대하여 지식을 증가시킨다.
② 재조정 기능 : 내담자가 현실에 비추어 부적당한 선택을 했을 때 이를 점검하는 기초를 마련한다.
③ 동기화 기능 : 내담자가 진로의사결정 과정에 적극적으로 참여하도록 동기부여 한다.

02 임금의 하방경직성 의의를 쓰고 이에 영향을 미치는 요인을 4가지 쓰시오.

- 임금의 하방경직성 의의: 한번 결정된 임금은 수요와 공급의 불균형, 경기변동에도 관계없이 좀처럼 하락하지 않는 것을 말한다.
- 임금의 하방경직성 원인

① 강력한 노동조합의 존재
② 장기근로계약
③ 노동자의 역선택 발생가능성
④ 기업내부자 집단이기주의

03 동일한 스트레스일지라도 개인이 받는 스트레스는 각각 다를 수 있다. 스트레스의 조절변인을 3가지 설명하시오.

① 행동양식 : 조급하고 공격적인 A 유형보다 느긋하고 여유로운 B 유형이 스트레스를 어느 정도 더 잘 조절할 수 있다.
② 통제유형 : 상황을 스스로 통제할 수 있는 내적 통제자는 그렇지 못한 외적 통제자에 비해 스트레스를 더 잘 조절할 수 있다.
③ 강인성 : 강인한 사람은 그렇지 못한 사람에 비해 스트레스를 더 잘 조절할 수 있다.

04 직업상담의 구조화된 면담법으로 생애진로사정(LCA)의 구조 4가지에 대해 설명하시오.

① 진로사정 : 일경험, 교육 또는 훈련과정과 관심사, 여가활동에 대해 사정한다.
② 전형적인 하루 : 내담자가 의존적인지 독립적인지, 자발적인지 체계적인지 차원을 탐색하여 개인이 자신의 생활을 어떻게 조직하는지를 알아보는 것이다.
③ 강점과 장애 : 내담자가 다루고 있는 문제와 내담자가 마음대로 사용하는 자원 등에 대하여 직접적인 정보를 준다.
④ 요약 : 강점과 약점을 통해 내담자는 자신의 긍정적인 측면들을 더 한층 계발할 수 있으며, 약점들을 극복하기 위한 목표설정도 할 수 있다.

05 집단직업상담의 장점 3가지를 쓰시오.

① 경제적이며 효율적이다.
② 실생활의 축소판 기능이 있다.
③ 문제예방의 효과가 있다.

06 표준화된 심리검사에는 집단 내 규준이 포함되어 있다. 집단 내 규준을 3가지 쓰고 각각에 대해 예를 들어 설명하시오.

① 백분위 점수 : 개인이 표준화 집단에서 차지하는 상대적 위치를 가리킨다. 예 A의 영어시험 백분위가 70이라면, A보다 잘한 사람이 30%, 못한 사람이 70%다.
③ 표준점수 : 서로 다른 체계로 측정한 점수들을 동일한 조건에서 비교하기 위한 개념이다. 예 A는 직무능력Ⅰ, B는 직무능력Ⅱ 적성검사를 봤다면, 표준점수를 사용하여 비교한다.
③ 표준등급 : 원점수를 1에서 9까지의 범주로 나눈 것으로 원점수를 크기 순서에 따라 배열한 후 백분율에 맞추어 표준등급을 매긴다. 예 성취도검사, 적성검사

07 진로성숙검사(CMI)는 태도척도와 능력척도로 구분된다. 태도척도와 능력척도의 측정내용을 3가지씩 쓰시오.

① 태도척도 : 계획성, 독립성, 결정성
② 능력척도 : 직업세계 이해능력, 직업선택능력, 합리적인 의사결정능력

08 체계적 둔감법의 의미를 쓰고 절차를 설명하시오.

- 의미: 내담자로부터 불안을 없애기 위해 불안반응을 체계적으로 증대시키면서 동시에 불안과 대립되는 이완반응을 야기하는 방법이다.
- 적용절차
  ① 근육이완훈련 : 상담자는 내담자에게 근육을 긴장하게 했다 풀어놓도록 하는 훈련을 반복하여 근육의 긴장을 이완할 수 있도록 훈련시킨다.
  ② 불안위계목록 작성 : 상담자는 내담자에게 불안이나 공포를 일으키는 상황에 대한 위계목록을 작성하게 한다.
  ③ 둔감화 : 불안위계목록에서 위협을 가장 적게 느끼는 상황에서부터 시작하여 가장 위협적인 상황까지 불안 없이 단계적으로 제거해 불안이 완전히 소거될 때까지 반복하여 실시한다.

09 노동수요 특성별 임금격차를 발생하게 하는 경쟁적 요인 3가지를 쓰시오.

① 생산성 격차
② 효율임금정책
③ 보상적 임금격차

10 정신역동적 직업상담 모형을 구체화 시킨 보딘(Bordin)의 3단계 직업상담과정을 쓰고 각각에 대해 설명하시오.

① 탐색과 계약설정 : 상담자는 내담자가 자신의 욕구 및 자신의 정신역동적 상태를 탐색할 수 있도록 돕고 앞으로의 상담전략을 합의한다.
② 비판적 결정단계 : 진로에 대한 비판적 결정뿐만이 아니라 선택이 제한된 것들 또는 인성변화를 포괄하는 문제들도 포함한다.
③ 변화를 위한 노력단계 : 자신이 선택하고자 하는 직업과 관련지어 보아 자신의 성격 특히 욕구, 흥미 등에서 더 많은 변화를 필요로 하는 부분에 대한 변화를 시도하려고 노력해야 한다.

11 노동조합의 양적인 측면의 단결 강제는 숍(shop) 제도이다. 노동조합의 숍 종류 3가지를 쓰고 설명하시오.

① 오픈 숍 : 조합원 신분과 무관하게 종업원이 될 수 있다.
② 유니언 숍 : 입사 후 일정한 기간 내에 노동조합에 가입해야 하고 조합원자격을 상실하면 종업원자격도 상실하도록 하는 제도이다.
③ 클로즈드 숍 : 조합에 가입하고 있는 노동자만을 채용하고 조합원자격을 상실하면 종업원이 될 수 없는 제도를 말한다.

12 직무분석 방법 중 최초분석법에 해당하는 방법을 3가지 쓰고 각각에 대해 설명하시오.

① 면담법 : 특정 직무에 대한 많은 지식과 숙련된 기능을 가지고 있는 사람을 직접 만나서 면담을 하면서 분석하는 방법이다.
② 관찰법 : 분석자가 직접 작업자의 곁에 서서 직무 활동의 실제를 상세하게 관찰하고 그 결과를 기술하는 방법이다.
③ 체험법 : 분석자 자신이 직접 직무활동에 참여하여 체험함으로써 생생한 직무자료를 얻는 방법이다.

13 다면인성검사(MMPI)의 타당도 척도 L, F, K를 설명하시오.

L척도: 수검자가 자신을 좋게 보이려는 고의적이고 부정직한 반응태도를 밝히기 위한 척도이다.
F척도: 보통 사람들과는 다르게 응답하는 사람들을 알아내기 위한 척도이다.
K척도: 방어와 경계심을 측정하고 정신장애가 있으면서도 정상 프로파일을 보이는 사람들을 식별하기 위한 척도이다.

14 일반적으로 '직업'으로 규명하기 위한 4가지 요건을 쓰고 설명하시오.

① 계속성 : 직업은 유사성을 갖는 직무를 계속하여 수행하는 계속성을 가져야 한다.
② 경제성 : 경제적 거래관계가 성립되어야 하며, 노력이 전제되어야 한다.
③ 윤리성과 사회성 : 비윤리적 영리행위나 반사회적인 활동을 통한 경제적 이윤 추구는 직업으로 인정되지 않는다.
④ 속박된 상태에서의 제반활동은 경제성이나 계속성의 여부와 상관없이 직업으로 인정되지 않는다.

15 아래의 주어진 예시를 보고 실업률과 임금 근로자수를 구하시오.

(둘째자리에서 반올림)

> · 15세 이상 인구: 35,986천명　· 비경제활동인구: 14,716천명　· 취업자: 20,149천명
> (자영업자: 5,646천명, 무급가족 종사자: 1,684천명, 상용근로자: 6,113천명, 임시근로자: 4,481천명, 일용근로자: 2,225천명)

- 실업률 $= \dfrac{\text{실업자}}{\text{경제활동인구}} \times 100$, $\dfrac{1,121}{21,270} \times 100 = 5.3\%$
- 임금근로자 수 = 상용근로자 + 임시근로자 + 일용근로자,
  6,113천명 + 4,481천명 + 2,225천명 = 12,819천명
- 15세이상인구 = 경제활동인구 + 비경제활동인구
  35,986천명 = 경제활동인구 + 14,716천명, 경제활동인구 = 21,270천명
- 경제활동인구 = 취업자 + 실업자
  21,270천명 = 20,149천명 + 실업자, 실업자 = 1,121천명

16 신뢰도에 영향을 미치는 요인 3가지를 쓰고 설명하시오.

① 개인차: 개인차가 클수록 검사점수의 변량이 커지며 신뢰도가 높게 나타날 가능성이 크다.
② 검사의 문항 수: 검사의 문항 수가 많을수록 신뢰도가 높게 나타날 가능성이 크다.
③ 문항반응 수: 문항반응 수는 적정한 크기를 유지하는 것이 바람직하며, 이를 초과하는 경우 신뢰도는 향상되지 않는다.

17 직업상담에서 내담자 이해를 위한 질적측정도구 3가지를 쓰고 설명하시오.

① 생애진로사정: 상담자와 내담자가 처음 만났을 때 사용하는 구조화된 면담기법으로 내담자에게 심리적 부담은 적게 주면서 내담자의 직업과 관련된 정보를 얻을 수 있다.
② 직업가계도: 내담자의 부모, 형제자매 등의 직업들을 도해로 표시하는 것으로 직업, 진로경로포부, 직업선택 등에 관해 내담자에게 영향을 주었던 다른 사람들도 포함시킨다.
③ 가치평가: 내담자의 직업선택과 직업적응에 관련된 주관적인 개인요인을 평가하는 것이다.

18 홀랜드(Holland) 검사를 실시한 대학생 한 명이 그 결과 SAE일 때 해석하시오.

이 내담자의 흥미유형이 SAE 유형으로 일관성이 있어 대체로 안정된 직업경력, 직업성취와 직업적 목표가 분명해 보인다.

S(사회형)은 타인의 문제를 듣고, 이해하고, 도와주고, 치료해주는 활동을 선호하는 흥미유형으로 복지사, 상담사 등의 대표 직업이 있고, A(예술형)은 예술적 창조와 표현, 변화와 다양성을 선호하고 틀에 박힌 활동을 싫어하며 자유롭고, 상징적인 활동을 선호하는 흥미유형으로 음악, 연극 등의 대표 직업이 있다. E(진취형)는 조직의 목적과 경제적 이익을 얻기 위해 타인을 지도, 계획, 통제, 관리하는 일과 그 결과로 얻게 되는 명예, 권위, 인정을 선호하는 흥미유형이다.

01 **이성적 지시적(특성 · 요인) 상담의 기본 원리에 대해 쓰시오.**

① 모든 근로자는 독특한 심리학적 특성으로 인하여 특수한 직업유형에 잘 적응한다.
② 여러 가지 직업에 종사하는 근로자들은 각기 다른 심리학적 특성을 가지고 있다.
③ 직업적응은 직접적으로 근로자의 특성과 직업에서 요구하는 것들 사이의 조화 정도에 따라 달라진다.

02 **윌리암슨(Williamson)의 특성 · 요인 직업상담에서 직업의사결정과정에서 나타나는 여러 문제들에 대한 변별진단 결과를 분류하는 4가지 범주를 쓰고 각각에 대해 설명하시오.**

① 불확실한 선택 : 내담자가 자신에 대한 이해 부족, 직업세계에 대한 이해가 부족한 상태에서 진로선택을 한 경우이다.
② 무선택 : 내담자가 아직 진로결정을 하지 못 했다고 이야기 하거나 진로에 대해 잘 모른다고 하는 경우이다.
③ 흥미와 적성의 불일치 : 내담자가 말하는 흥미와 적성의 불일치일 수도 있고, 측정된 결과의 불일치를 보이는 경우이다.
④ 어리석은 선택 : 내담자의 흥미와 관계없는 목표, 직업정보의 결핍 등에 의해 현명하지 못한 선택을 한 경우이다.

03 **김씨는 정리해고로 인해 자신이 무가치한 존재라 여기고 자살을 시도하려 한다. 김씨를 엘리스(Ellis)의 RET기법으로 상담할 때 ABCDE모델로 설명하시오.**

① A(선행사건) : 김씨는 정리해고 되었다.
② B(신념체계) : 정리해고 당한 나는 무가치한 존재다라는 비합리적 신념을 가진다.
③ C(결과) : 비합리적 신념으로 자살을 시도하려 한다.
④ D(논박) : 정리해고 된 사람들은 모두 무가치한가? 정리해고 원인과 책임이 모두 내담자에게 있는가? 등의 질문으로 내담자의 비합리적 신념을 논박한다.
⑤ E(효과) : 나는 무가치한 존재가 아니다라고 합리적 신념으로 전환한다.

04 **의사교류분석(TA) 상담의 제한점 3가지를 쓰시오.**

① 주요개념들이 인지적이므로 지적 능력이 낮은 내담자에게 부적절할 수도 있다.
② 주요개념이 추상적이어서 실제적용에 어려움이 많다.
③ 주요개념에 대한 실증적 연구도 있었지만 과학적인 증거로 제시되었다고 보기는 어렵다.

05 마찰적실업과 구조적실업의 원인과 대책을 설명하시오.

① 마찰적 실업 원인 : 직업정보 부족
마찰적 실업 대책 : 직업정보 제공, 직업안정기관 시설 확충
② 구조적 실업 원인 : 노동력수급구조상 불균형
구조적 실업 대책 : 직업훈련, 직업전환, 지역이주금 보조

06 생애진로사정(LCA)의 의미와 구조 그리고 이를 통해 얻을 수 있는 정보를 쓰시오.

- 의미: 상담자와 내담자가 처음 만났을 때 사용하는 구조화된 면담기법으로 내담자에게 심리적 부담은 적게 주면서 내담자의 직업과 관련된 정보를 얻을 수 있다.
- 구조: 진로사정, 전형적인 하루, 강점과 장애, 요약
- 얻을 수 있는 정보
  ① 내담자의 직업경험과 교육수준을 나타내는 객관적인 사실
  ② 내담자 자신의 기술과 유능성에 대한 자기평가 및 상담자의 평가정보
  ③ 내담자 자신의 가치관과 자기의식

07 아들러(Adler)의 개인주의 상담이론에서 열등감 콤플렉스의 원인 3가지를 쓰시오.

① 기관열등감
② 과잉보호
③ 양육태만

08 수퍼(Super)의 발달적 직업상담의 6단계를 쓰시오.

① 1단계 : 문제탐색 및 자아개념 묘사하기
② 2단계 : 심층적 탐색하기
③ 3단계 : 자아수용 및 자아통찰하기
④ 4단계 : 현실검증하기
⑤ 5단계 : 태도와 감정의 탐색과 처리하기
⑥ 6단계 : 의사결정하기

09 직업심리검사 분류에서 극대수행검사와 습관적 수행검사를 설명하고 각각의 대표적인 유형 2가지 쓰시오.

① 극대수행검사: 피검사자의 인지능력을 평가하기 위한 검사로 최대한의 능력발휘가 요구되는 검사를 말한다. 대표적인 유형에는 지능검사와 적성검사가 있다.
② 습관적 수행검사: 피검사자의 일상생활에서 나타나는 개인의 습관적인 행동을 측정하는 검사를 말한다. 대표적인 유형에는 성격검사와 흥미검사가 있다.

10 투사적 검사의 장점과 단점에 대해서 3가지씩 쓰시오.

장점	단점
① 다양하고 풍부한 반응을 한다. ② 개개인의 독특성이 드러난다. ③ 무의식적 반응으로 왜곡하기 어렵다.	① 신뢰도가 낮을 수 있다. ② 개인 간 객관적 비교가 어렵다. ③ 해석 시 검사자의 주관이 개입할 가능성이 있다.

11 직업심리검사의 신뢰도를 추정하는 방법 3가지를 쓰고 설명하시오.

① 검사-재검사 신뢰도: 같은 검사를 동일한 사람에게 시간간격을 두고 두 번 실시하여 얻은 점수들 간의 상관계수에 의해 신뢰도를 추정한다.
② 동형검사 신뢰도: 동일한 수검자에게 첫 번째 시행한 검사와 동등한 유형의 검사를 실시하여 두 검사점수 간의 상관계수에 의해 신뢰도를 추정한다.
③ 내적일관성 신뢰도: 한 검사 내에 있는 각 문항을 독립된 별개의 검사로 간주하고 문항 간의 일관성이나 합치성 정도를 말한다.

12 직무분석을 하는 목적은 직무기술서나 직업 간 명세서를 만들고 이로부터 얻어진 정보를 여러모로 활용하는데 있다. 직무분석 자료 활용의 용도 5가지를 쓰시오.

① 모집 및 선발
② 교육 및 훈련
③ 직무수행평가
④ 직무평가
⑤ 정원관리

13 부가급여를 예를 들어 설명하고 사용자와 근로자가 부가급여를 선호하는 이유를 각각 2가지씩 쓰시오.

○ 의미: 사용자가 적립하는 퇴직금, 유급휴가처럼 사용자가 종업원에게 지급하는 급여 이외의 모든 보상을 의미한다.

○ 근로자가 선호하는 이유

① 현물급여는 근로소득세의 부담이 감소한다.

② 현물급여는 할인된 가격으로 구입하게 되어 근로자에게 이익이 돌아간다.

○ 사용자가 선호하는 이유

① 정부가 임금규제를 강화할 때 회피 수단으로 임금인상 대신 부가급여 수준을 높인다.

② 임금액의 증가를 부가급여로 대체하여 조세나 4대 보험료의 부담이 감소된다.

14 지능검사에 동작성 검사가 추가되므로 검사에 추가된 장점 3가지를 쓰시오.

① 언어적, 문화적, 교육적 요인들이 지능검사에 영향을 주어서 생길 수 있는 편향의 가능성을 극복할 수 있다.

② 동작성 과제의 점수를 통해 수검자의 정서장애가 검사수행에 미치는 영향을 파악할 수 있다.

③ 수검자의 문제해결 행동을 직접 관찰함으로써 지능점수와 해석에 도움이 될 수 있는 많은 유용한 정보를 얻을 수 있다.

15 내부노동시장의 형성요인과 장점 각각 3가지씩 쓰시오.

① 형성요인 : 숙련의 특수성, 현장훈련, 관습

② 내부노동시장의 장점 : 고용의 안정성, 고임금 형성, 채용·훈련비용 절감

16 준거타당도 계수의 크기에 영향을 미치는 요인 3가지를 쓰고 설명하시오.

① 표집오차 : 표본의 크기가 작아지면 표집오차는 급격하게 증가한다.

② 준거 측정치의 신뢰도 : 준거 측정치의 신뢰도가 그 검사의 타당도 계수에 영향을 미친다.

③ 준거 측정치의 타당도 : 실제준거와 개념준거의 적절성을 말한다.

17 한국직업사전에 수록된 부가직업정보 6가지를 쓰시오.

① 정규교육
② 숙련기간
③ 직무기능
④ 작업강도
⑤ 육체활동
⑥ 작업장소

18 아래의 주어진 예시를 보고 실업률과 임금 근로자수, 경제활동참가율을 구하시오.

(둘째자리에서 반올림)

> · 15세 이상 인구: 35,986천명 · 비경제활동인구: 14,716천명 · 취업자: 20,149천명
> (자영업자: 5,646천명, 무급가족 종사자: 1,684천명, 상용근로자: 6,113천명, 임시근로자: 4,481천명, 일용근로자: 2,225천명)

- 실업률 $= \dfrac{\text{실업자}}{\text{경제활동인구}} \times 100$, $\dfrac{1,121}{21,270} \times 100 = 5.3\%$
- 임금근로자 수 = 상용근로자 + 임시근로자 + 일용근로자,
  6,113천명 + 4,481천명 + 2,225천명 = 12,819천명
- 경제활동참가율 $= \dfrac{\text{경제활동인구}}{\text{15세 이상 인구}} \times 100$, $\dfrac{21,270}{35,986} \times 100 = 59.1\%$
- 15세이상인구 = 경제활동인구 + 비경제활동인구
  35,986천명 = 경제활동인구 + 14,716천명, 경제활동인구 = 21,270천명
- 경제활동인구 = 취업자 + 실업자
  21,270천명 = 20,149천명 + 실업자, 실업자 = 1,121천명

01 어느 기업의 아래 표를 보고 최적고용단위를 구하시오.

(노동 1단위: 150원, 생산품 1개: 100원)

노동	1	2	3	4	5	6
생산량	2	4	7	8.5	9	9

한계생산량(개)	2	2	3	1.5	0.5	0
한계수입(원) (한계생산×단가)	200	200	300	150	50	0
한계비용	150	150	150	150	150	150

• 최적의 고용단위: 4단위
노동 4단위 일 때 한계생산량 1.5개, 한계수입=1.5개×100원=150원이다.
노동 1단위 추가로 지불하는 한계비용 150원으로 최적의 고용단위는 4단위이다.

02 준거타당도의 2가지 종류를 쓰고 설명하시오.

① 예언 타당도: 피검사자의 미래의 행동이나 특성을 얼마나 정확하게 예언하는지의 정도이다.

② 동시 타당도: 새로운 검사를 제작하였을 때, 기존의 타당성을 보장받고 있는 검사와의 유사성을 통하여 타당성을 검증하는 방법이다.

03 행동주의상담에서 노출치료(exposure therapy)의 방법을 3가지 쓰고 설명하시오.

① 실제적 노출법: 실제 공포자극에 노출시키는 방법으로 혐오치료가 있다.

② 심상적 노출법: 공포자극을 상상하게 하여 노출시키는 방법으로 체계적 둔감화가 있다.

③ 집중적 노출법: 단번에 강한 공포자극에 직면시키는 방법으로 홍수법이 있다.

04 게슈탈트(Gestalt) 상담기법 3가지를 쓰고 설명하시오.

① 빈 의자 기법: 현재 상담장면에 와 있지 않은 사람과 상호작용할 필요가 있을 때 사용하는 기법으로 내담자는 의자를 번갈아 앉아가면서 서로 대화를 나눈다.

② 과장하기 연습: 내담자가 무의식적으로 혹은 습관적으로 보여주는 행동이나 제스처를 반복해서 과장되게 표현하게 하는 방법이다.

③ 시연 연습: 각성을 높이기 위해 과거에 있었던 어떤 장면이나 미래에 있을 수 있는 어떤 장면을 현재에 벌어지는 장면으로 상상하여 실제행동으로 시연해 보도록 하는 것이다.

05 흥미사정하기 목적 3가지를 쓰시오.

① 자기인식 발전시키기
② 직업대안 규명하기
③ 여가선호와 직업선호 구별하기

06 홀랜드(Holland)이론의 직업흥미유형 6가지를 쓰고 설명하시오.

① 현실형 : 분명하고 질서정연하고 체계적인 활동을 좋아하며 기계를 조작하는 활동 및 기술을 선호하는 흥미유형이다.
② 탐구형 : 관찰적, 상징적, 체계적이며 물리적, 생물학적, 문화적 현상의 창조적인 탐구활동을 선호하는 흥미유형이다.
③ 예술형 : 예술적 창조와 표현, 변화와 다양성을 선호하고 틀에 박힌 활동을 싫어하며 자유롭고, 상징적인 활동을 선호하는 흥미유형이다.
④ 사회형 : 타인의 문제를 듣고, 이해하고, 도와주고, 치료해주는 활동을 선호하는 흥미유형이다.
⑤ 진취형 : 조직의 목적과 경제적 이익을 얻기 위해 타인을 지도, 계획, 통제, 관리하는 일과 그 결과로 얻게 되는 명예, 인정, 권위를 선호하는 흥미유형이다.
⑥ 관습형 : 정해진 원칙과 계획에 따라 자료를 기록, 정리, 조작하는 활동을 좋아하고 사무능력, 계산능력을 발휘하는 것을 선호하는 흥미유형이다.

07 동일한 스트레스일지라도 개인이 받는 스트레스는 각각 다를 수 있다. 스트레스의 조절변인 3가지를 설명하시오.

① 행동양식 : 조급하고 공격적인 A 유형보다 느긋하고 여유로운 B 유형이 스트레스를 어느 정도 더 잘 조절할 수 있다.
② 통제유형 : 상황을 스스로 통제할 수 있는 내적 통제자는 그렇지 못한 외적 통제자에 비해 스트레스를 더 잘 조절할 수 있다.
③ 강인성 : 강인한 사람은 그렇지 못한 사람에 비해 스트레스를 더 잘 조절할 수 있다.

08 임금하방경직성을 설명하고 이에 영향을 주는 요인 4가지를 쓰시오.

○ 임금의 하방경직성 의미 : 한번 결정된 임금은 수요와 공급의 불균형, 경기변동에도 관계없이 좀처럼 하락하지 않는 것을 말한다.
○ 임금의 하방경직성 원인
① 강력한 노동조합의 존재
② 장기근로계약
③ 노동자의 역선택 발생가능성
④ 기업내부자 집단이기주의

09 한국직업사전 부가직업정보의 특수학교 교사에 대한 설명이다. 아래 내용을 설명하시오.

> ▣ 숙련기간: 1~2년 / ▣ 작업강도: 보통 작업

숙련기간은 정규교육과정을 이수한 후 해당 직업의 직무를 평균적인 수준으로 스스로 수행하기 위하여 필요한 각종 교육, 훈련, 숙련기간을 의미한다. 작업강도는 해당 직업의 직무를 수행하는데 필요한 육체적 힘의 강도를 나타낸다. 특수학교 교사의 숙련기간은 1~2년 소요되고, 작업강도는 보통 작업으로 최고 20kg의 물건을 들어올리고 10kg 정도의 물건을 빈번히 들어 올리거나 운반한다.

10 노동시장에서 존재하는 임금격차의 원인 5가지를 쓰시오.

① 기업규모별 임금격차
② 산업별 임금격차
③ 학력별 임금격차
④ 고용형태별 임금격차
⑤ 직종별 임금격차

11 긴즈버그(Ginzberg)의 진로발달단계 중 현실기의 하위단계 3단계를 설명하시오.

① 탐색단계 : 개인은 자신의 진로선택을 2~3가지 정도로 좁혀간다.
② 구체화단계 : 특정직업 분야에 몰두하게 된다.
③ 특수화단계 : 각자가 직업을 선택하거나 특정 진로에 맞는 직업훈련을 받게 된다.

12 최저임금의 기대효과(장점)을 3가지 쓰시오.

① 근로자 간 소득격차 해소
② 고임금의 경제효과
③ 유효수요 창출

13 검사-재검사 신뢰도에 영향을 주는 요인 3가지를 쓰시오.

① 시간간격　　② 사건의 영향　　③ 개인내적 차이

14 아들러(Adler)의 개인주의 상담이론에서 상담목표 3가지를 쓰시오.

① 내담자의 사회적 관심을 증진시킨다.
② 열등감과 낙담을 제거한다.
③ 내담자의 관점과 목표를 수정하고 인생 각본을 바꾼다.

15 한국표준직업분류에서 직업분류 개념인 직능, 직능수준, 직능유형을 설명하시오.

① 직능 : 주어진 직무의 업무와 과업을 수행하는 능력이다.
② 직능수준 : 직무수행능력의 높낮이를 말하는 것이다.
③ 직능유형 : 직무수행에 요구되는 지식의 분야, 사용하는 도구 및 장비, 투입되는 원재료, 생산된 재화나 서비스의 종류와 관련된다.

16 정신역동적 직업상담 모형을 구체화 시킨 보딘(Bordin)의 상담과정을 쓰시오.

① 탐색과 계약설정　　② 비판적 결정단계　　③ 변화를 위한 노력단계

17 사용자는 다른 조건이 일정할 때 사직률이 낮은 근로자를 선호하지만 사회적인 관점에서는 바람직하지 않다. 사용자가 사직률이 낮은 근로자를 선호하는 이유와 사직률이 낮은 근로자가 사회적으로 좋지 않은 영향을 주는 이유를 설명하시오.

- 사직률이 낮은 근로자를 선호하는 이유: 기업은 지원자의 가능성을 보고 선발하여 시간과 비용을 투자해 생산성이 향상되어 기업이윤 극대화를 추구하기 때문에 낮은 사직률의 근로자를 선호한다.
- 사직률이 낮은 근로자가 사회적으로 좋지 않은 영향을 주는 이유: 근로자는 이직으로 지식과 기술을 습득할 기회를 갖지 못하기 때문에 인적자본 형성에 좋지 못한 영향을 받고, 사회적으로 볼 때 이직으로 형성되는 신규 일자리가 줄고, 기업이 새로운 사업을 하고자 할 때 필요한 인재를 선발하는데 어려움을 겪을 수 있기 때문에 낮은 사직률은 바람직하지 않다.

18 **어떤 사람의 직업적성을 알아보기 위해 같은 명칭의 A적성검사와 B적성검사를 두 번 반복 실시를 했는데 두 검사의 점수가 차이를 보여 이 사람의 정확한 적성을 판단하기 매우 어려운 상황이 발생하였다. 이와 같은 동일명의 유사한 심리검사의 결과가 서로 다르게 나타날 수 있는 가능한 원인 5가지를 쓰시오.**

① 유사한 검사자료에 대한 연습
② 검사를 치르는 동기
③ 다른 요인들로 인해 사람들마다 점수향상 정도의 차이
④ 동등한 검사인 평행검사 구하기
⑤ 동등한 평행검사 제작하기

19 **크롬볼츠(Krumboltz)의 진로결정에 영향을 주는 요인 4가지를 쓰고 설명하시오.**

① 유전적 요인과 특별한 능력 : 타고난 재능과 특수한 능력은 교육적이거나 직업적 선호나 기술을 제한하는 유전적인 자질을 말한다.
② 환경조건과 사건 : 각 개인의 환경에서 특정한 사건과 상황이 기술개발, 진로선호에 영향을 미친다는 것이다.
③ 학습경험 : 도구적 학습경험과 연상적 학습경험이 있다.
④ 과제접근기술 : 어떤 과제를 성공 했거나? 실패 했거나? 새로운 과제는 다른 방법으로 접근해야 한다.

20 **스트롱(Strong) 직업흥미검사의 척도 3가지를 쓰고 각각에 대해 설명하시오.**

① GOT(일반직업분류) : 홀랜드의 이론에 기초하여 6개(RIASEC)의 분류로 피검사자의 흥미에 대한 정보를 제공해 준다.
② BIS(기본흥미척도) : 특정 흥미 분야에 집중하여 가능성 있는 직업 분야를 구체적으로 활용하는데 유용하다.
③ PSS(개인특성척도) : 업무유형, 학습유형, 리더십유형, 모험심유형에 대해 개인이 선호하고 편안하게 느끼는 것을 측정한다.

21 **교류분석(TA)에서 내담자 이해를 위한 분석유형 3가지를 설명하시오.**

① 구조분석 : 내담자의 성격을 구성하는 자아를 분석하는 것으로 부모자아, 어른자아, 아동자아를 통해 내담자가 자신을 이해하도록 조력하는 것이다.
② 교류분석 : 내담자가 상대하는 사람과의 행동과 언어를 분석하는 것이다.
③ 게임분석 : 게임은 겉으로는 상보적 교류를 하지만 결국 불쾌한 감정으로 이어지는 이면적 교류방식이다.

01 수퍼(Super)의 직업상담 6단계를 순서대로 쓰시오.

① 1단계 : 문제탐색 및 자아개념 묘사하기
② 2단계 : 심층적 탐색하기
③ 3단계 : 자아수용 및 자아통찰하기
④ 4단계 : 현실검증하기
⑤ 5단계 : 태도와 감정의 탐색과 처리하기
⑥ 6단계 : 의사결정하기

02 검사는 사용목적에 따라 규준참조검사와 준거참조검사로 분류될 수 있다. 규준참조검사와 준거참조검사의 의미를 설명하고 각각의 예를 쓰시오.

① 규준참조검사 : 개인의 점수를 다른 사람들의 점수와 비교해서 상대적으로 어떤 수준인지를 알아보려는 검사로 상대평가이며 대표적으로 적성검사가 있다.
② 준거참조검사 : 검사점수를 어떤 기준점수와 비교해서 이용하려는 검사로 절대평가이며 대표적으로 직업상담사 시험이 있다.

03 로저스(Rogers)의 인간중심상담의 철학적 가정 5가지를 쓰시오.

① 인간은 가치를 지닌 독특하고 유일한 존재이다.
② 인간은 자기 확충을 향한 적극적인 성장력을 지녔다.
③ 인간은 근본적으로 선하며 이성적이고 믿을 수 있는 존재이다.
④ 각 개인을 알기 위해서는 개인의 주관적 생활에 초점을 두어야 한다.
⑤ 각 개인은 자신이 의사결정을 내릴 권리와 장래에 대해 선택할 권리를 가졌다.

04 심리검사에서 준거타당도 계수의 크기에 영향을 미치는 요인 3가지를 쓰고 각각에 대하여 설명하시오.

① 표집오차 : 표본의 크기가 작아지면 표집오차는 급격하게 증가한다.
② 준거 측정치의 신뢰도 : 준거 측정치의 신뢰도가 그 검사의 타당도 계수에 영향을 미친다.
③ 준거 측정치의 타당도 : 실제준거와 개념준거의 적절성을 말한다.

05 규준 제작 시 사용되는 확률표집방법 3가지를 쓰고 설명하시오.

① 단순무선표집 : 구성원들에게 일련번호를 부여하고, 이 번호들 중에서 무선적으로 필요한 만큼 표집하는 것이다.
② 체계적 표집 : 모집단이 어떤 특징에 따라 체계적으로 정리되어 있는 경우, 이를 이용해서 무선표집을 할 수 있다.
③ 층화표집 : 모집단이 규모가 다른 몇 개의 이질적인 하위집단으로 구성되어 있는 경우에 사용한다.

06 보딘(Bordin)의 직업문제의 원인 중 3가지를 쓰고 설명하시오.

① 의존성 : 자신의 진로문제를 해결하고 책임지는 것을 어렵다고 느끼기 때문에 지나치게 다른 사람들에게 의존하려 한다.
② 정보의 부족 : 경제적으로나 교육적으로 궁핍한 환경에서 자란 사람들은 적합한 정보를 접할 기회가 없었기 때문에 현명한 선택을 하지 못한다.
③ 자아갈등 : 자아개념과 다른 심리적 갈등으로 인하여 진로선택이나 진로결정에 어려움을 겪는다.

07 앨리스(Ellis)의 REBT기법에서 ABCDEF 모델에 대해 설명하시오.

① A(선행사건) : 내담자가 노출되었던 문제 장면이나 선행사건이다.
② B(신념체계) : 내담자가 문제 장면에 대해 갖는 신념으로 비합리적 신념이다.
③ C(결과) : 내담자가 선행사건 때문에 생겨났다고 보고하는 정서적·행동적 결과이다.
④ D(논박) : 내담자의 비합리적 신념에 대한 상담자의 적극적인 논박이다.
⑤ E(효과) : 내담자의 비합리적 신념을 논박한 결과이다.
⑥ F(감정) : 논박하기를 통해 바뀐 합리적 신념에서 비롯된 새로운 감정이나 행동이다.

08 집단 내 규준의 종류 3가지를 쓰고 설명하시오.

① 백분위 점수 : 개인이 표준화 집단에서 차지하는 상대적 위치를 가리킨다.
② 표준점수 : 서로 다른 체계로 측정한 점수들을 동일한 조건에서 비교하기 위한 개념이다.
③ 표준등급 : 원점수를 1에서 9까지의 범주로 나눈 것으로 원점수를 크기 순서에 따라 배열한 후 백분율에 맞추어 표준등급을 매긴다.

09 상담 시 내담자의 대화를 가로 막을 수 있는 상담자의 반응 3가지를 쓰고 설명하시오.

① 너무 이른 조언 : 내담자가 받아들이지 않거나, 내담자에게 상담자에 대한 의존성을 심어주기 때문에 효과적이지 않다.
② 가르치기 : 상담자가 내담자를 가르치기 시작하는 순간, 내담자는 자신에 대한 이야기를 더 이상 하지 않거나, 상담자에게 지나치게 의존하는 경향을 보이게 된다.
③ 지나친 질문 : 상담자의 질문은 내담자를 탐색하기 위한 필수조건이라 할 수 있지만, 지나친 질문은 대화를 가로막을 수 있다.

10 신뢰도 추정방법 중 검사-재검사의 단점 3가지를 쓰시오.

① 시간간격에 따라 신뢰도에 영향을 받는다.
② 사건의 영향을 받는다.
③ 개인내적 차이에 영향을 받는다.

11 베크(Beck)의 인지치료에서 인지적 오류 3가지를 쓰고 설명하시오.

① 자의적 추론 : 충분하고 적절한 증거가 없는데도 결론에 도달하는 오류이다.
② 파국화 : 개인이 걱정하는 한 사건을 취해서 지나치게 과장하여 두려워하는 오류이다.
③ 긍정격하 : 개인이 자신의 긍정적인 경험을 격하시켜 평가하는 오류이다.

12 한국표준산업분류에서 산업, 산업 활동, 산업 활동의 범위를 설명하시오.

① 산업 : 유사한 성질을 갖는 산업 활동에 주로 종사하는 생산단위의 집합이다.
② 산업 활동 : 각 생산단위가 노동, 자본, 원료 등 자원을 투입하여, 재화 또는 서비스를 생산 또는 제공하는 일련의 활동과정이다.
③ 산업 활동 범위 : 영리적, 비영리적 활동이 모두 포함되나, 가정 내의 가사활동은 제외된다.

13 다음 물음에 답하시오.

> 김대리는 남보다 승진이 빠르다. 그러나 사소한 실수를 했다. 상사나 다른 동료들은 아무렇지 않다고 말했지만 내담자는 아니었다. 김 대리는 "실수하면 안된다. 실수하면 회사생활은 끝이다."라는 생각을 했고 심리적 혼란을 겪었다. 그래서 전직을 위해 직업상담사를 찾았다. 상담사는 RET기법으로 김 대리를 상담하면 될 것 같아 그렇게 하기로 했다.

(1) 이 내담자를 상담할 때의 목표는 어떤 것인가?

상담자는 논박기법을 사용하여 내담자의 비합리적 신념을 최소화하거나 합리적 신념으로 전환하도록 한다.

(2) 이 내담자가 전직하려고 하고, 심리적 혼란을 겪는 원인은 무엇인가?

'실수하면 안 된다. 실수하면 회사생활 끝이다.'라는 비합리적 신념 때문이다.

14 노동조합의 파업 시 발생하는 이전효과와 위협효과를 각각 설명하시오.

① 위협효과 : 노동조합 조직 회사에서 임금인상을 요구하며 파업할 때 노동조합 비조직 회사의 사용자가 노조결성을 염려하여 임금인상하게 되어 임금격차가 축소된다.

② 이전효과 : 노동조합 조직 회사에서 임금인상한 후 구조조정하고 신규 채용규모를 축소하여 노동조합 비조직 회사로 노동이 이동하여 노동조합 비조직 회사의 임금이 하락하여 임금격차가 확대된다.

15 기혼여성의 경제활동참가율을 낮게 하는 요인 6가지를 쓰시오.

① 시장임금이 하락
② 배우자의 소득이 증가
③ 육아시설 이용 비용이 상승
④ 보상요구임금이 높을수록
⑤ 가계생산기술이 발달하지 못할수록
⑥ 파트타임 고용시장이 발달하지 못하면

16 노동공급을 결정하는 요인 4가지를 대별하여 설명하시오.

① 인구의 규모와 구조: 생산가능인구가 많을수록 노동공급은 증가한다.
② 경제활동참가율: 경제활동참가율이 높을수록 노동공급은 증가한다.
③ 여가와 소득의 선호: 소득을 선호하면 노동공급은 증가한다.
④ 교육 및 숙련정도: 교육 및 숙련정도가 높으면 임금상승 기대로 노동공급은 증가한다.

17 A 기업은 임금이 4,000원 일 때 20,000의 노동시간을 사용했고, 임금이 5,000원 일 때 10,000의 노동시간을 사용했다. B 기업은 임금이 6,000원 일 때 30,000의 노동시간을 사용했고, 임금이 5,000원 일 때 33,000의 노동시간을 사용했다. A와 B의 임금탄력성을 각각 계산하고, A와 B기업의 노동조합 중 임금교섭력이 더 높은 조합과 그 이유를 쓰시오.

- A기업 임금탄력성 $=(-)\dfrac{\text{노동수요량의 변화율(\%)}}{\text{임금 1\%의 변화율(\%)}}$, $-\dfrac{(-)50\%}{25\%}=2.0$
- A기업 노동수요량 변화율(%) $=\dfrac{-10,000}{20,000}\times 100=-50\%$
- 임금 1%의 변화율(%) $=\dfrac{1,000}{4,000}\times 100=25\%$
- B기업 임금탄력성 $=(-)\dfrac{\text{노동수요량의 변화율(\%)}}{\text{임금 1\%의 변화율(\%)}}$, $-\dfrac{10\%}{(-)16.7\%}=0.6$
- B기업 노동수요량 변화율(%) $=\dfrac{3,000}{30,000}\times 100=10\%$
- 임금 1%의 변화율(%) $=\dfrac{-1,000}{6,000}\times 100=-16.7\%$
- 임금교섭력이 더 높은 조합: B기업
- 이유: B기업이 A기업에 비해 임금탄력성이 비탄력적이기 때문이다.

18 최저임금의 기대효과 6가지를 쓰시오.

① 근로자 간 소득격차 해소
② 고임금의 경제효과
③ 유효수요 창출
④ 기업경영의 합리화 촉진
⑤ 기업 간 공정경쟁 확보
⑥ 산업구조의 고도화

10회

2019년 04월 14일

01 집단상담의 장점 5가지를 쓰시오.

① 경제적이며 효율적이다.
② 실생활의 축소판 기능이 있다.
③ 문제예방의 효과가 있다.
④ 인간적 성장환경을 마련할 수 있다.
⑤ 상담에 대한 긍정적 인식이 확대된다.

02 톨버트(Tolbert)가 제시한 집단직업상담 과정에서 나타나는 활동유형 3가지를 쓰시오.

① 자기탐색
② 상호작용
③ 개인적 정보의 검토 및 목표와의 연결

03 직무분석에서 최초분석법 종류 4가지를 쓰고 설명하시오.

① 면담법 : 특정 직무에 대한 많은 지식과 숙련된 기능을 가지고 있는 사람을 직접 만나서 면담하면서 분석하는 방법이다.
② 관찰법 : 분석자가 직접 작업자의 곁에서 직무활동의 실제를 상세하게 관찰하고 그 결과를 기술하는 방법이다.
③ 체험법 : 분석자 자신이 직접 직무활동에 참여하여 체험함으로써 생생한 직무자료를 얻는 방법이다.
④ 설문법 : 현장의 작업자 또는 감독자에게 설문지를 배부하여 이들로 하여금 직무의 내용을 기술하게 하는 방법이다.

04 롭퀴스트(Lofquist)와 데이비스(Dawis)의 직업적응방식 3가지를 쓰시오.

① 융통성
② 끈기
③ 적극성

05 성격검사는 성격의 5요인(Big-five)에 근거하고 있다. 5요인을 열거하고 설명하시오.

① 외향성 : 타인과의 상호작용을 원하고 타인의 관심을 끌고자 하는 정도이다.
② 호감성 : 타인과 편안하고 조화로운 관계를 유지하는 정도이다.
③ 성실성 : 사회적 규칙, 규범, 원칙들을 지키려는 정도이다.
④ 정서적 불안정성 : 정서적으로 얼마나 안정되어 있고 세상을 위협적이지 않다고 생각하는 정도이다.
⑤ 경험에 대한 개방성 : 자기 자신을 둘러싼 세계에 관한 관심, 호기심, 다양한 경험에 대한 추구 및 포용력 정도이다.

06 심리검사의 결과에 영향을 미치는 검사자 변인과 수검자 변인 중 강화효과, 기대효과, 코칭효과를 설명하시오.

① 강화효과 : 검사과정에서 피검사자에게 특정 반응이나 행동의 빈도를 높이기 위하여 보상 또는 강화물을 제공하여 나타나는 효과를 말한다.
② 기대효과 : 검사자가 어떻게 기대하는가에 따라 기대하는 방향과 유사한 검사결과가 나타나는 효과를 말한다.
③ 코칭효과 : 어떤 검사를 받으려는 피검사자가 그 검사와 유사한 검사로 검사내용과 방법에 대해 설명, 조언을 받으면 나타나는 효과를 말한다.

07 던롭(Dunlop)의 시스템이론에서 노사관계의 3주체와 3여건에 대하여 설명하시오.

- 노사관계 3주체: 노동자, 사용자, 정부
- 노사관계 3여건
  ① 기술적 특성: 기업의 생산방법, 생산과정, 근로자의 질과 양에 따라 노사관계에 영향을 미친다.
  ② 시장 또는 예산제약: 제품판매에 있어서의 시장여건이 노사관계에 큰 영향을 미친다.
  ③ 각 주체 세력관계: 노동조합, 사용자, 정부의 세력관계를 의미하는 것으로, 이 주체들의 세력관계가 노사관계에 영향을 미친다.

08 교류분석상담에서 개인의 생활각본을 구성하는 주요 요소인 기본적인 생활 자세 4가지를 쓰고 설명하시오.

① 자기긍정-타인긍정 : 나도 너도 좋다고 생각한다.
② 자기긍정-타인부정 : 자신은 좋아도 상대가 나쁘기 때문이라고 생각한다.
③ 자기부정-타인긍정 : 너는 좋으나 나는 그렇지 않다고 생각한다.
④ 자기부정-타인부정 : 나도 너도 틀렸다고 생각한다.

09 집단 내 규준 종류 3가지를 설명하시오.

① 백분위 점수 : 개인이 표준화 집단에서 차지하는 상대적 위치를 가리킨다.
② 표준점수 : 서로 다른 체계로 측정한 점수들을 동일한 조건에서 비교하기 위한 개념이다.
③ 표준등급 : 원점수를 1에서 9까지의 범주로 나눈 것으로 원점수를 크기 순서에 따라 배열한 후 백분율에 맞추어 표준등급을 매긴다.

10 겔라트(Galatt)의 직업의사결정 8단계 중 2~7단계를 쓰시오.

② 정보수집
③ 대안열거
④ 대안의 결과 예측
⑤ 대안의 실현가능성 예측
⑥ 가치평가
⑦ 의사결정

11 1차 노동시장 근무자들의 특성을 쓰시오.

임금수준이 상대적으로 높고, 근로조건이 양호하며, 승진의 기회도 다양할 뿐만 아니라, 고용의 안정성이 보장된다.

12 A국의 15세 이상인구(생산가능인구)가 100만 명이고 경제활동참가율이 70% 실업률이 10%라고 할 때 A국의 실업자 수를 계산하시오.

- 실업자수: 7만명
- 경제활동참가율$=\frac{\text{경제활동인구}}{\text{생산가능인구}}\times 100$, $70\%=\frac{\text{경제활동인구}}{\text{100만}}\times 100$, 경제활동인구 $=$70만
- 실업률$=\frac{\text{실업자}}{\text{경제활동인구}}\times 100$, $10\%=\frac{\text{실업자}}{\text{70만}}\times 100$, 실업자수$=$7만

13 실존주의상담에서 3가지 차원의 인간존재 양식세계를 쓰고 설명하시오.

① 주변세계: 인간이 접하면서 살아가는 환경 혹은 생물학적 세계를 말하며, 개인이 던져진 세계이다.
② 공존세계: 인간은 사회적 존재로서 타인과의 관계로 이루어지는 공동체의 세계에 존재한다. 인간만이 갖는 대인관계이다.
③ 고유세계: 인간에게만 나타나는 세계로서 개인이 자신에게 가지는 관계를 의미하며, 자신의 세계를 말한다.

14 심리검사도구를 검사장면에 따른 준거로 축소상황검사, 모의장면검사, 경쟁장면검사로 분류에서 장면에 따른 분류를 설명하시오.

① 축소상황검사: 실제적인 장면과 같지만 구체적인 과제나 직무를 매우 축소시켜 제시하고 그 수행 또는 그 결과를 관찰하고 평가하는 검사이다.
② 모의장면검사: 실제 상황과 거의 유사한 장면을 인위적으로 만들어 놓고 그 장면에서 수검자의 수행과 그 성과를 관찰하고 평가하는 검사이다.
③ 경쟁장면검사: 작업장면과 같은 상황에서 실제 문제 또는 작업을 제시하고 문제해결을 요구하되, 특히 경쟁적으로 수행하도록 하는 검사를 의미한다.

15 한국표준산업분류의 분류는 생산단위가 주로 수행하고 있는 산업활동을 그 유사성에 따라 유형화한 것으로 3가지 분류기준에 의해 분류된다. 이 3가지 분류기준을 쓰시오.

① 산출물의 특성
② 투입물의 특성
③ 생산활동의 일반적인 결합형태

16 크라이티스(Crites)의 포괄적 직업상담 3단계를 쓰고 설명하시오.

① 진단단계: 내담자의 진로문제를 진단하기 위해 내담자에 대한 폭넓은 검사자료와 상담을 통한 자료가 수집되는 단계이다.
② 명료화 및 해석단계: 내담자와 상담자가 협력해서 의사결정의 과정을 방해하는 태도와 행동을 확인하며 함께 대안을 탐색하는 단계이다.
③ 문제해결단계: 내담자가 자신의 문제를 확인하고 적극적으로 참여하여 문제해결을 위한 행동을 실제로 취해야 하는가를 결정하는 단계이다.

17 로(Roe)의 수직차원 6단계를 쓰시오.

① 고급 전문관리
② 중급 전문관리
③ 준 전문관리
④ 숙련직
⑤ 반숙련직
⑥ 비숙련직

18 여가와 소득의 선호에 대해서 대체효과와 소득효과의 의미를 쓰고 여가가 정상재일 때와 열등재일 때 소득 증가에 따른 노동공급의 변화를 설명하시오.

① 대체효과(일선택): 임금이 상승하면 여가를 줄이고 일을 선택하면서 노동공급을 늘려 노동공급곡선이 우상향한다.
② 소득효과(여가선택): 임금이 상승하게 되면 노동공급을 줄이고 여가를 선택하면서 노동공급곡선이 좌상향한다.

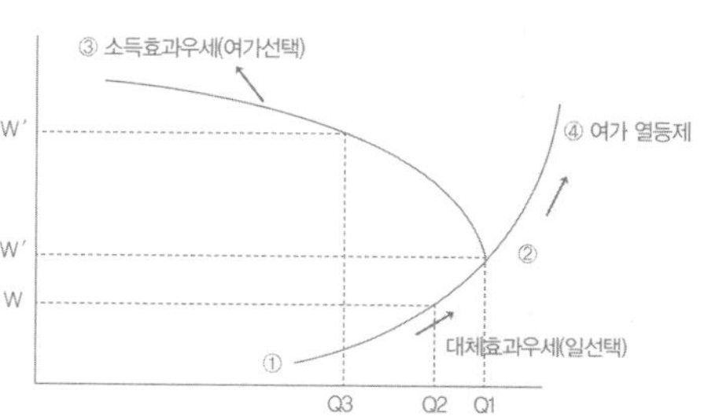

③ 여가가 정상재(여가선택) 일 경우: 소득효과가 우세하여 좌상향한다.
④ 여가가 열등재(일선택) 일 경우: 대체효과가 우세하여 계속 우상향한다.

01 정신분석적 상담에서 내담자의 자각을 증진시키고 직접적인 방법으로 불안을 통제할 수 없을 때 사용하는 방어기제 5가지를 쓰시오.

① 억압 ② 부인 ③ 투사 ④ 합리화 ⑤ 치환

02 보딘(Bordin)의 정신역동적 상담에서 주장하는 내담자의 심리적 문제 원인 5가지를 쓰시오.

① 의존성
② 정보의 부족
③ 자아갈등
④ 진로선택에 따르는 불안
⑤ 문제가 없음

03 집단상담은 그 형태와 접근 방식에 따라 여러 가지로 나눌 수 있다. 집단상담의 형태를 3가지 쓰고 각각 설명하시오.

① 치료집단 : 정서 · 행동문제나 정신장애를 치료하기 위한 목적으로 구성되어 입원이나 통원의 형태로 이루어지는 집단이다.
② 성장집단 : 집단 경험을 원하거나 자신에 대해 좀 더 알기를 원하는 집단원들로 구성되는 집단을 말한다.
③ 과업집단 : 구체적인 과업의 목적을 달성하기 위해 모인 구성원들의 집단을 말한다.

04 수퍼(Super)의 경력개발 단계 중 성장기의 하위단계를 쓰시오.

① 환상기
② 흥미기
③ 능력기

05 브래이필드(Brayfield)가 제시한 직업정보의 기능 3가지를 쓰고 설명하시오.

① 정보적 기능 : 이미 선택한 바를 확인시켜 주거나, 두 가지 방법이 똑같이 매력적일 때 망설임을 해결해 주어 내담자의 직업선택에 대하여 지식을 증가시킨다.
② 재조정 기능 : 내담자가 현실에 비추어 부적당한 선택을 했을 때 이를 점검하는 기초를 마련한다.
③ 동기화 기능 : 내담자가 진로의사결정 과정에 적극적으로 참여하도록 동기부여한다.

06 윌리암슨(Williamson)의 특성·요인 상담과정 중 ( )를 채우고 설명하시오.

분석 → (①) → (②) → (③) → 상담 → 추수지도

① 종합 : 내담자의 자료가 수집되면 상담자는 내담자의 강점과 약점을 확인할 수 있도록 자료를 요약하고 종합한다.
② 진단 : 내담자의 자료를 분석하고 강점과 약점에 관한 판단을 근거로 변별진단한다.
③ 처방 : 내담자의 객관적 자료를 추적하여 문제의 원인을 파악한다.

07 베크(Beck)는 주변의 사건이나 상황의 의미를 해석하는 정보처리 과정에서 범하는 체계적인 잘못을 인지적 오류라 하였다. 베크(Beck)가 제시한 인지적 오류 3가지를 제시하고 각각 간략히 설명하시오.

① 자의적 추론 : 충분하고 적절한 증거가 없는데도 결론에 도달하는 오류이다.
② 파국화 : 개인이 걱정하는 한 사건을 취해서 지나치게 과장하여 두려워하는 오류이다.
③ 긍정격하 : 개인이 자신의 긍정적인 경험을 격하시켜 평가하는 오류이다.

08 생애진로사정에서 진로사정의 구조 3가지를 쓰시오.

① 일경험
② 교육 또는 훈련과정과 관심사
③ 오락

09 검사는 사용목적에 따라 규준참조검사와 준거참조검사로 구별될 수 있다. 규준참조검사와 준거참조검사의 의미를 설명하고 각각의 예를 쓰시오.

① 규준참조검사: 개인의 점수를 다른 사람들의 점수와 비교해서 상대적으로 어떤 수준인지를 알아보려는 검사로 상대평가이며 대표적으로 적성검사가 있다.
② 준거참조검사: 검사점수를 어떤 기준점수와 비교해서 이용하려는 검사로 절대평가이며 대표적으로 직업상담사 시험이 있다.

10 심리검사에는 선다형이나 예, 아니오 등 객관적 형태의 자기보고형 검사(설문지 형태의 검사)가 가장 많이 사용된다. 이런 검사의 장점을 5가지를 쓰시오.

① 신뢰도와 타당도가 높다.
② 표준화되어 있어 집단 실시가 가능하다.
③ 신속하고 객관적인 채점이 가능하다.
④ 개인 간 객관적 비교가 가능하다.
⑤ 표준화된 해석재료가 있어 객관적 해석이 가능하다.

11 홀랜드(Holland) 검사의 흥미유형 6가지를 쓰시오.

① 현실형
② 탐구형
③ 예술형
④ 사회형
⑤ 진취형
⑥ 관습형

12 측정의 신뢰도를 높이기 위해 측정오차를 줄이기 위한 구체적인 방법 3가지를 쓰시오.

① 오차변량을 줄인다.
② 검사실시와 채점과정을 표준화한다.
③ 신뢰도에 나쁜 영향을 주는 문항을 제거한다.

13 **한국표준직업분류에서 말하는 '다수직업종사자'의 의미와 직업을 결정하는 일반적인 원칙을 순서대로 나열하시오.**

○ 의미 : 한 사람이 전혀 상관성이 없는 두 가지 이상의 직업에 종사하는 경우이다.

○ 일반적인 원칙

① 취업시간 우선의 원칙 ② 수입 우선의 원칙 ③ 조사시 최근의 직업 원칙

14 **롭퀴스트(Lofquist)와 데이비스(Dawis)의 직업적응이론에 기초하여 개발한 직업적응과 관련된 검사도구 3가지를 쓰시오.**

① 미네소타 중요성질문지
② 미네소타 만족질문지
③ 미네소타 만족성척도

15 **다음 표를 보고 물음에 답하시오.**

	15세~19세	20세~24세	25세~29세	30세~50세
생산가능인구	3,284	2,650	3,846	22,982
경제활동인구	203	1,305	2,797	17,356
취업자	178	1,101	2,598	16,859
실업자	25	124	199	497
비경제활동인구	3,081	1,346	1,049	5,627

(1) 30~50대 고용률 계산하시오.(소수점 둘째자리에서 반올림)

• $\text{고용률(\%)} = \dfrac{\text{취업자}}{\text{생산가능인구}} \times 100,\ \dfrac{16,859}{22,982} \times 100 = 73.4\%$

(2) 30~50대 고용률을 29세 이하의 고용률과 비교하시오.

• $\text{29세 이하 고용률(\%)} = \dfrac{\text{취업자}}{\text{생산가능인구}} \times 100,\ \dfrac{178+1,101+2,598}{3,284+2,650+3,846} \times 100,$
$\dfrac{3,877}{9,780} \times 100 = 39.6\%$

• 비교분석: 고용률은 생산가능인구 중 취업자의 비율을 나타낸 것으로 30~50대의 고용률은 73.4%이고, 29세 이하의 고용률은 39.6%이다. 30~50대의 고용률이 29세 이하의 고용률에 비해 33.8% 높다.

16 인적자본에 대한 투자의 대상을 3가지 쓰고 각각 설명하시오.

① 정규교육: 상급학교에 대한 진학여부는 비용·편익분석으로 결정한다.
② 훈련: 정규교육과정 졸업 후 입사 전후 직업관련 인적자본투자를 훈련이라 한다.
③ 노동시장 정보: 노동시장의 정보가 불완전한 경우 근로조건에 대하여 확률적으로 인지한다.

17 노동수요 탄력성에 영향을 미치는 요인 4가지를 쓰시오.

① 생산물 수요의 탄력성
② 총생산비에 대한 노동비용의 비율
③ 노동의 다른 생산요소와의 대체가능성
④ 다른 생산요소의 공급탄력성

18 직무기술서에서 얻을 수 있는 정보 5가지를 쓰시오.

① 직무명칭
② 직무의 직종
③ 직무내용의 요약
④ 수행되는 과업
⑤ 작업조건

12회

2019년 10월 13일

01 구성타당도를 분석하는 방법을 3가지 쓰고 각각에 대해 설명하시오.

① 요인분석: 검사를 구성하는 문항들 간의 상호상관관계를 분석해서 서로 상관이 높은 문항들을 묶어 주는 통계적 방법이다.

② 수렴타당도: 검사의 결과가 이론적으로 그 속성과 관계있는 변인들과 높은 상관관계를 지니고 있는지의 정도를 측정하는 것이다.

③ 변별타당도: 검사의 결과가 이론적으로 그 속성과 관계없는 변인들과 낮은 상관관계를 지니고 있는지의 정도를 측정하는 것이다.

02 심리검사 시 윤리적 고려사항 6가지를 쓰시오.

① 검사선택 할 때 신뢰도와 타당도를 검토한다.

② 검사실시 할 때 피검사자의 정서 상태를 점검하고, 검사의 목적을 충분히 설명한다.

③ 상담자는 중립적 자세를 유지하고, 표준화된 방식으로 실시한다.

④ 검사 채점할 때 전문성을 갖고 표준화된 절차에 따라야 하며 규준의 적절성을 검토한다.

⑤ 다른 검사나 관련 자료를 함께 고려하여 결론을 도출한다.

⑥ 피검사자에게 검사의 적절성을 설명하고 비밀을 보장해야 한다.

03 인지·정서적 상담이론에서 개인을 파멸로 몰아가는 근본적인 문제는 개인이 가지고 있는 비합리적 신념 때문이다. 비합리적 신념의 뿌리를 이루고 있는 3가지 당위성을 예를 포함하여 설명하시오.

① 자신에 대한 당위성: '나는 훌륭한 사람이어야 한다.'와 같이 우리 자신에 대한 당위성을 강조하는 것이다.

② 타인에 대한 당위성: '직장동료니까 항상 일에 협조해야 한다.'와 같이 우리에게 밀접하게 관련한 사람에게 당위적인 행동을 기대하는 것이다.

③ 조건에 대한 당위성: '나의 사무실은 아늑해야 한다.'와 같이 우리에게 주어진 조건에 대해 당위성을 기대하는 것이다.

04 실존주의상담은 실존적 존재로서 인간이 갖는 긍정적 관심사에 대한 자각이 불안을 야기한다고 본다. 실존주의 상담자들이 내담자의 긍정적 관심사와 관련하여 중요하게 설명하는 주제를 4가지만 제시하고 각각에 대해 설명하시오.

① 자유와 책임 : 인간은 여러 가지 상황에서 선택할 수 있는 자유를 가진 자기결정적인 존재이다. 인간은 근본적으로 자유롭기 때문에 삶의 방향을 지시하고 운명을 이루어 나가는 데 책임을 져야만 한다.
② 불안과 죄책감 : 실존주의자들은 우리에게 주어진 자유 때문에 그리고 선택하도록 운명 지어져 있기 때문에 우리는 어쩔 수 없이 불안하다고 주장한다.
③ 삶의 의미성 : 삶의 중요성과 목적을 향한 노력은 인간의 독특한 특성이다.
④ 죽음과 비존재 : 실존주의의 가장 중요한 문제는 죽음이다. 인간은 미래의 언젠가는 자신이 죽는다는 것을 스스로 자각한다.

05 형태주의상담의 주요 목표 3가지를 쓰시오.

① 체험 확장 ② 통합 ③ 자립

06 반분신뢰도를 추정하기 위해 가장 많이 사용하는 4가지 방법을 쓰고 각각에 대해 설명하시오.

① 전후 절반법 : 전체 검사를 문항 순서에 따라 전과 후로 나누는 방법이다.
② 기우 절반법 : 전체 검사를 문항의 번호에 따라 홀수와 짝수로 나누는 방법이다.
③ 짝진 임의배치법 : 전체 검사를 문항의 난이도와 문항과 총점 간의 상관계수를 토대로 나누는 방법이다.
④ 난수표법 : 각 문항을 두 하위 검사에 무선적으로 할당하는 방법이다.

07 표준화를 위해 수정된 자료가 정규분포에서 벗어나는 것은 검사도구의 문제라기보다 표집절차의 오류에 원인이 있다. 이를 해결하기 위한 방법 3가지를 쓰고 설명하시오.

① 완곡화 : 정규분포와 비슷하게 나왔을 때 사용하는데, 절선도표나 주상도표에서 정규분포의 모양을 갖추도록 점수를 더하거나 빼주는 방법이다.
② 절미법 : 편포의 꼬리를 잘라내는 방법으로 꼬리가 작을 때에만 사용할 수 있다.
③ 면적환산법 : 각 점수들의 백분위를 찾아서 그 백분위에 해당하는 Z점수를 찾는 방법이다.

08 노동수요를 보다 탄력적으로 만드는 조건을 4가지만 쓰시오.

① 생산물에 대한 수요의 탄력성이 클수록
② 총 생산비에서 차지하는 노동비용의 비중이 높을수록
③ 상품생산에 사용되는 다른 요소와의 대체가능성이 높을수록
④ 노동과 함께 이용되는 다른 생산요소의 공급탄력성이 클수록

09 K 제과점의 근로자수와 하루 생산량은 다음과 같다. 물음에 답하시오.

(케이크 가격이 10,000원, 종업원 일당 80,000원)

근로자 수	0	1	2	3	4
케이크 수	0	10	18	23	27

(1) 근로자수 2명일 때 노동의 한계생산을 계산하시오.

1명 일 때 10개, 2명 일 때 18개로 8개 증가하여 한계생산은 8개이다.

(2) 근로자수 3명일 때 노동의 한계수입생산을 계산하시오.

한계수입생산=한계생산×재화의 가격=5개×10,000원=50,000원
2명 일 때 18개, 3명 일 때 23개로 한계생산은 5개

(3) 근로자 1인당 임금이 80,000원일 때 이윤최대점을 추구하는 제과점의 근로자수와 케이크양을 계산하시오.

2명 일 때 케이크 한계생산이 8개로 한계수입이 80,000원이며, 노동의 한계비용이 80,000원으로 최대이윤을 추구하는 제과점의 근로자 수는 2명이며, 케이크양은 18개이다.

10 한국표준직업분류에서 직업으로 인정되지 않는 경우 6가지를 쓰시오.

① 이자, 주식배당, 임대료 등과 같은 자산 수입이 있는 경우
② 자기 집의 가사 활동에 전념하는 경우
③ 교육기관에 재학하며 학습에만 전념하는 경우
④ 시민봉사활동 등에 의한 무급 봉사적인 일에 종사하는 경우
⑤ 사회복지시설 수용자의 시설 내 경제활동
⑥ 수형자의 활동과 같이 법률에 의한 강제노동을 하는 경우

11 심리검사는 선다형이나 예, 아니오 등 객관적 형태의 자기보고식 검사(설문지 형태의 검사)가 가장 많이 사용되는데 이런 형태의 검사가 가지는 단점 3가지를 쓰시오.

① 문항의 고정성으로 피검사자가 표현의 제약이 있다.
② 사회적 경향성으로 자기를 왜곡되게 보고할 수 있다.
③ 문항배열에 따라 결과가 다르게 나올 수 있다.

12 생애진로사정(LCA)의 구조와 얻을 수 있는 정보 3가지를 쓰시오.

○ 생애진로사정의 구조 : 진로사정, 전형적인 하루, 강점과 장애, 요약

○ 생애진로사정에서 얻을 수 있는 정보
① 내담자의 직업경험과 교육수준을 나타내는 객관적인 사실
② 내담자 자신의 기술과 유능성에 대한 자기평가 및 상담자의 평가정보
③ 내담자 자신의 가치관과 자기의식

13 직무분석 방법 중 결정적 사건법의 단점 3가지를 쓰시오.

① 어떤 직무에서 일어난 사건을 그 개인의 특질로 귀인시키는 경향이 있다.
② 수집된 직무행동을 분류하고 평가하는데 많은 시간과 노력이 필요하다.
③ 여기서 얻은 제한된 정보만으로 해당 직무에 대한 포괄적인 정보를 얻을 수 없다.

14 겔라트(Galatt)의 직업의사결정 8단계를 쓰시오.

① 목적의식 ② 정보수집 ③ 대안열거 ④ 대안의 결과 예측
⑤ 대안의 실현가능성 예측 ⑥ 가치평가 ⑦ 의사결정 ⑧ 평가 및 재투입

15 진로시간전망 조사 시 검사지의 용도 5가지를 쓰시오.

① 미래의 방향을 이끌어내기 위해서
② 미래에 대한 희망을 심어 주기 위해서
③ 미래가 실제인 것처럼 느끼도록 하기 위해서
④ 계획에 대해 긍정적 태도를 강화하기 위해서
⑤ 목표설정을 촉구하기 위해서

16 산업별 임금격차가 발생하는 원인 3가지를 쓰시오.

① 독점산업과 경쟁산업
② 노동조합의 존재여부
③ 성장산업과 사양산업

17 '자기보고식 가치사정하기'에서 가치사정기법 6가지를 쓰시오.

① 체크목록의 가치에 순위 매기기
② 과거의 선택 회상하기
③ 절정경험 조사하기
④ 자유시간과 금전 사용하기
⑤ 백일몽 말하기
⑥ 존경하는 사람 기술하기

18 진로자서전과 의사결정 일기에 대해 설명하시오.

① 진로자서전 : 대학, 학과선택 그 외 일상적인 결정 등에 대해 내담자가 자유롭게 기술하도록 하여 과거에 내담자의 의사결정에 큰 영향을 주었던 '중요한 타인'이 누구인지 알게 해준다.
② 의사결정일기 : 내담자가 현재 일상적인 의사결정을 어떻게 하는지 알아보고 직업의사결정과정에서 보다 더 분명하게 자신의 의견을 표현할 수 있게 될 것이다.

19 주어진 예시를 보고 임금근로자 수를 계산하시오.

· 15세 이상 인구: 35,986천명 · 비경제활동인구: 14,716천명 · 취업자: 20,149천명
(자영업자: 5,646천명, 무급가족 종사자: 1,684천명, 상용근로자: 6,113천명, 임시근로자: 4,481천명, 일용근로자: 2,225천명)

• 임금근로자 수＝상용근로자＋임시근로자＋일용근로자,
6,113천명＋4,481천명＋2,225천명＝12,819천명

01 부처(Butcher)가 제시한 집단직업상담을 위한 3단계 모델을 쓰고 설명하시오.

① 탐색단계 : 자기개방하고, 흥미와 적성에 대한 탐색을 하며, 탐색 결과에 대한 피드백을 하고, 불일치를 해결한다.
② 전환단계 : 자기지식을 직업세계와 연결하고, 가치관의 변화를 꾀하고, 자신의 가치와 피드백 간의 불일치를 해결한다.
③ 행동단계 : 목표설정을 하고, 목표달성을 위해 정보를 수집하고 공유하며, 행동으로 옮긴다.

02 의사교류분석(TA)에서 내담자 이해를 위한 역동적 자아상태 3가지를 쓰시오.

① 부모자아(P) ② 성인자아(A) ③ 아동자아(C)

03 실존주의적 상담자들이 내담자의 궁극적 관심사와 관련하여 중요하게 생각하는 주제를 3가지를 제시하고 각각에 대해 설명하시오.

① 자유와 책임 : 인간은 여러 가지 상황에서 선택할 수 있는 자유를 가진 자기결정적인 존재이다. 인간은 근본적으로 자유롭기 때문에 삶의 방향을 지시하고 운명을 이루어 나가는 데 책임을 져야만 한다.
② 불안과 죄책감 : 실존주의자들은 우리에게 주어진 자유 때문에 그리고 선택하도록 운명 지어져 있기 때문에 우리는 어쩔 수 없이 불안하다고 주장한다.
③ 삶의 의미성 : 삶의 중요성과 목적을 향한 노력은 인간의 독특한 특성이다.

04 엘리스(Ellis)의 REBT기법에서 ABCDE 모델을 설명하시오.

① A(선행사건) : 내담자가 노출되었던 문제 장면이나 선행사건이다.
② B(신념체계) : 내담자가 문제 장면에 대해 갖는 신념으로 비합리적 신념이다.
③ C(결과) : 내담자가 선행사건 때문에 생겨났다고 보고하는 정서적·행동적 결과이다.
④ D(논박) : 내담자의 비합리적 신념에 대한 상담자의 적극적인 논박이다.
⑤ E(효과) : 내담자의 비합리적 신념을 논박한 결과이다.

05 직업적응이론에서는 개인이 환경과 상호작용하는 특성을 나타내주는 성격유형 요소들 중 3가지만 제시하고 각각에 대해 간략히 설명하시오.

① 민첩성 : 과제를 완성하는 속도를 말한다.
② 역량 : 근로자의 평균 활동수준을 말한다.
③ 리듬 : 활동의 다양성을 말한다.

06 생애진로사정(LCA)의 의미와 구조 그리고 이를 통해 얻을 수 있는 정보를 쓰시오.

- 의미: 상담자와 내담자가 처음 만났을 때 사용하는 구조화된 면담기법으로 내담자에게 심리적 부담은 적게 주면서 내담자의 직업과 관련된 정보를 얻을 수 있다.
- 구조
  ① 진로사정 ② 전형적인 하루 ③ 강점과 장애 ④ 요약
- 얻을 수 있는 정보
  ① 내담자의 직업경험과 교육수준을 나타내는 객관적인 사실
  ② 내담자 자신의 기술과 유능성에 대한 자기평가 및 상담자의 평가정보
  ③ 내담자 자신의 가치관과 자기의식

07 구조조정으로 인해 실직한 내담자의 특성과 직업지도 방법을 2가지씩 쓰시오.

- 구조조정으로 인해 실직한 내담자의 특성
  ① 실직으로 인해 자신이 무능하다는 자동적 사고로 수치심과 무력감을 가질 수 있다.
  ② 실직으로 인해 조직에 대한 배신감 또는 불신감을 가질 수 있다.
- 직업지도 방법
  ① 구조조정 대상이 무능함을 의미하는 것이 아니라는 생각으로 전환할 수 있도록 베크(Beck)의 인치지료 기법을 사용한다.
  ② 실업에서 오는 충격으로 인한 비합리적 신념을 확인하고 이를 최소화하거나 합리적 신념으로 전환하도록 엘리스의 인지·정서·행동기법을 사용한다.

08 고용정보를 미시정보와 거시정보로 구별하여 각각 2가지씩 쓰시오.

① 미시정보 : 구인·구직정보, 자격정보
② 거시정보 : 노동시장동향, 직종별·업종별 인력수급현황

09 직업상담에서 검사 선택 시 고려해야 할 사항 4가지를 쓰시오.

① 심리검사를 실시하는 목적과 대상에 맞는 검사를 선택한다.
② 검사의 신뢰도와 타당도가 높아야 한다.
③ 규준이 잘 작성되어 검사가 갖추어야 할 조건을 갖추고 있어야 한다.
④ 내담자의 문제점을 정확히 파악할 수 있어야 한다.

10 규준 제작 시 사용되는 표집방법 3가지를 쓰고 설명하시오.

① 단순무선표집 : 구성원들에게 일련번호를 부여하고, 이 번호들 중에서 무선적으로 필요한 만큼 표집하는 것이다.
② 체계적 표집 : 모집단이 어떤 특징에 따라 체계적으로 정리되어 있는 경우, 이를 이용해서 무선표집을 할 수 있다.
③ 층화표집 : 모집단이 규모가 다른 몇 개의 이질적인 하위집단으로 구성되어 있는 경우에 사용한다.

11 직업심리검사에서 측정의 기본 단위인 척도(scale)의 4가지 유형을 쓰고 의미를 간단히 설명하시오.

① 명명척도 : 숫자의 차이가 측정한 속성이 대상에 따라 다르다는 것만을 나타내는 척도이다.
② 서열척도 : 숫자의 차이가 측정한 속성의 차이에 관한 정보뿐 아니라 그 순위관계에 대한 정보도 포함하고 있는 척도이다.
③ 등간척도 : 수치상의 차이가 실제 측정한 속성 간의 차이와 동일한 숫자의 집합을 말한다.
④ 비율척도 : 등간척도처럼 산술적인 계산이 가능하면서 절대값을 갖춘 척도이다.

12 직업심리검사의 신뢰도 추정방법 3가지를 쓰고 설명하시오.

① 검사-재검사 신뢰도 : 같은 검사를 동일한 사람에게 시간간격을 두고 두 번 실시하여 얻은 점수들 간의 상관계수에 의해 신뢰도를 추정한다.
② 동형검사 신뢰도 : 동일한 수검자에게 첫 번째 시행한 검사와 동등한 유형의 검사를 실시하여 두 검사점수 간의 상관계수에 의해 신뢰도를 추정한다.
③ 내적일관성 신뢰도 : 한 검사 내에 있는 각 문항을 독립된 별개의 검사로 간주하고 문항 간의 일관성이나 합치성 정도를 말한다.

13 어떤 심리검사에서 원점수가 A=3, B=6, C=7, D=10, E=14, F=20이고, 평균은 10, 표준편차는 5.77일 때 C의 표준점수 Z를 구하시오. (소수점 셋째자리에서 반올림할 것)

• Z: −0.52

• $Z점수=\frac{원점수-평균}{표준편차}=\frac{7-10}{5.77}=-0.52$

14 한국표준산업분류에서 산업분류의 정의를 쓰시오.

국내의 생산구조 및 실태에서 사업체단위, 기업체 단위 등 각 생산단위가 주로 수행하는 모든 산업활동을 일정한 분류기준과 원칙 및 그 유사성에 따라 체계적으로 유형화한 것이다.

15 시간당 임금이 7,000원일 때 20명을 고용하던 A기업은 임금이 8,000원일 때 19명을 고용했다. 시간당 임금이 7,000원일 때 20명을 고용하던 B기업은 임금이 8,000원일 때 18명을 고용했을 때 아래의 물음에 답하시오.

(1) 임금이 7,000원에서 8,000원으로 인상될 때 각 기업의 임금탄력성을 계산하시오.

• $A기업의\ 임금탄력성=(-)\frac{노동수요량의\ 변화율(\%)}{임금\ 1\%의\ 변화율(\%)}=(-)\frac{-5\%}{14.28\%}=0.35$

• $임금변화율(\%)=\frac{1,000원}{7,000원}\times100=14.28\%$

• $노동수요\ 변화율(\%)=\frac{-1명}{20명}\times100=-5\%$

• $B기업\ 임금탄력성=(-)\frac{노동수요량의\ 변화율(\%)}{임금\ 1\%의\ 변화율(\%)}=(-)\frac{-10\%}{14.28\%}=0.70$

• $임금변화율(\%)=\frac{1,000원}{7,000원}\times100=14.28\%$

• $노동수요\ 변화율(\%)=\frac{-2명}{20명}\times100=-10\%$

(2) A와 B기업의 노동조합이 임금인상 협상을 시도하고자 할 때 그 타결가능성이 높은 기업은 어디인가?

A기업

(3) 그 이유는 무엇인지 설명하시오.

임금변화에 따른 노동수요량의 변화율이 A기업이 B기업에 비해 비탄력적이기 때문이다.

16 한국표준직업분류에서 포괄적 업무의 개념과 분류원칙 3가지를 쓰고 설명하시오.

- 포괄적인 업무의 개념: 동일한 직업이라 할지라도 사업체 규모에 따라 직무범위에 차이가 날 수 있다.
- 분류원칙
  ① 주된 직무 우선 원칙: 2개 이상의 직무를 수행하는 경우는 수행되는 직무내용과 관련 분류 항목에 명시된 직무내용을 비교·평가하여 관련 직무 내용상의 상관성이 가장 많은 항목에 분류한다.
  ② 최상급 직능수준 우선 원칙: 수행된 직무가 상이한 수준의 훈련과 경험을 통해서 얻어지는 직무능력을 필요로 한다면, 가장 높은 수준의 직무능력을 필요로 하는 일에 분류하여야 한다.
  ③ 생산업무 우선 원칙: 재화의 생산과 공급이 같이 이루어지는 경우는 생산단계에 관련된 업무를 우선적으로 분류한다.

17 노동시장의 내부노동시장이론, 이중노동시장이론, 인적자본이론의 의미를 간략히 설명하시오.

① 내부노동시장이론: 기업 내부의 명문화된 규칙과 절차에 의거하여 임금과 직무배치 및 승진이 결정되는 노동시장이다.

② 이중노동시장이론: 1차와 2차 노동시장으로 1차 노동시장은 임금수준이 상대적으로 높고, 근로조건이 양호하며, 승진의 기회도 다양할 뿐만 아니라, 고용의 안정성이 보장된다.
2차 노동시장: 임금수준이 상대적으로 낮고, 근로조건이 매우 열악하며, 승진의 기회도 부족할 뿐만 아니라 고용이 불안정하다.

③ 인적자본이론: 기업에서는 생산에 필요한 기계설비를 자본으로 보는 것과 같이 사람에게 장기간 축적된 기술, 기능, 지식 등이 생산성과 기업이윤을 영향을 미치는데 이를 인적자본이라 한다.

18 임금률이 상승하면 노동공급량의 증가로 노동공급곡선이 우상향 한다. 이 말이 참인지, 거짓인지, 불확실한지 판정하고, 여가와 소득의 선택모형에 의거하여 설명하시오.

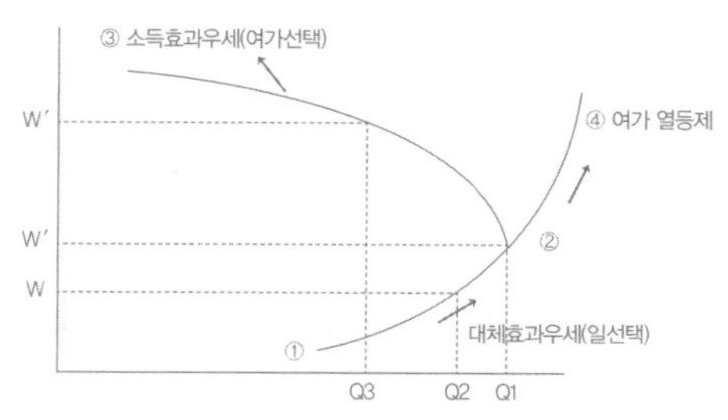

• 판정: 불확실

①~② 임금이 상승하면 여가를 줄이고 일을 선택하면서 노동공급을 늘려 노동공급곡선이 우상향하므로 참이다.

②~③ 임금이 상승하게 되면 노동자의 소득이 증가하게 됨으로써 노동공급을 줄이고 여가를 선택하면서 노동공급곡선이 좌상향하므로 거짓이다.

④ 여가가 열등재라는 것은 초과근로, 휴일근로를 하는 것으로 여가보다 소득(일)을 선택해 노동공급곡선이 우상향하므로 참이다.

위 경우 우상향하는 것이 참인 경우도 있고, 거짓인 경우도 있는데 소득효과와 대체효과 중 어느 것이 우세한지 알 수 없어 불확실하다.

14회

2020년 07월 26일

01 정신역동적 직업상담 모형을 구체화 시킨 보딘(Bordin)의 상담과정 3단계를 쓰고 설명하시오.

① 탐색과 계약설정 : 상담자는 내담자가 자신의 욕구 및 자신의 정신역동적 상태를 탐색할 수 있도록 돕고 앞으로의 상담전략을 합의한다.
② 비판적 결정단계 : 진로에 대한 비판적 결정뿐만이 아니라 선택이 제한된 것들 또는 인성변화를 포괄하는 문제들도 포함한다.
③ 변화를 위한 노력단계 : 자신이 선택하고자 하는 직업과 관련지어 보아 자신의 성격 특히 욕구, 흥미 등에서 더 많은 변화를 필요로 하는 부분에 대한 변화를 시도하려고 노력해야 한다.

02 내담자와의 초기 면담 수행 시 상담자가 유의해야 할 사항 4가지를 쓰시오.

① 내담자와 만나기
② 비밀유지에 대해 설명하기
③ 요약하기
④ 과제물 부여하기

03 구성타당도 분석방법 2가지를 제시하고 설명하시오.

① 수렴타당도 : 검사의 결과가 이론적으로 그 속성과 관계있는 변인들과 높은 상관관계를 지니고 있는지의 정도를 측정하는 것이다.
② 변별타당도 : 검사의 결과가 이론적으로 그 속성과 관계없는 변인들과 낮은 상관관계를 지니고 있는지의 정도를 측정하는 것이다.

04 엘리스(Ellis)의 REBT기법에서 ABCDEF에 대해 설명하시오.

① A(선행사건) : 내담자가 노출되었던 문제 장면이나 선행사건이다.
② B(신념체계) : 내담자가 문제 장면에 대해 갖는 신념으로 비합리적 신념이다.
③ C(결과) : 내담자가 선행사건 때문에 생겨났다고 보고하는 정서적·행동적 결과이다.
④ D(논박) : 내담자의 비합리적 신념에 대한 상담자의 적극적인 논박이다.
⑤ E(효과) : 내담자의 비합리적 신념을 논박한 결과이다.
⑥ F(감정) : 논박하기를 통해 바뀐 합리적 신념에서 비롯된 새로운 감정이나 행동이다.

05 스트롱(Strong) 직업흥미검사 척도 3가지를 쓰고 간략하게 설명하시오.

① GOT(일반직업분류) : 홀랜드의 이론에 기초하여 6개(RIASEC)의 분류로 피검사자의 흥미에 대한 정보를 제공해 준다.
② BIS(기본흥미척도) : 특정 흥미 분야에 집중하여 가능성 있는 직업 분야를 구체적으로 활용하는데 유용하다.
③ PSS(개인특성척도) : 업무유형, 학습유형, 리더십유형, 모험심유형에 대해 개인이 선호하고 편안하게 느끼는 것을 측정한다.

06 검사-재검사 신뢰도에 영향을 미치는 요인 4가지를 쓰시오.

① 시간간격
② 사건의 영향
③ 개인내적 차이
④ 환경의 차이

07 진로성숙검사의 능력척도 3가지를 쓰고 설명하시오.

① 직업세계 이해능력 : 직업의 종류, 직업의 특성, 작업조건, 교육수준, 직무 및 직업세계의 변화경향과 직업정보 획득 등 6개 분야에 대한 지식과 이해의 정도이다.
② 직업선택능력 : 자신의 흥미, 적성 등과 직업세계에 대한 지식과 이해를 토대로 자신에게 적합한 직업을 선택할 수 있는 능력이다.
③ 합리적인 의사결정능력 : 자기 자신 및 직업세계에 대한 이해와 지식을 바탕으로 진로와 관련된 의사결정 과정에서 부딪히는 갈등상황을 합리적으로 해결하는 능력이다.

08 지필검사관련 면접 및 관찰 평가시의 채점자와 평가자의 오차에 의해서 발생하는 오류 3가지를 쓰고 설명하시오.

① 후광 효과 : 내담자의 한 가지 측면을 다른 측면으로 일반화하는 경향성이다.
② 관용 오류 : 사람의 성격을 실제보다 더 호의적으로 평가하는 경향성이다.
③ 엄격화 오류 : 평가대상을 지나치게 엄격히 평가하는 경향으로 인한 오류이다.

09 투사검사의 장점과 단점 각각 3가지씩 쓰시오.

장점	단점
① 다양하고 풍부한 반응을 한다. ② 개개인의 독특성이 드러난다. ③ 무의식적 반응으로 왜곡하기 어렵다.	① 신뢰도가 낮을 수 있다. ② 개인 간 객관적 비교가 어렵다. ③ 해석 시 검사자의 주관이 개입할 가능성이 있다.

10 한국직업사전의 정규교육, 숙련기간, 직무기능에 대해 설명하시오.

① 정규교육 : 해당 직업의 직무를 수행하는데 필요한 일반적인 정규교육수준을 의미한다.

② 숙련기간 : 정규교육과정을 이수한 후 해당 직업의 직무를 평균적인 수준으로 스스로 수행하기 위하여 필요한 각종 교육, 훈련, 숙련기간을 의미한다.

③ 직무기능 : 해당 직업 종사자가 직무를 수행하는 과정에서 "자료", "사람", "사물"과 맺는 관련된 특성을 나타낸다.

11 직무분석 자료를 활용하는 용도를 5가지 쓰시오.

① 모집 및 선발

② 교육 및 훈련

③ 직무수행평가

④ 직무평가

⑤ 정원관리

12 한국표준산업분류에서 통계단위의 산업결정방법을 3가지 쓰시오.

① 주된 산업 활동은 산출물에 대한 부가가치(액)의 크기에 따라 결정되어야 하나,

② 부가가치(액) 측정이 어려운 경우에는 산출액에 의하여 결정되어야 하나,

③ 상기의 원칙에 따라 결정하는 것이 적합하지 않을 경우에는 그 해당 활동의 종업원 수 및 노동시간, 임금 및 급여액 또는 설비의 정도에 의하여 결정된다.

13 한국표준직업분류의 포괄적 업무에 대한 분류원칙을 적용하는 순서대로 쓰고 각각 설명하시오.

① 주된 직무 우선 원칙 : 2개 이상의 직무를 수행하는 경우는 수행되는 직무내용과 관련 분류 항목에 명시된 직무내용을 비교·평가하여 관련 직무 내용상의 상관성이 가장 많은 항목에 분류한다.

② 최상급 직능수준 우선 원칙 : 수행된 직무가 상이한 수준의 훈련과 경험을 통해서 얻어지는 직무능력을 필요로 한다면, 가장 높은 수준의 직무능력을 필요로 하는 일에 분류하여야 한다.

③ 생산업무 우선 원칙 : 재화의 생산과 공급이 같이 이루어지는 경우는 생산단계에 관련된 업무를 우선적으로 분류한다.

14 홀랜드(Holland)의 성격유형 6가지를 쓰고 설명하시오.

① 현실형 : 분명하고 질서정연하고 체계적인 활동을 좋아하며 기계를 조작하는 활동 및 기술을 선호하는 흥미유형이다.

② 탐구형 : 관찰적, 상징적, 체계적이며 물리적, 생물학적, 문화적 현상의 창조적인 탐구활동을 선호하는 흥미유형이다.

③ 예술형 : 예술적 창조와 표현, 변화와 다양성을 선호하고 틀에 박힌 활동을 싫어하며 자유롭고, 상징적인 활동을 선호하는 흥미유형이다.

④ 사회형 : 타인의 문제를 듣고, 이해하고, 도와주고, 치료해주는 활동을 선호하는 흥미유형이다.

⑤ 진취형 : 조직의 목적과 경제적 이익을 얻기 위해 타인을 지도, 계획, 통제, 관리하는 일과 그 결과로 얻게 되는 명예, 인정, 권위를 선호하는 흥미유형이다.

⑥ 관습형 : 정해진 원칙과 계획에 따라 자료를 기록, 정리, 조작하는 활동을 좋아하고 사무능력, 계산능력을 발휘하는 것을 선호하는 흥미유형이다.

15 상담목표를 설정할 때 고려해야 할 사항 4가지를 쓰시오.

① 목표들은 구체적이어야 한다.

② 목표들은 실현가능해야 한다.

③ 목표들은 내담자가 원하고 바라는 것이어야 한다.

④ 내담자의 목표는 상담자의 기술과 양립 가능해야만 한다.

16 **내담자의 흥미사정기법 3가지를 쓰고 설명하시오.**

① 표현된 흥미 : 어떤 활동이나 직업에 대해 '좋다, 싫다'라고 간단하게 말하도록 요청하는 것이다.

② 조작된 흥미 : 활동에 대해 질문을 하거나 활동에 참여하는 사람들이 어떻게 시간을 보내는지를 관찰하는 것이다.

③ 조사된 흥미 : 표준화된 검사를 이용하여 개인이 특정 직업에 종사하는 사람들의 흥미와 유사점이 있는지 비교한다.

17 **기업의 한계노동비용과 이윤극대화가 이루어질 때 아래 물음에 답하시오.**

노동공급	임금	한계수입생산
5	6	62
6	8	50
7	10	38
8	12	26
9	14	14
10	16	2

(1) 노동량이 7, 임금이 10일 때 한계비용을 구하는 계산식을 쓰고 답을 계산하시오.

- 노동의 한계비용: 2원
- 계산식 $=\dfrac{\text{한계비용의 변화}}{\text{노동량의 변화}}=\dfrac{\text{2원}}{\text{1단위}}=\text{2원}$

(2) 이 기업의 최대수입(조건)을 내는 노동량과 임금을 계산하시오.

- 노동량: 10단위, 임금: 16원

18 **임금의 하방경직성의 의미를 설명하고 임금이 하방경직성이 되는 이유 5가지를 쓰시오.**

○ 임금의 하방경직성 의미: 한번 결정된 임금은 수요와 공급의 불균형, 경기변동에도 관계없이 좀처럼 하락하지 않는 것을 말한다.

○ 임금의 하방경직성 원인

① 강력한 노동조합의 존재

② 장기근로계약

③ 노동자의 역선택 발생가능성

④ 기업내부자 집단이기주의

⑤ 1차 노동시장에서 비노조기업들이 효율임금 추구·기업명성 유지

01 직업상담사가 갖추어야 할 자질을 3가지 쓰시오

① 직업상담사는 상담 업무를 수행하는데 있어 결함이 없는 성격을 갖추어야 한다.
② 직업상담사는 내담자에 대한 존경심을 가져야 한다.
③ 직업상담사는 상황 대처능력이 뛰어나야 한다.

02 인지적·정서적 상담(RET)기법에서 기본가정, 기본개념, 상담의 목표를 쓰시오.

① 기본가정: 인간은 합리적 사고와 비합리적 사고의 잠재성을 가지고 태어났다고 가정하며 정서적 혼란은 비합리적 신념에서 비롯된다고 본다.
② 기본개념: 인지는 인간정서를 결정하는 가장 중요한 핵심적 요소이며 역기능적 사고는 정서장애의 중요한 결정요인이다. 정서적 문제를 해결하기 위해 사고의 분석부터 시작하는 것이 효과적이다.
③ 상담의 목표: 상담과정에 논박하기를 이용하여 내담자의 비합리적 신념을 합리적 신념으로 바꾸어 수용할 수 있는 합리적 결과를 갖게 하는 것이다.

03 한국표준산업분류에서 산업분류 생산단위가 주로 수행하고 있는 산업활동을 그 유사성에 따라 유형화한 것으로 3가지 분류기준에 의해 분류된다. 이 3가지 분류기준을 쓰시오.

① 산출물의 특성
② 투입물의 특성
③ 생산활동의 일반적인 결합형태

04 수퍼(Super)의 발달적 직업상담에서 진단을 위한 3가지 평가유형을 설명하시오.

① 문제평가: 문제평가에서는 내담자가 경험한 어려움과 진로상담에 대한 기대를 평가한다.
② 개인평가: 개인평가는 내담자의 심리적, 사회적 및 신체적 차원에서 개인의 상태에 대한 평가를 한다.
③ 예언평가: 예언평가에는 직업적·개인적 평가를 바탕으로 내담자가 만족할 수 있는 것에 대한 예언이 이루어진다.

05 윌리암슨(Williamson)의 특성·요인 직업상담에서 직업의사결정과정에서 나타나는 여러 문제들에 대한 변별진단 결과를 분류하는 4가지 범주를 쓰시오.

① 불확실한 선택
② 무선택
③ 흥미와 적성의 불일치
④ 어리석은 선택

06 구성타당도를 분석하는 방법 3가지를 제시하고 그 방법에 대해 설명하시오.

① 요인분석: 검사를 구성하는 문항들 간의 상호상관관계를 분석해서 서로 상관이 높은 문항들을 묶어 주는 통계적 방법이다.
② 수렴타당도: 검사의 결과가 이론적으로 그 속성과 관계있는 변인들과 높은 상관관계를 지니고 있는지의 정도를 측정하는 것이다.
③ 변별타당도: 검사의 결과가 이론적으로 그 속성과 관계없는 변인들과 낮은 상관관계를 지니고 있는지의 정도를 측정하는 것이다.

07 집단상담의 장점과 단점을 각각 3가지씩 쓰시오.

○ 집단상담의 장점
① 경제적이며 효율적이다.
② 실생활의 축소판 기능이 있다.
③ 문제예방의 효과가 있다.

○ 집단상담의 한계 또는 단점
① 비밀보장의 한계가 있다.
② 역효과의 가능성이 있다.
③ 집단의 압력가능성이 있다.

08 한국표준산업분류에서 통계단위의 산업을 결정하는 방법 3가지를 쓰시오.

① 주된 산업 활동은 산출물에 대한 부가가치(액)의 크기에 따라 결정되어야 하나,
② 부가가치(액) 측정이 어려운 경우에는 산출액에 의하여 결정되어야 하나,
③ 상기의 원칙에 따라 결정하는 것이 적합하지 않을 경우에는 그 해당 활동의 종업원 수 및 노동시간, 임금 및 급여액 또는 설비의 정도에 의하여 결정된다.

09 극대수행검사와 습관적 수행검사의 의미를 설명하고 종류를 2가지씩 쓰시오.

① 극대수행검사는 피검사자의 인지능력을 평가하기 위한 검사로 최대한의 능력발휘가 요구되는 검사를 말한다. 종류에는 지능검사와 적성검사가 있다.
② 습관적 수행검사는 피검사자의 일상생활에서 나타나는 개인의 습관적인 행동을 측정하는 검사를 말한다. 종류에는 성격검사와 흥미검사가 있다.

10 틴즐리(Tinsley)와 브래들리(Bradley)가 제시한 심리검사 결과 해석의 4단계를 설명하시오.

① 검사점수 이해하기 : 상담자는 '이 점수가 의미하는 것이 무엇인가?'라는 내담자의 질문에 대답할 수 있어야 한다.
② 통합하기 : 상담자는 내담자에 대해 알고 있는 다른 정보들과 검사결과를 통합한다.
③ 해석하기 : 상담자는 중립적인 자세로 내담자가 이해할 수 있는 언어로 상담결과를 내담자에게 해석한다.
④ 추수활동 : 상담자는 검사결과와 내담자의 정보를 통합한 자료를 상담장면에 활용한다.

11 흥미검사는 특정직업 활동에 대한 흥미나 선호를 측정하기 위해 만들어진 것이다. 현재 사용할 수 있는 흥미검사의 종류를 5가지 쓰시오.

① 자기탐색검사
② 스트롱 흥미검사
③ 직업선호도검사
④ 미네소타 직업흥미검사
⑤ 쿠더 직업흥미검사

12 수퍼(Super)의 경력개발 5단계를 쓰고 설명하시오.

① 성장기 : 이 시기에 아동은 가정과 학교에서 중요한 타인에 대해 동일시를 함으로써 자아개념을 발달시킨다.
② 탐색기 : 이 시기에 개인은 학교생활, 여가활동 등과 같은 활동을 통해서 자아를 검증하고, 역할을 수행하며 직업탐색을 시도한다.
③ 확립기 : 이 시기에 개인은 자신에게 적합한 분야를 발견해서 종사하고 생활의 터전을 잡으려고 노력한다.
④ 유지기 : 이 시기에 개인은 안정된 속에서 비교적 만족스런 삶을 살아간다.
⑤ 쇠퇴기 : 이 시기에 개인은 직업전선에서 은퇴하게 되므로 다른 새로운 역할과 활동을 찾게 된다.

13 **실업률과 임금근로자수를 구하시오.**

(단, 소수점 둘째자리에서 반올림)

> · 15세 이상 인구: 35,986천명 · 비경제활동인구: 14,716천명 · 취업자: 20,149천명
> (자영업자 수: 5,646천명, 무급가족 종사자: 1,684천명, 상용근로자: 6,113천명, 임시근로자: 4,481천명, 일용근로자: 2,225천명)

- 실업률: 5.3%
- 임금근로자 수: 12,819천명
- 실업률 $= \dfrac{\text{실업자 수}}{\text{경제활동인구}} \times 100$, $\dfrac{1,121\text{천명}}{21,270\text{천명}} \times 100 = 5.3\%$
- 임금근로자 = 상용근로자 + 임시근로자 + 일용근로자
  = 6,113천명 + 4,481천명 + 2,225천명 = 12,819천명

14 **한국직업사전 부가직업정보 중 육체활동의 구분 4가지를 쓰시오**

① 균형감각 ② 웅크림 ③ 손사용 ④ 언어력

15 **한국표준직업분류에서 포괄적 업무의 개념과 분류원칙 3가지를 쓰고 설명하시오.**

○ 개념: 동일한 직업이라 할지라도 사업체 규모에 따라 직무범위에 차이가 날 수 있다.

○ 분류원칙

① 주된 직무 우선 원칙 : 2개 이상의 직무를 수행하는 경우는 수행되는 직무내용과 관련 분류 항목에 명시된 직무내용을 비교·평가하여 관련 직무 내용상의 상관성이 가장 많은 항목에 분류한다.

② 최상급 직능수준 우선 원칙 : 수행된 직무가 상이한 수준의 훈련과 경험을 통해서 얻어지는 직무능력을 필요로 한다면, 가장 높은 수준의 직무능력을 필요로 하는 일에 분류하여야 한다.

③ 생산업무 우선 원칙 : 재화의 생산과 공급이 같이 이루어지는 경우는 생산단계에 관련된 업무를 우선적으로 분류한다.

16 직무분석법 방법 3가지를 쓰고 설명하시오.

① 최초분석법: 분석할 대상 직업에 관한 참고 문헌이나 자료가 드물고, 그 분야에 많은 경험과 지식을 갖춘 사람이 거의 없을 때에 직접 작업 현장을 방문하여 분석하는 방법이다.

② 비교확인법: 지금까지 개발된 자료를 수집하고 분석하여 직무분석 양식에 초안을 작성한 다음 최초 분석법으로 확인하는 방법이다.

③ 데이컴법: 교과과정을 개발하는데 활용되어 온 직무분석 기법으로 교육목표와 교육내용을 비교적 단시간 내에 추출하는데 효과적이다.

17 생산성 임금제에 의하면 명목임금의 상승률을 결정할 때 부가가치, 노동생산성과 일치시키는 것이 적당하다고 한다. 어떤 기업의 2019년 근로자수 40명, 생산량 100개, 생산물 단가 10원, 자본비용 150원이였다. 2020년에는 근로자수는 50명, 생산물은 120개, 생산물 단가 12원, 자본비용은 200원으로 올랐다고 가정하자. 생산성임금에 근거했을 때 이 기업의 2021년도 적정임금 상승률을 구하시오. (단, 소수점 발생 시 반올림하여 소수 첫째 자리로 표현하시오.)

• 적정임금상승률: 15.2%

• 생산성 $= \frac{\text{생산량} \times \text{생산물단가}}{\text{근로자수}}$

• 2019년 생산성 $= \frac{100\text{개} \times 10\text{원}}{40\text{명}} = 25$

• 2020년 생산성 $= \frac{120\text{개} \times 12\text{원}}{50\text{명}} = 28.8$

• 생산성 증가율 $= \frac{\text{생산성 변화}}{\text{전년도생산성}} \times 100 = \frac{3.8}{25} \times 100 = 15.2\%$

18 홀랜드(Holland)의 흥미유형 6가지를 쓰고 설명하시오.

① 현실형: 분명하고 질서정연하고 체계적인 활동을 좋아하며 기계를 조작하는 활동 및 기술을 선호하는 흥미유형이다.

② 탐구형: 관찰적, 상징적, 체계적이며 물리적, 생물학적, 문화적 현상의 창조적인 탐구활동을 선호하는 흥미유형이다.

③ 예술형: 예술적 창조와 표현, 변화와 다양성을 선호하고 틀에 박힌 활동을 싫어하며 자유롭고, 상징적인 활동을 선호하는 흥미유형이다.

④ 사회형: 타인의 문제를 듣고, 이해하고, 도와주고, 치료해주는 활동을 선호하는 흥미유형이다.

⑤ 진취형: 조직의 목적과 경제적 이익을 얻기 위해 타인을 지도, 계획, 통제, 관리하는 일과 그 결과로 얻게 되는 명예, 인정, 권위를 선호하는 흥미유형이다.

⑥ 관습형: 정해진 원칙과 계획에 따라 자료를 기록, 정리, 조작하는 활동을 좋아하고 사무능력, 계산능력을 발휘하는 것을 선호하는 흥미유형이다.

Step Ⅳ

Vocational Counselor

답안 기억하기

01회 2016년 04월 17일
02회 2016년 06월 26일
03회 2016년 10월 09일
04회 2017년 04월 16일
05회 2017년 06월 25일
06회 2017년 10월 15일
07회 2018년 04월 15일
08회 2018년 07월 01일
09회 2018년 10월 06일
10회 2019년 04월 14일
11회 2019년 06월 30일
12회 2019년 10월 13일
13회 2020년 05월 24일
14회 2020년 07월 26일
15회 2020년 10월 17일

01 행동주의상담에서 불안감소기법과 학습촉진기법을 각각 3가지 쓰시오.

02 아들러(Adler)의 개인주의 상담의 목표를 3가지 쓰시오.

03 다알리(Darley)의 특성 · 요인 상담이론에서 상담자의 원칙 3가지를 쓰시오.

04 직무분석 단계 중 2단계에 해당하는 직무설계 단계에서 수행해야 할 과업 3가지를 쓰시오.

05 인지적 명확성이 부족한 내담자의 유형 6가지를 쓰시오.

06 홀랜드(Holland)의 6가지 흥미 유형을 쓰시오.

07 직업적응이론(TWA)에서 데이비스(Dawis)와 롭퀴스트(Lofquist)의 심리검사 도구 3가지를 쓰시오.

08 로저스(Rogers)의 내담자중심상담을 성공적으로 이끄는 데 있어서 상담자의 능동적 성향을 강조하였으며, 패터슨(Patterson)도 내담자중심직업상담은 기법보다 태도를 필수적으로 보았다. 내담자중심접근법을 사용할 때 직업상담자가 갖추어야 할 3가지 기본태도를 쓰고 설명하시오.

09 시간당 임금 10,000원, 제품 단가 2,000원일 때, 다음 물음에 답하시오.

노동단위	0	1	2	3	4	5
생산량	0	10	18	23	27	30

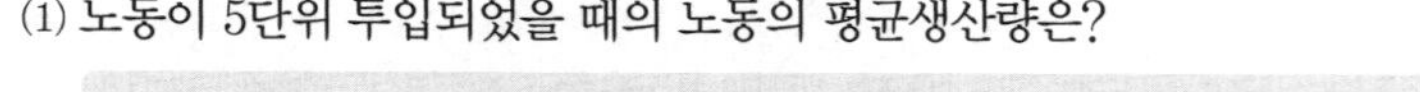
(1) 노동이 5단위 투입되었을 때의 노동의 평균생산량은?

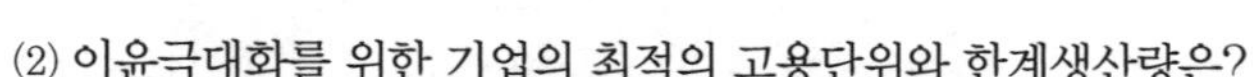
(2) 이윤극대화를 위한 기업의 최적의 고용단위와 한계생산량은?

10 직업심리검사 측정의 기본단위 척도(Scale) 4가지 유형을 쓰고 의미를 설명하시오.

11 투사적 검사의 장점을 3가지 쓰시오.

12 구성 타당도를 분석하는 방법 2가지를 제시하고 설명하시오.

13 내담자와 관련된 정보를 수집하고 내담자의 행동을 이해하고 해석하는 데 기본이 되는 상담기법을 6가지만 쓰시오.

14 정부가 출산장려를 위하여 근로시간에 관계없이 일정 금액을 육아비용 보조금으로 지원하기로 했다. 이 육아비용 보조금이 부모의 근로시간에 미치는 영향을 다음의 두 가지 입장에서 설명하시오.

(1) 부모가 육아비용 보조금이 지급되기 이전에 근로를 하고 있지 않은 경우

(2) 부모가 육아비용 보조금이 지급되기 이전부터 근로를 하고 있었던 경우

15 검사는 사용목적에 따라 규준참조검사와 준거참조검사로 분류될 수 있다. 규준참조검사와 준거참조검사의 의미를 설명하고 각각의 예를 쓰시오.

16 한국표준산업분류의 적용원칙에서 아래 (   )를 채우시오.

한국표준산업분류의 생산단위는 산출물뿐만 아니라 (   )과(와) (   ) 등을 고려하여 그들의 활동을 가장 정확하게 설명한 항목에 분류해야 한다.

17 보상적 임금격차에서 임금격차를 가져오는 요인을 3가지 설명하시오.

18 고용률이 50%, 실업률이 10%에 실업자 수가 50만 명일 때, 경제활동인구 수와 비경제활동인구 수를 구하시오. (계산식 필수)

02회

2016년 06월 26일

01 면접에 대한 불안을 갖는 최(崔)모 씨에게 단계적둔화법을 사용하여 상담절차를 쓰시오.

> 필답시험 성적은 우수하지만 취업면접에서 지나친 긴장과 불안 때문에 몇 차례에 걸친 취업기회에도 불구하고 실패를 거듭해 온 내담자에 대해 상담자는 면접상황에서의 긴장과 불안을 완화시키지 않고는 이 내담자가 취업에 성공하기는 힘들다는 판단을 내리게 되었다.

02 의사거래분석(TA)에서 인간의 자아상태 3가지를 쓰시오.

03 생애진로사정(LCA)을 통해 얻을 수 있는 정보 3가지를 쓰시오.

04 노동수요를 탄력적으로 만드는 조건 3가지를 쓰시오.

05 표준화를 위해 수집된 자료가 정규분포에서 벗어나는 것은 검사도구의 문제라기보다 표집절차의 오류에 원인이 있다. 이를 해결하기 위한 방법을 3가지 쓰고 각각에 대해 설명하시오.

06 고용률 50%, 비경제활동인구 400명, 실업자수 50명일 때 실업률을 구하시오.

07 K 제과점의 근로자수와 하루 생산량은 다음과 같다. 물음에 답하시오.

(케이크 가격: 10,000원, 종업원 일당: 80,000원)

노동단위	0	1	2	3	4	5
생산량	0	10	18	23	27	30

(1) 근로자수 2명일 때 노동의 한계생산을 계산하시오.

(2) 근로자수 3명일 때 노동의 한계수입생산을 계산하시오.

(3) 근로자 1인당 임금이 80,000원일 때 최대이윤을 추구하는 제과점의 근로자수와 케이크양을 계산하시오.

08 내부노동시장의 형성요인과 장점을 각각 3가지씩 쓰시오.

09 윌리암슨(Williamson)의 직업상담 문제유형을 3가지 쓰고 설명하시오.

10 인지·정서·행동(REBT)에서 ABCDEF 모델의 의미를 쓰시오.

11 검사-재검사를 통해 신뢰도를 추정할 때 충족되어야 할 요건 3가지를 쓰시오.

12 측정을 위한 척도의 종류 4가지를 설명하시오.

13 상담에서 대화의 중단 또는 내담자의 침묵은 자주 일어나는 일이다. 내담자의 침묵이 발생하는 원인 3가지를 쓰시오.

14 흥미사정기법 3가지를 쓰고 간략히 설명하시오.

15 직업적응이론에서 개인이 환경과 상호작용하는 특성을 나타내주는 성격유형 요소들 중 3가지만 제시하고 각각에 대해 간략히 설명하시오.

16 통계단위의 산업결정방법을 3가지 쓰시오.

17 홀랜드(Holland) 육각형 모델과 관련된 해석차원 중에서 일관성, 변별성, 정체성에 대해 설명하시오.

18 한국표준직업분류 중 '포괄적인 업무에 대한 직업분류 원칙' 중 '주된 직무 우선원칙'의 의미를 설명하고 사례를 쓰시오.

03회

2016년 10월 09일

01 던롭(Dunlop)의 노사관계 요인을 3가지 쓰고 설명하시오.

02 크라이티스(Crites)는 직업상담의 문제유형 분류에서 흥미와 적성을 3가지 변인들과 관련지어 분류하였다. 3가지 변인을 쓰고 각각에 대해 설명하시오.

03 최저임금제의 기대효과를 6가지 쓰시오.

04 수렴 타당도를 예를 들어 설명하시오.

05 심리검사 시 윤리적 고려사항을 4가지 쓰시오.

06 직무분석 방법을 3가지 쓰고 설명하시오.

07 행동주의 직업상담의 상담기법을 크게 불안감소기법과 학습촉진기법 유형으로 구분할 수 있다. 각 유형별 대표적 방법을 각각 3가지만 쓰시오.

08 검사는 사용목적에 따라 규준참조검사와 준거참조검사로 분류될 수 있다. 규준참조검사와 준거참조검사의 의미를 각각의 예를 들어 설명하시오.

09 엘리스(Ellis)의 REBT기법에서 ABCDEF에 대해 설명하시오.

10 자기보고식 가치사정하기 기법 6가지를 쓰시오.

11 홀랜드(Holland)의 개인과 개인, 개인과 환경, 환경과 환경의 관계를 나타내는 이론을 3가지만 설명하시오.

12 고트프레드손(Gottfredson)이 제시한 직업포부이론의 개인의 발달단계 4단계를 연령에 따라 설명하시오.

13 스피어만(Spearman)의 2요인 이론인 일반이론과 특수이론을 설명하시오.

14 임금률이 상승하면 노동공급량의 증가로 노동공급곡선이 우상향한다. 이 말이 참인지, 거짓인지, 불확실한지 판정하고, 여가와 소득의 선택모형에 의거하여 설명하시오.

15 A국의 15세 이상 인구(생산가능인구)가 100만 명이고, 경제활동참가율이 70%, 실업률이 10%라고 할 때 A국의 실업자 수를 계산하시오.

16 직무스트레스로 인한 직장에서의 행동결과를 5가지 쓰시오.

17 규준제작 시 사용되는 표집방법을 3가지 쓰고 설명하시오.

18 다음은 한 기업의 노동량, 임금, 한계수입생산을 나타내는 표이다. 아래 물음에 답하시오.

노동량	5	6	7	8	9	10
임금	6	8	10	12	14	16
한계수입	62	50	38	26	14	2

(1) 노동량이 7, 임금이 10일 때 한계수입비용을 구하는 계산식과 답을 구하시오.

(2) 이 기업의 최대수입(조건)을 내는 노동량과 임금을 구하시오.

01 한국표준산업분류의 분류는 생산단위가 주로 수행하고 있는 산업활동을 그 유사성에 따라 유형화한 것으로 3가지 분류기준에 의해 분류된다. 이 3가지 분류기준을 쓰시오.

02 반분신뢰도에서 가장 많이 사용되는 기법 4가지를 쓰고 설명하시오.

03 한국표준직업분류에서 직업분류의 일반 원칙 2가지를 쓰고 설명하시오.

04 사회인지이론(SCCT)에서 3가지 영역모델에 대하여 설명하시오.

05 윌리암슨(Williamson)의 심리검사 해석 시 상담기법 3가지를 쓰시오.

06 객관적 검사의 장점 3가지를 쓰시오.

07 수퍼(Super)의 발달단계 5단계를 설명하시오.

08 정신분석상담에서 필수적 개념인 불안의 3가지 유형을 쓰고 각각에 대해 설명하시오.

09 정신분석적 상담은 내담자의 자각을 증진시키고 직접적인 방법으로 불안을 통제할 수 없을 때 무의식적으로 방어기제를 사용한다. 방어기제 종류 3가지를 쓰시오.

10 다음 물음에 답하시오.

	15세~19세	20세~24세	25세~29세	30세~50세
생산가능인구	3,284	2,650	3,846	22,982
경제활동인구	203	1,305	2,797	17,356
취업자	178	1,101	2,598	16,859
실업자	25	124	199	497
비경제활동인구	3,081	1,346	1,049	5,627

(1) 30~50대 고용률을 구하시오.(소수점 둘째자리에서 반올림)

(2) 30~50대 고용률을 29세 이하의 고용률과 비교하여 분석하시오.

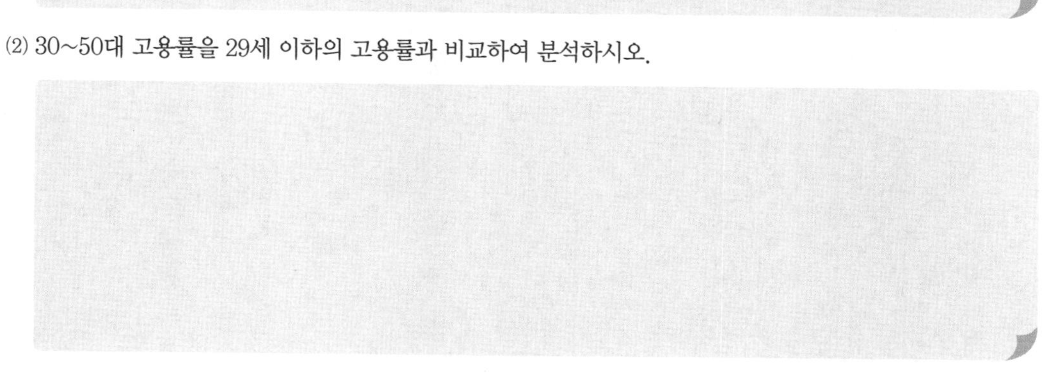

11 100억을 유산 받은 남자가 노동공급과 여가의 선호에 대해 소득효과와 대체효과의 의미를 쓰고 여가가 정상재(우등재)일 때와 열등재일 때 소득증대에 따른 노동공급의 변화를 설명하시오.

12 마찰적 실업과 구조적 실업의 공통점 2가지 이상과 차이점 3가지 이상을 쓰시오.

13 청소년 집단상담을 하려고 한다. 부처(Butcher)가 바라본 집단 직업상담의 과정 3단계를 설명하시오.

14 시간당 임금이 500원 일 때 1,000명을 고용하던 기업에서 시간당 임금이 400원으로 감소하였을 때 1,100명을 고용할 경우, 이 기업의 노동수요탄력성을 계산하시오.

15 외적행동변화의 자기주장훈련 절차를 쓰시오.

16 심리검사 실시방식에 따른 분류 3가지를 쓰시오.

17 검사점수의 변량에 영향을 미치는 요인 중 개인의 일시적이고 일반적인 특성 4가지를 쓰시오.

18 심리검사의 신뢰도에 영향을 주는 요인 5가지를 쓰시오.

01 부처(Butcher)의 집단 직업상담을 위한 3단계 모델을 쓰고 설명하시오.

02 인터넷을 이용한 사이버상담(cyber counseling)이 필요한 이유를 쓰시오.

03 실존주의적 상담자들이 내담자의 궁극적 관심사와 관련하여 중요하게 생각하는 주제를 4가지 제시하고 각각에 대해 설명하시오.

04 형태주의상담의 주요 목표 3가지를 쓰시오.

05 고용정보를 미시정보와 거시정보로 구별하고 각각 2가지씩 쓰시오.

06 윌리암슨(Williamson)의 이성적 지시적(특성·요인) 이론 중 인간본성에 대한 기본 가정을 3가지만 쓰시오.

07 사회인지이론(SCCT)의 세 가지 영역모델을 쓰고 설명하시오.

08 진로시간전망 검사인 코틀(Cottle)의 원형검사(The Circles test)에서 시간전망 개입의 3가지 차원을 쓰고 각각에 대하여 설명하시오.

09 다음에 관하여 설명하시오.

(1) 준거타당도의 종류 2가지를 쓰시오.

(2) 직업상담에서 특히 준거타당도가 중요한 이유 2가지를 쓰시오.

(3) 실증연구에서 얻은 타당도계수와 실제 연구에서의 타당도 계수가 다른데 실제 연구에서의 타당도 계수가 낮은 이유를 예를 들어 설명하시오.

10 진로개발을 평가하는데 사용되는 방법으로 진로결정척도가 있다. 이 방법 외에 진로개발을 평가하는데 사용될 수 있는 검사 혹은 척도를 3가지 쓰시오.

11 문항의 난이도, 문항의 변별도, 오답의 능률도의 의미를 쓰시오.

12 부정적인 심리검사 결과가 나온 내담자에게 검사결과를 통보하는 방법에 대해서 설명하시오.

13 한국표준직업분류에서 일의 계속성에 해당하는 경우 4가지를 쓰시오.

14 실업과 관련된 야호다(Jahoda)의 박탈이론에 따르면 일반적으로 고용상태에 있게 되면 실직 상태에 있는 것보다 잠재적 효과가 있다고 한다. 고용으로 인한 잠재적 효과를 3가지만 쓰시오.

15 다음의 경제활동참가율, 실업률, 고용률을 구하시오.

(소수점 둘째자리에서 반올림, 계산과정을 포함하여 설명(단위: 천명))

- 인구수 500
- 15 세 이상 400
- 취업자 200
- 실업자 20
- 정규직 일자리를 찾고 있는 단시간 근로자 10

16 비수요부족실업(non-demand-deficient unemployment)에 해당하는 대표적인 실업을 3가지 쓰고 각각에 대해 설명하시오.

17 경제적 조합주의의 특징 3가지를 쓰시오.

18 다음 물음에 답하시오.

구 분	임 금				
	5,000원	6,000원	7,000원	8,000원	9,000원
A기업의 노동수요량	22	21	20	19	18
B기업의 노동수요량	24	22	20	18	17

(1) 시간당 7,000원에서 8,000원으로 임금 인상 시 두 기업의 임금탄력성을 계산하시오.

(2) 7,000원에서 8,000원으로 노동조합이 임금협상을 시도하고자 할 때 그 타결가능성이 높은 기업은?

(3) 그 이유는 무엇인지 설명하시오.

06회

2017년 10월 15일

01 이성적 지시적(특성 · 요인) 상담이론에서 브래이필드(Brayfield)가 제시한 직업정보 기능 3가지 쓰고 설명하시오.

02 임금의 하방경직성 의의를 쓰고 이에 영향을 미치는 요인을 4가지 쓰시오.

03 동일한 스트레스일지라도 개인이 받는 스트레스는 각각 다를 수 있다. 스트레스의 조절변인을 3가지 설명하시오.

04 직업상담의 구조화된 면담법으로 생애진로사정(LCA)의 구조 4가지에 대해 설명하시오.

05 집단직업상담의 장점 3가지를 쓰시오.

06 표준화된 심리검사에는 집단 내 규준이 포함되어 있다. 집단 내 규준을 3가지 쓰고 각각에 대해 예를 들어 설명하시오.

07 진로성숙검사(CMI)는 태도척도와 능력척도로 구분된다. 태도척도와 능력척도의 측정내용을 3가지씩 쓰시오.

08 체계적 둔감법의 의미를 쓰고 절차를 설명하시오.

09 노동수요 특성별 임금격차를 발생하게 하는 경쟁적 요인 3가지를 쓰시오.

10 정신역동적 직업상담 모형을 구체화 시킨 보딘(Bordin)의 3단계 직업상담과정을 쓰고 각각에 대해 설명하시오.

11 노동조합의 양적인 측면의 단결 강제는 숍(shop) 제도이다. 노동조합의 숍 종류 3가지를 쓰고 설명하시오.

12 직무분석 방법 중 최초분석법에 해당하는 방법을 3가지 쓰고 각각에 대해 설명하시오.

13 다면인성검사(MMPI)의 타당도 척도 L, F, K를 설명하시오.

14 일반적으로 '직업'으로 규명하기 위한 4가지 요건을 쓰고 설명하시오.

15 아래의 주어진 예시를 보고 실업률과 임금 근로자수를 구하시오.

(둘째자리에서 반올림)

- 15세 이상 인구: 35,986천명
- 비경제활동인구: 14,716천명
- 취업자: 20,149천명

(자영업자: 5,646천명, 무급가족 종사자: 1,684천명, 상용근로자: 6,113천명, 임시근로자: 4,481천명, 일용근로자: 2,225천명)

16 신뢰도에 영향을 미치는 요인 3가지를 쓰고 설명하시오.

17 직업상담에서 내담자 이해를 위한 질적측정도구 3가지를 쓰고 설명하시오.

18 홀랜드(Holland) 검사를 실시한 대학생 한 명이 그 결과 SAE일 때 해석하시오.

01 이성적 지시적(특성 · 요인) 상담의 기본 원리에 대해 쓰시오.

02 윌리암슨(Williamson)의 특성 · 요인 직업상담에서 직업의사결정과정에서 나타나는 여러 문제들에 대한 변별진단 결과를 분류하는 4가지 범주를 쓰고 각각에 대해 설명하시오.

03 김씨는 정리해고로 인해 자신이 무가치한 존재라 여기고 자살을 시도하려 한다. 김씨를 엘리스(Ellis)의 RET기법으로 상담할 때 ABCDE모델로 설명하시오.

04 의사교류분석(TA) 상담의 제한점 3가지를 쓰시오.

05 마찰적실업과 구조적실업의 원인과 대책을 설명하시오.

06 생애진로사정(LCA)의 의미와 구조 그리고 이를 통해 얻을 수 있는 정보를 쓰시오.

07 아들러(Adler)의 개인주의 상담이론에서 열등감 콤플렉스의 원인 3가지를 쓰시오.

08 수퍼(Super)의 발달적 직업상담의 6단계를 쓰시오.

09 직업심리검사 분류에서 극대수행검사와 습관적 수행검사를 설명하고 각각의 대표적인 유형 2가지 쓰시오.

10 투사적 검사의 장점과 단점에 대해서 3가지씩 쓰시오.

11 직업심리검사의 신뢰도를 추정하는 방법 3가지를 쓰고 설명하시오.

12 직무분석을 하는 목적은 직무기술서나 직업 간 명세서를 만들고 이로부터 얻어진 정보를 여러 모로 활용하는데 있다. 직무분석 자료 활용의 용도 5가지를 쓰시오.

13 부가급여를 예를 들어 설명하고 사용자와 근로자가 부가급여를 선호하는 이유를 각각 2가지씩 쓰시오.

14 지능검사에 동작성 검사가 추가되므로 검사에 추가된 장점 3가지를 쓰시오.

15 내부노동시장의 형성요인과 장점 각각 3가지씩 쓰시오.

16 준거타당도 계수의 크기에 영향을 미치는 요인 3가지를 쓰고 설명하시오.

17 한국직업사전에 수록된 부가직업정보 6가지를 쓰시오.

18 아래의 주어진 예시를 보고 실업률과 임금 근로자수, 경제활동참가율을 구하시오.

(둘째자리에서 반올림)

- 15세 이상 인구: 35,986천명
- 비경제활동인구: 14,716천명
- 취업자: 20,149천명
(자영업자: 5,646천명, 무급가족 종사자: 1,684천명, 상용근로자: 6,113천명, 임시근로자: 4,481천명, 일용근로자: 2,225천명)

01 어느 기업의 아래 표를 보고 최적고용단위를 구하시오.

(노동 1단위: 150원, 생산품 1개: 100원)

노동	1	2	3	4	5	6
생산량	2	4	7	8.5	9	9

02 준거타당도의 2가지 종류를 쓰고 설명하시오.

03 행동주의상담에서 노출치료(exposure therapy)의 방법을 3가지 쓰고 설명하시오.

04 게슈탈트(Gestalt) 상담기법 3가지를 쓰고 설명하시오.

05 흥미사정하기 목적 3가지를 쓰시오.

06 홀랜드(Holland)이론의 직업흥미유형 6가지를 쓰고 설명하시오.

07 동일한 스트레스일지라도 개인이 받는 스트레스는 각각 다를 수 있다. 스트레스의 조절변인 3가지를 설명하시오.

08 임금하방경직성을 설명하고 이에 영향을 주는 요인 4가지를 쓰시오.

09 한국직업사전 부가직업정보의 특수학교 교사에 대한 설명이다. 아래 내용을 설명하시오.

▣ 숙련기간: 1~2년 / ▣ 작업강도: 보통 작업

10 노동시장에서 존재하는 임금격차의 원인 5가지를 쓰시오.

11 긴즈버그(Ginzberg)의 진로발달단계 중 현실기의 하위단계 3단계를 설명하시오.

12 최저임금의 기대효과(장점)을 3가지 쓰시오.

13 검사-재검사 신뢰도에 영향을 주는 요인 3가지를 쓰시오.

14 아들러(Adler)의 개인주의 상담이론에서 상담목표 3가지를 쓰시오.

15 한국표준직업분류에서 직업분류 개념인 직능, 직능수준, 직능유형을 설명하시오.

16 정신역동적 직업상담 모형을 구체화 시킨 보딘(Bordin)의 상담과정을 쓰시오.

17 사용자는 다른 조건이 일정할 때 사직률이 낮은 근로자를 선호하지만 사회적인 관점에서는 바람직하지 않다. 사용자가 사직률이 낮은 근로자를 선호하는 이유와 사직률이 낮은 근로자가 사회적으로 좋지 않은 영향을 주는 이유를 설명하시오.

18 어떤 사람의 직업적성을 알아보기 위해 같은 명칭의 A적성검사와 B적성검사를 두 번 반복 실시를 했는데 두 검사의 점수가 차이를 보여 이 사람의 정확한 적성을 판단하기 매우 어려운 상황이 발생하였다. 이와 같은 동일명의 유사한 심리검사의 결과가 서로 다르게 나타날 수 있는 가능한 원인 5가지를 쓰시오.

19 크롬볼츠(Krumboltz)의 진로결정에 영향을 주는 요인 4가지를 쓰고 설명하시오.

20 스트롱(Strong) 직업흥미검사의 척도 3가지를 쓰고 각각에 대해 설명하시오.

21 교류분석(TA)에서 내담자 이해를 위한 분석유형 3가지를 설명하시오.

01 수퍼(Super)의 직업상담 6단계를 순서대로 쓰시오.

02 검사는 사용목적에 따라 규준참조검사와 준거참조검사로 분류될 수 있다. 규준참조검사와 준거참조검사의 의미를 설명하고 각각의 예를 쓰시오.

03 로저스(Rogers)의 인간중심상담의 철학적 가정 5가지를 쓰시오.

04 심리검사에서 준거타당도 계수의 크기에 영향을 미치는 요인 3가지를 쓰고 각각에 대하여 설명하시오.

05 규준 제작 시 사용되는 확률표집방법 3가지를 쓰고 설명하시오.

06 보딘(Bordin)의 직업문제의 원인 중 3가지를 쓰고 설명하시오.

07 앨리스(Ellis)의 REBT기법에서 ABCDEF 모델에 대해 설명하시오.

08 집단 내 규준의 종류 3가지를 쓰고 설명하시오.

09 상담 시 내담자의 대화를 가로 막을 수 있는 상담자의 반응 3가지를 쓰고 설명하시오.

10 신뢰도 추정방법 중 검사-재검사의 단점 3가지를 쓰시오.

11 베크(Beck)의 인지치료에서 인지적 오류 3가지를 쓰고 설명하시오.

12 한국표준산업분류에서 산업, 산업 활동, 산업 활동의 범위를 설명하시오.

13 **다음 물음에 답하시오.**

김대리는 남보다 승진이 빠르다. 그러나 사소한 실수를 했다. 상사나 다른 동료들은 아무렇지 않다고 말했지만 내담자는 아니었다. 김 대리는 "실수하면 안된다. 실수하면 회사생활은 끝이다."라는 생각을 했고 심리적 혼란을 겪었다. 그래서 전직을 위해 직업상담사를 찾았다. 상담사는 RET기법으로 김 대리를 상담하면 될 것 같아 그렇게 하기로 했다.

(1) 이 내담자를 상담할 때의 목표는 어떤 것인가?

(2) 이 내담자가 전직하려고 하고, 심리적 혼란을 겪는 원인은 무엇인가?

14 **노동조합의 파업 시 발생하는 이전효과와 위협효과를 각각 설명하시오.**

15 **기혼여성의 경제활동참가율을 낮게 하는 요인 6가지를 쓰시오.**

16 노동공급을 결정하는 요인 4가지를 대별하여 설명하시오.

17 A 기업은 임금이 4,000원 일 때 20,000의 노동시간을 사용했고, 임금이 5,000원 일 때 10,000의 노동시간을 사용했다. B 기업은 임금이 6,000원 일 때 30,000의 노동시간을 사용했고, 임금이 5,000원 일 때 33,000의 노동시간을 사용했다. A와 B의 임금탄력성을 각각 계산하고, A와 B기업의 노동조합 중 임금교섭력이 더 높은 조합과 그 이유를 쓰시오.

18 최저임금의 기대효과 6가지를 쓰시오.

10회

2019년 04월 14일

01 집단상담의 장점 5가지를 쓰시오.

02 톨버트(Tolbert)가 제시한 집단직업상담 과정에서 나타나는 활동유형 3가지를 쓰시오.

03 직무분석에서 최초분석법 종류 4가지를 쓰고 설명하시오.

04 롭퀴스트(Lofquist)와 데이비스(Dawis)의 직업적응방식 3가지를 쓰시오.

05 성격검사는 성격의 5요인(Big-five)에 근거하고 있다. 5요인을 열거하고 설명하시오.

06 심리검사의 결과에 영향을 미치는 검사자 변인과 수검자 변인 중 강화효과, 기대효과, 코칭효과를 설명하시오.

07 던롭(Dunlop)의 시스템이론에서 노사관계의 3주체와 3여건에 대하여 설명하시오.

08 교류분석상담에서 개인의 생활각본을 구성하는 주요 요소인 기본적인 생활 자세 4가지를 쓰고 설명하시오.

09 집단 내 규준 종류 3가지를 설명하시오.

10 겔라트(Galatt)의 직업의사결정 8단계 중 2~7단계를 쓰시오.

11 1차 노동시장 근무자들의 특성을 쓰시오.

12 A국의 15세 이상인구(생산가능인구)가 100만 명이고 경제활동참가율이 70% 실업률이 10% 라고 할 때 A국의 실업자 수를 계산하시오.

13 실존주의상담에서 3가지 차원의 인간존재 양식세계를 쓰고 설명하시오.

14 심리검사도구를 검사장면에 따른 준거로 축소상황검사, 모의장면검사, 경쟁장면검사로 분류에서 장면에 따른 분류를 설명하시오.

15 한국표준산업분류의 분류는 생산단위가 주로 수행하고 있는 산업활동을 그 유사성에 따라 유형화한 것으로 3가지 분류기준에 의해 분류된다. 이 3가지 분류기준을 쓰시오.

16 크라이티스(Crites)의 포괄적 직업상담 3단계를 쓰고 설명하시오.

17 로(Roe)의 수직차원 6단계를 쓰시오.

18 여가와 소득의 선호에 대해서 대체효과와 소득효과의 의미를 쓰고 여가가 정상재일 때와 열등재일 때 소득 증가에 따른 노동공급의 변화를 설명하시오.

11회

2019년 06월 30일

01 정신분석적 상담에서 내담자의 자각을 증진시키고 직접적인 방법으로 불안을 통제할 수 없을 때 사용하는 방어기제 5가지를 쓰시오.

02 보딘(Bordin)의 정신역동적 상담에서 주장하는 내담자의 심리적 문제 원인 5가지를 쓰시오.

03 집단상담은 그 형태와 접근 방식에 따라 여러 가지로 나눌 수 있다. 집단상담의 형태를 3가지 쓰고 각각 설명하시오.

04 수퍼(Super)의 경력개발 단계 중 성장기의 하위단계를 쓰시오.

05 브래이필드(Brayfield)가 제시한 직업정보의 기능 3가지를 쓰고 설명하시오.

06 윌리암슨(Williamson)의 특성 · 요인 상담과정 중 (   )를 채우고 설명하시오.

분석 → (①) → (②) → (③) → 상담 → 추수지도

07 베크(Beck)는 주변의 사건이나 상황의 의미를 해석하는 정보처리 과정에서 범하는 체계적인 잘못을 인지적 오류라 하였다. 베크(Beck)가 제시한 인지적 오류 3가지를 제시하고 각각 간략히 설명하시오.

08 생애진로사정에서 진로사정의 구조 3가지를 쓰시오.

09 검사는 사용목적에 따라 규준참조검사와 준거참조검사로 구별될 수 있다. 규준참조검사와 준거참조검사의 의미를 설명하고 각각의 예를 쓰시오.

10 심리검사에는 선다형이나 예, 아니오 등 객관적 형태의 자기보고형 검사(설문지 형태의 검사)가 가장 많이 사용된다. 이런 검사의 장점을 5가지를 쓰시오.

11 홀랜드(Holland) 검사의 흥미유형 6가지를 쓰시오.

12 측정의 신뢰도를 높이기 위해 측정오차를 줄이기 위한 구체적인 방법 3가지를 쓰시오.

13 한국표준직업분류에서 말하는 '다수직업종사자'의 의미와 직업을 결정하는 일반적인 원칙을 순서대로 나열하시오.

14 롭퀴스트(Lofquist)와 데이비스(Dawis)의 직업적응이론에 기초하여 개발한 직업적응과 관련된 검사도구 3가지를 쓰시오.

15 다음 표를 보고 물음에 답하시오.

	15세~19세	20세~24세	25세~29세	30세~50세
생산가능인구	3,284	2,650	3,846	22,982
경제활동인구	203	1,305	2,797	17,356
취업자	178	1,101	2,598	16,859
실업자	25	124	199	497
비경제활동인구	3,081	1,346	1,049	5,627

(1) 30~50대 고용률 계산하시오.(소수점 둘째자리에서 반올림)

(2) 30~50대 고용률을 29세 이하의 고용률과 비교하시오.

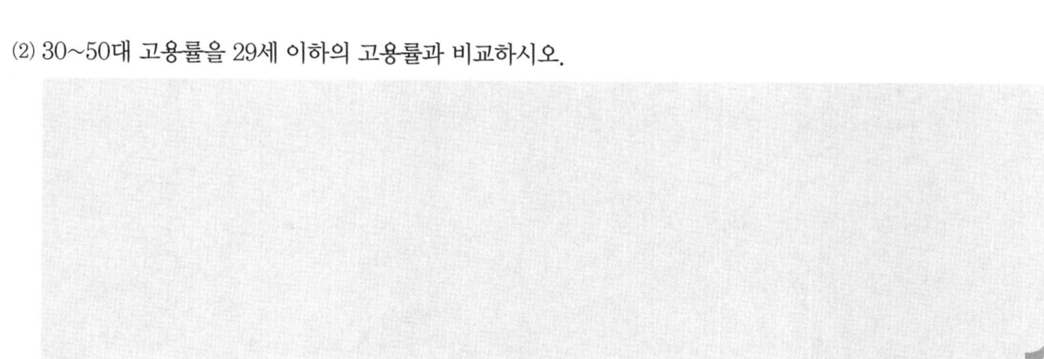

16 인적자본에 대한 투자의 대상을 3가지 쓰고 각각 설명하시오.

17 노동수요 탄력성에 영향을 미치는 요인 4가지를 쓰시오.

18 직무기술서에서 얻을 수 있는 정보 5가지를 쓰시오.

01 구성타당도를 분석하는 방법을 3가지 쓰고 각각에 대해 설명하시오.

02 심리검사 시 윤리적 고려사항 6가지를 쓰시오.

03 인지·정서적 상담이론에서 개인을 파멸로 몰아가는 근본적인 문제는 개인이 가지고 있는 비합리적 신념 때문이다. 비합리적 신념의 뿌리를 이루고 있는 3가지 당위성을 예를 포함하여 설명하시오.

04 실존주의상담은 실존적 존재로서 인간이 갖는 긍정적 관심사에 대한 자각이 불안을 야기한다고 본다. 실존주의 상담자들이 내담자의 긍정적 관심사와 관련하여 중요하게 설명하는 주제를 4가지만 제시하고 각각에 대해 설명하시오.

05 형태주의상담의 주요 목표 3가지를 쓰시오.

06 반분신뢰도를 추정하기 위해 가장 많이 사용하는 4가지 방법을 쓰고 각각에 대해 설명하시오.

07 표준화를 위해 수정된 자료가 정규분포에서 벗어나는 것은 검사도구의 문제라기보다 표집절차의 오류에 원인이 있다. 이를 해결하기 위한 방법 3가지를 쓰고 설명하시오.

08 노동수요를 보다 탄력적으로 만드는 조건을 4가지만 쓰시오.

09 K 제과점의 근로자수와 하루 생산량은 다음과 같다. 물음에 답하시오.

(케이크 가격이 10,000원, 종업원 일당 80,000원)

근로자 수	0	1	2	3	4
케이크 수	0	10	18	23	27

(1) 근로자수 2명일 때 노동의 한계생산을 계산하시오.

(2) 근로자수 3명일 때 노동의 한계수입생산을 계산하시오.

(3) 근로자 1인당 임금이 80,000원일 때 이윤최대점을 추구하는 제과점의 근로자수와 케이크양을 계산하시오.

10 한국표준직업분류에서 직업으로 인정되지 않는 경우 6가지를 쓰시오.

11 심리검사는 선다형이나 예, 아니오 등 객관적 형태의 자기보고식 검사(설문지 형태의 검사)가 가장 많이 사용되는데 이런 형태의 검사가 가지는 단점 3가지를 쓰시오.

12 생애진로사정(LCA)의 구조와 얻을 수 있는 정보 3가지를 쓰시오.

13 직무분석 방법 중 결정적 사건법의 단점 3가지를 쓰시오.

14 겔라트(Galatt)의 직업의사결정 8단계를 쓰시오.

15 진로시간전망 조사 시 검사지의 용도 5가지를 쓰시오.

16 산업별 임금격차가 발생하는 원인 3가지를 쓰시오.

17 '자기보고식 가치사정하기'에서 가치사정기법 6가지를 쓰시오.

18 진로자서전과 의사결정 일기에 대해 설명하시오.

19 주어진 예시를 보고 임금근로자 수를 계산하시오.

· 15세 이상 인구: 35,986천명 · 비경제활동인구: 14,716천명 · 취업자: 20,149천명
(자영업자: 5,646천명, 무급가족 종사자: 1,684천명, 상용근로자: 6,113천명, 임시근로자: 4,481천명, 일용근로자: 2,225천명)

13회

2020년 05월 24일

01 부처(Butcher)가 제시한 집단직업상담을 위한 3단계 모델을 쓰고 설명하시오.

02 의사교류분석(TA)에서 내담자 이해를 위한 역동적 자아상태 3가지를 쓰시오.

03 실존주의적 상담자들이 내담자의 궁극적 관심사와 관련하여 중요하게 생각하는 주제를 3가지를 제시하고 각각에 대해 설명하시오.

04 엘리스(Ellis)의 REBT기법에서 ABCDE 모델을 설명하시오.

05 직업적응이론에서는 개인이 환경과 상호작용하는 특성을 나타내주는 성격유형 요소들 중 3가지만 제시하고 각각에 대해 간략히 설명하시오.

06 생애진로사정(LCA)의 의미와 구조 그리고 이를 통해 얻을 수 있는 정보를 쓰시오.

07 구조조정으로 인해 실직한 내담자의 특성과 직업지도 방법을 2가지씩 쓰시오.

08 고용정보를 미시정보와 거시정보로 구별하여 각각 2가지씩 쓰시오.

09 직업상담에서 검사 선택 시 고려해야 할 사항 4가지를 쓰시오.

10 규준 제작 시 사용되는 표집방법 3가지를 쓰고 설명하시오.

11 직업심리검사에서 측정의 기본 단위인 척도(scale)의 4가지 유형을 쓰고 의미를 간단히 설명하시오.

12 직업심리검사의 신뢰도 추정방법 3가지를 쓰고 설명하시오.

13 어떤 심리검사에서 원점수가 A=3, B=6, C=7, D=10, E=14, F=20이고, 평균은 10, 표준편차는 5.77일 때 C의 표준점수 Z를 구하시오. (소수점 셋째자리에서 반올림할 것)

14 한국표준산업분류에서 산업분류의 정의를 쓰시오.

15 시간당 임금이 7,000원일 때 20명을 고용하던 A기업은 임금이 8,000원일 때 19명을 고용했다. 시간당 임금이 7,000원일 때 20명을 고용하던 B기업은 임금이 8,000원일 때 18명을 고용했을 때 아래의 물음에 답하시오.

(1) 임금이 7,000원에서 8,000원으로 인상될 때 각 기업의 임금탄력성을 계산하시오.

(2) A와 B기업의 노동조합이 임금인상 협상을 시도하고자 할 때 그 타결가능성이 높은 기업은 어디인가?

(3) 그 이유는 무엇인지 설명하시오.

16 한국표준직업분류에서 포괄적 업무의 개념과 분류원칙 3가지를 쓰고 설명하시오.

17 노동시장의 내부노동시장이론, 이중노동시장이론, 인적자본이론의 의미를 간략히 설명하시오.

18 임금금률이 상승하면 노동공급량의 증가로 노동공급곡선이 우상향 한다. 이 말이 참인지, 거짓인지, 불확실한지 판정하고, 여가와 소득의 선택모형에 의거하여 설명하시오.

14회

2020년 07월 26일

01 정신역동적 직업상담 모형을 구체화 시킨 보딘(Bordin)의 상담과정 3단계를 쓰고 설명하시오.

02 내담자와의 초기 면담 수행 시 상담자가 유의해야 할 사항 4가지를 쓰시오.

03 구성타당도 분석방법 2가지를 제시하고 설명하시오.

04 엘리스(Ellis)의 REBT기법에서 ABCDEF에 대해 설명하시오.

05 스트롱(Strong) 직업흥미검사 척도 3가지를 쓰고 간략하게 설명하시오.

06 검사-재검사 신뢰도에 영향을 미치는 요인 4가지를 쓰시오.

07 진로성숙검사의 능력척도 3가지를 쓰고 설명하시오.

08 지필검사관련 면접 및 관찰 평가시의 채점자와 평가자의 오차에 의해서 발생하는 오류 3가지를 쓰고 설명하시오.

09 투사검사의 장점과 단점 각각 3가지씩 쓰시오.

10 한국직업사전의 정규교육, 숙련기간, 직무기능에 대해 설명하시오.

11 직무분석 자료를 활용하는 용도를 5가지 쓰시오.

12 한국표준산업분류에서 통계단위의 산업결정방법을 3가지 쓰시오.

13 한국표준직업분류의 포괄적 업무에 대한 분류원칙을 적용하는 순서대로 쓰고 각각 설명하시오.

14 홀랜드(Holland)의 성격유형 6가지를 쓰고 설명하시오.

15 상담목표를 설정할 때 고려해야 할 사항 4가지를 쓰시오.

16 내담자의 흥미사정기법 3가지를 쓰고 설명하시오.

17 기업의 한계노동비용과 이윤극대화가 이루어질 때 아래 물음에 답하시오.

노동공급	임금	한계수입생산
5	6	62
6	8	50
7	10	38
8	12	26
9	14	14
10	16	2

(1) 노동량이 7, 임금이 10일 때 한계비용을 구하는 계산식을 쓰고 답을 계산하시오.

(2) 이 기업의 최대수입(조건)을 내는 노동량과 임금을 계산하시오.

18 임금의 하방경직성의 의미를 설명하고 임금이 하방경직성이 되는 이유 5가지를 쓰시오.

15회

2020년 10월 17일

01 직업상담사가 갖추어야 할 자질을 3가지 쓰시오

02 인지적·정서적 상담(RET)기법에서 기본가정, 기본개념, 상담의 목표를 쓰시오.

03 한국표준산업분류에서 산업분류 생산단위가 주로 수행하고 있는 산업활동을 그 유사성에 따라 유형화한 것으로 3가지 분류기준에 의해 분류된다. 이 3가지 분류기준을 쓰시오.

04 수퍼(Super)의 발달적 직업상담에서 진단을 위한 3가지 평가유형을 설명하시오.

05 윌리암슨(Williamson)의 특성·요인 직업상담에서 직업의사결정과정에서 나타나는 여러 문제들에 대한 변별진단 결과를 분류하는 4가지 범주를 쓰시오.

06 구성타당도를 분석하는 방법 3가지를 제시하고 그 방법에 대해 설명하시오.

07 집단상담의 장점과 단점을 각각 3가지씩 쓰시오.

08 한국표준산업분류에서 통계단위의 산업을 결정하는 방법 3가지를 쓰시오.

09 극대수행검사와 습관적 수행검사의 의미를 설명하고 종류를 2가지씩 쓰시오.

10 틴즐리(Tinsley)와 브래들리(Bradley)가 제시한 심리검사 결과 해석의 4단계를 설명하시오.

11 흥미검사는 특정직업 활동에 대한 흥미나 선호를 측정하기 위해 만들어진 것이다. 현재 사용할 수 있는 흥미검사의 종류를 5가지 쓰시오.

12 수퍼(Super)의 경력개발 5단계를 쓰고 설명하시오.

13 실업률과 임금근로자수를 구하시오.

(단, 소수점 둘째자리에서 반올림)

・15세 이상 인구: 35,986천명　・비경제활동인구: 14,716천명　・취업자: 20,149천명
(자영업자 수: 5,646천명, 무급가족 종사자: 1,684천명, 상용근로자: 6,113천명, 임시근로자: 4,481천명, 일용근로자: 2,225천명)

14 한국직업사전 부가직업정보 중 육체활동의 구분 4가지를 쓰시오

15 한국표준직업분류에서 포괄적 업무의 개념과 분류원칙 3가지를 쓰고 설명하시오.

16 직무분석법 방법 3가지를 쓰고 설명하시오.

17 생산성 임금제에 의하면 명목임금의 상승률을 결정할 때 부가가치, 노동생산성과 일치시키는 것이 적당하다고 한다. 어떤 기업의 2019년 근로자수 40명, 생산량 100개, 생산물 단가 10원, 자본비용 150원이였다. 2020년에는 근로자수는 50명, 생산물은 120개, 생산물 단가 12원, 자본비용은 200원으로 올랐다고 가정하자. 생산성임금에 근거했을 때 이 기업의 2021년도 적정임금 상승률을 구하시오. (단, 소수점 발생 시 반올림하여 소수 첫째 자리로 표현하시오.)

18 홀랜드(Holland)의 흥미유형 6가지를 쓰고 설명하시오.

30-03

- 부정적인 자동적 사고: 실직한 나는 무능하다.
- 반박: 재직중엔 유능하고, 실직하면 무능해지는가? 실직자는 모두 무능한가?
- 긍정적 대안 찾기: 내담자에게 재직중에 이룬 성과와 업무보람, 동료나 상사에게 받은 칭찬 등을 질문해 실직과 무능이 같은 의미가 아님을 알게 한다.

45-05

- 상담목표 설정: 취업면접을 위해 A씨의 금연량 조절
- 목표설정의 원리: ① 구체적이고 ② 실현가능(취업면접을 위해 금연량 조절)해야 하며, ③ 내담자가(A씨가 원함) 원하고 바라는 것이어야 한다.

56-10

- A가 더 높은 직무능력을 갖추었다.
- $표준점수(Z) = \frac{원점수 - 평균}{표준편차}$

  $A의\ 표준점수(Z) = \frac{115-100}{7} = 2.14$

  $B의\ 표준점수(Z) = \frac{124-100}{15} = 1.60$
- 표준점수(Z)는 음수값을 가질 뿐 아니라 소수점으로 표현되는 경우가 많기 때문에 표준화 점수로 전환하여 비교해야한다.
- 표준화점수(T) / T = (10×Z) + 50

– A의 표준화점수(T) = (10×2.14) + 50 = 71.4

– B의 표주화점수(T) = (10×1.60) + 50 = 66.0

67-02

언어성은 아동기부터 축적된 경험과 지식을 측정하기 때문에 고도로 조직화된 능력을 측정하며 피검사자의 교육수준을 나타낸다. 동작성은 문제해결능력과 과거에 축적된 지식의 활용과 즉각적인 대처능력을 필요로 하는 능력을 측정하며 피검사자의 일상생활에서의 대처능력을 나타낸다. A씨는 전체지능지수가 102로 보통수준이며, 언어성이 88로 교육수준은 보통이하이며, 동작성이 121로 일상생활에서의 대처능력이 우수하다.

83-05

노동수요탄력성은 임금 변화율에 의한 노동수요량의 변화율을 나타내는 것으로 노동자의 고용안정과 밀접한 관련이 있다. 노동조합이 존재하면 교섭과 단체행동으로 기계화 또는 자동화, 기업이 지역이전하지 못하게 저항하며 고용안정을 꾀하고, 불량률 감소와 생산성 향상으로 기업의 이윤증대 전략으로 협상하기 때문에 노동수요는 비탄력적이다.

85-07

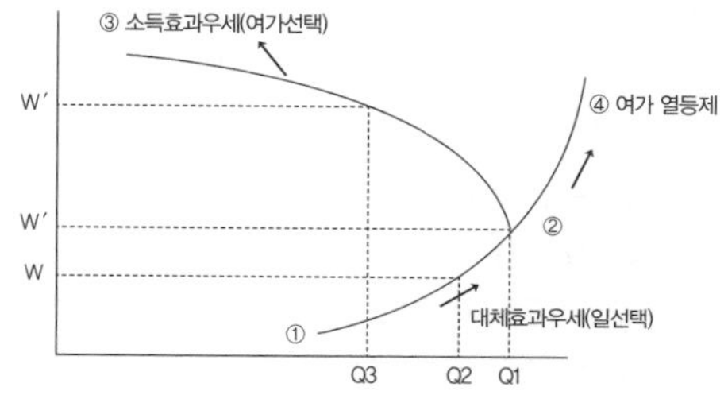

- 판정: 참
- 설명: 임금이 상승하면 노동공급이 증가하면서 우상향하다가 ② 지점을 기준으로 여가를 선택하고 노동공급이 감소하여 좌상향하며 후방굴절형곡선을 나타낸다. 그러나 이 경우는 여가가 열등재로 후방굴절하지 않고 계속 우상향하여 참이다.

85-08

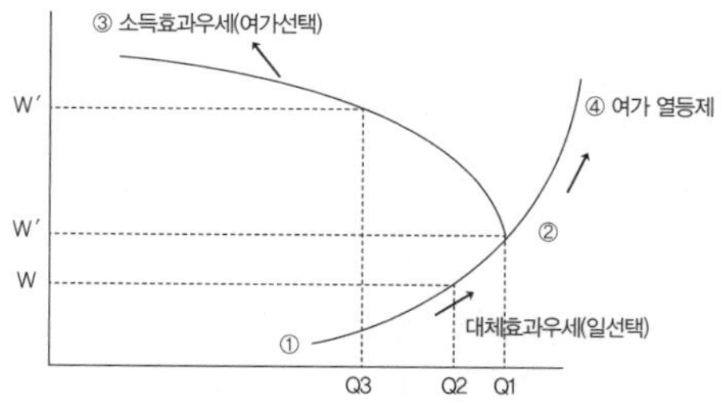

- 주 44시간에서 40시간을 줄어들면서 소득효과가 우세하여 노동공급 시간이 감소하지만 임금할증률이 일정하게 적용되어 소득에는 별차이 없으나 여가는 4시간 증가한다.

85-10

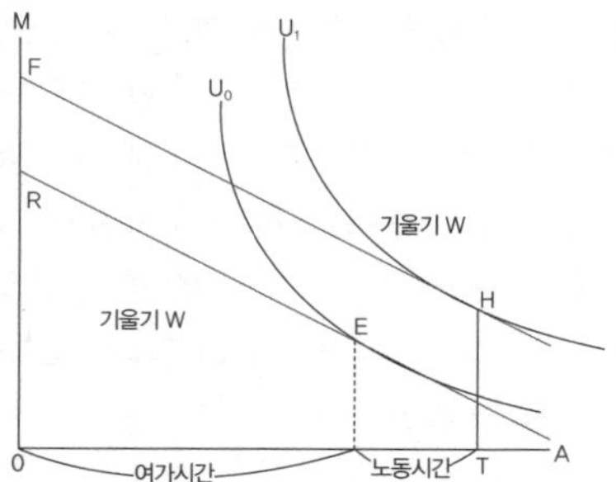

- 기혼여성에게 배우자의 소득은 비근로소득으로 간주되는데 인기탤런트 A양이 결혼이전에는 소득곡선 U_0로 E–T만큼 노동공급 하지만, 결혼하면 소득곡선이 U_1으로 이동하는데 소득효과가 우세하기 때문에 노동공급을 하지 않는다. 여가가 정상재 일 경우 소득효과가 우세하여 노동공급을 하지 않겠지만, 여가가 열등재 일 경우 대체효과가 우세하여 계속 노동공급을 할 것이다.

91-04

- 기업에서는 생산에 필요한 기계설비를 자본으로 보는 것과 같이 사람에게 장기간 축적된 기술, 기능, 지식 등을 인적자본이라 하고, 교육을 인적자본투자 대상으로 본다. 그런데 여성은 남성에 비해 교육받을 기회가 적어 생산성 격차로 임금차이가 발생한다고 보는 것이다.

97-06

- 인적자본: 고임금 지급으로 인해 신규채용 시 입사지원자의 평균적인 질이 높아져 양질의 노동자를 채용할 수 있어 인적자본이 높다.
- 동기유발: 고임금 지급은 직장상실비용을 증대시켜 종업원이 작업 중 태만하지 않고 스스스로 열심히 일하도록 동기유발한다.
- 지불능력: 높은 인적자본을 갖춘 종업원이 감독하지 않아도 열심히 일하기 때문에 생산성이 높아져 기업이윤이 증대되어 지불능력이 향상된다.

97-07

- 노동수요탄력성은 임금변화에 의한 노동수요량의 변화를 나타내는데, 고임금의 경제효과가 존재할 경우 노동수요는 비탄력적이고, 존재하지 않을 경우는 탄력적일 것이다.
- 대기업은 중소기업에 비해 고임금을 지급하는데, 이는 신규채용 시 입사지원자의 평균적인 질이 높아 양질의 노동자를 채용할 수 있다. 그리고 노동자의 직장상실 비용을 증대시켜서 감독하지 않아도 열심히 일하기 때문에 생산증대로 기업의 극대이윤을 추구하는 기업에서는 고임금의 경제효과가 있다.

102-02

- 실업자: 조사대상주간에 수입 있는 일을 하지 않았고, 지난 4주간 일자리를 찾아 적극적으로 구직활동을 하였던 사람으로서 일자리가 주어지면 즉시 취업이 가능한 자이다.
- 공통점과 차이점
  ① 공통점: 비수요부족, 직업정보 제공으로 실업률을 낮출 수 있다.
  ② 차이점: 실업발생원인(마찰적 실업; 정보부족, 구조적 실업; 산업구조 변화로 인한 노동력수급구조상 불균형), 대책(마찰적 실업; 정보제공, 구조적 실업; 인력정책), 특징(마찰적 실업; 자발적실업, 구조적 실업; 비자발적 실업)

102-07

- 경기부양책: 일자리창출, 세금인하, 대출한도제 완화
- 문제점: 기간제, 시간제 등 단기계약형태의 일자리로 고용의 질이 낮고, 세금인하와 대출한도제 완화로 국가재정은 악화되고 인플레이션이 발생할 우려가 있다.
- 해결책: 중소기업을 육성하고, 서비스직을 다양화해서 양질의 일자리를 육성해야 한다.